Research Methods in
PSYCHOLINGUISTICS AND THE NEUROBIOLOGY OF LANGUAGE
A Practical Guide

心理语言学和语言的神经生物学研究方法指南

〔荷〕安妮特·M. B. 德赫罗特（Annette M. B. de Groot）
〔荷〕彼得·哈古尔特（Peter Hagoort） ◎主编

谭滢滢　周晓林 ◎译

北京大学出版社
PEKING UNIVERSITY PRESS

著作权合同登记号　图字：01-2022-6094
图书在版编目(CIP)数据

心理语言学和语言的神经生物学研究方法指南 / (荷)安妮特·M. B.德赫罗特 (Annette M. B. de Groot)，(荷)彼得·哈古尔特 (Peter Hagoort)主编；谭滢滢，周晓林译. -- 北京：北京大学出版社，2025. 6.
ISBN 978-7-301-35707-1

Ⅰ. H0-05；Q189

中国国家版本馆 CIP 数据核字第 20243JT658 号

Research Methods in Psycholinguistics and the Neurobiology of Language: A Practical Guide by Annette M. B. de Groot & Peter Hagoort (ISBN 9781119109846)
Copyright © 2018 by John Wiley & Sons, Inc.
All Rights Reserved. This translation published under license. Authorized translation from the English language edition, Published by John Wiley & Sons. No part of this book may be reproduced in any form without the written permission of the original copyrights holder. Copies of this book sold without a Wiley sticker on the cover are unauthorized and illegal.

本书中文简体字版专有翻译出版权由 John Wiley & Sons,Inc. 授予北京大学出版社有限公司。未经许可，不得以任何手段和形式复制或抄袭本书内容。本书封底贴有 Wiley 防伪标签，无标签者不得销售。

书　　　　名	心理语言学和语言的神经生物学研究方法指南 XINLI YUYANXUE HE YUYAN DE SHENJING SHENGWUXUE YANJIU FANGFA ZHINAN
著作责任者	〔荷〕安妮特·M. B.德赫罗特（Annette M. B. de Groot） 〔荷〕彼得·哈古尔特（Peter Hagoort）　主编 谭滢滢　周晓林　译
责 任 编 辑	赵晴雪
标 准 书 号	ISBN 978-7-301-35707-1
出 版 发 行	北京大学出版社
地　　　　址	北京市海淀区成府路 205 号　100871
网　　　　址	http://www.pup.cn　新浪微博：@北京大学出版社
电 子 邮 箱	zpup@pup.cn
电　　　　话	邮购部 010-62752015　发行部 010-62750672　编辑部 010-62752021
印 刷 者	天津中印联印务有限公司
经 销 者	新华书店
	730 毫米×1020 毫米　16 开本　26 印张　彩插 7　447 千字 2025 年 6 月第 1 版　2025 年 6 月第 1 次印刷
定　　　　价	99.00 元

未经许可，不得以任何方式复制或抄袭本书之部分或全部内容。
版权所有，侵权必究
举报电话：010-62752024　电子邮箱：fd@pup.cn
图书如有印装质量问题，请与出版部联系，电话：010-62756370

推 荐 序

在人类探索语言奥秘的漫漫征途中,我们对语言的理解始终处于不断深化的动态过程之中。随着认知科学和神经科学的迅速发展,特别是语言神经生物学这一学科的蓬勃发展,我们对语言认知神经机制的理解已迈入全新纪元。近年来,人工智能技术,尤其是大语言模型(large language model,LLM)的迅猛发展,更为语言研究带来了前所未有的挑战和机遇。在此背景下,深入揭示语言的本质特征,亟需构建更为系统、深入的跨学科研究范式。

作为一名长期从事语言认知研究的学者(同时也是接解到大量稿件的两个专业学术期刊的主编),我深刻体会到,语言研究不仅需要多学科的深度融合,更需要研究者具备严谨、科学的思维方法和研究工具。《心理语言学和语言的神经生物学研究方法指南》正是顺应这一学术趋势,为当前语言研究提供了一个系统、全面的框架。语言学的研究已不再停留在现象描述和理论构建的层面,而是深入探讨大脑的认知机制、神经基础及行为表现的多层次复杂性。本书介绍多种研究方法,从语言习得到神经生物学、从行为学到神经影像学,既涵盖了实验设计的多样性,又整合了跨学科的研究工具,为研究者提供了一条清晰的探索路径。这些方法不仅帮助我们揭示语言在大脑中的表征与加工过程,更有助于我们理解语言如何与其他认知功能(如注意、记忆、执行控制等)相互作用。

近年来,心理语言学与神经生物学的结合不仅推动了基础研究的深入,也为临床诊断和教育实践提供了新的视角。神经影像技术的飞速发展,使得越来越多的研究能够实时描述语言加工过程中的动态神经活动与认知过程。例如,大量研究发现,语言加工不仅由传统的语言相关脑区支持,还涉及跨脑区的协作,尤其在涉及情感加工与社会认知等复杂任务时。这些发现可以帮助我们理解精神疾病与神经疾病患者的语言和社会活动特征。

随着认知神经科学和行为遗传学的快速发展,语言的神经基础研究正迎来黄金时代。无论是从基因到脑功能的连接研究，还是从语言障碍的临床诊断到第二语言习得的神经机制，新的研究方法正在揭示大脑在语言习得和使用中的适应性塑造。本书提供的跨学科方法，令语言学研究者能够结合遗传学、神经科学与心理学的最新进展，开创性地探讨语言加工的遗传基础与神经表征，从而推进语言研究向更纵深、更广阔的维度发展。

《心理语言学和语言的神经生物学研究方法指南》凝聚了各领域顶尖学者的集体智慧，为当前语言研究提供了权威的技术支持，也为研究者指明了未来的研究路径。本书主要译者谭滢滢博士本科毕业于北京大学心理学系（现北京大学心理与认知科学学院），攻读博士学位期间师从著名神经语言学家 Randy Martin 教授，随后在本书主编之一 Peter Hagoort 教授实验室完成博士后科研训练，具有扎实的学科功底与丰富的实践检验，对原著精髓的把握精准到位。相信这部译著的出版将成为我国语言学界及相关领域研究人员的重要参考，也将对语言学人才培养和研究创新起到重要的推动作用。

周晓林

华东师范大学心理与认知科学学院院长

教育部高等学校心理学类专业教学指导委员会主任委员

教育部全国学生心理健康工作咨询委员会副主任

2025 年 5 月 19 日

中文版序言

　　心理语言学和语言神经生物学领域的研究方法旨在探索人类独有的语言能力，近几十年来，其在数量与复杂性上呈现快速增长趋势。本书对当前最前沿的研究方法进行了全面概述。同时，过去十年间，中国学者在这些研究领域的贡献呈指数级增长。基于汉语（普通话）的独特性，来自中国高校和科研机构的大量高质量论文极大地丰富了我们对语言的理解。就在不久之前，我们对语言加工的认识还主要基于少数印欧语系的语言，而这一状况正因中国学者的重要贡献迅速改变。我希望这本关于心理语言学和语言神经生物学研究方法的实用指南，能够进一步推动该领域研究在中国取得数量与质量上的双重提升。

彼得·哈古尔特

英文版序言

　　语言是个体交流和思维活动的重要支撑和途径，研究这种复杂认知能力的方法在传统上局限于对健康个体和有语言障碍的病人的观察和行为测量。近几十年来，这种情况发生了巨大变化。部分由于技术的发展，部分由于其他研究领域的发展，研究语言和交流的方法在数量和复杂程度上大幅增加。由于技术的进步，我们现在能够建立比以往任何时候都先进的语言处理计算模型。神经成像和基因测序技术的发展，令我们能够以前所未有的方式研究语言准备就绪的大脑（language-ready brain）*的神经基础和遗传基础。然而，这些发展是有代价的。想要理解研究成果或积极参与这一领域的研究，我们必须对当前可用的研究方法的各种细节有深刻的认识。迄今为止，还没有一本总结并讨论该研究领域所有可用方法的专著。《心理语言学和语言的神经生物学研究方法指南》旨在填补这一空白。它全面概述了目前用于研究人类语言和交流的所有相关方法。其中一些方法源于心理语言学，另一些则来自生命科学等领域。有些方法需要高度专业化的技术知识和技能，而另一些则容易许多。对于一些方法，只需配备了基础设施的实验室，而另一些方法则依赖于花费数百万资金购置的设备和跨学科专家团队的操作。有些方法是离线（offline）的，仅测量心理过程的结果，而其他方法则需连续监测心理过程，以实时方式生成丰富的信息和密集的数据集。本书将展示多样化的方法，可作为博士生、博士后和领域研究人员的指南，用以了解这些研究方法的基础知识、优缺点，以及其他相关信息和最佳实践示例。

　　在构思本书时，我们曾思考如何在有限的篇幅内涵盖语言学研究所使用的众多方法——包括语言习得、使用、神经和遗传基础，以及疾病。解决方案并非专注于种类繁多的被称作任务（task）的特定类型的研究方法，而是去理解广义的研究

---

　　* 语言准备就绪的大脑，指一些研究者相信，自然进化使人类大脑天生具备加工语言的能力。——译者

方法的概念。任务是实验者要求被试执行的操作,例如,要求被试命名一组给出的图片中的物体。被试的行为和/或神经反应被记录下来,构成研究人员随后提取信息的数据库。我们在这本书中所考虑的广义的研究方法是一个更广泛的构想,涵盖了一系列复杂的程序来研究感兴趣的问题(例如,研究设计、编制刺激材料,以及收集和分析数据),还包括支撑这些程序的技术设备、工具和仪器。尽管许多这种广义上的方法包含让被试执行某些任务来收集数据,但也有一些方法完全不需要这样做,因为数据是已知的(第十二章介绍的语料库语言学),或者方法生成的是人工数据(第十一章介绍的计算建模)。还有一些方法在不明确要求被试执行某些任务的情况下收集数据(例如,第一章、第二章介绍的习惯化技术和视觉偏好技术)。其他方法可以与多种不同的任务结合使用(例如,第六章介绍的单词启动和干扰范式;第七章介绍的结构启动;第十三章、第十四章介绍的电生理学和血流动力学方法)。这表明,任务和方法不是一回事。

从广义上来看,很多方法具有的一个特点是非领域特异性(domain-nonspecific)。这些源于心理语言学的方法通常可以应用于其各个子领域;适用于解决心理语言学的一个或所有主要研究领域(语言习得、理解和产出)的问题,和/或用来回答多个语言学领域(如语音学、形态学、句法学和语义学)的问题。本书收录的神经生物学方法功能更多,不仅限于研究语言,还可用于研究认知的其他领域,以及人类(和动物)行为的其他方面。

虽然本书的大部分章节介绍的是非领域特异性的研究方法,但也有几个是领域特异性(domain-specific)的研究方法:第三章介绍了评估儿童词汇的三种通行的方法(语言采样、家长报告和直接评估);第四章讨论了研究阅读过程的、最具生态效度的方法(眼动追踪)的细节;第八章专门讨论了会话分析。但即使是领域特异性的方法,在使用上也比较灵活,能够帮助我们了解语言加工的多个方面。例如,使用眼动追踪方法时,被试可以阅读完整语段,这使得眼动追踪成为研究阅读的具有生态效度的方法。但阅读材料并不需要是完整的语段,句子甚至单个单词也可以作为阅读材料。并且这样做可以提供有关句法分析、语义分析和词汇识别的信息。同样,虽然会话分析的主要目标是研究人类社会互动,以及人们通过谈话进行交流的方式,但用于分析的数据库,通常是一组自然发生的对话,包含有关对话参与者语言使用的各个方面的信息,因此也包括音韵、词汇等。

除了主要选择领域普遍性(domain-general)的方法来确保内容的全面性以外，我们还邀请作者在一章中展示几种相关方法，指导读者了解这些方法的相似和差异之处。例如，第二章的作者对视觉偏好技术的多种概念相关变体进行了对比，以研究年幼的儿童的语言发展，这个年龄段的儿童尚无法完成语言表达，或者其语言表达令人难以理解。一种研究方法的各种变体之间的差异通常是微妙的，如果不进行对比展示，读者很容易忽略这些差异。类似地，第十四章的作者讨论了两种非侵入性的功能性神经成像方法：fMRI(功能性磁共振成像)和 fNIRS(功能性近红外光谱技术)。它们都利用了神经活动导致大脑局部血流变化的事实，可以揭示被试在执行特定任务时激活了大脑的哪些部位。在一章内对比这两种技术的利弊有助于读者在筹备自己的研究项目时做出明智的选择。同样，在详细介绍了 EEG/ERP(脑电图/事件相关电位)方法的细节后，第十三章的作者将其与 MEG(脑磁图)进行了对比，后者提供了脑磁活动的记录数据。第十五章区分了基于 MRI(磁共振成像)的多种非侵入性结构性神经成像技术，MRI 以良好的空间分辨率揭示语言的神经解剖学信息。纤维束成像(tractography)是一种新技术，用于可视化人脑中的白质通路。第十六章也介绍了各种结构性神经成像方法，但是与第十五章主要关注健康大脑不同，第十六章关注的重点是病变大脑。第十七章将语言技能的个体差异与基因变异联系起来。具体方法取决于所研究性状是单基因的(monogenetic，由单一基因变异引起)还是多基因的(multifactorial，由多个基因的综合作用引起)。最后，涉及视觉情境范式(第五章)和启动效应(第六章和第七章)的章节介绍了一系列相关研究方法(例如，掩蔽启动和跨模态启动)。

选择以非领域特异性方法作为章节主题的后果是，一开始似乎很明确的结构，事实上在重新考虑后既不可行也不合适：章节无法按照语言研究的主要领域、输入和输出模态，或语言的各种结构子系统来组织。毕竟，大多数方法并没有明确地与研究分支联系在一起。根据所使用的测量方法的类型(行为或神经生物学)排篇布局更合适，但由于使用神经生物学方法的研究通常也包括行为测量，这一事实使其变得复杂，反之亦然。这在许多章节中都有体现，例如，在第十六章中，作者阐述了大多数脑损伤研究的"双重"性质，这些研究结合了结构性神经成像数据和反映患者语言表现的各种行为数据。另一个例子是第七章结构启动，尽管在早期阶段，这种方法仅涉及行为测量，但现在它越来越多地使用神经活动测量，如 ERP 和在

fMRI中体现大脑活动的BOLD(blood oxygenation level dependent)信号。尽管如此,对于大多数语言学研究者来说,将方法分为行为的或神经生物学的(以及计算的,作为第三类)是有意义的,因此我们依此排序,先是行为的(第一章至第十章),然后是计算方法(第十一章和第十二章),最后是神经生物学方法(第十三章至第十七章)。但这些方法之间的界限并不清晰,且跨学科研究的持续升温可能会导致其进一步整合,因此我们决定不在目录中明确标记这三个子部分。

综上,我们基本上对所有的章节作了简要介绍,除了第九章虚拟现实,以及第十章实验室之外的心理语言学研究。经典的心理语言学研究有其局限性:生态效度和外部效度较低。也就是说,研究结果不能轻易地推广到现实世界,以及其他人群和情境中。许多经典研究缺乏生态效度的主要原因是,这些研究为了获得可靠的数据并使其有意义,需要对实验变量进行严格控制。这样的控制通常只能在实验室完成,而这些任务是研究对象真实状态的"缩水版",无视了许多真实情境中的要素,包括环境背景。第九章展示了如何使用虚拟现实技术在实验室中实现生态效度的同时控制实验变量。第十章描述了提高生态效度和外部效度的方法,例如,将实验任务从实验室带到有约定俗成的行为规范的公共空间(如博物馆),互联网众包(crowdsourcing)数据,或进行跨文化实地调查等。与利用虚拟现实技术的研究不同,对于第十章提到的研究,保持对实验的控制是一个真正的挑战。

这本书的最后一个特点是,许多章节包含相同或非常相似的标题,这是我们对各章作者的要求。我们要求各章作者解释其方法的基本假设和原理,描述所需的实验设备、刺激材料和数据的性质,数据收集和分析的方式,以及该方法与其他相关方法对比的优势和劣势。并且,还要用一个示例研究具体说明该方法,以便生动地描述实际的研究实践和工具;提供术语表,以掌握该方法的核心概念和特征。

我们相信,本书呈现的多样化的研究方法足以让所有对人类语言加工感兴趣的初学者找到自己喜欢的课题,并着手开始研究;对于已经从事心理语言学研究的学者来说,也可以通过阅读本书熟悉自己没接触过的技术。

安妮特·M. B. 德赫罗特

彼得·哈古尔特

各章作者简介

朱丽安娜·V. 巴尔多（Juliana V. Baldo）美国北加利福尼亚州退役军人事务部医疗保健系统研究员，加州州立大学东湾分校心理学客座教授。主要研究领域为脑损伤（包括脑卒中和颅脑损伤）导致的语言和神经心理障碍，在语言损伤领域发表了大量关于失语症及相关认知缺损的论文。

霍莉·P. 布兰尼根（Holly P. Branigan）英国爱丁堡大学语言与认知心理学教授。主要使用多种实验心理语言学方法研究独白与对话中的语言产出机制，尤其关注成人、典型与非典型发展儿童的句法加工与表征。

马克·布里斯巴尔（Marc Brysbaert）比利时根特大学心理学教授。主要从事词汇识别研究，后转向大数据领域，包括改进词频测量的计算方法和有效性、开展大型研究测定词汇加工时间、收集词汇特征（具体性、情绪效价、唤醒度、习得年龄）的主观测量数据等。

丹尼尔·卡萨桑托（Daniel Casasanto）美国康奈尔大学人类发展与心理学副教授，主要研究物理和社会经验如何塑造我们的大脑与心智。

马尔科·卡塔尼（Marco Catani）英国伦敦国王学院法医与神经发育科学系及神经影像学系临床高级讲师、名誉顾问精神科医生，主要研究人类大脑网络的偏侧化现象及其对卒中后失语症与忽视症康复的影响。

亚历杭德里纳·克里斯蒂亚（Alejandrina Cristia）法国国家科学研究中心研究员，重点关注早期语言习得，现任职于巴黎文理研究大学（PSL Research University）巴黎高等师范学院认知研究系认知科学与心理语言学实验室。

菲利普·S. 戴尔（Philip S. Dale）美国新墨西哥大学言语与听觉科学荣休教授，英国伦敦国王学院客座教授，麦克阿瑟-贝茨交际发展量表的共同开发者，长期从事早期语言发展个体差异的评估、遗传与环境因素及其影响的研究，特别关注晚说话儿童群体，开展针对幼儿的干预方案的有效性评估研究。

卡罗琳·G. F. 德科维尔(Carolien G. F. de Kovel)荷兰乌得勒支大学(University of Utrecht)生物学博士，马克斯·普朗克心理语言学研究所研究员，从事人类大脑功能偏侧化的遗传基础研究。

迪拉拉·德尼·康(Dilara Deniz Can)科学家及实践者，获得美国特拉华大学学校心理学博士学位和教育专家学位，于美国华盛顿大学学习与脑科学研究所完成博士后科研工作，专注于3~5岁弱势儿童的脑-环境-语言发展关联研究，在美国华盛顿州的公立学校担任学校心理学家，从事儿童青少年心理教育评估。

尼娜·F. 德龙克尔斯(Nina F. Dronkers)美国北加利福尼亚州退役军人事务部医疗保健系统失语症及相关障碍研究中心主任，加州大学戴维斯分校神经病学系客座教授。她运用创新技术发现了言语和语言加工的关键脑区，并研究这些脑区与其他认知功能的关系。

卡拉·D. 费德迈尔(Kara D. Federmeier)美国伊利诺伊大学心理学系、神经科学项目及贝克曼研究所教授。她采用事件相关电位、脑电图和眼动追踪技术研究语言理解与意义加工的认知机制、脑半球加工差异、年龄变化对语言和记忆功能的影响，以及读写能力对成人认知加工的影响。

克里斯托弗·T. 芬内尔(Christopher T. Fennell)加拿大渥太华大学副教授，语言发展实验室主任。主要研究领域为单语与双语婴儿的言语感知、语音发展及词汇习得。

西蒙·E. 费希尔(Simon E. Fisher)荷兰马克斯·普朗克心理语言学研究所负责人，拉德堡德大学唐德斯研究所语言与遗传学教授。主要研究领域为人类认知特质的分子生物学基础，特别关注言语、语言及阅读能力的遗传机制。

斯蒂芬妮·J. 福克尔(Stephanie J. Forkel)英国伦敦国王学院神经影像学系高级研究员，主要研究人类大脑网络的偏侧化现象及其对卒中后失语症与忽视症康复的影响。

卡特里奥娜·L. 吉布(Catriona L. Gibb)英国爱丁堡大学心理学系博士生，主要从事双语的心理语言学实验研究，聚焦于早期与晚期双语者的句法加工与句法表征的特性。

罗伯塔·米赫尼克·戈林科夫(Roberta Michnick Golinkoff)美国特拉华大学Unidel H. Rodney Sharp讲席教授。

凯西·赫什-帕塞克(Kathy Hirsh-Pasek)美国天普大学(Temple University)

心理学系教授,布鲁金斯学会(Brookings Institution)高级研究员。

埃利奥特·M. 霍伊(Elliott M. Hoey) 荷兰马克斯·普朗克心理语言学研究所博士生,主要运用会话分析与互动语言学方法研究日常社交情境的多模态建构,近期的研究聚焦于叹息与饮水行为的互动功能,以及会话中长时间沉默期间参与者的行为策略。

凯尔·M. 贾斯明(Kyle M. Jasmin) 英国伦敦大学学院博士后研究员,主要研究典型与非典型发展人群语言和交际的认知神经机制。

科宾·H. 肯德里克(Kobin H. Kendrick) 英国约克大学语言与语言科学系讲师,主要运用会话分析方法研究话轮转换、行为序列、修正等对话互动的基本组织结构。

伊曼纽尔·克勒尔斯(Emmanuel Keuleers) 荷兰蒂尔堡大学传播与信息科学系助理教授,长期从事视觉词汇识别与形态学计算建模研究。

莱因霍尔德·克利格尔(Reinhold Kliegl) 德国波茨坦大学心理学系教授,主要研究语言、知觉与眼动的动态机制如何促进注意控制过程。

约亨·劳布罗克(Jochen Laubrock) 德国波茨坦大学心理学系高级研究员,主要研究知觉、注意与(眼动)运动过程在目标导向行为计划中的交互作用。

李平(Ping Li) 美国宾夕法尼亚州立大学心理学、语言学与信息科学技术系教授,主要研究语言习得和双语现象的神经认知及计算机制。

阿西法·马吉德(Asifa Majid) 荷兰拉德堡德大学语言研究中心教授,马克斯·普朗克心理语言学研究所、唐德斯研究所首席研究员,主要使用跨文化与发展心理学研究方法探讨语言与认知中的概念形成。

帕维乌·曼德拉(Paweł Mandera) 比利时根特大学实验心理学系博士后研究员,他的研究融合了计算机科学与心理学方法,探索如何利用文本语料库与行为数据深化我们对人类语言加工机制的理解。

弗吉尼娅·A. 马奇曼(Virginia A. Marchman) 美国斯坦福大学心理学系研究员,得克萨斯大学达拉斯分校行为与脑科学学院客座副教授,主要研究单语和双语儿童语言加工效率及词汇发展的个体差异,及其成因与影响因素。

安特耶·S. 迈耶(Antje S. Meyer) 德国拉德堡德大学教授,马克斯·普朗克心理语言学研究所负责人,主要研究词汇和句子产出、对话,以及视觉概念与语言加工的关系等。

约斯特·罗默斯（Joost Rommers）美国伊利诺伊大学心理学系、贝克曼研究所博士后研究员，主要使用电生理学方法和眼动追踪技术研究语言理解与产出过程。

安妮·皮尔·萨尔弗达（Anne Pier Salverda）美国罗切斯特大学脑与认知科学系研究员，主要研究领域为言语感知与口语词汇识别。

邵泽姝（Zeshu Shao）德国马克斯·普朗克心理语言学研究所研究员，主要研究言语产出过程，重点关注注意控制机制对各类人群口语词汇规划与产出过程的影响，以及社交网络结构对词汇选择的作用。

梅拉妮·索德斯特罗姆（Melanie Soderstrom）加拿大曼尼托巴大学心理学系副教授、副系主任，目前正在积极推动儿童真实语言环境的大规模录音自动化分析研究项目。

劳拉·J. 斯皮德（Laura J. Speed）荷兰拉德堡德大学语言研究中心博士后研究员，主要从事语言与感觉交互作用的心理学研究。

迈克尔·K. 塔嫩豪斯（Michael K. Tanenhaus）美国罗切斯特大学教授，南京师范大学讲座教授，主要使用视觉情景范式研究从言语感知到互动会话等口语加工全过程。

罗埃尔·M. 威廉斯（Roel M. Willems）荷兰拉德堡德大学语言研究中心、唐德斯研究所副教授，主要研究叙事理解过程中的心理模拟机制。

埃韦利纳·弗努克（Ewelina Wnuk）荷兰拉德堡德大学语言研究中心博士后研究员，主要研究领域涉及语义学、语法、语言与文化的关系等。

赵晓巍（Xiaowei Zhao）美国波士顿伊曼纽尔学院心理学副教授。2003年获南开大学物理学博士学位，现主要从事语言发展、知识表征与双语现象的计算建模研究。

目 录

CONTENTS

第一章　习惯化技术

　　（Christopher T. Fennell） ················· 1

第二章　视觉偏好技术

　　（Roberta Michnick Golinkoff，Melanie Soderstrom，Dilara Deniz
　　Can，& Kathy Hirsh-Pasek） ················· 20

第三章　评估儿童语言的接受性和表达性词汇

　　（Virginia A. Marchman & Philip S. Dale） ················· 42

第四章　阅读中的眼动追踪

　　（Reinhold Kliegl & Jochen Laubrock） ················· 73

第五章　视觉情景范式

　　（Anne Pier Salverda & Michael K. Tanenhaus） ················· 95

第六章　词汇启动和干扰范式

　　（邵泽姝 & Antje S. Meyer） ················· 118

第七章　结构启动

　　（Holly P. Branigan & Catriona L. Gibb） ················· 139

第八章　会话分析

　　（Elliott M. Hoey & Kobin H. Kendrick） ················· 162

第九章　虚拟现实

　　（Daniel Casasanto & Kyle M. Jasmin） ················· 187

第十章　实验室之外的心理语言学研究

　　　　（Laura J. Speed，Ewelina Wnuk，& Asifa Majid）……… 205

第十一章　计算建模

　　　　（李平 & 赵晓巍）……………………………………… 225

第十二章　语料库语言学

　　　　（Marc Brysbaert，Paweł Mandera，& Emmanuel Keuleers）…… 248

第十三章　电生理学方法

　　　　（Joost Rommers & Kara D. Federmeier）………………… 268

第十四章　血流动力学方法

　　　　（Roel M. Willems & Alejandrina Cristia）……………… 290

第十五章　结构性神经成像

　　　　（Stephanie J. Forkel & Marco Catani）………………… 313

第十六章　脑损伤研究

　　　　（Juliana V. Baldo & Nina F. Dronkers）………………… 337

第十七章　分子遗传学方法

　　　　（Carolien G. F. de Kovel & Simon E. Fisher）…………… 360

索引 ……………………………………………………………………… 386

译者后记 ………………………………………………………………… 397

第一章
习惯化技术

Christopher T. Fennell

本章介绍习惯化技术（habituation technique）。在过去的半个世纪，研究者使用习惯化技术，考察了语言习得过程中的许多问题。本章在讨论使用这一技术可获得的多种行为测量指标时，重点关注了语言习得研究中最常用的测量指标：注视时间（looking time，LT）。本章还将讨论使用习惯化技术时，研究者需要注意的方面和潜在的问题。习惯化技术的实验设计简单、便于施测、历史悠久，这些特点使该方法成为心理语言学家揭示婴儿和儿童早期语言能力的产生、发展与成熟规律的基本工具之一。

假设和理论基础

想要确定婴儿对语言的理解程度，最大的挑战实际上在于语言本身。在早期研究中，Piaget*（1926）通过向年龄稍大的儿童提问的方式，让他们思考和讨论其所理解的词义。但是，我们无法对着一个12个月大的婴儿，询问他对特定词汇意义的理解。即使对于语言发展过程中更简单的技能——判断两种语言听上去是否有区别，我们也无法让一个6个月大的婴儿对此做出简单的是或否的回答。这听上去似乎有点矛盾，语言本身是我们理解婴儿语言发展的最大障碍。婴儿几乎不具备，或仅具备极其有限的词汇产出的能力，因此研究者只能转而寻求不要求婴儿进行言语产出的实验任务。此外，婴儿的运动能力也是非常有限的，这限制了研究者考察婴儿潜在语言能力的方法。任务的设计可借助于：婴儿的粗大运动能力

---

* 皮亚杰（Jean Piaget，1896—1980），发展心理学家，他提出的认知发展理论和认知论的观点对儿童心理学研究具有重大影响。——译者

(gross motor abilities)，如整个头部的转向（精细的指向或者抓取对于婴儿来说有些困难）；婴儿自出生起就具备的控制力很强的行为，如注视或吮吸；基本的心理生理性反应，如心跳。

研究与婴儿语言有关的知觉能力最有效、最可靠的工具之一是习惯化任务。习惯化是对刺激的反应在刺激重复呈现后减弱的现象。这一过程会产生所谓的习惯化曲线，即对重复目标刺激的行为反应的单调递减。这个任务在心理语言学领域历史悠久，可以追溯到19世纪（综述见Thompson，2009）。事实上，Thompson强调这个概念早已存在：例如，在《伊索寓言》中，狐狸第一次见到狮子时非常害怕，但是随着见到狮子的次数增多，狐狸变得不那么害怕了。这个故事有一定的预见性。在过去的几十年间，习惯化任务主要应用于动物研究（现在也是），从变形虫到狗，都表现出了习惯化反应（Harris，1943）。

鉴于习惯化技术的历史悠久，以及习惯化反应在不具备语言能力的物种（如动物）中的普遍应用，这一方法自20世纪早期就被推广至婴儿研究中并不令人意外（Humphrey，1922）。然而，简单地让婴儿习惯于某种刺激，以此解释婴儿的"学习"行为，必然存在局限性。例如，如果8个月大的婴儿在重复听到一个音素后，行为反应减弱了，那么可以认为他已经形成了对那个特定声音的记忆；但也可能仅仅是因为婴儿太累了。想要证明婴儿已经形成对所呈现刺激的表征或学习了某些东西，关键是去习惯化（dishabituation）——对新异刺激的行为反应的增加。

Sokolov（1963）提出的比较器模型（comparator model）是这一研究方法的经典表述。婴儿（或成人）对新奇的或者意外的无威胁刺激会产生朝向反射*（如静止、看向刺激、心率降低）。随着刺激重复出现，婴儿建立了对刺激的内在表征。表征强度的增加导致内部知觉和重复出现的外部刺激之间的匹配度越来越高，而匹配度的增高导致最初的朝向反射减弱。但是，如果外部刺激与既有的内部表征不匹配（如出现一个新异刺激），婴儿的朝向反射就会再次发生。

因此，习惯化是测试前语言阶段婴儿的最佳任务之一，因为它不依赖于外显的语言产出，而是依赖于内隐的认知测量（例如，注视时间、吮吸频率、心率等）。此外，基于比较器模型，研究者可通过测试不同程度的新异刺激（例如，新异刺激和习惯化刺激只有一个音素不同，或者有多个音素不同），来确定婴儿所具有的感知和

---

* 朝向反射（orientating response），指的是在环境变化不足以引发惊跳反射（startle response）时，有机体对环境变化（如出现新异的或明显的刺激）的即时反应。——译者

概念的性质。如果婴儿对新异刺激的行为反应增强了,则说明他们具有区分习惯化刺激和新异刺激的能力。从这个角度,习惯化技术本质上是一种衡量辨别能力的方法。

Fantz(1964)发表在《科学》(Science)上的一篇关于人类婴儿视觉习惯化的文章,向心理学研究者介绍了这种可用于探查年幼被试行为的研究方法。然而,值得注意的是,此前已有研究把习惯化技术用于婴儿研究,包括听觉习惯化的研究。例如,Bartoshuk(1962)在实验中以心率为因变量,证明了新生儿会对音调表现出习惯化反应,而当音调强度发生变化时会出现去习惯化反应。一旦证实了婴儿可以对音调产生习惯化和去习惯化反应,就为研究者进一步使用类似的方法考察其对语音(即音素)的辨别力奠定了基础。

Eimas,Siqueland,Jusczyk 和 Vigorito(1971)在一项关于婴儿语言感知的开创性研究中,使用吮吸频率作为习惯化任务中的因变量,考察 1 个月和 4 个月大的婴儿对辅音的辨别能力,特别是发声的对比。在声道相同的位置、以同样的方式产生的辅音会在声带振动的时间上存在差异。例如,/b/和/p/都是从嘴唇发出的爆破音,但它们的发音不同。对于说英语的人,当空气从嘴里喷出大约 25 ms(或更长)后发生的声带振动听起来像/p/,而在此之前发声的声带振动听起来像/b/。在 Eimas 等人的研究中,婴儿首先会听到一个反复呈现的声音,声音的强度取决于婴儿有力的吮吸。一旦婴儿的吮吸频率降低 20%,就会在两种实验条件下呈现新的声音刺激:在一种实验条件下,新的声音刺激来自相同的语音类别(即,一个新的/b/声,与原始刺激的发声时间相差 20 ms);在另一种实验条件下,新的声音刺激来自不同的语音类别(即,发声时间相差 20 ms,但跨过了从/b/到/p/的边界)。而在对照条件中,婴儿的吮吸频率下降 20%后,播放和此前相同的声音。婴儿只有在呈现不同语音类别的声音刺激时,才出现去习惯化反应,即当声音变化时吮吸频率增加。

上述实验强调了婴儿习惯化研究的一些重要方面。首先,研究者可以使用习惯化技术测试范畴知觉(categorical perception),因为研究者可以判断声学上不同的刺激是否会产生持续的习惯化或去习惯化反应。正如 Thompson 和 Spencer(1966)总结习惯化技术的特征时所强调的,"对给定刺激的习惯化反应会泛化到其他刺激上"。因此,我们可以假设,对听觉上不同的刺激缺乏去习惯化意味着婴儿认为它们属于同一类别,或者刺激的差异太微弱以致无法察觉。第二种解释是不太可能的，如果你的实验像 Eimas 等人的实验条件一样，会发现声音差异的程度相似时，只有跨过类别边界的声音会引发去习惯化反应。

其次，使用特定的标准来衡量婴儿对刺激的加工。根据 Sokolov（1963）的理论，目标行为的减少与婴儿对刺激的记忆痕迹的稳固性增加相关。但是，不同的婴儿建立记忆痕迹的能力在时间上很可能存在差异，这是由于个体认知能力，特别是注意力不同。通过要求被试的目标行为达到同等程度的相对降低，研究者可以假设他们对所关注的刺激达到了相似的加工水平。

仪 器

与其他方法相比，如 ERP、fNIRS 或 fMRI，使用习惯化技术考察婴儿的语言能力相对容易。研究者可以在实验室快速地配备必要的实验装置，并且这些装置价格便宜。首先，研究者需要一台能以一种可控的方式呈现实验材料的设备，测量目标行为。由于在习惯化范式中，实验材料的呈现依赖于目标行为的测量结果，因此我们通常使用计算机软件，如 Habit 2（Oakes, Sperka, & Cantrell, 2015）。这个程序可以控制刺激的呈现，计算习惯化标准，并积累行为数据。刺激材料通常为视频或音频文件，通过显示器和扬声器呈现。实验者通过按键远程监控婴儿的行为。在实验中，实验者不知道正在呈现的音频刺激是什么实验条件，也不知道当前试次是习惯化试次还是测验试次。

如前所述，许多早期的婴儿习惯化研究方法使用吮吸频率或心率作为因变量。测量婴儿吮吸的强度或频率时，研究者在婴儿的奶嘴内安装压力传感器，并与相应的设备连接，测量传感器的输出内容。测量心率时，研究者通常需要将三个电极放置在婴儿的胸部和腹部，然后将电极连接到相应设备测量其输出。尽管仍有研究使用这些方法，但在现代的习惯化研究中，即使研究者关注的是对听觉言语刺激的习惯化/去习惯化，最典型的测量指标却是对视觉刺激的注视时间（即 LT）。对听觉刺激的注意程度与视觉注视时间之间存在正相关（Horowitz, 1975）。与上述的早期测量方式不同，LT 的优势在于不需要与婴儿进行身体接触。研究者无须知晓实验条件，只需通过闭路电视观察婴儿，按下连接到同一软件的键盘上的按钮，记录婴儿注视的时间。摄像机的使用令研究者可以在实验后对数据进行编码，以验证实验中的实时测量值。测量注视行为的易操作性，使得这个方法应用广泛。

刺激材料的特征

由于习惯化研究方法的特性,许多考察语言发展的习惯化研究都使用基本的听觉刺激,如简单音节的声学形式的变化。例如,从 Eimas 等人(1971)的研究开始,追踪婴儿音系和语音的发展一直是许多婴儿习惯化研究的关注点。以 Polka 和 Werker(1994)的研究为例,婴儿对一个音节(例如,/dYt/)产生习惯化,然后在测验时听到一个涉及单音素变化的新的刺激材料(例如,/dut/)。如果婴儿对新刺激产生去习惯化,则说明他们可以区分这对目标音素。此类研究范式的一般流程参见图 1.1。这类研究发现:婴儿最初是全能型听众(universal listener),能够区分来自母语和非母语的声音,但在第一年后变成特定语言的听众(language-specific listener)——无法对非母语音素对产生去习惯化。

然而,考察语言发展的习惯化研究并不局限于简单的音节。例如,Mehler, Jusczyk, Lambertz, Halsted, Bertoncini 和 Amiel-Tison(1988)使用了习惯化技术,目标刺激是一篇记叙文,分别用节奏相似和节奏不同的语言朗读(由流利的双语者录制,因此声音来自同一个人)。使用吮吸频率作为因变量,研究者发现两个月大的婴儿可以根据节奏区分母语和非母语,但无法区分两种非母语。

人们甚至可以使用视觉刺激来检验语言区辨力。Weikum, Vouloumanos, Navarra, Soto-Faraco 和 Sebastián-Gallés(2007)以一种新颖的方式向婴儿播放了流利的法-英双语者用每种语言朗读文章的无声视频片段。4 个月和 6 个月大的婴儿(8 个月大的婴儿不行)在对英语视频片段产生习惯化后,可以对法语视频片段产生去习惯化,反之亦然。这表明在视觉领域内,婴儿的知觉(分辨力)具有在视觉上区分母语和非母语的早期能力。有趣的是,对于两种语言都是母语的法-英双语婴儿来说,长大之后仍然具有这种分辨力。

最后,一些习惯化研究并不关注视觉或听觉刺激材料,而是通过在习惯化过程中将物体和单词形式配对来探讨二者之间的联系,然后测试婴儿对新的单词-物体联想的反应(图 1.1)。因此,这些研究有助于理解早期语言发展的一个主要领域:早期词汇学习。例如,诱发词汇学习的一种简单方法是用一个可命名的图形替换辨别实验中通常所用的视觉图案。但是,婴儿在测试阶段可能会通过忽略图形、只专注于新异刺激标签变化的方式,成功完成这个实验。Werker, Cohen, Lloyd,

Casasola 和 Stager（1998）创造了一个被称作替换任务（switch task）的习惯化的试听版本解决了这一问题（图 1.1）。婴儿对两个单词-物体联想产生习惯化（例如，物体 A-单词 A；物体 B-单词 B），然后在两种试次中进行测验：一种是相同试次，由一个习惯化匹配对组成（例如，物体 A-单词 A）；另一种是替换试次，由错误的匹配对组成（例如，物体 A-单词 B）。重要的是，替换试次同样由一个习惯化物体和一个习惯化词汇组成，但却是以一种新异的方式联系起来。在此情况下，婴儿只有适当地将单词和物体联系起来时才会出现去习惯化。

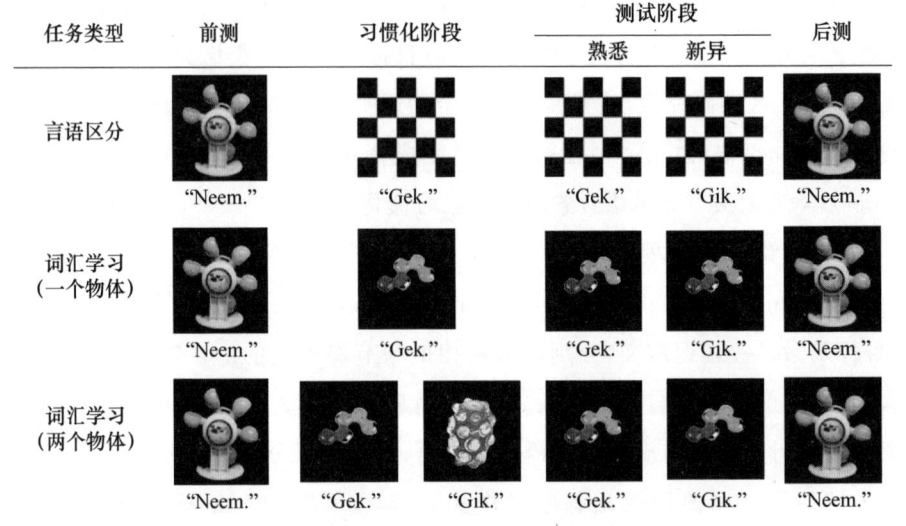

任务类型	前测	习惯化阶段	测试阶段（熟悉 / 新异）	后测
言语区分	"Neem."	"Gek."	"Gek." / "Gik."	"Neem."
词汇学习（一个物体）	"Neem."	"Gek."	"Gek." / "Gik."	"Neem."
词汇学习（两个物体）	"Neem."	"Gek." / "Gik."	"Gek." / "Gik."	"Neem."

图 1.1　婴儿语言习惯化任务示例（又见书后彩插）
涉及两个物体的任务是替换任务（即要求被试在两个任务间转换注意力）。

实　验　程　序

婴儿语言研究中的习惯化技术通常包括四个步骤：前测、习惯化阶段、测试阶段、后测。图 1.1 描述了三种任务类型的实验程序。每一阶段都包括一些试次，视觉和听觉刺激会同时呈现。实验开始前可以使用"注意力吸引器"（attention-getter）让婴儿转向屏幕。以前的研究中使用过各种各样的吸引注意力的方法，包括：无声的闪光，无声的、变化的、五颜六色的形状，以及伴有笑声的婴儿的脸。一旦婴儿看向屏幕，实验试次就开始了。试次可以是固定时长的，也可以是由婴儿控制的。例如，如果婴儿的视线离开刺激材料 2 s，当前试次结束并开始下一个试次。

前测

在前测中，婴儿接触到的刺激材料不同于习惯化阶段的重复刺激。设置前测试次是因为婴儿需要习惯刺激材料呈现的方式。因此，此阶段可作为研究正式开始前的热身。

习惯化阶段

习惯化阶段是实验的关键。这一阶段要考虑的一个重点是听觉刺激的强度。正如 Thompson 和 Spencer（1966）在总结习惯化特征时强调的那样，"强刺激可能不会产生显著的习惯化"。例如，人们很难对警报器产生习惯化。因此，听觉刺激通常以大约 65 dB 的音量播放，足以被婴儿听到，又不会太大声以至于无法产生习惯化。以此类推，视觉刺激也只需在视觉上适度地吸引人。此外，研究者必须确定的另一个设置是习惯化的标准。一个常用的标准是 LT 降低 50%（Ashmead & Davis，1996），一些研究者主张对较小的婴儿使用更严格的标准（如 70%），因为他们的认知功能还未发育成熟，需要更多的时间去加工这些刺激（例子参见 Flom & Pick，2012）。另一个需要考虑的因素是判断反应减弱所依据的时间窗。如果一个刺激重复出现，许多研究者会选择三个实验试次作为时间窗。例如，如果婴儿在前三个试次中总注视时间为 50 s，则在随后的三个反馈试次的时间窗的总注视时间少于 25 s，才算作完成了习惯化。Ashmead 和 Davis 根据计算建模的结果认为其比两个试次的时间窗更稳定。

另外两个重要的因素与时间窗有关。首先，研究者可以选择固定时间窗或滑动时间窗（sliding window）。滑动时间窗以动态的总注视时间作为习惯化指标（例如，先将试次 2、3、4 和试次 1、2、3 进行比较）。固定时间窗比较随后的组块（包含三个试次）与之前的标准组块（例如，先将试次 4、5、6 与试次 1、2、3 进行比较）。Oakes（2010）建议尽可能使用滑动时间窗，优点是平均实验长度更短、习惯化阶段更短、被试流失更少。然而，如果婴儿对两种实验刺激产生习惯化（例如，两种单词-物体组合），应使用固定时间窗（尽管可能会增加被试流失的概率），以确保婴儿在习惯化过程中接收到两种刺激类型的试次数量是相等的。其次，基于第一个试次的组块——在该组块内婴儿通常对刺激有最强的行为反应（但并非总是如此），或基于对刺激行为反应最强烈的组块（无论它在何时发生）设置习惯化标准。大部分研究者选择前者,因为婴儿对后面组块反应的增加可能由与习惯化曲线无关的因素所致(例如,婴儿被自己的喷嚏吓到,或者由于唤醒度增加而重新看向刺激)。

尽管存在习惯化标准,研究者仍然应该限制实验中的试次数目。如果不设上限,一些婴儿实验将无法在合理的时间内结束,因为他们不会达到习惯化标准。Dannemiller(1984)建议婴儿习惯化研究中的试次数目最多为 15 个。根据他建立的蒙特卡罗模型(Monte Carlo modelling),在这个试次数目上,婴儿偶然产生习惯化(不是真的形成习惯化)的风险为 5%。将最大试次数设定得较低的代价是,达到习惯化标准的婴儿的人数更少。然而,增加最大试次数,会增加偶然达标的概率和被试流失的概率。Oakes(2010)建议对婴儿进行预实验和/或检索类似研究,以确定特定研究的最佳试次数目。

测试阶段

实验的测试阶段应包括新异刺激和习惯化的熟悉刺激的重复呈现,且应在不同被试间平衡实验顺序(Werker et al., 1998)。为什么不能只呈现新异刺激,然后将其与最后一个习惯化组块进行比较呢?这样做的主要问题是,最后一个习惯化组块的行为反应水平必然很低,并且可能是人为原因造成的(参见 Cohen, 2004)。这可能是由于婴儿出于与习惯化无关的原因而减少了对刺激的注意力,如房间里其他因素的干扰,比如父母在座位上移动。因此,这样做可能对习惯化反应产生错误的判断。通过呈现新的刺激和重复熟悉的刺激,研究者可以确定婴儿是否可以检测到习惯化刺激和新异刺激之间的差异。一些研究者把这种操纵作为组间设计,但无论是从统计上还是实际操作上,我们都不推荐这样做。因为这样做会引入更多与组间个体差异相关的误差,并且被试数也需要翻倍。

后测

最后呈现后测试次,并且应该最大程度地区别于习惯化和测试阶段。如果婴儿仍然专注于实验,后测的注视时间应该恢复到或接近前测的水平。

数据收集和分析

如前所述,收集数据的最佳方法是使用习惯化研究的专用软件,如 Habit。这个程序可以持续地比较婴儿对刺激的行为反应——注视时间,比较一个组块中的 LT 和前一个组块中的 LT,以确定婴儿何时达到习惯化标准。重要的是,在对习惯化和测试阶段的数据进行统计分析之前,如果不是直接测量(例如,对 LT 的眼动追踪,用心电图测量心率),我们必须确定实验者对目标变量编码的可靠性(例如,手动按键记录 LT)。一个标准是让另一个编码员看这些实验的视频,重新编码 25% 的目标试次。在这种情况下,如果用皮尔逊积差相关检验得出两个编码员的编码一致性大于等于 0.95,则认为原始编码是可靠的。更精准的方法是让两个编码员使用 SuperCoder 等免费软件(Hollich,2005),通过逐帧分析对所有视频进行评分。

研究者还应在检验新异性效应和熟悉性效应之前,报告对于习惯化阶段的分析。为了确定婴儿在整个实验过程中都保持兴趣并且从习惯化中恢复过来,可能的方法之一是进行一系列事先计划好的正交比较:首先比较前测和后测的试次,如果二者相同,就将这些试次和最后一个习惯化组块进行比较。我们预期如果婴儿仍专注于实验,则在后测时,LT 将恢复到前测时的水平。因此,前测和后测试次应该没有显著差异。然而,前测和后测应该与最后一个习惯化组块存在显著差异,从而证明被试发生了去习惯化。然后可以通过配对样本 t 检验将第一个习惯化组块和最后一个习惯化组块的注视时间进行比较,以确认在整个习惯化阶段,注视时间显著下降。最后,应报告完整的习惯化阶段的描述性统计(即习惯化试次的平均次数,习惯化阶段的平均注视时间)。如果实验中有多个条件或分组,则应该用混合设计 ANOVA 对这些条件或分组进行比较,以确保不同条件和组间有相似的习惯化行为。例如,在表 1.1 中,实验 1 和实验 2 的婴儿的习惯化试次数相同,但实验 2 的婴儿在习惯化过程中有更多的主动注视。这可能体现了其任务设置是成功的(即,对新异刺激的注视时间显著高于熟悉刺激)。另外,实验 3 和实验 4 中的婴儿具有相似的习惯化时间,但在测试中表现不同。因此,这些结果不能归因于习惯化差异。

表 1.1　四个实验的习惯化数据模拟,因变量为注视时间

实验	习惯化试次	习惯化时间	熟悉试次	新异试次
1	8 个	112 s	11.5 s	12.2 s
2	8 个	180 s	8.1 s	12.8 s
3	12 个	200 s	7.9 s	12.4 s
4	12 个	210 s	8.3 s	8.1 s

注:所有数据均为平均值。

为了确定测试阶段婴儿是否对新异刺激出现去习惯化,研究者应该将新异试次和熟悉试次进行比较。由于该试次是一个组内变量,此处应该使用配对样本 t 检验。如果某个组间变量对于结果的解释很重要,则应该使用混合设计 ANOVA。例如,由于经常有研究报告女性的语言能力优势,性别因素通常被包括在测试语言技能的习惯化研究中。事实上,在涉及婴儿的单词-物体联想(即词汇学习任务)的习惯化研究中发现,存在女性优势(Fennell, Byers-Heinlein, & Werker, 2007)。在使用习惯化技术的婴儿语言研究中,为了追踪发展变化,另一个常见的组间变量是年龄(Werker et al., 2002)。

表 1.2　收集和分析数据的步骤

时间顺序	目的
实时习惯化数据收集	为了确定是否以及何时产生习惯化,使用专门的计算机程序(如 Habit),实验者输入数据(例如,当婴儿注视时按键),实时收集被试行为反应。持续对组块间的反应进行对比,确定是否达到习惯化标准。
客观数据收集	在理想情况下,实验者应该使用完全客观的方法(例如,视频记录婴儿的注视)同时收集相关的行为反应。
编码	① 确认实时习惯化数据的准确性。对至少 25% 的被试的原始数据进行编码。针对注视时间,研究者可以使用视频软件(如 SuperCoder)检验婴儿每一帧的注视时间。为了验证准确性,使用皮尔逊积差相关检验习惯化和原始数据编码的相关系数是否大于等于 0.95。 ② 建议对所有被试的关键试次进行精准编码,以最大限度地提高准确性。
排除疲劳	对前测、后测和最后一个习惯化组块进行事先计划好的正交检验。前测和后测应该表现相同,从而确认婴儿没有因为实验而感到疲劳。后测应该和最后一个习惯化组块表现有差异,从而确认被试从习惯化中恢复过来。
验证习惯化	使用配对样本 t 检验比较第一个和最后一个习惯化组块,以确认行为反应的显著下降。
验证去习惯化	使用配对样本 t 检验比较新异和熟悉试次。通常,二者之间的显著差异表明新异试次的行为反应超过了熟悉试次。在极少情况下,效应可能是相反的。如果一个组间变量是解释结果的关键,需要使用包含该因素(如性别)的混合设计 ANOVA 进行检验。

研究示例

为了说明如何使用习惯化技术来考察早期语言发展,我们将介绍一项涉及多种实验条件和人群的研究。在介绍 Fennell 和 Byers-Heinlein(2004)的研究之前,先讲一些背景知识。Byers-Heinlein,Fennell 和 Werker(2012)使用替换任务发现单语和双语婴儿具有相似的单词-物体联想技能,在 14 个月左右时,当涉及的单词发音不同时(例如,/lif/和/nim/),婴儿能够确实地注意到习惯化的单词-物体之间的错误搭配。与发音不同的词汇研究结果相反,Werker,Fennell,Corcoran 和 Stager(2002)使用替换任务发现,在单语环境中长大的婴儿,在 17 个月大之前,学习发音相似的单词时存在困难。Fennell,Byers-Heinlein 和 Werker(2007)将后者的研究扩展到双语者。在这项研究中,14、17 和 20 个月大的双语婴儿在习惯化任务中接受了两种单词-物体搭配条件:一个五颜六色的皇冠状物体搭配一个无意义词"bih",以及一个蓝绿色分子结构状物体搭配"dih"。结果发现,和此前研究中的单语婴儿不同,双语婴儿直到 20 个月大,都没有对替换后的配对(例如,五颜六色的皇冠状物体搭配"dih")产生去习惯化。因此,双语者似乎在将新出现的声音整合进单词学习方面存在"延迟"——他们可以接受一个发音相似,但错误的单词作为物体的标签。Fennell 等人认为,"忽视细节"(less is more)可能适用于双语者;通过整合更少的信息到词形中,他们可以在词汇学习上与单语同龄人表现相当。

但是,Mattock,Polka,Rvachew 和 Krehm(2010)的研究表明,故事并非如此简单。Fennell 等人在研究中请了一位英语单语者进行录音。Mattock 和她的同事证明,如果给 17 个月大的法-英双语婴儿听一组由法-英双语者读出的法语和英语混音符号(token),婴儿可以成功完成实验。单语婴儿在这种混音刺激实验中却失败了。由此,Mattock 等人发现了与 Fennell 等人相反的结果:双语者成功,而单语者失败。Mattock 等人认为双语者可能在语音表征上有更大的灵活性,因此他们可以成功完成单语者无法完成的混音符号任务。但是,Mattock 等人并没有对双语婴儿进行单语刺激实验。

Fennell 和 Byers-Heinlein(2014)假设之前的两种解释都可能是不正确的。在学习相似词发音时,既没有双语者延迟,也没有双语者优势。单语者和双语者可能只是单纯地在"非母语者"发音任务中表现不好,就像 Fennell 等人使用单语者的读音,Mattock 等人使用双语者的读音。即使是同一种语言,双语者和单语者在发音时也存在差异(Antoniou,Best,Tyler,& Kroos,2011)。因此,这一假设与研究发现婴儿对有口音的语音存在加工困难相一致(Antoniou,Best,Tyler,& Kroos,2011)。为了验证这一假设,我们进行了一项完全交叉实验设计,实验中英语单语婴儿和法-英双语婴儿会听到单语和双语者读出的目标词。

研究使用标准的替换任务对婴儿进行测试(图 1.1)。实验试次固定为 20 s,即不由婴儿控制。第一个试次是前测,包括一个单词-物体配对(一个旋转的水轮玩具和/nib/进行配对),与习惯化阶段呈现的试次完全不同。两个习惯化配对分别是皇冠状物体和/kem/,以及分子结构状物体和/gem/。一个区组有 4 个试次,每种匹配对呈现 2 次,同一类试次连续呈现不超过 3 次。计算一个区组内 4 个试次的平均注视时间,当一个区组的平均注视时间比前一个区组的最大注视时间降低 65% 时,习惯化阶段结束。习惯化阶段最多 24 个试次——这是替换任务的典型试次数。在测试阶段,向婴儿呈现一个相同的及一个替换的试次。为了平衡试次顺序(相同-替换/替换-相同)和特定的匹配对,共有 8 种测试顺序。后测是对前测中所使用的与习惯化阶段完全不同的刺激的重复。实验过程中,婴儿坐在父母腿上。所有的视频直接呈现在婴儿面前的屏幕上,而音频刺激则通过屏幕下方的扬声器以 65 dB 的音量播放。婴儿的注视通过隐藏在屏幕下方的摄像机记录下来。所有的试次由一名经验丰富,并且对实验设置保持盲态的编码员逐帧编码(即,检查每一帧视频以确定婴儿是否在注视目标)。随后,另一名编码员对这些试次的 25% 进行重新编码,以确保较高的信度。

61 名 17 个月大的婴儿成功地完成了这个研究:其中有 31 名单语婴儿和 30 名双语婴儿。每组 16 名婴儿听到双语者读出的目标词混音,14 名婴儿听到单语者读出的目标词。此外,还有另外 24 名婴儿接受了测验,但由于在测验过程中出现哭闹、父母干扰、注意力分散,或因测验试次无摄像而没有纳入统计分析。对于这个年龄段的被试来说,这是正常的流失率。

首先,数据分析证实了婴儿在所有条件下都对实验刺激产生了习惯化。2(习惯化区组:第一个或最后一个)× 2(语音类型:单语或双语)× 2(婴儿的语言背景:单语或双语)的三因素方差分析结果显示,在所有条件下,婴儿在最后一个习惯化区组中的注视时间显著低于第一个区组,并且不存在交互作用。在各个实验条件下,达到习惯化标准所需的试次数和总注视时间在统计上没有差异。因此,测验中的任何差异都不能归因于习惯化过程中注视时间的区别。相比最后一个习惯化区组,所有组别的婴儿在后测中都出现显著的去习惯化。因此,婴儿没有出现疲劳或整体上对任务失去兴趣的问题。因为所有的习惯化检验都是正常的,所以我们可以对测验试次进行统计检验。

测验试次的关键部分是测试阶段,如刺激材料与婴儿的语言环境是否相匹配(刺激匹配;例如,一个单语婴儿听到来自单语发音者的语音),以及婴儿的语言背景。2(试次类型:相同或替换)× 2(刺激匹配:匹配或不匹配)× 2(婴儿的语言背景:双语或单语)的混合设计 ANOVA 结果显示,试次类型具有显著的主效应,并且受到其与刺激匹配之间的显著交互作用的调节。没有发现其他效应。因此,婴儿对相同和替换试次的注视时间差异取决于他们听到的语音是否与他们的学习环境相匹配,单语者和双语者表现出相同的模式,因为没有发现语言背景的影响。对每种条件下的相同和替换试次进行了事后检验,并对多重比较问题进行了适当的修正。结果显示,婴儿只有在听到与其语言背景相匹配的语音时才会检测到新异匹配对(即,差异最小的变化);双语者听到双语混音,单语者听到单语混音。因此,这个相对简单的习惯化任务显示,双语婴儿与单语婴儿相比既没有优势也没有劣势;婴儿单词学习的最佳刺激材料是那些以类似于婴儿日常语言环境的方式呈现的刺激,这也阐明了婴儿的语音发展规律。

优点和缺点

我们已经强调了习惯化技术的优点。这种方法的信度是一个关键优势,尤其是研究对象是儿童。多项研究表明,婴儿的习惯化反应在短期(Bornstein & Benasich, 1986)和长期(Miller et al., 1979)都是稳定的。正如 Bornstein 和 Benasich 所强调的,这种心理测量上的信度为将习惯化技术应用于婴儿研究提供了可操作性。这种方法简单且对技术要求较低,因此非常容易实现。例如,如果想要检验音素的区辨力,使用习惯化技术的成本比脑电研究(另一种能有效检验区辨力的技术)低得多。实验成本既体现在所需的技术上——ERP 设备(多台计算机、软件、脑电帽等)价格较高,也体现在所需的时间上(培训、编码、分析等)。习惯化任务在婴儿研究和非婴儿研究中都有很长的应用历史。这为研究者提供了扎实的文献基础,思考如何设计和探索相关的任务,并解释可能的结果。像 fNIRS 这种新的研究方法,还没有丰富的文献资料,结论更多地是推测出来的。

习惯化技术的另一个优势是可应用于所有年龄段的被试。例如,另一种常用于确定婴儿语音分辨技能的方法——条件化头部转向法(conditioned head turn procedure),适用的年龄范围是有限的。这项技术通过训练的方法,让婴儿在检测到语音变化时转头。Werker、Polka 和 Pegg(1997)认为,这项技术最适用于婴儿6~10个月这段短暂的发展期,因为6个月以内的婴儿头部控制能力有限,而10个月以上的婴儿由于过于好动而无法坐着完成包括训练和测验在内的长时间任务。习惯化技术适用于所有年龄段,从婴儿到成年人。这是一个基本的心理过程,并且可根据每个人的认知技能进行调整。但是,需要指出的是,随着婴儿年龄的增长和行动能力的提高,他们在习惯化任务中确实会变得更多动。适用于婴儿年龄的习惯化标准(基于以往研究)和对其反应的细致测量可以缓解这一问题。

还有一种在婴儿语言研究中经常使用的技术:注视偏好(preferential looking;例如,视听同步和跨通道优先注视范式;见第二章)。这种技术通常包括同时向儿童呈现两种视觉刺激,并在听到与其中一种视觉刺激相关的听觉刺激时,测量儿童对每一种视觉刺激的注视时间。通常,研究者使用这种方法考察词汇知识(例如,婴儿在屏幕上看到一只狗和一只猫,当听到"狗"这个词时,看向狗的时间更长)。另一种形式是转头偏好法(见第二章),婴儿将头转向一个视觉刺激时,会听到一个听觉刺激,当婴儿将头转开时听觉刺激停止播放。婴儿对一种刺激的偏好(例如,母语相比于非母语)可以根据其对每一种听觉刺激的播放时间进行推论。上述例子表明,这些技术经常用于考察婴儿对在自然语言环境中学到的刺激的偏好。同时,习惯化技术总是要求被试达到某一个标准水平,必然教会婴儿新的信息(如新词)或让他们重新熟悉来自环境中的信息(如语音)。因此,习惯化技术的优势还包括能够确保婴儿在测试前已经对刺激进行了处理。与此相对应,一个缺点是,习惯化技术的记忆负荷更高——连续地呈现实验试次,而注视偏好法同时呈现待选项,因此所有信息都可以看到。习惯化阶段后连接视觉偏好的混合任务可以最大化地发挥这两种技术的优势(Yoshida、Fennell、Swingley、& Werker,2009)。视觉偏好任务的一大优势在于,研究者可以在实验过程中呈现多个刺激(例如,测试多个单词的知识),而不需要训练阶段。习惯化技术仅限于比较熟悉的和新异的刺激。

与习惯化技术相似的是熟悉化(familiarization)研究方法。和习惯化技术不同,熟悉化研究方法给婴儿呈现刺激直到婴儿达到一定的注视时间(例如,总共5 min)或一定数量的试次。这种方法存在一个主要的问题:与习惯化技术不同,该方法没有为每个被试量身定制学习阶段。不是所有的婴儿都需要相同的时间来学习同一个刺激。一些婴儿可能需要30 ms来加工呈现的信息,而另一些婴儿可能需要 2 min。由于无法通过特定标准来控制个体学习的差异,这类研究更容易产生奇怪的效应。例如,相比于新异刺激,被试更容易对熟悉的刺激产生偏好(我们将在下文讨论),或者一部分被试可能由于没有对刺激进行加工而没有产生结果(null result)。

在使用习惯化技术时,一个显著的问题就是存在所谓的熟悉效应(familiarity effect)。婴儿对一个刺激产生习惯化后,可能会表现为对新异刺激的行为反应减弱,而对重复呈现的习惯化刺激的反应增强或维持不变。这与习惯化研究中典型的新异效应(novelty effect)相反:对新异刺激的行为反应增强,而对重复出现的习惯化刺激的反应减弱或维持不变。但是,这种非典型的反应可能不是一个真实存在的问题,而是反映了婴儿对刺激材料的加工。

熟悉效应和新异效应与婴儿处理习惯化刺激材料时的加工难度有关。婴儿会回避以非最佳刺激水平呈现的刺激,或对其不感兴趣(Cohen,2004;Huner & Ames,1988)。由于婴儿的认知还不成熟,他们最初会主动回避复杂的刺激,直到熟悉了刺激的特性后才开始产生偏好。婴儿在习惯化阶段接触过于复杂的信息,可能会在测试阶段对熟悉的刺激表现出"偏好",因为他们仍在试图加工刺激的成分并拒绝新的复杂信息(即新异刺激)。例如,单语婴儿听到来自双语者的混音时,看向相同试次的注视时间似乎长于基于其他实验条件的数据预期的时间。这种差异可能反映了一种较弱的熟悉效应,这是由该实验条件的刺激复杂度增加导致的。在单语环境中长大的婴儿可能很少有机会听到双语者说话,而双语婴儿常常听到单语者说话。当然,其他两种情况也没有那么困难,因为婴儿听到的是来自环境的典型声音。

需要指出的是,Cohen(2004)认为我们应该采取严格的习惯化标准。例如,以行为反应降低 50% 为标准,避免可能的熟悉效应。当然,使用严格的标准会增加被试流失的数量,因为婴儿的状态可能会从感到无聊到极度活跃,直到不再参与。考察以往对相同年龄段婴儿的类似研究,应该可以为研究者提供适当的习惯化标准和对于那个年龄段的婴儿最优的刺激的建议。

另一个问题是婴儿对某些习惯化刺激有偏好,这会干扰或阻断习惯化反应,或者会导致假熟悉性及在测试阶段对新异刺激的偏好(Oakes,2010)。此外,选择适当的习惯化刺激是关键:不要使用婴儿有强烈偏好的刺激,以确保在被试群体中，熟悉刺激和新异刺激具有相似的偏好程度。偏好程度可以通过预实验来测得，或者通过相关领域的文献综述获得。

最后，我们不能自动地将习惯化被试（habituators）和非习惯化被试（non-habituators）视作同一群体。非习惯化被试指的是达到习惯化试次的最大试次数，却没有达到行为反应减弱到一定百分比标准的婴儿。Cohen（2004）强调，相比于习惯化被试，由于非习惯化被试对刺激的加工不完全，他们更有可能通过在测验中表现出熟悉性偏好从而改变研究结果。例如，Werker等人（1998）发现，对于14个月大的婴儿，只有习惯化被试在测验中显示出学习了单词-物体配对的证据，而非习惯化被试则没有。在强调了这些差异之后，有必要指出的是，一些研究没有发现习惯化被试和非习惯化被试的组间差异（Byers-Heinlein, Fennell, & Werker, 2012）。但是，相关研究总是对习惯化被试和非习惯化被试进行比较，以确定是否存在任何差异。

总之，习惯化技术由于设计简单、实施简便，以及在这个领域的悠久历史，成为心理语言学家用来考察婴儿和幼儿的新生、新兴和成熟的语言技巧的基本工具之一。

关 键 术 语

熟悉性偏好（familiarity preference）：在习惯化任务中出现的一种不常见的反应，相比于新异刺激，被试在测试中更关注熟悉（即习惯化）刺激。熟悉性偏好通常表明使用了错误的习惯化标准和/或熟悉的刺激对被试来说太复杂。

熟悉化研究（familiarization study）：和具有个体化标准的习惯化实验不同，在熟悉化研究中，每个被试在相同的预定时间内处理目标刺激。

熟悉刺激（familiar stimulus）：被试在习惯化过程中接受的刺激。

习惯化（habituation）：个体对重复刺激的反应逐渐减少的过程。

习惯化标准（habituation criterion）：在测试阶段开始之前，被试的行为反应必须从习惯化过程的最大反应（有时仅在第一区组的试次中反应最大）下降至设定的百分比。

习惯化曲线（habituation curve）：被试在习惯化阶段的反应模式，通常反应呈现指数下降模式,因此被称为"曲线"。

新异刺激(novel stimulus):不同于熟悉和/或习惯化刺激的测试刺激。如果被试已经从习惯化中适应或学会了熟悉刺激,他们对新异刺激的反应会增加(参见"新异刺激偏好")。

新异刺激偏好(novelty preference):习惯化任务中的经典测试反应,被试对熟悉刺激习惯化后更关注新异刺激,而不是熟悉刺激。

替换任务(switch procedure):习惯化任务的一个联想单词学习版,被试在整个习惯化过程中接受两种单词-物体联想搭配对(物体 A-单词 A;物体 B-单词 B),并在两种试次中进行测验,一种是熟悉的匹配对(物体 A-单词 A),另一种是新异的匹配对(物体 A-单词 B)。如果被试学会了匹配关系,他们会表现出对错误搭配对的新异性反应。

参 考 文 献

Antoniou, M., Best, C. T., Tyler, M. D., & Kroos, C. (2011). Inter-language interference in VOT production by L2-dominant bilinguals: Asymmetries in phonetic code-switching. *Journal of Phonetics*, 39, 558-570. DOI: 10.1016/j.wocn.2011.03.001.

Ashmead, D. H., & Davis, D. L. (1996). Measuring habituation in infants: An approach using regression analysis. *Child Development*, 67, 2677-2690.

Bartoshuk, A. K. (1962). Human neonatal cardiac acceleration to sound: Habituation and dishabituation. *Perceptual and motor skills*, 15, 15-27.

Bornstein, M. H., & Benasich, A. A. (1986). Infant habituation: Assessments of individual differences and short-term reliability at five months. *Child Development*, 57, 87-99.

Byers-Heinlein, K., Fennell, C. T., & Werker, J. F. (2012). The development of associative word learning in monolingual and bilingual infants. *Bilingualism: Language and Cognition*, 16, 198-205. DOI:10.1017/S1366728912000417.

Cohen, L. B. (2004). Uses and misuses of habituation and related preference paradigms. *Infant and Child Development*, 13, 349-352.

Dannemiller, J. L. (1984). Infant habituation criteria: A Monte Carlo study of the 50% decrement criterion. *Infant Behavior & Development*, 7, 147-166.

Eimas, P. D., Siqueland, E. R., Jusczyk, P., & Vigorito, J. (1971). Speech perception in infancy. *Developmental Issues*, 171, 303-306.

Fantz, R. L. (1964). Visual experiences in infants: Decreased attention to familiar patterns relative to novel ones. *Science*, 146, 668-670.

Fennell, C. T. & Byers-Heinlein, K. (2014). You sound like mommy: Bilingual and monolingual infants learn words best from speakers typical of their language environments. *International Journal of Behavioral Development*, 38, 309-316.

Fennell, C. T., Byers-Heinlein, K., & Werker, J. F. (2007). Using speech sounds to guide word learning: The case of bilingual infants. *Child Development*, 78, 1510-1525. DOI:10.1111/j.1467-8624.2007.01080.x.

Flom, R., & Pick, A. D. (2012). Dynamics of infant habituation: Infants' discrimination of musical excerpts. *Infant Behavior and Development*, 35, 697-704.

Harris, J. D. (1943). Habituatory response decrement in the intact organism. *Psychological Bulletin*, 40, 385.

Hollich, G. (2005). Supercoder: A program for coding preferential looking (Version 1.5). [Computer Software]. West Lafayette: Purdue University.

Horowitz, F. D. (1975). Visual attention, auditory stimulation, and language discrimination in young infants, *Monographs of the Society for Research in Child Development*, 39, pp. i-x +1-140.

Humphrey, G. (1933). *The nature of learning in its relation to the living system*. Harcourt, Brace: New York.

Hunter, M. A., & Ames, E. W. (1988). A multifactor model of infant preferences for novel and familiar stimuli. In C. Rovee-Collier, & L. P. Lipsitt (Eds.), *Advances in infancy research* (pp. 69-95), 5, Ablex: Norwood, NJ.

Mattock, K., Polka, L., Rvachew, S., & Krehm, M. (2010). The first steps in word learning are easier when the shoes fit: Comparing monolingual and bilingual infants. *Developmental Science*, 13, 229-243. DOI:10.1111/j.1467-7687.2009.00891.x.

Mehler, J., Jusczyk, P., Lambertz, G., Halsted, N., Bertoncini, J., & Amiel-Tison, C. (1988). A precursor of language acquisition in young infants. *Cognition*, 29, 143-178.

Miller, D. J., Ryan, E. B., Aberger, E., Jr., McGuire, M. D., Short, E. J., & Kenny, D. A. (1979). Relationships between assessments of habituation and cognitive performance in the early years of life. *International Journal of Behavioral Development*, 2, 159-170.

Oakes, L. M. (2010). Using habituation of looking time to assess mental processes in infancy. *Journal of Cognition and Development*, 11, 255-268.

Oakes, L. M., Sperka, D. J., & Cantrell, L. (2015). Habit 2. Unpublished software. Center for Mind and Brain, University of California, Davis.

Piaget, J. (1926). *The language and thought of the child*. New York: Harcourt Brace & Company.

Polka, L., & Werker, J. (1994). Developmental changes in perception of nonnative vowel contrasts, *Journal of Experimental Psychology: Human Perception and Performance*, 20, 421-435.

Schmale, R., Hollich, G., & Seidl, A. (2011). Contending with foreign accent in early word learning. *Journal of Child Language*, *38*, 1096.1108. DOI: 10.1017/S0305000910000619.

Sokolov, E. N. (1963). Higher nervous functions: The orienting reflex. *Annual review of physiology*, *25*, 545-580.

Thompson, R. F. (2009). Habituation: A history. *Neurobiology of Learning and Memory*, *92*, 127-134.

Thompson, R. F. & Spencer, W. A. (1966). Habituation: A model phenomenon for the study of neuronal substrates of behavior. *Psychological Review*, *73*, 16-43.

Weikum, W. M., Vouloumanos, A., Navarra, J., Soto-Faraco, S., Sebastián-Gallés, N., & Werker, J. F. (2007). Visual language discrimination in infancy. *Science*, *316* (5828), 1159-1159.

Werker, J. F., Cohen, L., Lloyd, V., Casasola, M., & Stager, C. (1998). Acquisition of word-object associations by 14-month-old infants. *Developmental Psychology*, *34*, 1289-1309.

Werker, J. F., Fennell, C. T., Corcoran, K. M., & Stager, C. L. (2002). Infants' ability to learn phonetically similar words: Effects of age and vocabulary size. *Infancy*, *3*, 1-30.

Werker, J. F., Polka, L., & Pegg, J. E. (1997). The conditioned head turn procedure as a method for testing infant speech perception. *Early Development and parenting*, *6*, 171-178.

Yoshida, K. A., Fennell, C. T., Swingley, D., & Werker, J. F. (2009). Fourteen month-old infants learn similar sounding words. *Developmental Science*, *12*, 412-418.

扩展阅读

Cohen, L. B. (2004). Uses and misuses of habituation and related preference paradigms. *Infant and Child Development*, *13*, 349-352.

Hunter, M. A., & Ames, E. W. (1988). A multifactor model of infant preferences for novel and familiar stimuli. In C. Rovee-Collier, & L. P. Lipsitt (Eds.), *Advances in infancy research* (pp. 69-95), 5, Norwood, NJ: Ablex.

Oakes, L. M. (2010). Using habituation of looking time to assess mental processes in infancy. *Journal of Cognition and Development*, *11*, 255-268.

Oakes, L. M., Sperka, D. J., & Cantrell, L. (2015). Habit 2. Unpublished software. Center for Mind and Brain, University of California, Davis.

Werker, J. F., Cohen, L., Lloyd, V., Casasola, M., & Stager, C. (1998). Acquisition of word-object associations by 14-month-old infants. *Developmental Psychology*, *34*, 1289-1309.

第二章
视觉偏好技术

Roberta Michnick Golinkoff, Melanie Soderstrom, Dilara Deniz Can, & Kathy Hirsh-Pasek

本章介绍跨通道优先注视范式和转头偏好法的基本原理和研究目的,展示两种方法的发展、使用的仪器、作用,以及随着时代发展和使用产生的范式变体。还将讨论这些方法解决的不同问题,及其如何推动研究领域的发展。最后介绍这些方法的优点和缺点。

引 言

"眼睛会喊出嘴巴害怕说出的话"(William Henry,1729—1786)。改变这句话中的一个词,就能明白使用视觉偏好法(visual preference method)研究语言习得的目的:眼睛会喊出嘴巴说不出来的话。儿童产出语言之前就已经知道很多关于语言的知识。在视觉偏好法出现之前,该领域通过日记研究(如 Brown,1973)和大龄儿童的实验(如 Berko,1958)取得了进展。回顾过去,有两件事对推动语言习得领域的进一步发展十分重要。一是语言理论,打破了关注语言表层的表现形式。例如,Noam Chomsky 的《句法结构》(1957)和《句法理论的若干问题》(1965),这两本著作也因 George Miller 的著作在心理学领域占据了突出的地位(Miller,1965)。二是引入了旨在发掘儿童贫乏的语言产出下暗藏着的丰富语言结构的新方法。例如,当一个孩子说出"妈妈袜子"这样的双词句的时候,语言习得就已经发生了。Martin Braine(1963)、Lois Bloom(1970)和 Roger Brown(1973)等研究者开始分析儿童早期语言产出的语法特征和推定的基本结构(putative underlying structure)。为了研究语言产出的过程,研究者需要对儿童语言发展进行更早期的研究。在口语产出之前,幼儿对语言了解多少?当婴儿既不能说话,也不能按指令做出反应时，我们如何研究这一问题？

当时使用的方法之一是录像，它能够记录动态事件，对语言习得领域的很多方面都有好处。研究者也因此能够测试儿童对动词的理解。由于动词是语法知识的一个关键组成部分，研究者现在可以探究儿童如何看待动词所标注的事件（参见Hirsh-Pasek & Golinkoff, 2006）。此外，录像能够对被试的表现生成永久性的记录，因此能够离线计算出可靠的视觉注视情况。

发展、假设和原理

现代视觉偏好技术起源于 Robert Fantz（1958，1964）的著作。他对视敏度很感兴趣，发现婴儿对不同宽度的条纹有不同的反应。这一时期，研究者推测，视觉注视可能是了解语言发展的一个窗口（Colombo & Bundy, 1981; Horowitz, 1975）。Horowitz（1975）对婴儿使用了视觉偏好法，与无声呈现的情况相比，婴儿在语言伴随呈现的情况下会更多地看向视觉刺激。随后，1987年，Golinkoff, Hirsh-Pasek, Cauley 和 Gordon 在一篇题为《眼见为实》(*The Eyes Have It*)的论文中改编了 Spelke（1979）研究语言习得所使用的方法。Spelke 向 4 个月大的婴儿展示了 Fantz 配对比较法的动态、多模态版本。Fantz 的研究主要关注视敏度，而Spelke 的改编是为了研究婴儿是否知道哪些视觉刺激与哪些声音相配。婴儿同时看到两个事件（例如，一头驴在桌子上跳跃和一个人在拍手），同时伴随着只与其中一个动作相匹配的听觉刺激（例如，拍手的声音）。结果发现，婴儿更多地看向与听觉刺激匹配的事件，而不是另一个事件。

Golinkoff 等人（1987）意识到，这种方法适用于研究语言理解。儿童是否会更多地看向与他们听到的语言相匹配的场景，而非不匹配的场景？看向匹配场景表明婴儿自然而然地寻找与他们听到的声音相匹配的场景，这一特点对于发现语言学习的隐蔽性特点是很有用的。16个月大的幼儿会将单词与表达单词含义的视觉表征相匹配（即将鞋的图片与鞋这个词相匹配），潜在的语法也是可用的。16个月大的孩子，只说了两个词，就已经在看一个与七个词的句子相匹配的事件，如："大鸟在哪里给饼干怪兽挠痒痒？"("Where is Big Bird tickling Cookie Monster?") 而不是寻找和看向一个与他们听到的内容不匹配的事件（Hirsh-Pasek & Golinkoff, 1996; Golinkoff, Ma, Song, Hirsh-Pasek, 2013）。

在发展跨通道优先注视范式（intermodal preferential looking paradigm, IPLP）的同时，另一个程序——转头偏好法（head turn preference procedure, HPP）也在发展（Hirsh-Pasek et al.，1987；Kemler Nelson et al.，1995）。虽然注视偏好任务明确地测试了婴儿将单词与特定的视觉刺激配对的情况，但转头偏好法旨在探究婴儿对语言的语音属性的了解，而不需要婴儿理解所听到的内容的含义。通过一个单一的视觉呈现（通常是闪烁的灯光，有时是电视屏幕上的视觉呈现，如闪烁的圆圈或棋盘图案）来测量婴儿对不同听觉刺激的相对偏好。由于不可能通过行为测试直接测量婴儿正在注意什么听觉刺激，因此将听觉刺激与视觉呈现配对，以婴儿对视觉呈现的注意替代对听觉注意的测量。Hirsh-Pasek 在看到她的儿子来回转头以跟随扬声器播放声音的那一侧时设想了这种方法。Hirsh-Pasek 等人（1987）首次使用这种方法来研究婴儿对从句的韵律特征（prosodic characteristics）的感知。所有超过 1 s 的停顿都从用儿向语言（infant-directed speech, IDS）读出的语篇中删除，1 s 的人工停顿被插入句子边界（与发音单位的边界重合）或句子中的其他地方（不与发音单位重合，但不像插入单词中间那样有明显的破坏性）。婴儿（7~10 个月大）更喜欢人工停顿与从句边界一致的句子，这表明他们非常适应与主要语言成分相一致的线索。几年后，Jusczyk 和 Aslin（1995）在实验基本程序中增加了一个熟悉阶段，使研究者不仅可以测试婴儿从日常经验中带入实验室的偏好，还能够在实验室引入新的偏好刺激，然后在同一范式中进行测试。

IPLP 和 HPP 的主要优点是需要婴儿做出的反应很小，但具有意义。目光的转移或头部的转动对婴儿的要求很低，从而减少了使用复杂的运动行为来执行命令或做出决策的需要。这些方法的理论基础是，婴儿的注视行为能够反映其与生俱来的探索世界内在结构的认知倾向——如"匹配/不匹配""一致/不一致""熟悉/不熟悉""偶然/非偶然"等特征。这些方法还建立在一个更基础的假设上：婴儿在会说话之前就能够对语言刺激做出反应。事实上，婴儿似乎正在寻找语言的规律性。

IPLP 和 HPP 都依赖于一个关键的假设，即婴儿对视觉刺激的注视行为可以用来推断其语言敏感性。在视觉偏好范式中，婴儿在听到刺激时的注视行为是在两个视觉呈现中进行比较而做出的，以此来确定婴儿是否认为听觉刺激与一个或两个呈现的刺激更加"匹配"。在 HPP 中，对视觉呈现的注视被视作婴儿对一种听觉刺激的关注或对另一种听觉刺激的偏好的替代测量。由于每种方法都有许多变体，我们首先介绍基本方法，然后再介绍一些变体。

跨通道优先注视范式

跨通道优先注视范式(Golinkoff et al.,1987)使我们能够探索一些语言问题,这些问题只能用该方法在无法听从指令的被试上进行探究,而无法以其他方式研究。这一方法以多种方式来评估婴儿已有的语言知识。第一,IPLP 测试儿童的接受性词汇*(receptive vocabulary)知识和他们所理解的语法结构。第二,IPLP 探索儿童学习新词项的过程(如 Ma, Golinkoff, Houston, & Hirsh-Pasek, 2011)。第三,IPLP 可以探测婴儿是否注意到单词形式的语音属性,如 White 和 Morgan(2008)的研究。他们向 19 个月大的幼儿呈现了熟悉单词的错误发音(例如,"tup"而不是"cup")。根据发音的错误程度,幼儿表现出对杯子(cup)和不熟悉的物体(即一个可能被称为"tup"的新物体)不同程度的注视,这表明他们对音素的特征属性有非常细致的敏感性。第四,IPLP 也用来考察还不具备形态词缀(如复数/s/)产出能力的儿童何时注意到这些词缀并理解其功能(如 Jolly & Plunkett, 2008)。最后,IPLP 被用来评估婴儿如何解释语言结构,如及物动词句和不及物动词句(Hirsh-Pasek & Golinkoff, 1996)。

方法、设备和数据分析概述

想象一个画面:一个孩子坐在父母的腿上看着图 2.1 中的图像(一辆汽车和一只狗)。画外音问道:"汽车在哪里?找到汽车!"一个隐藏的摄像机录下婴儿对这两幅同时出现的图像的注视情况,一位受过训练的研究人员进行离线编码,研究人员对目标视觉刺激的位置并不知晓。实验的假设是:如果婴儿理解了"汽车"这个词,他们会将更多的注视时间分配给"汽车"而不是"狗"。因为在自然环境中,我们会鼓励儿童去看正在被谈论的物体和动作。这个预期绝不是说儿童会把所有的注视时间分配给匹配的图像,因为刺激材料的特征是平衡的,每一个都很有趣。事实上,通过控制一些参数,刺激材料可以具有同等的突显度,包括图像的大小、运动的程度(如果需要的话),以及面孔刺激的情感效价等,在此仅举几例。

最初的 IPLP 使用两个独立但时间同步的电视屏幕,通过一个中央扬声器呈现听觉刺激。随着大屏显示器的问世,刺激材料可以在同一个屏幕上呈现,听觉刺

---

* 接受性词汇是指儿童能够理解其最基本词义的词汇,此外还有表达性词汇,是考察词汇量的两个不同的角度。——译者

激也可以同时发出。* 这一改变至关重要,因为研究者可以更严格地控制视频呈现的时间。婴儿坐在父母的腿上,面向一个大显示器,视觉刺激在与婴儿的眼睛水平处以左右分屏的形式呈现。为了避免"聪明的汉斯"(Clever Hans)效应(即婴儿受到母亲无意识行为的影响),父母被要求闭上眼睛、戴上遮光的墨镜或眼罩。这种设置的另一个重要特点是,在试次之间的间隔呈现一个单一的处于中心的刺激(有时是一个婴儿大笑的视频或一个闪烁的灯光),以此将婴儿的注意力引到屏幕的中间。这样做是为了吸引婴儿,不要只关注屏幕的某一边,同时也会让婴儿从中央注视点开始对刺激进行比较。

图 2.1 跨通道优先注视范式(又见书后彩插)

数据分析通常是通过测量测试试次的总视觉注视时间(total visual fixation time)来完成的,而不是对匹配和非匹配图像的注意。在计算机程序中输入编码人员所判断的婴儿视线位置的信息,以累计婴儿看向匹配呈现、非匹配呈现和离开屏幕的时间。编码人员之间的信度通常很高,因此可以让两名研究人员分别对同一视频进行编码测量。由于在随机水平上每个呈现都是50%的注视时间,偶然产生的差异也被计算在内。除了原始视觉注视时间之外,还使用了一系列因变量。① 比较每个试次中最长的一次注视时间(Ma et al.,2011;Schafer & Plunkett,1998);② 在整个试次中看向目标刺激与分心刺激的比例 (Tincoff & Jusczyk,1999);③ 只使用试次的前两秒,此时婴儿更可能看向他们所认为的新东西(Rose-

---

* 声学刺激可能会被人为修改,如低通滤波(low-pass filtering)——电视扬声器的预处理有时会改变预期的输出,这是本书的一位作者遇到的问题,建议谨慎使用。——作者

berry，Hirsh-Pasek，Parish-Morris，& Golinkoff，2009）。统计检验通常使用方差分析，比较不同试次类型的平均注视时间。一个 IPLP 测试有多个试次,总时间为 3～4 min，并且能使婴儿保持较高的注意水平。

研究人员通常还会统计有多少被试在不同的试次中表现出对目标刺激的总体偏好，作为一种检查，以确保该效应不是样本中的一小部分儿童的结果，因此有时也会进行非参数检验。一旦儿童能够可靠地听从指示（一般在 24 月龄），儿童做出指向其中一个呈现的刺激的行为就可以作为因变量（Maguire，Hirsh-Pasek，Golinkoff，& Brandone，2008）。

IPLP 研究范例

Ma 等人（2011）利用 IPLP 训练儿童学习两个新词，这两个新词呈现在使用儿向语言和成人语言（adult-directed speech，ADS）的句子当中。虽然以往的研究证明婴儿喜欢听儿向语言的语音，但没有证据表明这种方法的使用实际上促进了单词学习（Golinkoff，Deniz Can，Soderstrom，& Hirsh-Pasek，2015）。

在第一个实验中，21 月龄学习英语单语的婴儿被随机分配到用于描述两个新物体的儿向语言或成人语言的语言条件。如表 2.1 所示，研究从任务熟悉阶段开始。要求孩子在一个试次中看向一个已知的物体（"书"或"球"），让婴儿习惯于去看要求他看的地方。随后是呈现测试时要看的两个物体的突显试次。这个试次的目的是测试婴儿在训练和测试之前是否对测试对象存在先验的偏好。接下来是四个训练试次，其间向婴儿展示单个的新物体，并在连续的试次中告诉婴儿新物体的名称。例如，当婴儿看到一个新的物体时会听到："Blick！Blick 在哪里？看 Blick！Blick 在那儿！"同时，通过编程，新的物体降到屏幕的底部，弹跳并进行其他动作，吸引婴儿继续观看。

在测试阶段，婴儿同时看到静态的两个新物体，并被引导在一半的试次中看其中一个物体，在另一半试次中看另一个物体（例如，"Blick！Blick 在哪里？"）。该阶段共有两组测试（每组有四个试次），中间有提醒试次。在每个试次的最后一秒，"目标物体"（即被命名的物体）会弹跳起来，加强或鼓励婴儿看向它。两个提醒试次为婴儿提供了另一个学习新名称的机会。提醒试次之后是第二组的四个试次。视觉注视被逐帧编码，因变量是在每个测试试次中看目标和非目标的时间最长的一次。使用总原始视觉注视时间来对试次进行检验，结果是一样的。此外，婴儿的看护者还完成了简化版的麦克阿瑟交际发展量表（MacArthur Communicative Developmental Inventory，MCDI）——单词和句子（Fenson et al.，2000；见第三章），考察婴儿的词汇知识和他们在 IPLP 任务表现之间的联系。

表 2.1　儿向语言或成人语言中用于婴儿学习两个新词的视觉和语言刺激

	左侧	右侧	音频
任务熟悉阶段	(圆)	(书)	书！找找书！你能找到书吗？那就是书。
	(圆)	(书)	球！找找球！你能找到球吗？那就是球。
突显阶段	(星形物)	(蜷曲物)	没有音频。
训练阶段 （物体动画，四个试次：每个试次 24 s）重复两个试次（modi 和 blick）	(星形物)		看这里！这是 modi！请看 modi。那就是 modi。看 modi 在做什么？现在 modi 要到这里来。modi 去哪儿了？modi 在哪里？modi！modi 在那里！
		(蜷曲物)	看这里！这是 blick！请看 blick。那就是 blick。看 blick 在做什么？现在 blick 要到这里来。blick 去哪儿了？blick 在哪里？blick！blick 在那里！
测试区组 1 （四个试次：每个词两个试次；每个测试 7 s）	(星形物)	(蜷曲物)	modi！modi 在哪？看着 modi！modi 在那里。
	(星形物)	(蜷曲物)	blick！blick 在哪？看着 blick！blick 在那里。
提醒试次 1 （两个试次：每个试次 7 s）	(星形物)		modi！那是 modi。看看 modi。这是 modi。
		(蜷曲物)	blick！那是 blick。看看 blick。这是 blick。
测试区组 2 （四个试次：每个词两个试次；每个测试 7 s）	(星形物)	(蜷曲物)	modi！modi 在哪？看着 modi！modi 在那里。
	(星形物)	(蜷曲物)	blick！blick 在哪？看着 blick！blick 在那里。

资料来源：Ma et al.，2011。

注：空格表示显示器的一侧是空白的。在儿向语言和成人语言中，两个新物体的命名（modi 和 blick）和呈现的位置在四个条件下是平衡的。

图 2.2 展示了婴儿在每个条件下不同区组之间对目标物体和非目标物体的平均最长注视时间(Ma et al.,2011)。进行了 2(条件:IDS 与 ADS)×2(刺激类型:目标物体与非目标物体)×2(测试区组:1 与 2)重复测量方差分析。条件(IDS,ADS)和刺激类型(目标物体,非目标物体)有显著的交互效应,表明儿童在 IDS 和 ADS 条件下表现不同。事前 t 检验显示,在两个区组中,IDS 条件下婴儿看目标物体的时间显著长于看非目标物体的时间。然而,在 ADS 条件下,婴儿在第一个区组或第二个区组中看目标物体的时间并没有显著长于看非目标物体的时间。这些结果表明,婴儿已经在儿向语言中学习了这些词,但在成人语言中没有。第二个实验只测试了 27 个月大的幼儿在 ADS 条件下的表现。如图 2.2 所示,27 月龄的幼儿能够从成人语言中学习词汇。

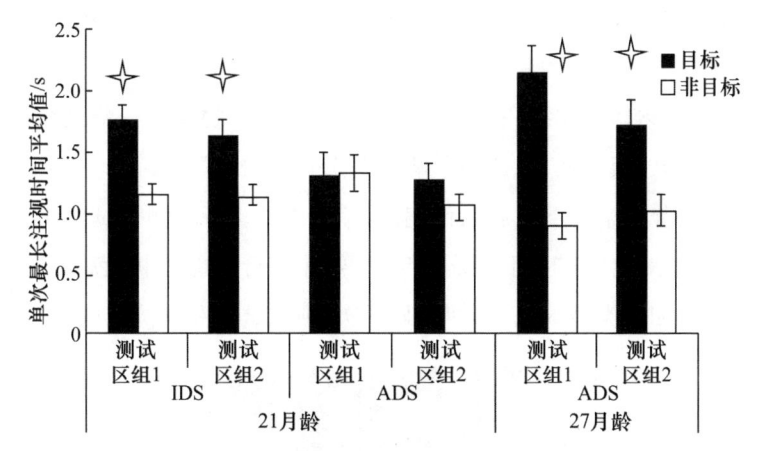

图 2.2 儿向语言和成人语言条件下以秒为单位的单次最长注视时间平均值
(引自 Ma et al.,2011)

跨通道优先注视范式的变体

交互式跨通道优先注视范式

跨通道优先注视范式的一个局限性是,刺激材料都是通过屏幕呈现的。因此,这一范式研究社会线索对语言学习的影响的能力有限。Hollich, Hirsh-Pasek 和 Golinkoff(2000)引入了交互式跨通道优先注视范式(interactive intermodal preferential looking paradigm,IIPLP),IPLP 的三维版本,来解决这个问题。

方法和数据分析概述

与 IPLP 不同,在 IIPLP 实验过程中(图 2.3),由主试提供刺激材料,这使得研究人员能够研究社会线索在语言学习中的作用(Golinkoff et al.,2013)。如表 2.1 所示,该研究的设计与 IPLP 的设计相似。刺激材料是真实物体,用尼龙搭扣贴在一个可以旋转的黑色木制的"翻转板"上,距顶部 20 cm,距两侧 12.5 cm (Fagan, Holland, & Wheeler, 2007)。在桌子的一侧,婴儿坐在父母的腿上,父母闭上眼睛。在桌子的另一侧,主试站在板子后面。由于板子可以旋转,主试可以面对孩子,在板子的另一面添加或移除物体。主试可以翻转板子让婴儿看到物体,严格控制呈现时间。同时,因为参加实验的婴儿可能只有 10 个月大,所以主试需要在开始说话之前通过拍手、敲打翻转板或叫婴儿的名字的方式来提示婴儿看物体。

在给物体贴标签时,主试可以提供社会线索,如积极地在物体和孩子的眼睛之间来回看。为了之后的编码和信度测试,摄像机拍摄了父母和孩子身后墙上的镜子,以捕捉孩子对物体的注视和孩子在翻转板上看到的物体。在测试试次中,主试蹲下身子,躲在翻转板后面,以此不影响儿童选择看向哪里。

在离线且安静的情况下完成录像编码,信度很高。每个测试试次中,儿童注视目标物体与非目标物体的时间都要进行编码,并进行方差分析,就像 IPLP 一样,因为两者通常有相同类型的试次,即突显试次、训练试次和测试试次。

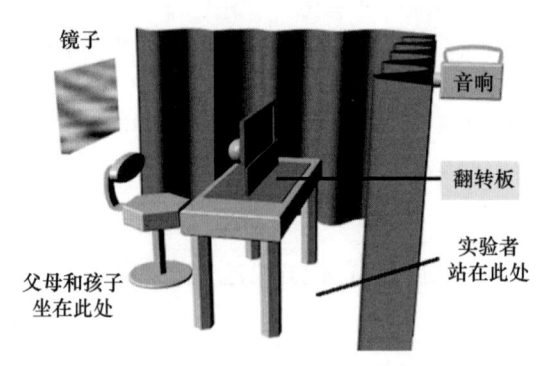

图 2.3 交互式跨通道优先注视范式
(引自 Hollich et al., 2000)

IIPLP 的研究范例

Pruden,Hirsh-Pasek,Golinkoff 和 Hennon(2006)通过考察 10 个月大的婴儿是否会首先使用知觉线索(perceptual cue)——先于社会线索(如目光)——来识别说话者所命名的是两个物体中的哪一个,以此来检验词汇学习的生成联合模型（emergentist coalition model，ECM；Hollich et al.，2000）。如果婴儿更有可能将一个词与环境中感知上突显的物体相联系，他们可能会犯系统性错误，将主试给出的物体名称当作房间中最有趣的物体的名称。婴儿坐在被蒙住眼睛的父母的腿上，距离放在桌子上的翻转板中心 75 cm 远。

刺激材料是四个新的、婴儿不熟悉的物体，它们在知觉上的突显性各不相同。其中两个物体是"有趣的"（颜色鲜艳，有可活动的部分），另外两个物体在颜色和外观上都很沉闷，被认为是"无聊的"。我们选择了四个感知上有区别的标签（"modi""glorp""dawnoo"和"blicket"）与这些物体随机配对。

被试完成四个实验阶段，因变量是视觉注视时间。在探索阶段，婴儿按顺序玩一个有趣的和一个无聊的新物体。在突显阶段，婴儿在翻转板上看到与上一阶段一样的两个物体同时呈现 6 s，预期"有趣的"物体会比"无聊的"物体引起更长的注视时间。自变量是巧合条件或冲突条件，以及婴儿在测试试次中看的是哪个物体。在巧合条件下，婴儿看到主试看向有趣的物体并给它贴上标签。在冲突条件下，主试看向无聊的物体并贴上标签。在训练阶段，根据婴儿处于不同的条件下，有趣的物体或无聊的物体被贴上标签，如"Jordan，看！一个 modi！"主试只有在获得婴儿的注意并有眼神接触后才说话。

最后，测试阶段有四个试次，每个试次持续 6 s。在前两个实验试次中（原始标签测试试次），主试躲在翻转板的后面，婴儿看到翻转板上同时呈现的两个物体。主试问孩子："Jordan，modi 在哪里？你能找到 modi 吗？"除了原始标签测试试次外，还包括第三和第四个测试试次，用来评估婴儿是否真的将一个标签与一个物体配对，而不是简单地因为这个物体更有趣而关注它。在第三个测试试次中，即新标签测试试次，婴儿被要求看"glorp"而不是"modi"。如果他们在训练中给有趣的物体贴上了标签，那么他们在听到新的标签时就应该把目光从有趣的物体上移开。在第四个测试试次中，也称恢复试次，婴儿再次被要求看"modi"。如果他们已经学会了"modi"物体的名称，当提供原来的标签时，他们应该再次看向那个物品。回顾一下，婴儿用不同的物体和标签经历了两个步骤，结果如图 2.4 所示。

独立样本 t 检验显示，10 个月大的婴儿在突显试次中，无论在什么条件下都有相同的表现，这使得汇集数据成为可能。对测试试次的数据进行重复测量方差分析。两个原始标签测试试次的数据平均后，既没有发现条件的主效应（巧合与冲突），也没有发现条件与测试试次之间的交互作用。然而，的确出现了测试试次的主效应。单样本 t 检验显示,婴儿在原始标签测试试次中更多地注意有趣的物体,在新标签测试试次中较少看向有趣的物体,然后在恢复试次中重新看向有趣的物体。换句话说,婴儿把最初的标签与有趣的物体联系起来,而不管说话者给哪个物体贴标签。也就是说,在 10 个月大的时候,婴儿总是把词和有趣的物体联系起来。知觉偏好决定了婴儿如何将单词和物体联系起来,因此他们做出了系统性的错误映射。

在新标签测试试次中,10 个月大的婴儿将目光从有趣的物体上移开,并在恢复试次中重新看向这个物体,这一发现提供了令人信服的证据,证明婴儿已经能够给有趣的物体贴上标签。然而,婴儿只学会了有趣的物体的标签,并没有学会无聊的物体的标签(图 2.4)。当主试看着无聊的物体并命名时,10 个月大的婴儿将这个词错误地映射到有趣的物体上,显然忽略了说话者的社会线索(Pruden et al., 2006)。这项研究与 Hollich 等人(2000)的结果相结合,说明婴儿使用将单词映射到指示物的线索是如何在出生后的前两年里发生变化的,从依赖知觉上的突显度到使用社会和语言线索。

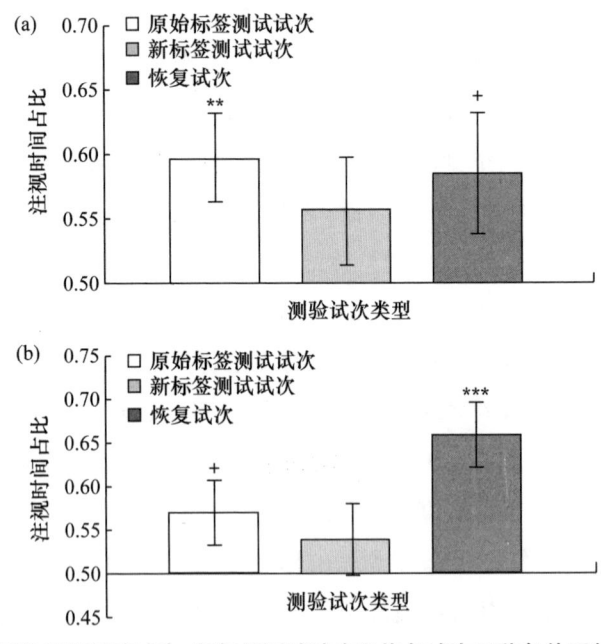

图 2.4 原始标签测试试次、新标签测试试次和恢复试次三种条件下的视觉注视

低于 50% 的注视时间意味着看向无趣的物体,超过 50% 的注视时间意味着看向有趣的物体。(a) 巧合条件下测试试次的注视时间(有趣的物体被命名)。结果表明,婴儿对新物体名称进行了学习。(b) 冲突条件(无趣的物体被命名)。在两个条件下,婴儿都把新名字赋予了有趣的物体。(引自 Pruden et al., 2006)

边看边听范式

跨通道优先注视范式的一个重要扩展保留了大部分的实验基本设置,并引入了不同的分析形式,以此对婴儿的视觉注视进行时间进程上的探索。分析单位是儿童在一个试次中视觉注视落在匹配刺激并保持在匹配刺激上的时间,而不是所有试次中的累计的注视时间。这种变体被称为边听边看范式(looking-while-listening paradigm,LWL),它在展示幼儿寻找指定目标的速度与其他一系列变量(如父母的输入和词汇的习得)之间的关系方面发挥了重要作用(Fernald,Perfors,& Marchman,2006)。

方法和数据分析概述

与 IPLP 类似,LWL 通常会同时呈现两张物体的图片(匹配吸引度),伴随呈现的听觉刺激是只与其中一个物体相匹配的句子(如"Where is the doggie?")。时间进程分析(视频分辨率通常为 33 ms)基于特定目标的起始点。例如,编码在略早于第一个音素("Where is the doggie?"中"doggie"一词的/d/)起始点的时刻开始。如果婴儿理解了"doggie"这个词,并且看了狗的图片,那么他们的视线应该停留在图片上。但如果他们看的是干扰刺激(如"cookie"),他们的视线就会在听到这个词时转移到狗的图片上(Fernald et al.,2006)。时间进程分析能够进行详细的比较,可以同时考虑到婴儿在时间进程中的每个时间点上看向特定视觉呈现的试次比例和目光转换的速度。

LWL 的研究范例

Fernald 及其同事(2006)使用 LWL 测试语音加工的效率和婴儿出生后第二年的词汇量增长。加工速度通过婴儿将目光转移到命名的目标图片上的潜伏期来计算。

与 IPLP 一样,两台计算机显示器左右放置,各包含一张目标图片。3 s 之后呈现一个语音刺激。整个测试过程持续大约 4 min。编码人员逐帧分析婴儿的注视模式。婴儿的眼睛是朝向左边的图片,还是右边的图片?是在图片之间,还是远离两张图片?正确的反应因试次的性质而异。对于初始看的是干扰刺激的试次而言(即当孩子在看饼干,但语音刺激要求看狗),孩子应该转向目标图片。但是,如果孩子已经在看目标图片(狗),同时被要求看向目标图片,其视线应该留在目标图片上,而不是转移。在婴儿 15、18、21 和 25 月龄时,使用重复测量方差分析评估了他们的速度和准确性。在干扰试次中发生了正确的转移(单词开始后 300～1800 ms)时,计算视线转移的平均反应时。

研究者计算了从干扰图片到目标图片的正确转移比例,以及从目标图片到干扰图片的不正确转移比例,然后在 4(月龄)×2(试次类型:目标在前或干扰在前)的重复测量方差分析中比较正确和不正确的转移。结果发现,月龄和试次类型有显著的主效应,同时月龄与试次类型存在交互作用。在干扰刺激在前的试次中,对目标图片的正确视线转移随月龄增长而增加。重要的是,25 个月大的婴儿的速度和准确性与 12～25 月龄时的词汇和语法发展(如词汇产生数量、语法复杂程度)有关(Fernald et al.,2006),这表明 LWL 可以检测婴儿语言能力的个体差异。

无语言的优先注视范式

IPLP 的另一个变体是在安静的环境中向婴儿呈现视频,探究他们如何切分和分析由动词和介词编码的非语言运动事件。这项研究工作将语言学的理论研究和心理学领域的事件感知研究结合起来,所涉及的一个问题是婴儿何时能够区分跑、走、跳等动作。如果儿童要学习这些动作的不同名称,他们必须对这些动作进行区分,并形成相应类别,而不考虑完成动作的主体、所处位置或动作的持续时间。

方法和数据分析概述

除了没有语言之外,无语言的优先注视范式(preferential looking paradigm without language, PLP)研究在设计上通常与 IPLP 相同。研究开始时可能会有一个突显试次,向婴儿展示在测试时将看到的东西,以确定婴儿对测试的"新"事件没有先验的偏好。随后的熟悉阶段通常会向婴儿展示一个重复的相同场景,或者属于同一动作或事件类别的不同范例(例如,多个正在跳跃的人物角色; Song, Pruden, Golinkoff, & Hirsh-Pasek, 2016)。在测试试次中,婴儿会看到他们在突显试次中看过的两个相同的动态视觉刺激。

在 PLP 中,研究者预期儿童通过观察新的事件来展示其辨别能力或分类能力。因为 PLP 允许儿童在测试时比较两个同时呈现的事件,减轻了记忆负担,这可能会提高他们对测试事件之间差异的注意。因此,测试事件的同时呈现使儿童有机会发现他们在顺序呈现时可能无法发现的差异(Pruden, Shallcross, Hirsh-Pasek, & Golinkoff, 2008)。

PLP 的研究范例

一项研究测试了婴儿对行进动作的分辨和分类。Song 等人(2016)考察了 10~12 个月大的婴儿是否能对不同的动作发出者和不同的行走路径进行分类,例如,穿行或绕圈。为了证明婴儿能够进行分类,研究者需要先确定婴儿有分辨构成事件的不同组成部分的能力。实验一考察的是分辨能力,实验二测试的是分类能力。两个实验的因变量相同:婴儿看新事件的时间除以他们看新旧事件的时间的比。

在实验一中,研究者首先向婴儿呈现了一个单一的、6 s 的事件,即同一个动作发出者在屏幕上做了 10 次行走的动作。在熟悉过程中,婴儿的注意力一直处于很高的水平,到第 10 个试次时才下降到均值为 88% 的视觉注视。接下来是两对不同的测试试次,顺序进行了交叉平衡。如表 2.2 所示,在试次 1 中,婴儿看到的是同一个动作发出者沿着相同的路径行走和同一个动作发出者在不同的路径上行进。在试次 2 中,婴儿看到的是同一个动作发出者和一个新的动作发出者沿同一路径行进。婴儿更多地注意到路径的改变,同时也注意到在试次 2 的前半部分动作发出者的变化。在实验二中,通过在熟悉过程中展示四个不同的动作发出者沿着不同的路径行走来测试婴儿的分类能力。在测试中,同类别的动作由一个新的动作发出者沿着新的路径行走呈现;不同类别的动作由同一个动作发出者沿着相同路径跳跃呈现。婴儿在熟悉过程中反复看到行走的动作后,在测试中观看新动作(跳跃)的次数明显增多。这项研究表明,PLP 可以告诉我们婴儿何时以及如何形成以动词命名的动作的类别。

表 2.2　10~12 月龄婴儿对动作的分辨

实验一:对动作的分辨能力

	视觉刺激	时长
熟悉阶段(10 个试次)	A 从左到右来回行走(整个屏幕)	每个试次 6 s
测试试次 1（路径）	A 从左到右来回行走(左屏);A 在固定位置行走(右屏)	12 s
测试试次 2（动作发出者）	B 从左到右来回行走(左屏);A 从左到右来回行走(右屏)	12 s

资料来源:Song et al., 2016。

注:A 和 B 指的是两个不同的动作发出者。测试顺序和目标方向在被试间进行了交叉平衡。

转头偏好法

并非所有的语言习得问题都是视觉和声音刺激之间的映射。研究者希望揭示婴儿的语言结构知识（不依赖语义），于是创造了转头偏好法（即 HPP），让听觉刺激可以在没有有意义的视觉刺激时呈现。例如，通过考察婴儿是否喜欢某种听觉刺激而不喜欢另一种听觉刺激来作为分辨能力的指标，或观察他们是否喜欢听到自己的名字而不喜欢其他名字，以此测量婴儿对语言结构的敏感性。

方法和数据分析概述

在 HPP 中，婴儿（通常为 4～18 月龄）坐在一个三面有围挡的小隔间里，前面和左右两侧可呈现闪光或其他视觉刺激（图 2.5）。听觉刺激从每一侧闪光灯旁的扬声器中发出，每次播放一个。尽管有时会使用婴儿座椅，但通常研究者会安排婴儿坐在父母的腿上。如果父母在场，他们通常戴着耳机，里面播放的音乐和/或语音与婴儿听到的实验刺激具有相似的特征，以掩盖婴儿听到的声音。主试通常在隔壁的房间里通过闭路电视观察，因此他们对于正在进行的试次的确切条件是不知情的。摄像机在中间面板的闪光灯下面。主试通过按键记录婴儿是否看向两个扬声器中的一个。婴儿的反应被看作对扬声器发出的声音偏好的一个间接指标。每个测试试次开始时，前面的灯会闪烁，吸引婴儿向前看。一旦婴儿看向前方，前面的灯就会熄灭，然后侧面的一个灯亮起。在不同的试次和刺激类型中，侧面刺激的呈现是随机的，以此避免对某一侧的偏好。当婴儿朝向某一侧时，继续播放听觉刺激，直到婴儿移开目光的时间达到一定的标准（通常为 2 s）或达到试次最大时长（通常为 20～30 s）。

婴儿看向某侧灯光的时长（不包括少于标准时长的短暂注视）作为因变量，表示婴儿对某听觉刺激的兴趣。在进行 8～16 个测试试次之前，通常会有 2～4 个热身试次（warm-up trial）。热身试次通常是与测试试次类似的额外试次，这些试次要么被排除在分析之外，要么由音乐组成。总试次数要少，以免婴儿厌烦。测试试次被分为 2～4 类（例如，不合语法与合乎语法，熟悉与不熟悉），同时计算每个类别下所有测试试次的平均注视时间。

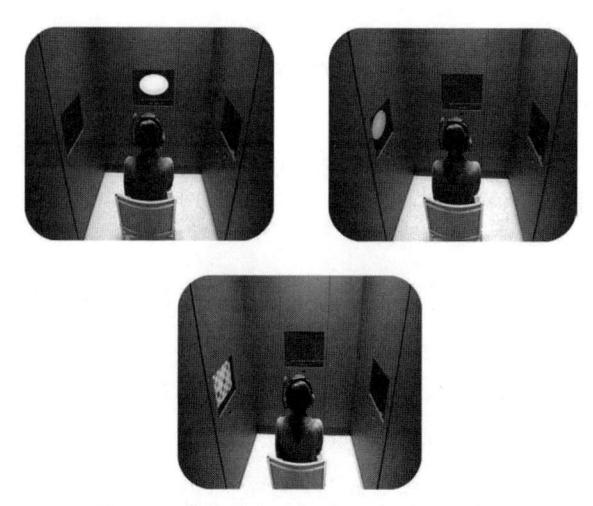

图 2.5　转头偏好法示意(又见书后彩插)

研究示例

Mandel，Jusczyk 和 Pisoni(1995)的研究是 HPP 的经典范例之一，探究婴儿何时能够识别自己的名字。被试为 24 名 4 个半月大的婴儿，研究者向他们呈现了四种类型的测试试次：重复婴儿的名字(如 Harry)，一个重音匹配的名字(如 Peter)，和两个重音不同的名字(如 Gerard，Emil)。每个试次由一名女性说话者生动地将名字重复 15 遍。在一个 4×6 ft* 的三面有围挡的隔间内，婴儿坐在父母腿上接受测试。在热身试次中，研究者使用音乐来让婴儿熟悉闪光灯和声音之间的关系。他们采用的标准是，听至少 40 s 的音乐。(如今，除非热身试次为测试阶段提供了关键的刺激，更常见的是设置固定的少数几次的热身试次；见"转头偏好法的变体")。在热身试次后，研究者呈现了三个区组，每个区组有四个测试试次，共 12 个测试试次。为了分析研究结果，Mandel 等人计算了每种测试试次类型三个区组的平均注视时间。他们对四种试次类型使用了重复测量方差分析，发现测试类型有显著的效应。进一步检验发现，与重音匹配的名字(均值＝13.0 s)或重音不同的名字(均值＝12.3 s)相比，婴儿对自己的名字(均值＝16.4 s)的平均注视时间更长。通过测量这些相对简单的变量，Mandel 等人证明了婴儿很早就熟悉自己的名字。

---

* 1 ft＝0.3048 m，全书同。——编者

转头偏好法的变体

HPP 有时会有两个较大的变化。第一,最近的一些实验使用电视屏幕作为视觉呈现的载体(图 2.5),而不是闪光灯。屏幕可以显示一个闪烁的圆圈或一个棋盘格图案。

第二,正如 IPLP 可以用来教新的单词或语法结构,HPP 也可用于帮助婴儿熟悉特定的目标刺激,这一目标刺激会在后续测试试次中出现。通常情况下,婴儿在熟悉阶段对每个目标刺激积累了一定量的聆听时间(约 30 s)。例如,在一项研究中(Bortfeld, Morgan, Golinkoff, & Rathbun, 2005),6 个月大的婴儿在熟悉阶段听到两个目标词(例如,"bike"和"cup"),这两个目标词嵌在一个 6 句话的段落中。段落里的每个句子,婴儿名字后面紧跟一个新的目标词(例如,"Harry's bike had big black wheels")。在第二个段落中,所有的句子都包含另一个名字,句子在音节数和重音上进行了平衡(例如,"Peter's cup was bright and shiny")。在测试中,婴儿听到了"bike""cup"和其他两个没有听过的词。婴儿是否更愿意听到排在他们自己名字后面的词,而非接触程度相同的词?与所有类型的名字相比,即使婴儿只有 6 个月大,他们也能认出自己名字后面的词。这些发现表明,早在婴儿能够说话之前,他们就已经储存了关于语流音变的声学特性的信息。

IPLP 和 HPP 的优点和缺点

优点

由于 IPLP 和 HPP 不需要婴儿对指令做出反应或明显的动作,使我们在婴儿产出词语和句子之前就能够研究他们的语言知识和感知能力。因此,IPLP 和 HPP 大大推进了研究者对语言发展过程中最早期阶段的了解,令婴儿语言感知的研究数量激增。与习惯化(见第一章)或条件化头部转向法等相比,IPLP 和 HPP 的研究范式(在方法和设备方面)相对简单,很受欢迎。

这些行为测量背后的实验假设非常简单,同时在理论和实践上也是合理的:婴儿会更久地注视他们感兴趣的刺激。实验的硬件设备包括基本的视听播放器和计算机,购买方便。然而,对资源匮乏的研究者来说,困难之一是没有现成的软件来运行计算机程序。一些乐于分享的实验室开发了几款软件。同时,眼动追踪设备的价格越来越便宜,这一设备能自动编码婴儿的注视行为。随着这些自动化方法越来越可靠、便携和实惠,它们正日益成为一种替代性选择。

IPLP 和 HPP 具有吸引力的原因还包括,在解释研究结果方面所需的统计分析是直接的和易得的。尽管现在有一种从 p 值和假设检验转向效应量大小的趋势,但 t 检验和方差分析仍然是此类研究中评估统计结果最常用的手段。这很大程度上是因为在研究中,重要的是对"某一年龄段的婴儿是否喜欢 X 刺激而不是 Y 刺激"这样的问题做出"是"或"不是"的回答,而非组间差异的大小。一个例外的情况是 LWL 研究中的时间进程分析,涉及婴儿注视一个伴随语言的特定视觉刺激时所花费的相对时间。

IPLP 和 HPP 能够研究与语言学习相关的潜在机制。这两种方法使研究者能够探究婴儿在产出语言之前如何分析他们所听到的语言,对该领域产生了深远的影响。在婴儿产生第一个词之前,语言发展的速度十分惊人,这一发现改变了该领域对前语言阶段儿童的看法。此外,婴儿的语言技能在不断增长,强调了早期经验对语言发展的重要性。与儿童交谈和给他们读书等做法被认为对儿童未来的成功更有意义(Hoff,2013;Hirsh-Pasek et al.,2015)。此外,这些研究方法的另一个好处是它们可以用于评估。这些方法适合探究儿童的早期语言能力,IPLP 被改编为词汇知识测试(Friend & Keplinger,2008),还有研究者为 3~5 岁的儿童创建了快速交互式语言筛选器(Quick Interactive Language Screener,QUILS),以测试词汇、语法和语言学习的过程。

缺点

需要考虑的一个问题是,除了考察偏好外,婴儿的注视行为还受到许多不受控制的因素的影响,从而导致差异的产生。仪器设置上的微小差异,如灯光亮度、声级或测试试次的结构,都会对婴儿的行为产生意想不到的影响,并以我们还未了解的方式造成研究之间的差异。Thiessen,Hill 和 Saffran(2005)关于儿向语言在单词分割中的作用的研究结果显示,熟悉试次的数量显然可以使儿童表现出熟悉性偏好或新异刺激偏好(详见第一章)。目前还没有办法预测这两种偏好是否会发生。虽然正面应对这些问题很重要,但这些概念十分简洁的方法所带来的观点和见解,从根本上改变了我们对早期语言发展的理解,并继续推动着研究的进展。此外,到目前为止,已经有大量使用这些方法的研究结果被重复和扩展(例如,Golinkoff et al.,2013)。

虽然这些方法是有力的实验工具,但它们可能会高估儿童的知识(Golinkoff et

al.，2013)。当遇到两个可选方案时，儿童可能会通过排除法或互斥法来完成任务（例如，"我知道这个，所以，它一定是另一个"；Halberda，2006；Markman & Wachtel，1988)。对于 HPP 来说，婴儿偏好某个刺激而不是另一个刺激的结果并没有告诉我们为什么会有这种偏好，而且这些偏好可能只是表面上的。因此，重要的是不要过度解释 LWL 的研究结果，而是要通过后续的研究来探究这一结果的来源。换句话说，我们并不真正了解婴儿反应的机制。

另一个使用这两种方法的限制是：因为婴儿维持注意的时间很短，所以项目数量的设置有限。最后，这两种方法都表明语言分析和理解先于语言产出，但对于一些非英语母语的国家和地区来说，可能并不如此（Bornstein & Hendricks，2012)。

小　　结

我们介绍了两种常见的研究婴幼儿语言习得的视觉偏好范式，包括其目标、方法、分析和问题。尽管也有神经方面的测量方法，但我们认为视觉偏好技术相对便捷且易于实施，将继续为我们提供关于语言习得过程的新的重要见解。

关 键 术 语

转头偏好法（head turn preference procedure，HPP)：考察婴儿对两个或多个听觉刺激材料（通常是口语）的相对偏好。

交互式跨通道优先注视范式（interactive intermodal preferential looking procedure，IIPLP)：有主试参与的、三维版本的跨通道优先注视范式，用于测试社会线索（如眼睛注视和对物体的操纵）对婴儿词汇学习的影响。

跨通道优先注视范式（intermodal preferential looking procedure，IPLP)：向婴儿呈现两个视觉刺激材料和一个听觉刺激材料，听觉刺激材料只与一个视觉刺激材料相匹配的研究方法。其目的是通过语言理解来了解早期语言发展。

边看边听范式（looking-while-listening paradigm，LWL)：跨通道优先注视范式的一个版本，引入了详细时间进程分析。

偏好注视范式（preferential looking procedure，PLP)：只涉及视觉的跨通道优先注视范式的变体，用于测试作为语言理解基础的分辨概念的情况。

相对视觉偏好（visual preference relative)：婴儿对两个视觉呈现之一感兴趣，

用于衡量对视觉呈现本身的兴趣(PLP),或婴儿将视觉呈现与听觉刺激配对的能力(IPLP、IIPLP 或 LWL),或作为对一系列听觉刺激的兴趣的替代测量(HPP)。

参 考 文 献

Berko, J. (1958). The child's learning of English morphology. *Word*, 14, 150-177.

Bloom, L. (1970). *Language development: Form and function in emerging grammars*. Cambridge, MA: MIT Press.

Bornstein, M., & Hendricks, C. (2012). Basic language comprehension and production in > 100,000 children from sixteen developing nations. *Journal of Child Language*, 39, 899-918.

Bortfeld, H., Morgan, J. L., Golinkoff, R. M., & Rathbun, K. (2005). Mommy and me: Familiar names help launch babies into speech steam segmentation. *Psychological Science*, 4, 298-304.

Braine, M. (1963). The ontogeny of English phrase structure: The first phase. *Language*, 39, 1-13.

Brown, R. (1973). *A first language*. Cambridge, MA: Harvard University Press.

Chomsky, N. (1957). *Syntactic structures*. Cambridge: The MIT Press.

Chomsky, N. (1965). *Aspects of the theory of syntax*. Cambridge: The MIT Press.

Colombo, J., & Bundy, R. S. (1981). A method for the measurement of infant auditory selectivity. *Infant Behavior & Development*, 4, 229-231.

Fagan, J. F., Holland, C. R., & Wheeler, K. (2007). The prediction, from infancy, of adult IQ and achievement. *Intelligence*, 35, 225-231.

Fantz, R. (1958). Pattern vision in young infants. *The Psychological Record*, 8, 43-47.

Fantz, R. (1964). Visual experience in infants: Decreased attention familiar patterns relative to novel ones. *Science*, 146, 668-670.

Fenson, L., Pethick, S., Renda, C., Cox, J., Dale, P. S., & Reznick, J. S. (2000). Short-form versions of the MacArthur Communicative Developmental Inventories. *Applied Psycholinguistics*, 21, 95-116.

Fernald, A., Perfors, A., & Marchman, V. A. (2006). Picking up speed in understanding: Speech processing efficiency and vocabulary growth across the second year. *Developmental Psychology*, 42, 98-116.

Friend, M., & Keplinger, M. (2008). Reliability and validity of the Computerized Comprehension Test (CTT): Data from English and Mexican Spanish infants. *Journal of Child Language*, 35, 77-98.

Golinkoff, R. M., Hirsh-Pasek, K., Cauley, K. M., & Gordon, L. (1987). The eyes have it: Lexical and syntactic comprehension in a new paradigm. *Journal of Child Language*, 14, 23-45.

Golinkoff, R. M., Ma, W., Song, L., & Hirsh-Pasek, K. (2013). Twenty-five years using the intermodal preferential looking paradigm to study language acquisition: What have we learned? *Perspectives on Psychological Science*, 8, 316-339.

Golinkoff, R. M., Deniz Can, D., Soderstrom, M., & Hirsh-Pasek, K. (2015). (Baby)talk to me: The social context of infant-directed speech and its effects on early language acquisition. *Current Directions in Psychological Science*, 24, 349-344.

Halberda, J. (2006). Is this a dax which I see before me? Use of the logical argument disjunctive syllogism supports word-learning in children and adults. *Cognitive Psychology*, 53, 310-344.

Hirsh-Pasek, K., Kemler Nelson, D. G., Jusczyk, P. W., Wright Cassidy, K., Druss, B., & Kennedy, L. (1987). Clauses are perceptual units for young infants. *Cognition*, 26, 269-286.

Hirsh-Pasek, K., & Golinkoff, R. M. (1996). *The origins of grammar*. Cambridge, MA: MIT Press.

Hirsh-Pasek, K., & Golinkoff, R. M. (Eds.). (2006). *Action meets word: How children learn verbs*. New York, NY: Oxford University Press.

Hirsh-Pasek, K., Adamson, L. B., Bakeman, R., Owen, M. T., Golinkoff, R. M., Pace, A., Yust, P. K. S., & Suma, K. (2015). Quality of early communication matters more than quantity of word input for low-income children's language success. *Psychological Science*, 26, 1071-1083.

Hoff, E. (2013). Interpreting the early language trajectories of children from language minority homes: Implications for closing achievement gaps. *Developmental Psychology*, 49, 4-14.

Hollich, G. J., Hirsh-Pasek, K., Golinkoff, R. M. (With Hennon, E., Chung, H. L., Rocroi, C., Brand, R. J., & Brown, E.) (2000). Breaking the language barrier: An emergentist coalition model for the origins of word learning. *Monographs of the Society for Research in Child Development*, 65 (3, Serial No. 262).

Horowitz, F. D. (1975). Visual attention, auditory stimulation, and language discrimination in young infants. *Monographs of the Society for Research in Child Development*, 39, 1-140.

Jolly, H., & Plunkett, K. (2008). Inflectional bootstrapping in 2-year-olds. *Language and Speech*, 51, 45-59.

Jusczyk, P. W., & Aslin, R. N. (1995). Infants' detection of the sound patterns of words in fluent speech. *Cognitive Psychology*, 29, 1-23.

Kemler Nelson, D., Jusczyk, P. W., Mandel, D. R., Myers, J., Turk, A. E., & Gerken, L. (1995). The headturn preference procedure for testing auditory perception. *Infant Behavior & Development*, 18, 111-116.

Ma, W., Golinkoff, R. M., Houston, D., & Hirsh-Pasek, K. (2011). Word learning in infant- and adult-directed speech. *Language Learning and Development*, 7, 209-225.

Maguire, M., Hirsh-Pasek, K., Golinkoff, R. M., & Brandone, A. (2008). Focusing on the relation: Fewer exemplars facilitate children's initial verb learning and extension. *Developmental Science*, 11, 628-634.

Mandel, D. R., Jusczyk, P. W., & Pisoni, D. B. (1995). Infants' recognition of the sound patterns of their own names. *Psychological Science*, 6, 314.

Markman, E. M., & Wachtel, G. F. (1988). Children's use of mutual exclusivity to constrain the meaning of words. *Cognitive Psychology*, 20, 121-157.

Miller, G. A. (1965). Some preliminaries to psycholinguistics. *American Psychologist*, 20, 15-20. http://dx.doi.org/10.1037.

Pace, A., Morini, G., Luo, Golinkoff, R. M., de Villiers, J., Hirsh-Pasek, K., Iglesias, A., & Wilson. M. (in preparation). The QUILS: An interactive language screener for children 3 through 5 bears on fundamental questions in language development.

Pruden, S. M., Hirsh-Pasek, K., Golinkoff, R. M., & Hennon, E A. (2006). The birth of words: Ten-month-olds learn words through perceptual salience. *Child Development*, 77, 266-280.

Pruden, S. M., Shallcross, W. L., Hirsh-Pasek, K., & Golinkoff, R. M. (2008). Foundations of verb learning: Comparison helps infants abstract event components. In H. Chan, H. Jacob & E. Kapia (Eds.), *Proceedings of the 32nd Annual Boston University Conference on Language Development* (pp. 402-414). Somerville, MA: Cascadilla Press.

Roseberry, S., Hirsh-Pasek, K., Parish-Morris, J., & Golinkoff, R. M. (2009). Live action: Can young children learn verbs from video? *Child development*, 80, 1360-1375.

Schafer, G., & Plunkett, K. (1998). Rapid word learning by fifteen-month-olds under tightly controlled conditions. *Child Development*, 69, 309-320.

Song, L., Pruden, S., Golinkoff, R. M., & Hirsh-Pasek, K. (2016). Prelinguistic foundations of verb learning: Infants discriminate and categorize dynamic human actions. *Journal of Experimental Child Psychology*, 151, 77-95.

Spelke, E. S. (1979). Perceiving bimodally specified events in infancy. *Developmental Psychology*, 15, 626-636.

Thiessen, E. D., Hill, E. A., & Saffran, J. R. (2005). Infant-directed speech facilitates word segmentation. *Infancy*, 7, 53-71.

Tincoff, R., & Jusczyk, P. W. (1999). Some beginnings of word comprehension in 6-month-olds. *Psychological Science*, 10, 172-175.

White, K. S., & Morgan, J. L. (2008). Sub-segmental detail in early lexical representations. *Journal of Memory and Language*, 59, 114-132.

扩展阅读

Fernald, A., & Weisler, A. (2011). Early language experience is vital to developing fluency in understanding. In S. Neuman & D. Dickinson (Eds.), *Handbook of early literacy research (Vol 3)* (pp. 3-20). NY: Guilford Publications.

Swingley, D. (2012). The looking-while-listening procedure. In E. Hoff (Ed.), *Research methods in child language: A practical guide* (pp. 29-42). UK: Blackwell.

第三章
评估儿童语言的接受性和表达性词汇

Virginia A. Marchman & Philip S. Dale

在本章中,我们将重点关注语言结构的一个核心组成部分,即接受性和表达性词汇,可以用多种方法来测量。我们首先回顾早期词汇研究中的一些一般性问题,然后讨论适用于幼儿的三种研究方法:语言取样(language sampling)、家长报告(parent report)和直接评估(direct assessment)。本章将概述每种方法的优点和局限性,并提供"使用手册"。

引　言

与本书其他章节侧重于介绍一种特定的研究方法不同,本章的主题涉及语言结构中的核心组成部分,即词汇,有各种评估方法。事实上,在同一种研究中使用多种方法并不罕见。

学习和评估词汇的目的

词汇(vocabulary)或心理词典(mental lexicon)是语言的核心组成部分。虽然比词汇更小的单位,即语素,也可以携带意义(如"dog"和"dogs"),但在早期儿童语言中,单词通常是单语素结构的,所以实际上我们研究的是意义的最小单位。此外,词汇的量很大;估计值之间的差异也很大,数以万计。因此,掌握词汇不仅至关重要,而且具有挑战性,引发了一系列研究,大致可分为以下几类:

词汇本身就是研究对象

儿童先学哪些词?儿童在发展的不同阶段会认识多少个词?学习同一种语言,甚至学习不同语言的儿童之间是否有相似之处?无论是数量上的(多少词)还是质量上的(哪些词),个体差异有规律可循吗?词汇是一个大类,还是存在具有不同发展历史的子类？在理论上，词与词之间是否存在显著的联系，使得一些词比其他词更早（或更晚）被习得？例如，Bates等人（1994）将早期词汇分为名词性词（nominal，事物的名称）、谓词性词（predicate，动词和形容词）和封闭词类（closed-class word，介词、冠词、疑问词等）；绘制了8~30月龄个体词汇组成的变化图，并描述了儿童词汇变化的规律模式。

词汇作为前因

词汇产出是语言发展的最早期阶段。词汇量或早期词汇的构成是否预示着后续的语言、读写能力、认知能力或学术水平？这类研究的一个例子是，Lee（2011）研究了早期词汇量与后续语言和读写能力的相关性。事实上，近期的一项大规模研究证明了口语表达能力具有更广泛的重要性。研究发现，早期词汇不仅是儿童阅读能力的重要预测因素，而且是数学成绩和"非学术"技能的重要预测因素，如行为调控（behavior regulation）和外化行为（externalizing behavior; Morgan, Farkas, Hillemeier, Hammer, & Maczuga, 2015）。不过，即使词汇量确实能预测儿童随后的技能水平，但这也只是相关性研究；早期和后续的测量可能是因果关系，也可能是个体间差异或环境的稳定特征导致的。这项研究的一个重要组成部分关注基于词汇测量的语言障碍的早期识别，以及如何提高其测量效度（Rescorla & Dale, 2013）。

词汇作为结果

包括词汇测量在内，此类研究最大的子类可能是使用这些测量来调查基因（如正常变异、特定遗传和染色体异常）、生理学因素（如早产、听力障碍）、自然环境（如产前药物暴露、父母的语言输入、双语输入）和干预因素（特定的语言干预措施，如句子复述、家长培训和学前教育）对词汇的影响。这类研究的一个例子来自Feldman等人（2003），他们将患中耳炎（中耳感染）的时间与3岁时儿童的词汇量进行了关联。

不同的研究目的需要不同的测量工具。我们将提供一些信息来帮助研究人员选择最合适的一种或多种工具或方法来测量词汇。

认识一个词意味着什么？

认识一个词是指能正确识别该词的发音，并且能以他人可识别的方式准确地产出这个词。同时，也要知道如何在句子中运用这个词来更好地表达一句话的含义。本章的重点是与意义有关的词汇知识。此外，由于篇幅限制，我们不涉及词汇学习中与儿童实时获取单词含义或识别其所指对象的技能有关的内容(Fernald, Perfors, & Marchman, 2006)。

词汇意义看起来似乎很简单。为了确定儿童是否接受性地认识了一个单词,我们可以说出这个单词,如"狗",然后让孩子从一组图片中(如四张照片)指出哪张是狗。对于产出方面的知识,我们可以等待儿童说出这个词,或者直接给儿童看一张狗的图片,然后问"这是什么"。"指认词汇"的方法对一部分单词有用,而对另一些单词用处不大,如副词、冠词、介词等。不同的语法类别似乎以不同的方式表征意义。

即使对于一个特定的单词,也存在多个层次的知识。对于大多数词汇来说,理解似乎发生在产出之前。礼貌用语,如"谢谢"(Berko Gleason, Perlmann, & Grief, 1984),以及颜色词(Rice, 1984)似乎是最常见的两个例外。理解和产出之间的距离可能因单词而异,而两者的总体差距可能存在很大的个体差异(Bates, Dale, & Thal, 1995)。

独立于模态(产出与理解)的意义区别是从语言哲学研究中产生的(Carroll, 2008)。其中一个区别是指称(reference;或外延,extension),指的是一个词可应用于哪些实体、动作或品质的知识,而意义(meaning;或内涵,intension)则是指这个词的概念。通过比较短语"现任英国女王"和"伊丽莎白二世",我们可以看到两个概念上的区别。这两个短语有相同的指称——指向同一个人——但意义不同,因此可以说"现任英国女王是伊丽莎白二世"。意义与定义密切相关,虽然一个人知道一个词的意思,但不一定能给出一个正式的定义。同义词判断通常被认为是一种不需要正式定义就能测量语义知识的方法。

大多数单词,包括大多数常见的名词、动词和形容词,都是指类别,而不仅是单个的示例。认知心理学研究表明,大多数常见的自然类别(与科学定义的类别不同)的组织方式类似于正态曲线,包括最佳示例(通常称为原型,prototype)、明显属于该类别但不够好的示例,以及边界示例(borderline example; Rosch, Mervis, Gray, Johnson, & Boyes-Braem, 1976)。对于鸟类的自然类别来说,知更鸟是一个原型,火鸡是一个不太好的但明显有效的示例,而企鹅则接近于边界示例。词汇通常会首先应用于原型示例,在其他心理差异中,比起较不典型的示例,类别词可以更快地应用于原型。这里要指出的是,学习者将一个词应用到一个原型示例上,并不意味着其词汇量涉及的类别范围更广;同样,如果其词汇量中存在一个类别词,也不意味着类别边界的位置是正确的。

指称和意义都是词汇的外在含义(denotation)的两个方面,是客观的或词典中的定义。词汇也可能包含隐含意义(connotation),即一个词所暗示的意义,不属于定义的一部分。隐含意义通常具有评价的味道或其他情感含义。比较"俭朴"(frugal)与"廉价"(cheap),"意志坚定"(strong-willed)与"固执"(stubborn);每一对词的外在含义相似,但隐含意义却截然不同。

在英语和其他语言中,最常见的单词都有多重含义。例如,"watch"(看,手表),"right"(正确的,右边,权利)和"long"(长的,长久的,渴望)。对词义的测试通常聚焦于单词的一个特定意义;对于单个单词的多义习得之间的关系,我们所知甚少。我们知道的是,学龄前儿童通常可以通过在特定的语境中识别正确的意义来展示其对两种或两种以上词汇意义的知识掌握情况(例如,"watch"一词中,把"看"作为一种动作,把"手表"作为一种计时的工具),而没有意识到歧义的存在。这些技能反映了元语言意识,这种意识通常在入学前后出现,也是许多言语幽默的基础。

我们区分了意义的上述几个方面来明确评估词汇知识的方法,这些方法根据所处理的意义的不同方面而有所不同。此外,还有一些内容此处未提及,如单词之间的关系,同义词、反义词等(Carroll, 2008)。

词汇评估中的一些核心问题

我们在定量评估学习者词汇量的过程中保留了术语"词汇评估",而不是在更关注定性维度的方法中,如意义的特定成分和单词之间的关系(网络)。在考虑评估程序时,应牢记以下区别:

第一,评估的目标是确定词汇的总体规模,还是获取词汇构成的信息?获取词汇构成的信息可能需要更长的程序和仔细的列表设计。人们通常从单词的句法或语义子范畴来分析词汇的组成,如上述讨论的名词性词、谓词和封闭词类(Bates et al., 1994)。还有一种分析方案常应用于父母而不是直接应用于儿童,即常见词汇对比罕见(或多样化)词汇(Weizman & Snow, 2001)。父母向孩子输出一组更丰富的词汇与孩子未来的学习发展情况相关。

第二,一个词的意义是"临场"组合起来的还是预先存在的?在英语中,屈折词(如"sleeping")、派生词(如"unfortunate""stillness")和复合词(如"blackboard""smart-phone")的数量都超过了单语素结构的词根词(如"dog")。使用包括定义在内的多种测量方法,Anglin(1993)估计,6岁、8岁和10岁儿童已知的字典词条单词数量分别约为 1 万个、2 万个和 4 万个。对实际测试回答的编码表明,近一半的再认词汇可能是儿童在现场"通过形态变化解决"的,而不是之前学过的。因此,这一阶段的词汇发展与最早的词汇有很大的不同,最早的词汇主要由单语素词组成。

第三,尽管使用全人口范围的标准来评估发展困难的儿童是很常见的,但这相当于假设这些儿童与正常发展的儿童以相同的方式发展,只是速度较慢。这一假设可能在某些临床范围内是有效的,但对其他情况则不然。例如,根据孤独症谱系障碍儿童的整体词汇量发现,他们学习一些单词的时间比预期的早,而另一些单词的学习时间比预期的晚(Lazenby et al.,2015)。在那些只评估相对较少的词汇量并试图从这个小集合推断出总词汇量的方法中要尤其注意这一点。

第四,许多儿童——可能是全世界的大多数儿童——在成长过程中会学习两种语言(Hoff,2013)。仅对一种语言的词汇量进行评估显然是不够的。但是如何将两种语言的词汇信息结合起来? 一个建议是简单地合并这两种语言的词汇量(total vocabulary,TV);另一个建议是将不同语言中含义相同或非常相似的单词作为一个单独的条目来统计,如英语"cat"和西班牙语"gato"(总概念词汇量;total conceptual vocabulary,TCV;Pearson & Fernández,1994)。两种方法得出的结果表明,双语儿童表达性词汇的发展与单语儿童相当,尽管 TV 通常比 TCV 的分数高(Core,Hoff,Rumiche,& Señor,2013)。

下面介绍三种常用的词汇评估方法:语言取样、家长报告和直接评估。为方便读者参考,表 3.1 列出了每种方法涉及的实验工具。

表 3.1　研究儿童词汇发展的实验工具概览

	名称	链接/资源
语言取样	儿童语言数据交换系统(Child Language Data Exchange System,CHILDES)	http://childes.psy.cmu.edu
	语言誊写文本的系统分析(Systematic Analysis of Language Transcripts,SALT)	http://www.saltsoftware.com
	EUDICO 语言注释器(EUDICO Linguistic Annotator,ELAN)	https://tla.mpi.nl/tools/tla-tools/elan/
	语言环境分析(Language Environment Analysis,LENA)	http://www.lenafoundation.org

(续表)

	名称	链接/资源
家长报告	麦克阿瑟-贝茨交际发展量表（MacArthur-Bates Communicative Development Inventory，MCDI）	http://mb-cdi.stanford.edu
	语言发展调查（Language Development Survey，LDS）	Rescorla（1989）
	家长发展词汇评估（Developmental Vocabulary Assessment for Parents，DVAP）	Libertus, Odic, Feigenson, & Halberda (2015)
	跨语言词汇标准（Cross-Linguistic Lexical Norms，CLEX）	http://www.cdi-clex.org/
	单词银行（Wordbank）	http://wordbank.stanford.edu
直接评估	皮博迪图片词汇测验（Peabody Picture Vocabulary Test-4th Edition，PPVT）	http://www.pearsonclinical.com/language/products/100000501/peabody-picture-vocabulary-test-fourth-edition-ppvt-4.html
	接受性和表达性单字词汇测试（Receptive/Expressive One Word Vocabulary Test，ROWPVT/EOWPVT）	http://www.proedinc.com/customer/productView.aspx?ID=2166
	表达性词汇文本（Expressive Vocabulary Text-2nd Edition，EVT）	http://www.pearsonclinical.com/language/products/100000416/expressive-vocabulary-test-second-edition-evt-2.html
	计算机化理解任务（Computerized Comprehension Task，CCT）	Friend & Keplinger（2003）
	NIH图片词汇测验（NIH Picture Vocabulary Test，NPVT）	http://www.nihtoolbox.org/WhatAndWhy/Cognition/Language/Pages/NIH-Toolbox-Picture-Vocabulary-Test.aspx
	快速交互式语言筛选器（Quick Interactive Language Screener，QUILS）	Brookes Publishing

语言取样

假设和理论基础

观察儿童在与他人互动时所说的话是确定儿童词汇知识的一种经典方法。事实上，在可追溯到的最早使用语言日记的研究中，父母记录了儿童语言的产出（Darwin，1877），以及几项著名的现代研究都提供了非常详细的语言发展随时间推移的过程(Dromi, 1987)。音频和视频记录技术的出现极大地促进了这一进程,使观察者能够永久记录儿童的语言和伴随行为,而不是依赖于短暂的记忆和精炼的观察笔记。这一策略已经应用于几个重要的研究中。例如,Roger Brown(1973)对 Adam,Eve 和 Sarah 的经典纵向研究,以及对多样化样本的大规模研究(Hart & Risley, 1995; Pan, Rowe, Singer, & Snow, 2005)。观察儿童与父母或实验者/临床医生的互动被认为是一种生态效度高的评估儿童词汇的方式,因为实验环境对儿童友好,并涉及以儿童为中心的活动。这项技术适用的儿童年龄范围非常广泛;不过,儿童应达到可以参与游戏活动的年龄,在理想情况下,可以自发地产出一些语言(例如,一岁半以上)。过了小学早期的年龄阶段之后,这种方法就不太适用了,因为环境对高级语言的"吸引力"不同,玩耍可能不如其他语言环境有效。

语言取样通常被认为是一种无偏见的评估儿童词汇量的方法,特别是对于来自不同阶层或正在学习多种语言的儿童,以及与照顾者或其他熟悉的成年人在一起时(Craig & Washington, 2000)。然而,应该记住的是,一些玩具或活动可能或多或少是儿童经常玩耍或参与的。虽然语言取样一般不适合研究词汇理解,但一个完整的语言取样不仅记录了儿童产出了什么单词或句子,还记录了儿童在做什么(例如,手势、眼神注视)、儿童如何对他人的语言做出反应,以及儿童从照顾者那里所听到的语言的频率和性质(例如,输入的数量和质量),所有这些都对理解有启发作用。

仪器

与其他方法相比,语言取样的技术要求很简单,通常由一个小型录音设备和/或摄像机、一个三脚架和一个高质量的麦克风组成。视频记录不仅能让研究人员捕捉到说话的内容,还包括非语言互动,以及说话者所指的物体或事件。充足的光线能够保证摄像机捕捉到活动的细节,但不要太近,以免儿童或照顾者偏离镜头。将摄影机放置在单向镜后面可以减少其对儿童活动的影响。在进行视频录制时,不要低估高质量录音设备的重要性,要选择能够外接麦克风的摄像机。在照顾者身上放置额外的无线麦克风通常可以记录到足够清晰的照顾者和儿童之间对话的音频。关于录音设备的建议可以在 TalkBank 网站上找到。

对于某些研究问题,可能只适合录制音频。录音设备比视频干扰小,在某些情况下,家长可以自己操作设备。例如,Hoff-Ginsberg(1991)为家长提供了一种录音设备,并要求他们在进行不同活动(如吃饭、穿衣)时录音,这提供了比通常在实验室或有实验人员在场时更丰富的背景样本。一种新的录音技术,LENA(Oller et al.,2010),由一个数字录音机组成,可以放在儿童服装的胸前口袋里。这个设备可以在不引人注意的情况下录制长达16个小时的语音,以及儿童自己的声音。自动语音识别软件提供了估计的儿童发声数量、儿童身边的人所使用的单词数量,以及儿童与照顾者话轮转换的数量。但是,它并不能识别确切的单词。为便于日后对录音进行解读,照顾者可以记下录音的地点、在场人员,以及主要活动(Weisleder & Fernald,2013)。

数据的性质和数据收集

除了设备之外,还有很多因素需要考虑,比如:在哪里录音(家中还是实验室),儿童和对话者将参与什么样的活动(非结构化还是半结构化),有多少人(和谁)在场,以及记录多长时间。对于纵向研究,我们需要进一步确定在某个时期录音的频率。例如,由于儿童发展迅速,在较早的年龄阶段往往适合高频率的记录。

在实验室或诊所使用一套标准的儿童友好型玩具进行录音,这可以完全控制灯光、声音和其他影响录音质量的因素(如环境噪声)或观察到的互动的性质(如其他儿童或可能分散儿童注意力的活动)。一个缺点是,尽管环境是对儿童友好且有利的,但环境背景和特定的玩具对儿童来说仍然是陌生的。有些儿童可能很害羞,需要相当长的时间来"热身",而且来自某些家庭的儿童可能比其他儿童更熟悉这些玩具或活动。因此,研究者可能会决定在儿童更熟悉的家中环境进行记录,这样儿童更自在。然而,要注意的是,这样做对环境的控制更少(例如,电视的存在),程序的标准化可能会更困难。

语言取样反映了儿童在一组特定的活动和特定的照顾者-儿童组合的环境下的语言。例如,与自己玩小汽车或玩具茶壶相比,在照顾者的陪同下读书会得到截然不同的语言取样(Hoff-Ginsberg,1991)。由于照顾者诱发儿童说话的能力水平各不相同,因此可以选择让儿童与研究者接触,而不是与照顾者接触。这也有利于实验条件的控制。培训应该包括如何让儿童和照顾者感到舒适,如何组织玩具或活动,以及如何用幽默或惊喜"启动"儿童说话的技巧。

对于许多研究问题,研究者会提供一套标准化的玩具来组织活动,这些玩具通常用来促进儿童和对话者在互动活动或假装游戏时的交流。这些活动往往会诱发儿童说出物体的名称,以及命令、请求或问题的答案。常见的例子是一间农舍和动物、一套茶具和盘子或一间有泰迪熊的卧室。体育活动(踢球、吹泡泡)虽然对不同能力水平的儿童都很有吸引力,但对于获得儿童的词汇样本可能不太理想。对于年龄较大的儿童来说,自由玩耍在激发语言方面可能不如让儿童讲述个人故事、描述一组图片或回忆过去的事件(Southwood & Russell, 2004)有效。

在家庭录音或实验室录音中,给父母的常见指令是"像他们平常那样玩",不提供额外的指令。这可能会导致家长行为的个体差异,或者对一些家长来说可能并不明确。一些研究通过给父母几"袋"玩具,并要求他们按照给定的顺序玩每个"袋"里的玩具,从而将游戏互动标准化(例子参见 Hirsh-Pasek et al. , 2015)。其他研究观察了儿童参与的活动,这些活动在家里自然地发生,但在大多数实验室环境中无法进行,如吃饭或洗澡等日常活动(Hoff-Ginsberg, 1991)。LENA 全天录音的一个优点是,在各种活动(如吃饭时)中捕捉语言样本,而不需要对情境进行"预先安排"。

通常情况下,语言样本记录持续 10~30 min,尽管一些研究的记录长达 90 min (例子参见 Pan et al. , 2005)。出于临床目的,一般建议样本至少包含儿童 50 次发言(Miller, 1981)。誊写和分析很耗时,因此语言样本的长度和誊写取决于具体的研究问题和资源可用性。对于某些研究或临床目的,单一语言样本就足够了。然而,如果目的是研究语言发展的轨迹,就有必要在一段时间内获得多个语言样本。为了详细检查特定词汇或语言结构,一些研究人员使用密集采样(dense sampling),创建密集数据库(dense database,DDB),数据库中语言样本以更高的频率出现,如在数年的多个时间点上,每周出现 5 h(例子参见 Maslen, Theakston, Lieven & Tomasello, 2004)。

语言取样是儿童语言研究的主要方法,许多系统可用来规范誊写过程,包括 SALT(Miller, 2012)、ELAN 和人工誊写文本分析赋码系统(Code for the Human Analysis of Transcripts,CHAT),均为 CHILDES(MacWhinney, 2000)的一部分。表 3.2 摘录了使用 CHAT 誊写的照顾者-儿童的互动(来自 MacWhinney, 2000)。这些系统的用户界面友好,便于输入数据和连接分析工具。然而,誊写儿童的语音是非常困难的,因为幼儿可能说话轻声细语,语音系统发育也不成熟。誊写语言样本是耗时的,根据所需的详细程度,1 h 的录音需要花费 8~10 h 进行誊写。大多数词汇发展的研究都是在词汇水平上进行誊写的;不过,准确地记录谈话内容可能比简单地写下最近似的目标更合适。

表 3.2　CHILDES 的文字记录示例

@Begin
@Languages：eng
@Participants：CHI Ross Child，FAT Brian Father
@ID：eng|macwhinney|CHI|2；10.10|||| Target_Child|||
@ID：eng|macwhinney|FAT|35；2.|||| Target_Child|||
*ROS：why isn't Mommy coming?
%com：Mother usually picks Ross up around 4 PM.
*FAT：don't worry.
*FAT：she'll be here soon.
*CHI：good.
@End

资料来源：MacWhinney，2000。

基于计算机的分析系统[例如，CHILDES 中的计算机化语言分析（Computerized Language Analysis，CLAN）系统]提供了许多不同的词汇产出测量标准，包括单词的数量（符号）、不同的单词的数量（类型）、每句话或会话单位中的单词数量（例如，话语的平均长度）和其他。计算和解释这些变量需要对相关的分析单位（例如，单词和语素）以及话语的构成要素做出规定。我们鼓励读者遵循原始资料中描述编码系统的指导手册。这些系统还提供了可以生成誊写文本的各个方面的数量统计工具，如话语数量、单词的类别符号比（type-token ratio，TTR）、平均话语长度（mean length of utterances，MLU）和每分钟的话语速度。需要注意的是，TTR 通常被用作语言取样中词汇多样性的衡量标准，因此也被用作词汇量大小的指标，它在很大程度上受到样本大小的影响。CHILDES 的另一种可用的测量方法 VOCD 受词汇量影响较小，在样本大小不同的情况下更为可取（MacWhinney，2000）。

研究示例

语言取样法对早期词汇发展研究的巨大贡献体现在 CHILDES 上，它是 Talk-bank 项目的一个组成部分。CHILDES 不仅提供了一个框架，可将标准化的誊写和分析工具应用于视频或音频语言互动中，而且 CHILDES 还共享了他们的语言样本。这个开源项目是同类项目的首创，构思于 20 世纪 80 年代初，当时处理大型数据库的计算技术和基础设施还处于起步阶段。截至本书英文版出版时，CHILDES 数据库已发展到有数百个英语语言样本，其中包括许多经典样本，如来自 Brown(1973)的 Adam、Eve 和 Sarah 的样本。该数据库还包括几十种其他语言，以及来自双语环境的儿童和几个临床病人的样本。在分析存档数据之前，研究人员应该仔细检查每一个语言样本的实验条件和人群特征。如上所述，该系统还提供了一套能够进行自动分析的工具，如单词、发音的计数和 MLU。除了访问存档数据之外，MacWhinney(2000)还提供了详细的使用手册，可用于文字誊写和数据分析；该系统还被广泛应用于教学或临床培训。CHILDES 项目是其他数据共享项目的灵感来源，包括用于家长报告数据的斯坦福大学的 Wordbank 项目，以及使用 LENA 系统记录的全天家庭录音数据的 Homebank 项目。

问题和缺点

儿童语言的誊写是一项耗时的任务，需要研究者关注细节且听觉敏锐，在许多情况下，还需要大量的语音/音位分析的训练。自然观察可能因缺乏产出某些特定单词的机会而低估儿童的词汇量。此外，单个单词的产出会受到频率偏差的影响，即高频单词比低频单词更有可能出现在样本中。同样，一些儿童在与不熟悉的成年人互动时可能会感到局促。如果对话的另一方被记录下来（如父母），他们也可能因为知道自己被记录而不自在。家中自然的互动或使用干扰程度较低的策略能在一定程度上减少这些问题。

家长报告的词汇评估

假设和理论基础

与本章其他部分所讨论的技术复杂的研究方法不同，本节着重于介绍一种历史悠久，并且技术含量低的方法。这种方法不仅实用、性价比高，而且在某些研究目的上比其他替代方案更好。这就是家长报告：利用父母(以及其他照顾者)对孩子的了解(Dale, 1996)。

关注儿童个体发展评估的专业人士也依赖于家长报告，尤其是用于初步筛查。然而，一直以来，研究者不愿意将家长报告作为评估的主要依据。大多数家长没有接受过语言发展方面的专门培训，可能对语言结构和使用的细节不敏感。此外，以孩子为傲令家长不能客观地评估孩子的语言能力，可能会导致父母高估孩子的能力;相反,语言发育迟缓而产生的挫败感,可能会导致父母低估孩子的语言能力。

然而,近几十年来,精心设计的家长报告的词汇评估已经被证明可以提供有关词汇和其他语言成分的可靠和有效的信息。与其他方法相比,家长报告有许多固有的优势。例如,不需要儿童遵守规则(如在结构化测试中)、不需要复杂的训练或花费时间来分析语言样本。最重要的是,父母的报告是基于对孩子的了解,这不仅比研究人员或临床医生所能获得的语言样本更丰富,而且更能反映儿童的能力。父母对孩子玩耍、吃饭、洗澡、睡觉、发脾气,即孩子生活的方方面面都更有经验,因此对孩子在这些情景中使用的各种语言结构也了如指掌。他们也有机会听到孩子与他人的对话:祖父母、兄弟姐妹和朋友。父母报告代表了许多时间和情景的集合,较少受到影响儿童表现(如害羞)或影响取样(如词频)的因素干扰。正如Bates,Bretherton 和 Snyder(1988)指出的:"父母报告很可能反映孩子具有的知识,而(一个样本的)自由发言反映的是儿童更可能使用的那些形式。"

家长报告的另一个优势是,可以在更大的儿童样本中收集数据,而这是测试或自然观察无法做到的。所收集的信息来自更充分的样本,特别是在规范的形式下,有利于临床实践和科学研究。例如,Fenson 等人(2007)使用了 MCDI 的规范化数据——样本为 2550 名 8~30 月龄的儿童——来解决交际发展中的变化性问题。对极端分数的准确统计描述需要大样本,如第 10 个百分位数对应的分数是多少?关于环境对语言发展的影响等问题的研究结论,也可以从大样本中得出。相关性研究受到多重共线性问题的阻碍:预测变量,如父母教育程度、家中书籍数量、家庭规模、疑问句与祈使句的使用,这些因素很可能是相互关联的,因此很难区分每个变量的影响。含有大量非重叠方差的大样本对于解决这些问题至关重要。

很明显,考查父母是否能提供有关孩子语言的详细而具体的信息是很有必要的。然而,许多已发表的研究可能更多地与父母的经验是如何获取的有关。在以下三种条件下,家长报告的准确性最高(Bates et al.,1988):

(1)当评估仅限于当前行为时;

(2)当评估侧重于发展初期的行为时;

(3)当主要使用词汇再认的方式时。

每一种条件的记忆负荷都不大。第一个条件反映的事实是,相比于孩子以往的语言,父母能够更好地报告孩子现在使用的语言。第二个条件反映的事实是,例如,在孩子主动学习新的动物词汇的年龄,父母能够更好地报告他们词汇中的动物名称。在典型发展样本中,父母可准确评估孩子 16～18 月龄的接受性词汇量,过了这一阶段,孩子的接受性词汇量就大到无法监测了。表达性词汇量可持续到 2 岁半至 3 岁,之后这一词汇量会变得很大。与回忆相比,再认更容易。也就是说,最好让父母从一个单词列表中选择报告孩子的词汇量,而不是让他们写下所有能回忆起来的孩子使用过的单词(或者,更糟糕的是问一个笼统的问题:"您的孩子知道至少 50 个单词吗?")。家长报告可扩展到年龄较大的儿童(2～7 岁),即 DVAP (Libertus et al.,2015),该方法具有良好的效度和信度。

仪器和工具

原则上,在所有方法中,家长报告的实验材料最少,只需要一份打印出来的表格。有时,让受过培训的主试替识字率低的父母填写表格是恰当的方法。在线填写和电子表格的出现提高了效率,但这并不影响基本方法(Kristoffersen et al.,2013)。这种评估形式的核心步骤是在发展和规范这种形式的过程中完成的,特别是确定一份单词列表,其中包括幼儿学习的绝大多数单词。(难免会出现个别儿童学习过的词汇不在列表上的情况,这反映了环境和儿童兴趣的个体差异。)

目前主要有两种用于研究英语早期语言发展的家长报告测量方法(这两种方法都已被改编为许多其他语言的版本)。LDS(Rescorla,1989)最初是为 12～24 个月儿童设计的一个简短的表达性语言筛查工具,但最近已被标准化为适合更大的年龄范围的版本。它包含一个 310 个单词的表达性词汇列表,以及要求父母写出孩子近期使用的最长的三个句子或短语。LDS 显示出良好的信度,包括内部一致性,以及作为一种筛选工具的效度(Rescorla,Ratner,Jusczyk,& Jusczyk,2005)。

最完备的一套家长报告测量方法是 MCDI(以下简称 CDI;Fenson et al.,2007)。CDI 旨在测量跨能力水平的词汇量,以及交际发展的附加维度。CDI:单词和手势语(CDI:Words & Gesture;CDI:WG)是专为 8～18 个月发育正常的儿童设计的。在包含 396 个项目的词汇清单中,家长被要求指出孩子是"理解"还是"理解并说出"这个词。CDI:单词和句子(CDI:Words & Sentences;CDI:WS)是专为 16～30 个月发育正常的儿童设计的。在包含 680 个项目的词汇清单中,家长被要求指出孩子是否能说出(并理解)这个单词。这两种方法同样被用于年龄稍大的、发育迟缓的儿童。

此外，还有简易版的工具(Fenson et al.，2000)。每个测试包含约 100 个词汇项目，这些项目被证实能够以优异的准确性预测得分。简易版 CDI:WS 会询问儿童是否能够进行单词的组合。最后，为 30～37 个月的儿童设计的 CDI-Ⅲ包括一个适合该发育水平的 100 个项目的词汇清单。这些简易的清单有助于将儿童与总体人口进行比较，但不能提供词汇构成或词汇以外的其他语言方面的信息，如手势语和语法。必须根据研究或临床工作的目标谨慎选择测量版本。

LDS 和 CDI 适用于许多其他语言，尽管不是所有的项目都建立了常模。至关重要的是，这些测量工具必须经过改编，而不能从一开始的美式英语直接翻译过来，要反映出影响词汇和语言其他方面早期习得的语言学和文化背景。由于语言结构的变化和开发者的研究兴趣不同，这些工具在结构上也稍有不同。然而，CDI:WG 的改编一般包括手势语、词汇理解和产出，而 CDI:WS 的改编一般包括词汇产出和一些形态学与组合语法的测量。这些改编对于单语发展的研究和双语研究都很有价值。此外，当没有其他方法可用时，它们可以获取有关双语儿童第一语言的一些信息，如在美国说土耳其语的移民家庭的孩子。使用者应查阅这些特定工具的手册以获取发展和常模信息。

收集数据

一般来说，数据收集应该遵循测量工具的使用指南上所规定的年龄和操作流程。请注意，这些单词列表可以用于超过指定年龄范围的儿童，只要儿童的得分可能在预期的发展水平内，如发育迟缓的儿童或学习一种以上语言的儿童。理想情况下，CDI 应该由一名或多名最能判断儿童在特定语言中的词汇能力的看护者完成。虽然典型的被调查者是儿童的母亲，但如果其他照顾者(父亲、祖母)是儿童的主要照顾者，那么他们就是更合适的选择。在其他情况下，如当儿童去日托中心时，父母一方可能只能接触到儿童展现语言能力的部分情况。在这种情况下，可以选择让多名熟悉儿童的照顾者填写表格(例如，母亲和祖母，父母一方和老师；De Houwer, Bornstein, & Leach, 2005)。我们建议通过要求父母在清单上注明哪些人提供了信息，来跟进单个报告者和多个报告者。在双语或多语言的情况下，一位照顾者可能无法对儿童的两种(或全部)语言能力提供全面的评估，应该由谁或由哪几位照顾者填写表格的问题尤其重要。对儿童早期词汇知识的完整描述只有评估了他们正在学习的所有语言才能得到。例如,在儿童学习英语和西班牙语的情况下,建议同时记录英语和西班牙语的 CDI,由一位或多位熟悉孩子该语言能力的照顾者完成。两个表格的得分可以结合起来反映总词汇量 TV(如两种语言产出的所有单词)或总概念词汇量 TCV(如儿童在一种或两种语言中学会的词的所有概念)。评分的选择取决于实验目的以及研究或临床问题(Core et al.,2013)。同时学习英语和法语的儿童也可以使用总概念词汇量评分(Marchman & Friend, 2013,2014)。

一些研究者要求家长在实验阶段完成表格(即在"等候室"),这种程序可能会令家长感到匆忙或分心,从而导致评估结果信度较低(Jackson-Maldonado, Thal, Marchman, Bates, & Gutierrez-Clellen, 1993)。对于一些识字率低且适用简易版的人群,可以通过面对面访谈的形式口头填写(Alcock et al.,2014)。在大多数情况下,建议父母将问卷带回家并在闲暇时完成。也可以建议父母在不被孩子干扰的安静时间填写问卷,如在孩子午睡时。应该提醒父母的是,他们不需要一次性填完全部表格,可以随时暂停,再找其他时间继续填写。

家长报告易于实施,可附加一个用来总结使用说明的封面(见本章附录)。书面说明是必要的;不过,建议还是要以口头的方式向家长解释清楚。尤其重要的是,家长不要试图测试儿童模仿一个单词或手势的能力(例如,"Billy,你会说'香蕉'吗?"),而是标记他们听到儿童自发使用的词语或手势语,不给儿童提供直接的模仿示例。这有时很难让人理解,因此,当研究者向父母解释应该标记儿童"自己说过的话,而不是他们重复你说过的话"时,这种口头说明很有必要。当孩子不在父母身边的时候(如当孩子睡觉时),让父母填写表格,是消除这种错误来源的一个极好的方法。还应该提醒父母,即使这个词是以孩子的方式发音的也应该计分(例如,用"blanky"代表"blanket")。此外,由于方言或个人的偏好,有些家庭可能会使用与表格上不同的单词变体(例如,"nana"代表祖母,"lorry"代表卡车)。这些都是表格中所列条目的可接受的替代词。针对特定人群,研究人员和临床医生应该熟悉清单上单词可能的变体,并在适当的时候向父母强调这些单词。强烈建议主试确认儿童的出生日期和表格填写的日期。注意,不同的国家和地区可能有不同的日期填写习惯,如月/日/年与日/月/年,这是在全球范围内开展研究很容易犯的一个错误。从照顾者那里收到信息后,主试应该检查表格是否填写完整,是否有页面被跳过或留空。读者可参考 Fenson 等人(2007)的第 2、3 章以获得更多建议。

数据或评分的性质

获取 CDI 词汇量的原始分数很简单：只需计算标记为"理解并说出"的单词就会得到一个产出性词汇分数；而将标记为"理解并说出"的单词和标记为"理解"的单词相加，就得到了理解性词汇的原始得分。这些原始分数可以根据手册中的表格转换为百分位数。百分位数是分别针对男孩和女孩提供的，可以结合使用，也可以根据研究者的偏好使用。由于原始词汇表得分往往存在很大的偏差，开发者更喜欢使用百分位数，而不是标准分数（假定是正态的），尤其是在临床工作中。然而，出于研究目的，有时会使用正态分布派生分数产生的各种转换。因为详细版的 CDI 词汇清单是相对全面的，原始分数具有内在的"标准参照"含义，作为总词汇量的估计，手册中的百分位数具有"常模参照"的含义。用详细版清单进行家长报告来评估早期词汇的方法的应用范围广泛（见研究示例）。

虽然对结果的统计相对简单，但计算项目和查找相应的百分位数可能是一个耗时且容易出错的过程。根据所涉及的表格数量，可以考虑使用 CDI 评分程序。CDI 评分程序提供了一个在项目水平或区组水平手动输入回答的模板；由程序自动计算分数，并在适当的表格中查找百分位数。此外，该程序还会生成一个汇总报告供家长阅读，并能将项目、汇总和百分位数以表格形式导出，然后导入另一个程序中进行数据分析。CDI 评分程序还将单个儿童的项目水平回答与可用的英语、西班牙语或法语 CDI 表格相关联，自动计算只使用英语、只使用西班牙语或法语，以及同时使用英语、西班牙语或法语的项目数量，生成前文定义的 TV 和 TCV。有关评分的更多信息，请参阅 Fenson 等人（2007）的第 2 章。

遵循 CHILDES 共享语言样本的精神，研究人员开发了跨实验室和跨语言的家长报告数据汇编系统，特别是 MCDI。此类尝试之一是 CLEX（Jørgensen, Dale, Bleses, & Fenson, 2010），它从一系列跨语言的 CDI 改编版本中归档常模数据，允许浏览在单个项目水平和年龄组水平上的习得轨迹。与其前身（Dale & Fenson, 1996）一样，该系统允许使用者查询给定年龄能够理解或产出一个或一组单词的儿童数量。

最近开发的系统 Wordbank（Frank, Braginsky, Yurovsky, & Marchman, 2016）也汇编了来自多个研究组的 CDI。Wordbank 直接建立在 CLEX 的基础上，功能相同，但允许灵活和交互式的可视化和分析，以及直接访问数据库和下载数据。Wordbank 的另一目标是通过动态整合来自许多不同常模和范围的不同研究人员和项目的数据,扩展超越个体 CDI 的常模数据的程度。由此产生的数据集有可能比单独获取的常模数据集更大、更有代表性。虽然对于许多应用来说,Wordbank 生成的统计数据是一种新颖而有用的资源,但不建议将其用于根据既定的常模标准来评估儿童表现的研究或临床目的。对于这些应用,使用者应该参考这些语言的使用手册中公布的常模和指南。

研究示例

词汇是所有语言的核心组成部分,非常适合跨语言研究。一个很好的例子是 Bleses 等人(2008)汇编了 18 种语言和方言的数据,这些数据已建立 CDI:WG 和 CDI:WS 的常模:巴斯克语、汉语-普通话、克罗地亚语、丹麦语、荷兰语、英语(美国)、英语(英国)、芬兰语、法语、加利西亚语、德语、希伯来语、冰岛语、意大利语、西班牙语(欧洲)、西班牙语(墨西哥)和瑞典语。许多结论涵盖了所研究的语言范围,包括发展速度的巨大差异,在第二年出现的正向加速,理解和产出之间的分离,手势交流与接受性词汇的关系比与表达性词汇的关系更密切,词汇与语法发展密切相关(Bates & Goodman, 1997)。这些语言之间同样存在差异,比如名词性和非名词性的平衡,这一点与语法结构有关。

Bleses 等人(2008)关注的是发展速度。他们观察到,从 12 个月开始,丹麦语的早期接受性词汇的增长比其他语言慢;在表达性词汇中没有观察到这种模式。有趣的是,据说这种现象存在已久,现在也被研究证实,丹麦语是其他成年斯堪的纳维亚人最难理解的北日耳曼语支的语言,尽管这些语言之间有着密切的关系。事实上,挪威语和丹麦语在词汇和语法上几乎是相同的。丹麦语的特点是一些非常独特的语音减省过程,这些过程大大减少了爆破音的频率,更普遍地导致"一个模糊的音节结构,从而导致模糊的元音-辅音,音节和单词的边界。特别是单词结尾的发音常常不清晰……"(Bleses et al., 2008)。在其他研究中,作者能够提供证据来反驳另一种观点,即丹麦父母只是更不愿意回答"是"——无论是手势语还是语言表达都没有差异。他们得出的结论是,丹麦语的音系结构产生了最初在进入语流时的障碍,尽管儿童最终可以学会。换句话说,这项研究强调了语音对语言和语言习得的重要性(见 Bleses, Basbøll, Lum, & Vach, 2011;一项有趣的后续研究)。

挑战和相关问题

第一个需要考虑的重要的问题是用父母报告来评估语言理解而不是产出的有效性。由于 CDI：WG 词汇理解和接受性语言的结构化测试之间的相关性与 CDI：WG 和 CDI：WS 的表达性词汇之间的相关性具有相同的量级，所以 CDI：WG 接受性词汇量表似乎是相当有效的。然而，对于低龄儿童可能并非如此。正如 Tomasello 和 Mervis（1994）所指出的，对于低龄儿童，尤其是 8～10 个月大的儿童，词汇理解得分高得惊人，让人难以置信。他们认为，这是由于这个月龄的儿童的父母对"理解"这一术语的定义不够清晰，所以在以绝对的方式解释这种理解分数时都要谨慎。应该对"理解"一词进行补充说明。

第二个问题涉及临床与研究应用。在许多方面，临床效度比研究效度的要求严格，因为所做的决定是针对单个儿童而不是群体。还有，大多数研究感兴趣的是整个分数范围的差异，而临床应用主要集中在得分低的范围。家长报告的测量可能被用于筛查语言发育迟缓。一种惯用方法[最初由 Rescorla（1989）提出]是，如果父母报告在 24 个月时少于 50 个单词（大约最低 5%）或没有单词组合（大约最低 14%），则需让儿童接受进一步评估和可能的干预。这一标准与特定的年龄有关；当用于其他年龄段时，通常建议使用最低 10% 的标准（Rescorla & Dale, 2013）。为了评估临床效度，诊断准确性的衡量标准，如敏感性和特异性，或似然比（Dollaghan, 2007）比在整个范围内的相关性更合适。还应注意的是，很多说话晚的儿童会自发地赶上来。因此，在此期间看到的低预测效度（Dollaghan, 2013）其实是一个研究发现，而不是该方法的局限性（Fenson et al., 2000）。CDI 也可以用于年龄稍大的语言发育迟缓儿童。只要儿童的得分不超过 30 个月大的中位数水平，就可以使用现有表格的第 50 个百分位数得出"语言年龄"。高于这一水平的分数不能得出确切的解释。最后，对回答的详细检查可能有助于治疗师为个别儿童设计干预方案，而 CDI 可能被用作干预效果的一种评估指标。

第三个问题与刚才讨论的问题相关但有所不同。无论是研究目的还是临床目的，家长报告（如 CDI）对特定临床人群的效度如何？问题不在于识别，即发现儿童是否低于预先设定的标准，而在于对损伤程度进行简单评估，以及干预后的改善程度。Fenson 等人（2007）综述的效度研究表明，对于说话晚的儿童、植入人工耳蜗的儿童，以及患有唐氏综合征或孤独症谱系障碍的儿童，效度相关性至少同样高，甚至更高(可能由临床人群中更大的变异性导致)。显然,许多临床人群还没有以这种方式进行研究,但现有的证据总体上是非常令人鼓舞的。

最后,家长报告对来自较低社会经济地位(socioeconomic status,SES)家庭的儿童是否有效,尤其是来自教育水平或文化水平较低的家庭的儿童？在一项重要的早期研究中,Arriaga,Fenson,Cronan 和 Pethick(1998)比较了低社会经济地位家庭和高社会经济地位家庭在词汇层面的父母报告,结果显示,低社会经济地位家庭的儿童在 CDI 的几乎所有主要词汇和语法量表上的得分都低。这些分数上的差异可以有效地反映出儿童语言发展的延迟,这与通过不同方法(如自然观察或标准化测试)获得的结果几乎是一致的(例子参见 Hammer,Farkas,& Maczuga,2010)。但较低的分数也有可能归因于父母的误判(Roberts,Burchinal,& Durham,1999)。一些研究质疑父母报告这一方法在来自不同人群的家庭中是否有效,因为在一些子测试中,来自低社会经济地位家庭的儿童在需要他们进行理解判断的 CDI 部分实际上比高社会经济地位家庭的儿童表现得更好(Feldman et al.,2000)。后来的研究表明,对于 2 岁以上的儿童,低社会经济地位组和高社会经济地位组的效度模式是一致的(Feldman et al.,2005;Reese & Read,2000)。我们建议读者遵循指导方针,以确保家长理解使用说明并正确填写表格。

直 接 评 估

假设和理论基础

第三种评估词汇的方法是使用标准化的或研究者设计的实验任务,研究者能够在可控的环境中直接测试儿童的知识。有许多标准化的测试可以直接评估儿童的词汇知识,如要求儿童识别一个命名物体的图片(用于测试理解),或要求儿童说出一个物体或图片的名字(例如,"这个叫什么？"用于测试产出)。标准化评估的优势是,根据明确定义的特征对人群进行标准化,如种族、地理位置或家庭教育水平。此外,一些词汇理解的标准化评估已与词汇产出的测试共同进行了标准化,如PPVT(Dunn & Dunn,2012)和 EVT(Williams,1997)或 ROWPVT/EOWPVT(Martin & Brownell,2011)。这种共同标准化允许在单个儿童中直接比较接受性和表达性词汇技能("画像分析"),以评估两种测量方法之间的差异。虽然有些测试是专门设计来评估词汇量的(如 PPVT),其他测试则是作为一个更大的测试组的子量表来评估词汇的产出或理解(如语言基础的临床评估量表;Clinical Evaluation of Language Fundamentals,CELF;Secord,Semel & Wiig,2003)。

标准化评估提供了有针对性的方法来评估儿童的词汇知识,这些方法遵循标准的程序,使用一组相同的物体或图片。其中很多评估都要求儿童做出反应,比如指向一张图片(理解),说出一张图片或物体的名字,或者用一个单词造句(产出)。虽然这些任务通常很容易实施和评分,但对幼儿来说可能要求较高。即使年龄大一些,一些儿童可能比其他儿童更适应与一个不熟悉的成年人互动,并被问及似乎已经知道的问题(即,测试问题)。

对于某些研究问题,研究人员可使用专门为解决感兴趣的特定问题而设计的任务或项目来评估词汇。例如,研究者可能对儿童是否知道特定物体(如动物)的名称或属性(如颜色、大小)感兴趣。这些任务并不是评估儿童词汇量的大小,而是评估儿童对特定类别词汇的知识深度,或不同种类词汇之间的关系。实验者设计的任务通常仿照标准化测试中使用的程序,如要求儿童选出一张合适的图片或说出一个物体的名字。在设计评估方案时,确保所选择的任务与目标被试的年龄和发育水平相适应是至关重要的。

正如前文指出的,语言取样存在偏差,因为其对高频词特别敏感,这些词主要但不完全是封闭词类,如助动词、介词和冠词。使用指向图片的反应方式测试理解和使用图片或物体命名的反应方式测试词汇产出,这样直接的评估方式具有互补偏差。该方法特别适用于具体名词、动作动词和描述知觉性质的形容词(如大小、形状和颜色)。Dale(1991)发现,从语言样本和直接评估中得出的词汇测量,在父母报告测量(如 CDI)中解释了部分独立的方差,该测量包括这两种类型的词汇。

还有一种直接评估词汇量的方法是让孩子给一个词下定义,如"模仿是什么意思"或者"信封是什么"。这种方法已经在许多智力测验中使用,如 WISC-Ⅲ(Wechsler,1991)。这种方法的一个优点是,扩大了可评估的词汇范围,尽管封闭词类仍然不适合此方法。然而,这个方法要求研究者具有足够的训练和技巧来为回答评分。此外,因为定义单词需要大量的表达技巧以及元语言意识,这种方法不能视作专门用来评估词汇理解的,且在心理语言学研究中未被广泛使用。

仪器和工具

标准化测试(standardized test)要求研究者提供特定的测试材料,通常包括一本测试手册、实物(如娃娃)或玩具(如积木)。测试通常在儿童和实验者面对面坐在桌旁时进行(对于非常年幼的儿童,有时彼此挨着坐)。虽然许多测试可以由实验者实时打分(即在测试过程中),测试过程可以录音,最好是录像,稍后再进行检查。实验者设计的任务需要类似的材料,但研究人员可以自由开发这些材料来满足其个人研究目的。已有研究人员开始利用网络平台创建自定义的工具,方便开展研究和评分(如 Frank, Sugarman, Horowitz, Lewis, & Yurovsky, 2016)。例如 CCT,模仿 PPVT (Dunn & Dunn, 2012),将标准的图片指向范式结合触摸屏技术(Friend & Keplinger, 2003),以触觉(指向)反应评估儿童的词汇理解能力。触摸屏技术也被应用于图片词汇测验,可从 NPVT,以及 QUILS 中获得。

收集数据

所有类型的直接评估都需要一个合适的、对儿童友好的环境,在这种环境中,儿童和实验者可以不受干扰地进行互动。该区域应在空间和视觉上与其他活动分开。一些儿童可能很乐意参与这些任务,而另一些儿童可能需要更多的鼓励或劝导。对于所有类型的直接评估,一个可视化的时间表有时有助于让儿童坚持下去完成任务,如一张画有每个游戏图示的纸,儿童会按顺序依次玩这些游戏。儿童可以在每个任务完成后在旁边贴上贴纸。对于实验者来说,在管理幼儿的行为或注意力的同时,要坚持完成任务流程是很有挑战性的。同样重要的是,实验者不应该通过眼睛注视、身体动作或以任何方式影响儿童的行为来提供正确答案的线索。在开始收集数据之前,应该进行几次练习和前测,特别是当实验者不熟悉实验材料,并且目标人群包括更年幼的、学龄前儿童或有注意力限制(attentional limitation)的儿童时。

标准化评估手册提供了有关实施和评分的有用信息,以及如何根据儿童的年龄将原始分数转换为量表分数或标准分数的指南。使用者还应确保他们遵循了实验者和儿童的位置、提示和纠正反馈的方法等推荐指南。与家长报告一样,一些英语和西班牙语的平行版本的评估,让学习两种语言的儿童进行概念性评分,可以将这些版本的评估组合起来(Gross et al.,2014)。在使用实验者开发的方案开始收集数据之前,使用者也应该制订一套自己的使用指南。

研究示例

在许多具有代表性的大规模研究中,词汇的标准化测量是一个常见的选择,如全国青少年纵向研究中的儿童群体(Children of the National Longitudinal Study of Youth; Farkas & Beron, 2004)。选择这种方法的主要原因是,该方法的心理测量特性和信度及效度估计得到了充分的证明,适用于复杂的统计方法,如结构方程模型。此外,由于大多数直接评估只适用于学龄前或年龄更大的儿童,因此有时会与本文描述的其他方法结合使用,如父母报告或语言取样,因此研究人员能够纵向跟踪从幼儿到学龄期儿童的词汇发展。一个例子是 Rowe 及其同事的一项研究(Rowe, Raudenbush, & Goldin Meadow, 2012),在该研究中,基于语言取样中产出的单词,对儿童14~46月龄的词汇增长进行了纵向跟踪,然后在54个月时使用标准化评估(PPVT-Ⅲ; Dunn & Dunn, 1997),评估他们的接受性词汇结果。研究结果表明,儿童词汇量的增长预示着他们日后在直接评估中的词汇量得分,尤其是对低社会经济地位的儿童而言。这些发现表明,在生命的最初几年,口语词汇知识具有连续性,助力早期词汇增长的干预措施具有提高儿童入学时的口语词汇成绩的可能性。关于英语/西班牙双语儿童的类似研究,见 Hoff, Rumiche, Burridge, Ribot 和 Welsh(2014),其中使用 CDI 的英语和西班牙语版本评估18~30月龄儿童的表达性词汇,使用 EOWPVT 的英语和西班牙语版本评估48月龄儿童的表达性词汇(Brownell, 2001; Martin & Brownell, 2011)。

问题和优点

直接评估需要一定的时间(例如,20~30 min),并要求实验者在与儿童互动方面受过一定程度的训练。大多数任务还要求主试严格遵守实验流程,同时有效地让儿童参与目标活动,并管理儿童的行为,以保持儿童完成任务。一般来说,直接评估涉及儿童一方的主动反应,如口头反应或指向一张图片,这对于年幼的儿童或不习惯与不熟悉的成年人以这种方式进行互动的儿童来说,可能更困难。因此,这样的评估最常被用于那些对环境熟悉的儿童,以及年龄在3岁以上的儿童,他们更有可能明白口头提示和遵从主试的指示。标准化直接评估的使用者在对来自不同人群的儿童和在家学习除英语以外的其他语言的儿童应用标准化分数时应特别谨慎(Bedore & Pena, 2008)。一些工具有英语和西班牙语的类似版本(如 PPVT)。然而,在这些工具之间进行比较并不简单,因为项目和常模人群可能不同。

结 论

词汇发展的研究有多种可供研究者选用的方法,每一种方法都为儿童语言发展这一重要领域提供了丰富的信息。当然,每种方法也有局限性,如适用年龄的限制,在数据收集或分析过程中对研究人员的要求,以及所涉及词汇的特定方面。因此,无论是研究问题的制订,还是结果的解释,都需要研究人员仔细考虑方法的选择,以及这种选择对结果的影响。同样,词汇的一些重要方面目前很难使用这些方法来获取,如类别边界、词的多重意义、词的内涵,以及非字面语义,如习语和讽刺。这些都是未来的研究方向和挑战。

关 键 术 语

直接评估(direct assessment):通过儿童与临床医生或研究人员之间的结构化互动,对儿童表达性或接受性语言的评估。

实验人员开发的评估(experimenter-developed assessment):直接评估的一种类型,在这种评估中,儿童的表达性或接受性语言使用一种互动和评分的实验流程进行评估,该流程是由研究人员为实现具体的项目或研究计划而开发的。通常,这类工具的关注范围很窄,没有常模数据。

语言取样(language sampling):通过观察、记录和分析儿童与父母、临床医生或研究人员之间的最低限度结构化互动来评估儿童的表达性语言。语言取样的长度各不相同,但都是基于连续的观察片段。

名词性词、谓词性词、封闭词类(nominals, predicates, closed-class words):一组广泛使用的广义词类别,用于评估早期词汇的构成,包括各语言内部和跨语言。名词性词通常被定义为普通名词,不包括游戏和惯例、人名和地点;谓词性词主要有动词和形容词,不包括指示形容词和代词形容词;封闭词类包括代词、介词、疑问词、量词、冠词、助词和连接词等。

家长报告(parent report):由家长或其他照顾者完成一份结构化的问卷,主要使用词汇再认的方式,评估孩子的表达性和/或接受性语言。

指称和意义(reference and meaning):一个词的指称是指它所适用的物体、事件、人或品质的类别;意义是词所表达的概念。

标准化测试(standardized tests):直接评估的一种类型,其中儿童的表达性或接受性语言使用常规的互动和评分实验流程进行评估,这种方法通常有常模数据,可相对于人群总体对儿童进行评估。

总概念词汇量(total conceptual vocabulary):基于两种或两种以上语言表达(或理解)的总体词汇集合,并由以下原则修正,即当一个词在两种语言中表达相同或非常相似的意义时,只计算一次。

参 考 文 献

Alcock, K. J., Rimba, K., Holding, P., Kitsao-Wekulo, A., Abubakar, A., & Newton, C. R. J. C. (2014). Developmental inventories using illiterate parents as informants: Communicative Development Inventory (CDI) adaptation for two Kenyan languages. *Journal of Child Language*. http://doi.org/10.1017/S0305000914000403.

Anglin, J. M. (1993). Knowing versus learning words. *Monographs of the Society for Research in Child Development*, 58, 176-186.

Arriaga, R. I., Fenson, L., Cronan, T., & Pethick, S. J. (1998). Scores on the MacArthur Communicative Development Inventory of children from low and middle-income families. *Applied Psycholinguistics*, 19, 209. http://doi.org/10.1017/S0142716400010043.

Bates, E., Bretherton, I., & Snyder, L. (1988). *From first words to grammar: Individual differences and dissociable mechanisms*. Cambridge, MA: Cambridge University Press.

Bates, E., Dale, P. S., & Thal, D. J. (1995). Individual differences and their implications for theories of language development. In P. Fletcher & B. MacWhinney (Eds.), *Handbook of Child Language* (pp. 96-151). Oxford, UK: Basil Blackwell.

Bates, E., & Goodman, J. C. (1997). On the inseparability of grammar and the lexicon: Evidence from acquisition, aphasia and real-time processing. *Language and Cognitive Processes*, 5, 507-584. http://doi.org/10.1080/016909697386628.

Bates, E., Marchman, V. A., Thal, D. J., Fenson, L., Dale, P. S., Reznick, J. S., …

Hartung, J. (1994). Developmental and stylistic variation in the composition of early vocabulary. *Journal of Child Language*, 21, 85-123.

Bedore, L. M., & Pena, E. D. (2008). Assessment of bilingual children for identifcation of language impairment: Current findings and implications for practice. *International Journal of Bilingual Education and Bilingualism*, 11, 1-29. http://doi.org/10.2167/beb392.0.

Berko Gleason, J., Perlmann, R., & Grief, E. (1984). What's the magic word: Learning language through politeness routines. *Discourse Processes*, 7, 493-502.

Bleses, D., Basbøll, H., Lum, J., & Vach, W. (2011). Phonology and lexicon in a cross-linguistic perspective: The importance of phonetics—A commentary on Stoel-Gammon's "Relationships between lexical and phonological development in young children." *Journal of Child Language*, 38, 61-68. http://doi.org/10.1017/s0305000910000437.

Bleses, D., Vach, W., Slott, M., Wehberg, S., Thomsen, P., Madsen, T. O., & Basbøll, H. (2008). Early vocabulary development in Danish and other languages: A CDI-based comparison. *Journal of Child Language*, 35, 619-650. http://doi.org/10.1017/S0305000908008714.

Brown, R. (1973). *A first language: The early stages*. Boston, MA: Harvard University Press.

Brownell, R. (2001). *Expressive One Word Vocabulary Test: English-Spanish bilingual version*. Novato, CA: Academic Therapy Publications.

Carroll, D. W. (2008). *Psychology of Language*. Belmont, CA: Wadsworth.

Core, C., Hoff, E., Rumiche, R., & Señor, M. (2013). Total and conceptual vocabulary in Spanish—English bilinguals from 22 to 30 months: Implications for assessment. *Journal of Speech, Language, and Hearing Research*, 56, 1637-1649. http://doi.org/10.1044/1092-4388(2013/11-0044).

Craig, H. K., & Washington, J. A. (2000). An assessment battery for identifying language impairment in African American children. *Journal of Speech, Language, and Hearing Research*, 43, 366-379.

Dale, P. S. (1991). The validity of a parent report measure of vocabulary and syntax at 24 months. *Journal of Speech and Hearing Research*, 34, 565-571. http://doi.org/10.1016/0165-5876(92)90087-6.

Dale, P. S. (1996). Parent report assessment of language and communication. In K. Cole, P. S. Dale, & D. J. Thal (Eds.), *Assessment of Communication and Language* (pp. 161-182). Baltimore, MD: Brookes Publishing Co.

Dale, P. S., & Fenson, L. (1996). Lexical development norms for young children. *Behavior Research Methods, Instruments, & Computers*, 28, 125-127. http://doi.org/10.3758/BF03203646.

Darwin, C. (1877). A biographical sketch of an infant. *Mind: A Quarterly Review of Psychology and Philosophy*, 2, 285-294.

De Houwer, A., Bornstein, M. H., & Leach, D. B. (2005). Assessing early communicative ability: A cross-reporter cumulative score for the MacArthur CDI. *Journal of Child Language*, *32*, 735-758. http://doi.org/10.1017/S0305000905007026.

Dollaghan, C. A. (2007). *The handbook for evidence-based practice in communication disorders*. Baltimore, MD: Brookes Publishing Co.

Dollaghan, C. A. (2013). Late Talkers as a clinical category: A critical evaluation. In L. Rescorla & P. S. Dale (Eds.), *Late Talkers: Language development, assessment, intervention* (pp. 91-112). Baltimore, MD: Brookes Publishing Co.

Dromi, E. (1987). *Early lexical development*. Cambridge: Cambridge University Press.

Dunn, L. M., & Dunn, D. M. (1997). *The Peabody Picture Vocabulary Test-Ⅲ* (3rd Edition). Johannesburg: Pearson Education Inc.

Dunn, L. M., & Dunn, D. M. (2012). *Peabody Picture Vocabulary Test (PPVTTM-4)* (4th Edition). Johannesburg: Pearson Education Inc.

Farkas, G., & Beron, K. (2004). The detailed age trajectory of oral vocabulary knowledge: Differences by class and race. *Social Science Research*, *33*, 464-497. http://doi.org/10.1016/j.ssresearch.2003.08.001.

Feldman, H. M., Campbell, T. F., Kurs-Lasky, M., Rockette, H. E., Dale, P. S., Colborn, D. K., & Paradise, J. L. (2005). Concurrent and predictive validity of parent reports of child language at ages 2 and 3 years. *Child Development*, *76*, 856-868.

Feldman, H. M., Dollaghan, C. A., Campbell, T. F., Colborn, D. K., Janosky, J., Kurs-Lasky, M., ...Paradise, J. L. (2003). Parent-reported language skills in relation to Otitis Media during the first 3 years of life. *Journal of Speech, Language & Hearing Research*, *46*, 273-287.

Feldman, H. M., Dolloghan, C. A., Campbell, T. F., Kurs-Lasky, M., Janosky, J. E., & Paradise, J. L. (2000). Measurement properties of the MacArthur communicative development inventories at ages one and two years. *Child Development*, *71*, 310-322. http://doi.org/10.1111/1467-8624.00146.

Fenson, L., Bates, E., Dale, P. S., Goodman, J. C., Reznick, J. S., & Thal, D. J. (2000). Measuring variability in early child language: Don't shoot the messenger. *Child Development*, *71*, 323-328.

Fenson, L., Marchman, V. A., Thal, D. J., Dale, P. S., Reznick, J. S., & Bates, E. (2007). *MacArthur-Bates Communicative Development Inventories: User's guide and technical manual* (2nd Edition). Baltimore, MD: Brookes Publishing Co.

Fenson, L., Pethick, S. J., Renda, C., Cox, J. L., Dale, P. S., & Reznick, J. S. (2000). Short-form versions of the MacArthur Communicative Development Inventories. *Applied Psycholinguistics*, *21*, 95-115. http://doi.org/10.1017/S0142716400001053.

Fernald, A., Perfors, A., & Marchman, V. A. (2006). Picking up speed in understanding: Speech processing efficiency and vocabulary growth across the 2nd year. *Developmental*

Psychology, *42*, 98-116.

Frank, M. C., Braginsky, M., Yurovsky, D., & Marchman, V. A. (2016). Wordbank: An open repository for developmental vocabulary data. *Journal of Child Language*, (May), 1-18. http://doi.org/10.1017/S0305000916000209.

Frank, M. C., Sugarman, E., Horowitz, A. C., Lewis, M. L., & Yurovsky, D. (2016). Using tablets to collect data from young children. *Journal of Cognition and Development*, *17*, 1-17. http://doi.org/10.1017/CBO9781107415324.004.

Friend, M., & Keplinger, M. (2003). An infant-based assessment of early lexicon acquisition. *Behavior Research Methods, Instruments, & Computers*, *35*, 302-309. http://doi.org/10.3758/BF03202556.

Gross, M., Buac, M., & Kaushanskaya, M. (2014). Conceptual scoring of receptive and expressive vocabulary measures in simultaneous and sequential bilingual children. *American Journal of Speech-Language Pathology*, *23*, 574-586. http://doi.org/10.1044/2014.

Hammer, C. S., Farkas, G., & Maczuga, S. (2010). The language and literacy development of Head Start children: A study using the Family and Child Experiences Survey database. *Language, Speech, and Hearing Services in Schools*, *41*, 70-83. http://doi.org/10.1044/0161-1461(2009/08-0050).

Hart, B., & Risley, T. R. (1995). *Meaningful differences in the everyday experience of young American children*. Baltimore, MD: Brookes Publishing Co.

Hirsh-Pasek, K., Adamson, L. B., Bakeman, R., Owen, M. T., Golinkoff, R. M., Pace, A., ... Suma, K. (2015). The contribution of early communication quality to low-income children's language success. *Psychological Science*. http://doi.org/10.1177/0956797615581493.

Hoff, E. (2003). The specificity of environmental influence: Socioeconomic status affects early vocabulary development via maternal speech. *Child Development*, *74*, 1368-1378. http://doi.org/10.1111/1467-8624.00612.

Hoff, E. (2012). Interpreting the early language trajectories of children from low-SES and language minority homes: Implications for closing achievement gaps. *Developmental Psychology*, *46*, 899-909. http://doi.org/10.1037/a0027238.

Hoff, E., Rumiche, R., Burridge, A., Ribot, K. M., & Welsh, S. N. (2014). Expressive vocabulary development in children from bilingual and monolingual homes: A longitudinal study from two to four years. *Early Childhood Research Quarterly*, *29*, 433-44.

Hoff-Ginsberg, E. (1991). Mother-child conversation in different social classes and communicative settings. *Child Development*, *62*, 782-796.

Jackson-Maldonado, D., Thal, D. J., Marchman, V. A., Bates, E., & Gutierrez-Clellen, V. (1993). Early lexical development in Spanish-speaking infants and toddlers. *Journal of Child Language*, *20*, 523-549.

Jørgensen, R. N., Dale, P. S., Bleses, D., & Fenson, L. (2010). CLEX: A cross-linguistic lexical norms database. *Journal of Child Language*, *37*, 419-428. http://doi.org/10.

1017/ S0305000909009544.

Kristoffersen, K. E., Simonsen, H. G., Bleses, D., Wehberg, S., Jørgensen, R. N., Eiesland, E. A., & Henriksen, L. Y. (2013). The use of the Internet in collecting CDI data—an example from Norway. *Journal of Child Language*, 40, 567-585. http://doi.org/10.1017/ S0305000912000153.

Lazenby, D. C., Sideridis, G. D., Huntington, N., Prante, M., Dale, P. S., Curtin, S., ...Tager-Flusberg, H. (2015). Language differences at 12 months in infants who develop Autism Spectrum Disorder. *Journal of Autism and Developmental Disorders*. http://doi.org/10.1007/s10803-015-2632-1.

Lee, J. (2011). Size matters: Early vocabulary as a predictor of language and literacy competence. *Applied Psycholinguistics*, 32, 69-92. http://doi.org/10.1017/S0142716410000299.

Libertus, M. E., Odic, D., Feigenson, L., & Halberda, J. (2015). A Developmental Vocabulary Assessment for Parents (DVAP): Validating parental report of vocabulary size in 2-7-year-old children. *Journal of Cognition and Development*, 16, 442-454. http://doi.org/10.1080/ 15248372.2013.835312.

MacWhinney, B. (2000). *The CHILDES project*. Mahwah, NJ: Lawrence Elbaum Associates.

Marchman, V. A., & Friend, M. (2013). MacArthur Communicative Development Inventories scoring program for Canadian French and French-English bilinguals.

Marchman, V. A., & Friend, M. (2014). MacArthur Communicative Development Inventories scoring program for European French and French-English bilinguals.

Marchman, V. A., & Martínez-Sussmann, C. (2002). Concurrent validity of caregiver/parent report measures of language for children who are learning both English and Spanish. *Journal of Speech, Language, and Hearing Research*, 45, 983-997. http://doi.org/10.1044/ 1092-4388(2002/080).

Martin, N. A., & Brownell, R. (2011). *Expressive One-word Picture Vocabulary Test-4*. Austin, TX: Pro Ed, Inc.

Maslen, R. J. C., Theakston, A. L., Lieven, E. V. M., & Tomasello, M. (2004). A dense corpus study of past tense and plural overregularization in English. *Journal of Speech, Language, and Hearing Research*, 47, 1319-1333. http://doi.org/10.1044/1092-4388 (2004/099).

Miller, J. F. (1981). *Assessing language production in children: Experimental procedures*. University Park Press.

Miller, J. F. (2012). Systematic Analysis of Language Transcripts (Version 2012).

Morgan, P. L., Farkas, G., Hillemeier, M. M., Hammer, C. S., & Maczuga, S. (2015). 24-month-old children with larger oral vocabularies display greater academic and behavioral functioning at Kindergarten entry. *Child Development*, 86, 1351-1370. http://doi.org/ 10.1111/cdev.12398.

Oller, D. K., Niyogi, P., Gray, S., Richards, J. A., Gilkerson, J., Xu, D., ... Warren, S. F. (2010). Automated vocal analysis of naturalistic recordings from children with autism, language delay, and typical development. *Proceedings of the National Academy of Sciences of the United States of America*, 107, 13354-13359. http://doi.org/10.1073/pnas.1003882107.

Owen, A. J., & Leonard, L. B. (2002). Lexical diversity in the spontaneous speech of children with Specific Language Impairment: Application of D. *Journal of Speech, Language, and Hearing Research*, 45, 927-937. http://doi.org/10.1044/1092-4388(2002/075).

Pan, B. A., Rowe, M. L., Singer, J. D., & Snow, C. E. (2005). Maternal correlates of growth in toddler vocabulary production in low-income families. *Child Development*, 76, 763-782. http://doi.org/10.1111/j.1467-8624.2005.00876.x.

Pearson, B. Z., & Fernández, S. C. (1994). Patterns of interaction in the lexical growth in two languages of bilingual infants and toddlers. *Language Learning*, 44, 617-653. http://doi.org/10.1111/j.1467-1770.1994.tb00633.x.

Pearson, B. Z., Fernández, S. C., & Oller, D. K. (1995). Cross-language synonyms in the lexicons of bilingual infants: One language or two? *Journal of Child Language*, 22, 345-368. http://doi.org/10.1017/S030500090000982X.

Reese, E., & Read, S. (2000). Predictive validity of the New Zealand MacArthur Communicative Development Inventory: Words and Sentences. *Journal of Child Language*, 27, 255-266. http://doi.org/10.1017/S0305000900004098.

Rescorla, L. (1989). The Language Development Survey: A screening tool for delayed language in toddlers. *Journal of Speech and Hearing Disorders*, 54, 587-599.

Rescorla, L., & Dale, P. S. (2013). *Late talkers: Language development, interventions, and outcomes*. Baltimore, MD: Brookes Publishing Co.

Rescorla, L., Ratner, N. B., Jusczyk, P., & Jusczyk, A. M. (2005). Concurrent validity of the language development survey: Associations with the MacArthur-Bates Communicative Development Inventories: Words and Sentences. *American Journal of Speech-Language Pathology*, 14, 156-163. http://doi.org/10.1044/1058-0360(2005/016).

Rice, M. (1984). A cognition account of differences between children's comprehension and production of language. *Western Journal of Speech Communication*, 48, 145-154.

Roberts, J. E., Burchinal, M., & Durham, M. (1999). Parents' report of vocabulary and grammatical development of African American preschoolers: Child and environmental associations. *Child Development*, 70, 92-106.

Rosch, E., Mervis, C. B., Gray, W. D., Johnson, D. M., & Boyes-Braem, P. (1976). Basic objects in natural categories. *Cognitive Psychology*, 8, 382-439. http://doi.org/10.1016/0010-0285(76)90013-X.

Rowe, M. L., Raudenbush, S. W., & Goldin-Meadow, S. (2012). The pace of vocabulary growth helps predict later vocabulary skill. *Child Development*, 83, 508-525. http://doi.

org/10.1111/j.1467-8624.2011.01710.x.

Secord, W., Semel, E., & Wiig, E. (2003). *Clinical valuation of language fundamentals*. San Antonio, TX: Pearson Education Inc.

Southwood, F., & Russell, A. F. (2004). Comparison of conversation, freeplay, and story generation as methods of language sample elicitation. *Journal of Speech, Language, and Hearing Research*, 47, 366-376. http://doi.org/10.1044/1092-4388(2004/030).

Tomasello, M., & Mervis, C. B. (1994). The instrument is great, but measuring comprehension is still a problem. *Monographs of the Society for Research in Child Development*, 59, 174-179.

Vagh, S. B., Pan, B. A., & Mancilla-Martinez, J. (2009). Measuring growth in bilingual and monolingual children's English productive vocabulary development: The utility of combining parent and teacher report. *Child Development*, 80, 1545-1563. http://doi.org/10.1111/j.1467-8624.2009.01350.x.

Wechsler, D. (1991). *Wechsler Intelligence Scale for Children-3rd Edition* (3rd Editio). San Antonio, TX: The Psychological Corporation.

Weisleder, A., & Fernald, A. (2013). Talking to children matters: Early language experience strengthens processing and builds vocabulary. *Psychological Science*, 24, 2143-2152. http://doi.org/10.1177/0956797613488145.

Weizman, Z. O., & Snow, C. E. (2001). Lexical input as related to children's vocabulary acquisition: Effects of sophisticated exposure and support for meaning. *Developmental Psychology*, 37, 265-279. http://doi.org/10.1037/0012-1649.37.2.265.

Williams, K. T. (1997). Expressive Vocabulary Test Second Edition (EVTTM 2). *Journal of the American Academy of Child & Adolescent Psychiatry*, 42, 864-872.

附　录

MacArthur-Bates INVENTORY

完成语言调查表格的说明：

- 尽量在你有至少 30 min 不受干扰的安静时间时完成。例如，当你的孩子睡觉时。

- 不需要一口气完成。如果被打断了，你可以暂时停下，等你有时间再做。

- 在表格上写上你完成的日期。
- 让其他人(例如,其他家庭成员、保姆、儿童看护者)帮助你填写这张表格。请在表格正面标注帮助你完成此表的每一个人。
- 请仔细阅读表格上的所有说明,确保你完成了所有的页面。

记住:

- 对于单词和手势语表格,用英语标记你的孩子理解或理解和表达的单词。对于单词和句子表格,只标记你的孩子理解和表达的单词。
- 只标记孩子自己使用的单词。不要标记模仿的单词。不要把清单上的单词读给孩子听,然后让他重复。
- 对于发音错误或用儿童的方式表达的单词也要给孩子计分[例如,"pasket-ti"表示"spaghetti"(意大利面),"raffe"表示"giraffe"(长颈鹿)]。
- 标记那些孩子用不同的词表示,但与清单上的单词含义相同的单词[例如,"carriage"表示"stroller"(婴儿车),"nana"表示"grandma"(祖母)]。

如果在完成此表的过程中遇到任何问题,请与我们联系。

谢谢!

第四章
阅读中的眼动追踪

Reinhold Kliegl & Jochen Laubrock

研究者经常以单词、句子、段落或篇章作为刺激材料,使用基于视频的瞳孔检测系统追踪阅读中的眼部活动,本章将介绍相关技术问题。根据注视时间和位置,眼动研究细分了许多指标,这些指标对语言加工难度敏感。注视跟随的呈现变化可用于确定知觉广度(McConkie 范式),能够从副中央凹的预视中分离出与语言相关的效应(Rayner 范式)。线性混合模型等多变量统计也能用于评估这些效应。以下将通过对朗读中注视时间的眼动-发声跨度效应分析进行说明。

假设和理论基础

在阅读过程中,人类行为与现象体验之间的解离最令人惊叹。经验告诉我们,眼睛通常在字里行间平滑移动,只有返回再扫到下一行,或者偶尔回跳到句子或语篇之前的一个词时才会中断,后者在心理语言学中被称作"解析失败",由花园小径句*导致。然而,在行为层面,眼睛的运动没有什么平滑可言,其特征更应划分为持续 10~30 ms 的快速抖动(眼跳,saccade),以及持续 30~500 ms 的相对稳定状态(注视,fixation)。此外,还有第二重解离:在眼跳过程中,或许是为了抑制运动模糊,视觉输入基本上被完全抑制。众所周知,我们并不能察觉这种生理上的"暂时失去知觉"。最为重要的是第三重解离:即使我们认为自己"目不转睛",比如当我们有意识地尽力盯住一个词,眼睛仍然做出了所谓的"注视运动",即眼球微颤(temor)、漂移(drift)和微眼跳(microsaccade),这和我们控制六块眼球肌保持双

---

* 花园小径句是指在阅读或理解句子时,人们由于句子结构的复杂性而选择一个看似合理但实际上错误的解释。随着阅读深入,读者会重新解析句子的含义。例如,"The horse raced past the barn fell"。——译者

眼同步(即视差)并防止感受器中的视色素漂白*有关(有关文献请参见本章"扩展阅读")。

以上三重行为和现象体验的解离迫使我们得出这一结论:我们在阅读中所"感知"到的不是眼睛的移动,而是注意的移动。的确,正是注视时间和位置与注意之间的联系,以及我们对该联系的理解越来越深入,使眼动追踪技术成为回答心理语言学研究中许多问题的首选方法。注意是一个关键理论概念,是信息加工的核心。就心理语言学研究关心的问题而言,其观点直截了当:如果加工困难,注视时间就会增加,两个注视点间的距离(即眼跳距离)就会缩短。其基础假设是,眼睛注视的位置说明了注意的对象。学界一直以来基于这些默认预期进行研究,并将继续如此。

偶尔会有数据显示得到了相反的结果,这些令人诧异的结果一旦能够和理论结合,通常代表我们在建立连贯的阅读理论解释方面取得了重大进展。甚至更有创造性(但更罕见)的是那些违反直觉的理论预测通过实验得到证实(Kliegl & Engbert, 2013)。之所以会出现违反直觉的结果,可能是出于第四重解离:注视点位置(也就是注视方向)和注意的对象虽然通常相同,但有时也并非如此。比如当我们身处一段无聊的对话,而旁边站着一个更有吸引力的交谈对象时,很明显注意与注视方向不尽相同。确定注视和内隐注意在何种条件下得以分离,以及二者具体如何分离是一个活跃的研究领域,如类似变焦(Risse et al., 2014; Schad & Engbert, 2012)或聚光灯的注意模型(Schotter, Reichle, & Rayner, 2014)等,本章将涉及评估注意-注视离解的研究方法。

还有一种差异应当时刻谨记,站在心理语言学角度,关心阅读加工是因为该过程与书面语加工具有内在联系,重点是获得一种尽可能可靠且有效的指标,表征语言相关的加工过程。自然阅读,当然不仅包括语言相关的加工,还涉及眼跳计划。语言加工和眼跳计划高度受限于视觉拥挤导致的知觉限制(Bouma, 1970)。结合注意加工,这一限制使我们具有有限的知觉广度(perceptual span),在阅读方向为从左向右的语言中,右侧相较左侧的范围更大(McConkie & Rayner, 1975)。当然,知觉广度的不对称性本身也是其与注意相关的有力证据。

---

* 感光细胞(视杆细胞、视锥细胞等)内的视色素(主要为视紫红质)在吸收光后分解成视蛋白和视黄醛的过程,是从暗到明时眼睛内部发生的变化。——译者

关于自然阅读的最后一项基本假设涉及语言加工和眼跳计划开始的时间。如果认知系统由心理语言学家设计，他们很可能会对这些加工过程进行严格的流程安排。在注视开始时，系统即进行语言相关的加工；加工完成后计划下一个词汇的眼跳；最终计划完成，眼睛向前移动，这一过程周而复始。倘若如此，心理语言学家只需确定时间线，提取语言相关的不同成分即可解决问题。

非常遗憾，尽管对心理语言学而言，这是一种非常方便的结构，但真实的视觉系统是人类在进化中不断修正的结果，通过优化注意分配和注视控制，让人类在书面语尚未出现的环境中存活下来。的确，最初我们使用的视觉结构和阅读这种近代文化演变而来的产物，没有任何关系。不仅如此，如果视觉系统使用严格的线性方式，对阅读而言也会非常不便。考虑到敏度和工作记忆限制时，读者并行安排这些加工反而特别高效。理想状况下，当下注视单词处发生的语言加工完成时（通常包括加工当前注视单词及其前后单词），刚好眼睛向前（或向后）移动的动作计划也准备完成。揭秘动态加工，即语言加工和眼动过程在多大程度以及何种情况下并行调度，是理论争议的核心，反映了各类计算模型，如 E-Z 读者模型（Reichle et al., 1998）、Glenmore 模型（Reilly & Radach, 2006）以及 SWIFT 模型（Engbert et al., 2005）之间的差异（参见本章"扩展阅读"中对现阶段研究的概述）。之所以一开始就提出这一问题，是因为我们目前从眼动追踪记录得出的指标中，没有一个仅测量了加工过程，这些指标都包含语言、视觉、注意和眼动需求。显而易见，指标反映不同加工过程的程度可能有所差异，这一权重可能受指导语、材料或者读者个体差异的影响。

设　　备

许多方式可以用来追踪阅读者眼睛的运动，最为人熟知的是表面电极（surface electrode）、红外线角膜反射法（infrared corneal reflection）、附着在眼球表面的线圈搜索法（search coil）、红外线双浦肯野影像追踪（infrared dual-Purkinje image tracking）、基于视频的瞳孔监控（video-based pupil monitoring）等。尽管线圈搜索法和双浦肯野影像追踪由于其准确度和时间分辨率，一度被认为是眼动金标准，但就侵入性和易用性而言，二者存在许多显著的缺点。通过角膜反射改良的基于视频的系统对比搜索线圈法有了很大提升。Kimmel 及其同事（2012）称"领先的光学性能如今可以与搜索线圈相媲美,使光学系统几乎在所有情况都适用"。事实上,基于视频的眼动仪采样率高,追踪区域大,如今显然占据主导地位。这类眼动仪容易使用,相对来说数据精准且价格不高,对心理语言学研究而言尤甚。

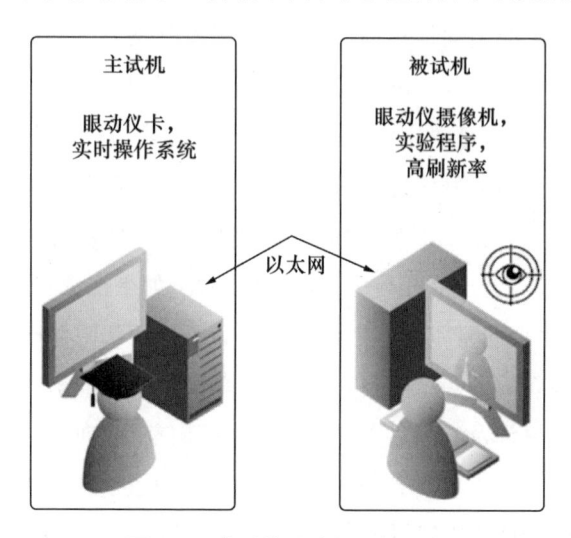

图 4.1　典型的眼动仪设置示意

在理想状态下,主试机(主试使用)和被试机(被试使用)应当布局成 L 形。二者通过以太网通信,实现如本地控制或呈现注视跟随实验。为了在眼跳发生时改变呈现刺激,建议使用高刷新率显示器。实验室应避免强光源,以防主试机或被试机上出现反光。

基于视频的眼动仪通常将红外光源、对可见光和红外线敏感的高速摄像机以及基于计算机的影像处理系统结合,从而在眼睛影像中探测瞳孔和角膜反射,即"第一浦肯野像"(first Purkinje image),也就是红外线在外角膜上的反射点。瞳孔中心和角膜反射点形成的向量可以用于计算屏幕上的注视位置。由于眼跳的时间很短,需要高采样率以探测注视和眼跳,当今最先进的技术通常以 1000 Hz 的频率采样眼睛位置,进一步测量注视时的眼球运动并进行快速的注视跟随呈现变化范式。基于视频的眼动仪大类下,还可分为头戴式、塔式、桌面式以及移动式眼动仪。移动式眼动仪允许被试自由移动,扩大了使用眼动追踪的场景,但其最大劣势在于研究者无法控制实验的刺激材料。比如,对于塔式系统,研究者可以准确知道每个词在屏幕上呈现的位置,因此很容易便可将注视位置对应到单词上。但对于移动式眼动仪,只能从被试视野的视频录像中艰难恢复其注视位置。对于阅读研究,塔式设置通常能在精确度和易用性之间达到最好的平衡。

实 验 范 式

实验刺激

原则上,眼动追踪技术适用于所有实验刺激类型,即便刺激是单个单词(可用于控制注视位置)。然而,流利阅读不仅包括加工单个单词,还涉及将后续词整合进篇章语境中,同时计划向下一个眼跳目标的眼动。因此,阅读一个句子或段落可以展示丰富的阅读过程,其中的注视受到加工当前词和前后单词的影响。

在实际阅读研究中,实验刺激的空间位置较广,需要考虑系统的技术参数。一个限制因素是跟踪范围,通常约为 $60°×40°$;对于正常阅读距离的计算机屏幕而言不是问题,但可能会限制大型屏幕场景下的使用。标准实验范式借鉴自单个单词呈现研究,呈现包含关键词的单句或语篇。关心的变量如目标词的词长、词频和可预测性应当正交变化,或在各条件下保持一致,从而实现相对于当前设计的被试量和项目数所能达到的最佳统计效力;也使实验设计和常用的基于方差分析的统计推论相一致。

当然,这种对刺激材料类实验的操控,意味着难以在整体词类的范围上进行扩展。因此,第二类研究使用句子中的所有单词(如 Kliegl, Nuthmann, & Engbert, 2006)或从报纸上抽取的语篇(如 Kennedy, Hill, & Pynte, 2003),并基于高级多变量统计进行统计推论,从而解决预测变量间的相关。相关程度越高,探测到假设效应的统计效力就越低,一定程度上,低统计效力可以通过增加被试量和项目数弥补。对这两种方法优点的讨论,本文参考 Kliegl 等人(2006)、Rayner 等人(2007)以及 Kliegl (2007) 的讨论。显而易见,必须指明两种方法的所有系统性差异;最可能的解释是关于单词材料的选择效应,能否发现效应也可能与统计效力的差异有关。

眼动记录有一个非常有趣的特点,即信号在线获得并可以反馈给被试。这种闭环控制有时也用于其他领域,比如脑电图生物反馈,但还是在眼动追踪研究中更常见。该方法诞生于 20 世纪 70 年代 (Rayner, 1975; McConkie & Rayner, 1975; Watanabe, 1971),自此便成功应用于研究阅读中的知觉广度或接续文本性质的加工顺序等问题。

移动窗口范式

单次注视里,我们能从文本中提取多少信息?测量有效视野(或者知觉广度)最有效的办法就是移动窗口范式(McConkie & Rayner, 1975),又称 McConkie 范式。在该范式中,一个普通文本窗口会随阅读者的注视实时移动,窗口外的文本被其他刺激掩蔽,实验操控窗口显示内容的宽度。通过改变窗口大小,可以估计知觉广度大小,如取被试表现与静态控制条件无差异时的窗口大小,或者拟合渐进非线性增长曲线(Sperlich, Meixner, & Laubrock, 2016)。掩蔽的程度从完全掩蔽至保留空格和字母特征,如图 4.2 所示。研究表明,知觉广度比人们直觉上认为的范围小得多。对拼音文字而言,识别如词汇边界等低层级视觉信息时,顺阅读方向的知觉广度为 14~15 个字符,识别字母则仅为 9~10 个字符;知觉广度具有不对称性,逆阅读方向上的知觉广度远小于顺阅读方向,仅 3~4 个字符。这意味着对希伯来语和阿拉伯语等从右向左阅读的语言来说,知觉广度向左延申。书写系统的信息密度有很大影响;就字符而言,汉语或日语中的知觉广度要小得多(汉语约 3 个字符,日语 5~6 个字符),但就传递的信息量而言,各语言大致相当。同一书写系统中,阅读能力尚在发展的阅读者比发展完全的阅读者知觉广度更小。此外,阅读广度还会暂时性受认知负荷影响,如注视低频词时知觉广度变小(Meixner, Nixon, & Laubrock, 2017)。

边界范式

当注视副中央凹看到下一个词之前,我们又能提取什么信息呢?与之有关的注视跟随方法——边界范式(Rayner, 1975;又称 Rayner 范式)能很好回答哪些性质得以预先加工以及对其加工的程度。当被试的注视点跨过目标位置前的隐形边界时,预视词变为目标词,如图 4.2 所示(目标词为"occurs")。

预视收益(preview benefit)可以通过计算目标词在相关(或一致)条件相对无关条件下的注视时间差异得到(综述见 Schotter & Rayner, 2015)。预视收益受到预视和目标刺激在语言学上的关联性影响;英语中,正字法和语音相关刺激能产生可观的预视收益;但在其他语言中,语义相关度也会产生预视效应,在汉语中甚至比语音的效应更大。边界范式包括多种变体,如将注视跟随的触发点和定时呈现相结合的消失文本范式(Rayner et al., 2003)和(副中央凹)快速启动范式(Hohenstein, Laubrock, & Kliegl, 2010)。前者中,单词在被短暂注视后会消失;后者中，注视将触发启动刺激替换无关预视刺激，被试短暂注视启动刺激后，启动刺激被替换为目标刺激，启动刺激呈现时长由实验预先设定。本章“扩展阅读”中包括了对这些范式其他变体的介绍。

移动窗口范式

```
  A stunning dissociation between behavior and phenomenal experience occurs during reading

  Xxxxxxxxxg dissocixxxxxxxxxxxxxxxxxxxxxxxxxxxxxxxxxxxxxxxxxxxxxxxxxxxxxxxxxxxxxxxxxxxxx
a              *
  Xxxxxxxxxxxxxxxxxiation bexxxxxxxxxxxxxxxxxxxxxxxxxxxxxxxxxxxxxxxxxxxxxxxxxxxxxxxxxxxxxx
                       *

  X xxxxxxxg dissocixxxxx xxxxxxx xxxxxxxx xxx xxxxxxxxxx xxxxxxxxxx xxxxxx xxxxxx xxxxxxx
b              *
  X xxxxxxxx xxxxxxiation bexxxxx xxxxxxxx xxx xxxxxxxxxx xxxxxxxxxx xxxxxx xxxxxx xxxxxxx
                       *

  E closcesg dissociobuos hufmaas lifuwuen umt glomunicid amgisuarsi ennosc tosork sieburp
c              *
  E closcesp hennuriation befmaas lifuwuen umt glomunicid amgisuarsi ennosc tosork sieburp
                       *
```

边界范式

```
  A stunning dissociation between behavior and phenomenal experience arises during reading
a                                                               *   |
  A stunning dissociation between behavior and phenomenal experience occurs during reading
                                                                        *

  A stunning dissociation between behavior and phenomenal experience ekkers during reading
b                                                               *   |
  A stunning dissociation between behavior and phenomenal experience occurs during reading
                                                                        *
```

图 4.2　注视跟随移动窗口范式和边界范式

星号表示注视位置，移动窗口范式示例使用 9 字符对称窗口，掩蔽条件包括(a)“x”作为掩蔽刺激；(b)“x”作为掩蔽刺激且保留空格；(c) 字母为掩蔽刺激保存字母形状和元、辅音类型。边界范式示例使用竖线（|）表示隐形边界，并展示了同一目标词“occurs”的(a) 语义相关预视（“arises”）和(b) 语音相关预视（“ekkers”）。

数据收集与分析

数据收集

眼动追踪系统精度受限。例如，平均空间精度从 0.25°上升到 0.5°，意味着对典型字体大小的文本、报告的注视位置将偏移一个字母，这种变化在统计学上相当明显，可能导致阅读漫画等字体较小的文本时，将注视点分配到词的过程变得复杂。通常纵向上的误差会稍大，因此一个实用的办法是增大多行实验刺激文本纵向上的行间距，从而有助于区分各行上的注视点。在过去，这类问题尤为严重，这也可能是为什么阅读中的眼动研究多使用单行句子作为刺激材料。现今科技使段落呈现成为可能，推荐用头托、下巴托等实验设备减少头动，从而提高测量精度。

眼动追踪阶段开始时，系统需要进行校准，以确定屏幕坐标和测量结果之间的映射关系。眼动仪要求被试盯住一系列校准点，并通过如多项式拟合等方式估计参数，计算校准点位置和瞳孔-角膜反射向量之间的对应关系。校准后，注视位置就能以屏幕坐标表示。通常校准后跟验证环节，确定估计的注视位置是否确实与新的已知位置的目标相近。多数情况下，校准和验证在软件的支持下，流程化程度非常高，几分钟内即可完成。推荐的常见做法是在实验中添加额外验证点，也叫"注视检查"，并在验证失败时重新校准。

数据清理

眼动仪能基于屏幕坐标得出标记时间信息的单眼或双眼横纵坐标数据，特别是在一些基于视频的系统中，还会默认记录瞳孔径。显然，时间信息标记的密度取决于眼动仪的时间精度。注视坐标的时间序列通常划分为事件时段，阅读过程中，主要的事件类型包括注视、眼跳和眨眼，但刺激会移动时（如滚动文本），平滑追踪（smooth pursuit）也很重要。当采样率足够高，可以根据速度阈限结合加速标准识别眼跳，一般会先使用低通滤波器，去除由量子化等因素导致的速度时间序列中的高速噪声，然后再与阈限对比。图 4.3 展示了原始位置数据（横坐标）、转换为平滑速度时间序列以及眼跳检测算法的结果。

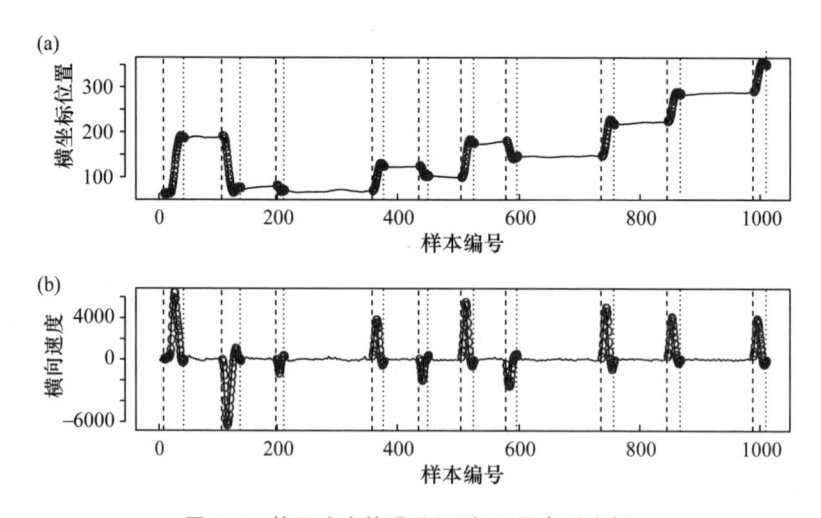

图 4.3 基于速度的眼跳识别（又见书后彩插）
(a)为阅读单句时的注视点横坐标，采样率为 500 Hz，(b)为平滑的眼跳速度。红点表示被事件探测算法划分为眼跳的数据点 (Engbert & Kliegl, 2003)，纵向的线表示对应的眼跳和注视间隔的开始和结束。

大部分市售眼动仪配套的软件套件都包含事件解析器。常见因变量如注视时间和眼跳幅度的值，很大程度上取决于对滤波器和探测算法的选择，以及二者的参数，因此清晰记录这些特定的操作参数非常重要，从而使跨实验室、跨研究比较成为可能。获取原始数据也很重要，因为分类标准可能发生变化，甚至可能出现新的类别；随着高速眼动仪的广泛应用，滑视（glissade）这种眼跳后持续 20 ms 的摆动，尽管之前可能一直被归到相邻的注视或眼跳事件中，如今有时也被视作一个单独的类别（Nyström & Holmqvist, 2010）。对注视眼动的分类需要获取高采样率的双眼原始数据记录（Engbert & Kliegl, 2003），在开源数据时代，储存原始数据是研究者的义务。

对阅读研究而言，事件探测算法最重要的输出就是一系列注视时间。注视时间与阅读材料中的特定字母一一对应，因此数据文件中的注视序列就对应阅读的发生时序。根据注视到字母的映射，可以计算出关注阅读的眼动控制研究中常用的所有因变量。但如果眼动测量最初以词为基本单位（比如说将词定义为感兴趣区），或者数据文件根据实验材料的单词组织，情况则不同。表 4.1 结合 Radach 和 Kennedy（2004）的表 1 和表 2，以及 Inhoff 和 Radach（1998），并进行了微调，给出了大部分由注视位置和注视时间得到的常见测量。

表 4.1　基于位置和时间的眼动测量指标

测量指标	定义
基于注视位置	
眼跳距离	两个连续注视位置间的距离。
注视（跳读）概率	注视（或跳读）一个词的相对频率。
注视位置	词内位置；词之间的空格编码为 0。
起跳距离	前一个注视点到当下注视词词首（或词中）的距离。
注视频数	当前阅读（定义为通过特定文本的第一遍、第二遍等）中对每个词的平均绝对注视数量。
初始/第一次注视时间	对一个词的第一次注视时间，与当前阅读中词的注视次数无关。
再注视概率	离开一个单词前至少注视两次的相对频数。
回视概率	跳读回句子中之前单词的相对频数。
基于注视时间	
单一注视时间	当前阅读中如果一个词仅被注视一次，该注视时间即为单一注视时间。

(续表)

测量指标	定义
再注视时间	当前阅读中,离开单词前除第一次注视时间外其他注视时间总和。
凝视时间	当前阅读(通常为第一遍)中,离开单词前的总注视时间。
重读时间	第一次离开单词后,对该单词的注视时间总和。
总阅读时间	对关键词的总注视时间。
回看时间	第一遍阅读中,从进入一个区域开始,直到眼睛顺阅读方向离开该区域为止,总的注视时间。
回视路径时间	第二遍阅读中,从进入一个区域开始,直到眼睛顺阅读方向离开该区域为止,总的注视时间。
阅读速度	同时反映时空指标;可以说是读者的认知和眼动控制系统试图优化的标准(标准值:每分钟 200～300 词)。

资料来源:修改自 Inhoff & Radach (1998) 和 Radach & Kennedy (2004) 的表1和表2。

注:位置、幅度和距离的相关度量通常是字符,而非视角度数;总时间(除阅读速度外)通常不计算眼跳时长。

位置

表 4.1 列出的测量指标和注视位置相关。显而易见,大部分指标相互关联,有些甚至关联度很高。比如平均眼跳距离和起跳距离、跳读概率正相关,和注视频数、再注视概率负相关。在统计推论的背景下,所有指标都旨在捕捉注视位置对语言相关或眼动相关加工的影响,也就是说,所有指标都可在某些情景下作为因变量。同时,所有指标也都可以作为协变量(预测变量、自变量)来解释其他位置相关指标以及表格中列出的基于注视时间的指标。这必然会带来无尽的困惑,但鉴于语言相关和眼动相关阅读研究的理论和实践背景具有异质性和多样性,很难避免。显然,决定一个指标用作自变量还是因变量的首要因素是研究者的理论框架,理由是选定的概念提供了一个和前人研究一致的解释,能使科学界信服。

时间

表 4.1 中引出的是基于注视时间的最常用的指标,此处不再赘述。大部分指标仅针对第一遍阅读计算,这意味着分析仅包含眼睛第一次顺阅读方向跳入观测单词时的注视位置及其对应的持续时间。当然,在有大量重读的情况下,也可以针

对第二遍阅读进行计算。在某些条件下,前文对基于注视位置的指标的说明也同样适用于基于注视时间的指标:根据理论背景,注视时间可以作为因变量或自变量;在心理语言学背景下,它们主要作为因变量。此外,根据定义,各指标是相关的;显然,当一个词只被注视一次,该词的单一注视时间等同于凝视时间。同样,第一次注视时间也是凝视时间的一部分。概念上来说,提出这些差异的目的是区分早期和晚期加工效应,其中凝视时间被视作早期加工的上限。因此,通常对几个指标进行单独分析并报告结果,一并观察这些指标结果的显著性,从而保证其一致性。从数据分析的角度来说,这种包含型的定义非常不可取,原因是这种分析无法提供独立证据;相反,在这种情况下,人们或许会怀疑报告的显著结果是否更有可能是虚假的。这个问题没有简单的解决办法,只能打破过去的研究传统。因此,如果没有一个令人信服且包容的新数据分析框架,研究进展将在很大程度上取决于对关键结果的直接的和概念性的复制(这也不错)。

推论统计

阅读位置和注视中的分布式加工为实验或类实验效应的统计推论带来了不小的挑战。传统上,独立变量数据(比如围绕边界范式中目标词的操纵构建正交因素设计的实验)的分析多使用被试和项目作为随机因素分别进行方差分析(F1/F2 ANOVA),仅以目标词的指标作为因变量,也可能单独汇报邻近注视点的 F1/F2 ANOVA。此外,正如前文所言,这种分析针对表 4.1 列出的基于时间和位置的指标多次进行。

在过去十年中,线性混合模型(linear mixed models,LMM; Baayen, Davidson, & Bates, 2008; Kliegl, Risse, & Laubrock, 2007)的发展导致明确以被试和项目为一个分析的交叉随机因素的研究数量减半。就缺点而言,与方差分析高度自动化的程序相比,LMM 需要数据分析者承担明确模型结构的大部分责任。这既涉及将假设指定为固定效应的单自由度对比(理想情况下是先验的),又涉及将被试内和项目内效应指定为随机效应结构(即方差分量和相关参数;Bates et al.,2015)。就优点而言,LMM 能够充分处理眼动数据中随机缺失数据这一普遍问题,无缝整合被试和项目内部或之间变化的因子和数值协变量(Kliegl, 2007)。

LMM 打破了实验分析和相关分析的差异,即便是通过实验范式收集的数据亦如此。例如，在一项有关汉语语义的预视促进效应分析中，Yan 及其同事（2012）报告了预视类型和目标词注视时间的边界前注视时间的交互作用：预视注视时间短时，语义的预视促进效应大；预视注视时间较长时，促进效应消失。显然，预视时间并不受实验控制，因此在这一交互作用的限制下，很难将预视促进效应（或无预视促进效应）解释为实验效应。

除了检验实验条件之间的差异和交互作用是否显著，LMM 还可以估计被试间差异以及项目间差异对实验条件显著性的影响的可信度。由于阅读中的眼动追踪能够获得高密度的行为观测数据，使得统计推论的优化成为可能。

LMM 是一种入门分析，其他高级多元统计技术包括关联 LMM（linked LMM；Hohenstein, Matuschek, & Kliegl, 2017）、广义加性混合模型（generalized additive mixed models, GAMM；Matuschek, Kliegl, & Holschneider, 2015）、非线性混合模型（nonlinear mixed models；Sperlich et al., 2016）、分位数回归分析（quantile regression analysis；Risse & Kliegl, 2014）、生存分析（survival analysis；Reingold et al., 2012），以及关注复杂句法结构的研究者可能会感兴趣的扫视路径分析（scan-path analysis；von der Malsburg & Vasishth, 2011）等，均已应用于分析阅读过程中的眼动追踪数据。这些技术帮助我们越来越接近动态加工如何随时间推移展开的科学事实。

研究示例：朗读中的眼音距

心理语言学研究的核心在于语言相关的加工过程，默读中的眼动不但能通过书面文字的转换反映语言感知，而且能通过随任务需求和阅读技巧等因素变化的内隐发音（sub-articulation）过程反映语言产出。表现为朗读的语言产出从发展历史和个体层面上均先于默读出现。而且毫无疑问，朗读过程中语音会调节眼跳计划（Buswell, 1920；Laubrock & Kliegl, 2015）。的确，语言相关加工难度的动态变化反映为眼睛看的位置在多大程度上领先于语音对应的位置：加工越简单，眼音距（eye-voice span, EVS）越大。毫无疑问，使用这种方法理解心理语言学理论问题具有巨大潜力。我们深信，朗读研究数量稀少是因为同时记录并区分眼动和语音加工过程存在技术困难，以及一并分析眼动和语音两个动态相关的时间序列具有挑战性。我们在 Laubrock 和 Kliegl（2015）报告的一项研究概要中描述了这些困难以及 EVS 研究的潜力；有关同时记录和识别词汇边界的技术细节均引自这一文献。

眼动和声音的配准

在此处介绍的示例中，使用 22 寸型号为"Iiyama Vision Master Pro 514 CRT"的显示器呈现句子，分辨率为 1280 × 960；使用森海塞尔 K6 系列电容式麦克风将语音记录至硬盘，该麦克风与计算机内置专业声卡驱动模式（Audio Stream Input Output，ASIO）兼容的 Sound Blaster Audigy 声卡连接，从而确保音频延迟固定在 5 ms。眼动数据使用 Eyelink 1000 台式机型（SR Research, Ottawa, ON, Canada）记录，使用头托固定被试头部使其与屏幕间距保持在 60 cm，去掉了常用的下巴托以方便被试发声。程序在声音起始和结束时向眼动仪发送触发信号，使眼动和语音流程同步。记录下来的数据根据眼动仪的时间进程标记时间，后续针对音频产出的延迟进行调整。

识别词汇边界

最大的技术挑战是识别语音记录流程中的词汇边界。研究使用了 Praat 软件 (Boersma & Weenink, 2010) 脚本在被试和句子间循环，脚本单独呈现每一个句子（切分为词）和其对应的语音记录，表现为语音的波形、频谱图、共振峰，以及声强和音高曲线。脚本借助强度阈值的交叉点尝试定位语音对应位置的首尾两端，并在语音对应部分首先按单词长度分配词汇边界。

然后，由编码者通过重复收听语音信号拖音部分，手动拖拽词汇边界到主观认为的真实边界位置。软件有多个缩放级别，需要编码者将音段放大到只有被考察词和其邻近词可见（可听），以进行最终调整（图 4.4）。为避免协同发音导致的边界模糊，要求编码者将词汇边界定位到该类模糊拖音的中间。只有朗读中没有出现错误的句子，其内部词的发音时长才在后续分析中使用。

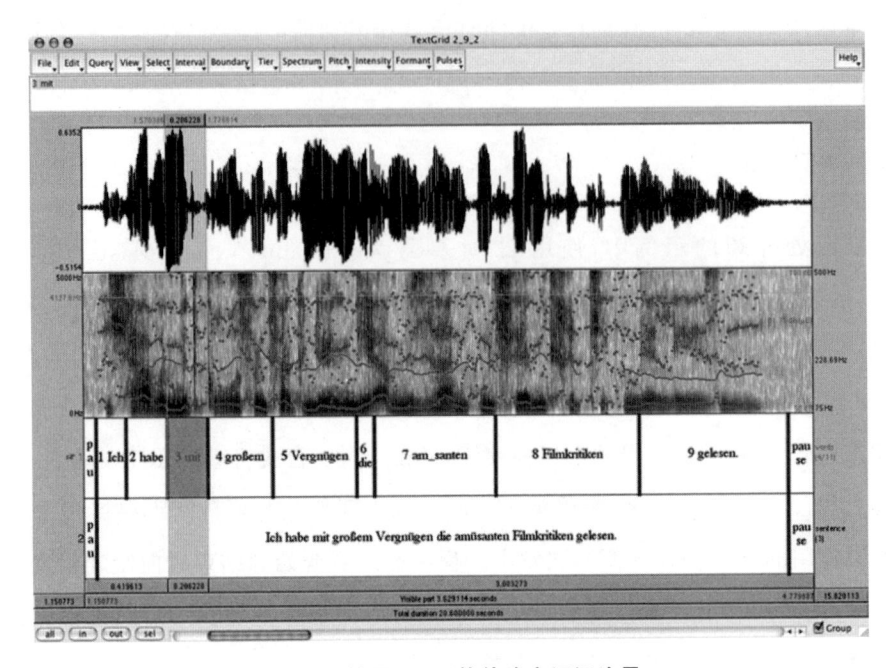

图 4.4　使用 Praat 软件确定词汇边界

计算机程序呈现文本、语音和按比例分配的词汇边界，编码者放大语音记录并手动调整词汇边界。

基于两种数值型协变量的 LMM 交互作用示例

单词发音的首尾和上述的注视点序列融合后，这些新的变量产生相对于注视开始和结束点的空间和时间 EVS。在以单一注视时间（SFD）为因变量的 LMM 中，空间 EVS 对 SFD 存在一个很强的线性效应[图 4.5(a)]，表明当 EVS 变得太大时，注视时间也会延长；当先前句子语境对注视词的预测性更高时，该效应更强[图 4.5(b)]：仅当 EVS 不是很大时，预测才通常导致注视时间较短。

以注视起始点计算的 EVS 是 SFD 最强预测因子之一，其线性影响力显著大于如起跳位置、词频或单词可预测性等因素。图 4.5 绘制的是在 LMM 中通过统计学的方式控制其他 28 个协变量，并考虑到被试和项目间差异导致的收缩矫正后的部分效应。除了记录上述内容以及其他大量描述眼音距和单词相关属性如何共同决定朗读中注视时间的理论相关结果，Laubrock 和 Kliegl（2015）的一篇教程性论文,介绍了如何为一组非常复杂的数据确定并记录最简 LMM。例如,该文章基于 11 709 个注视点、32 名被试、144 个句子拟合的最终版 LMM,包括 66 个固定效应(采用二次或三次趋势估计协变量)、12 个方差分量(包括残余方差)和 3 个相关参数。

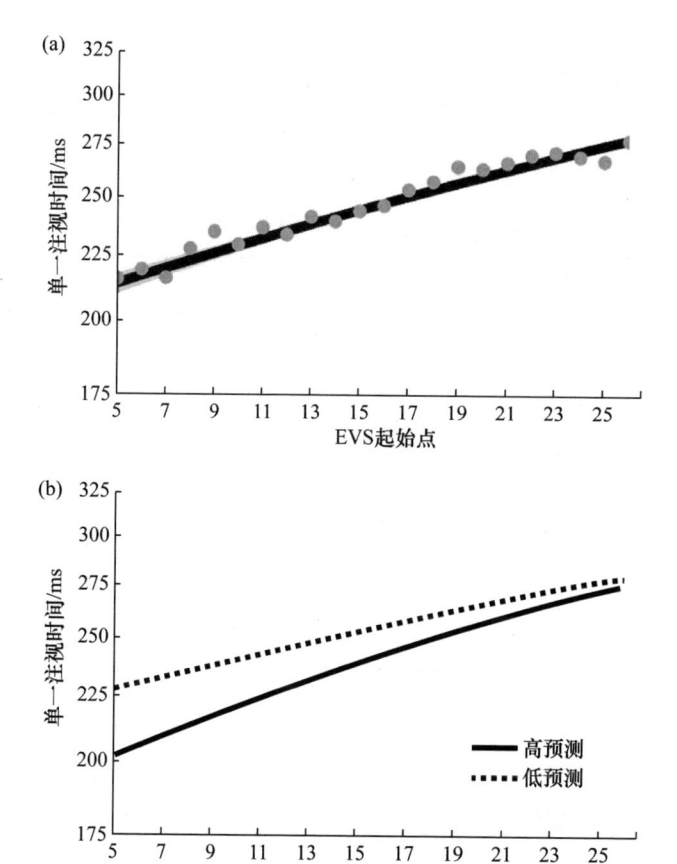

图 4.5 眼音距主效应及其与预测性的交互作用

(a) EVS 起始点对单一注视时间的部分主效应;点表示观测分数。(b) EVS 起始点和注视词可预测性之间的部分交互作用图;基于两个连续变量使用 LMM 估计交互作用,仅出于交互作用可视化目的将可预测性合并为高低两组,引自 Laubrock 和 Kliegl (2015) 图 4 的一部分。

实 践 问 题

问题和陷阱

眼动研究有许多陷阱。表 4.2 列出了基于红外视频的眼动仪最常出现的问题，包括被试特征、眼动仪的技术局限性，还有阐释注视时间时需要注意的概念区别。

表 4.2　阅读中眼动追踪的实践性问题

被试特征	眼睛的颜色可能影响校准 变焦眼镜和镜片可能影响校准 睫毛膏可能干扰反射和测量 特定人群（如婴儿、老人）的个体差异过大
显示	偏心率可能增大位置误差 横向精度高于纵向精度
眨眼	测量缺失 眼跳伪迹（闭眼导致瞳孔重心快速下移）
事件判断（时/空）	眼跳后摆动或滑视，属于注视还是眼跳？ 眼动仪：呈现随眼动变化的最小刷新率应为 250 Hz，越高越好 显示器：眼跳时呈现随眼动变化的最小刷新率应为 100 Hz，越高越好 划分注视点到语篇对应的行（见显示部分）
阐释	关心注意焦点，但注视点可能不反映注意焦点

就技术问题而言，此处需要提及的是具有高刷新率的 CRT 显示器已经不再生产。矛盾的点在于，科技的发展使得精确控制时间以实现随眼动变化的快速呈现的操作越来越困难。由于这一问题在如近阈限启动（near-threshold priming）或视觉感知等其他领域更为严重，一些厂商如今可提供特制的硬件。

当然，对于注视点和注意焦点的潜在分离，注视时间的理论阐释存在一个实践性问题。单纯来看，研究者或许希望眼脑假说具有很强的效力，即注视内容和加工内容之间不存在明显滞后（Just & Carpenter, 1980）。但许多知觉广度中副中央凹加工以及与眼音距相关的结果，显然表明除非在一些人为限制的场景下，以上假说并不成立。总而言之，内隐注意没有惯性，且比眼睛移动速度更快。即便如此，尽管注意可以在一定程度上独立于注视而移动，注意转移必须先于注视转移（Deubel & Schneider, 1996），这样来说，注视转移的确能够反映注意转移。再者，即使是内隐注意转移也会在注视眼动上留下痕迹,这表明眼动系统与执行空间注意的系统紧密联合(Laubrock,Engbert,& Kliegl,2005)。

此外,即使一个注视点上的注视时间很长,也不一定能保证注意聚焦在某个位置的时间足够用于加工这一刺激。例如,一些无意识阅读(mindless reading)的研究显示,尽管注视时间的模式发生变化,眼动的基本模式表面上仍然相似(Schad,Nuthmann & Engbert,2012)。

对比相关方法的优缺点

可以说,阅读中的眼动追踪以最自然的方式捕捉阅读过程,同时也发现了其最复杂的一面。没有证据表明眼动追踪监视器的存在会限制结果的适用性;换句话说,阅读中的眼动追踪具有很高的外部效度。一个优点(同时也是缺点)是注视时间不仅测量对注视单词的加工效应,还测量了对前后单词的加工效应。不出所料,由于眼动指标存在高共线性,研究者需要就眼动指标的内部效度进行权衡。眼动研究采用了三种方法来解决这个问题:(类)实验设计控制、多元统计控制和计算建模。原则上,这三者不仅可以应用于自然阅读数据的分析,还可以应用于通过某种方式消除眼动相关加工,以减少语言相关和眼动相关的加工动态的任务。以下将简要描述其中三个范式,即对单个单词再认的命名(naming)或词汇判断任务(lexical decision task,LDT)、快速序列视觉呈现(rapid serial visual presentation,RSVP)和自定步速阅读(self-paced reading)。

命名或词汇判断任务

概念上最简单的阅读研究方法即研究单个单词再认过程的实验范式,包括两种主要范式。命名任务中,被试需要以最快的速度,命名在一些关键特征上存在差异或在不同启动条件下呈现的单词;词汇判断任务中,重要的因变量是被试区分非词和真词的速度。一般来说,词汇判断任务可以使用与命名任务相同实验条件下的同一个词,且一般不分析非词。由于无须进行眼动,这些指标反映的是无眼动计划或眼跳情况下的阅读效率。虽然仅限于单个单词再认过程(即通常情况下没有句子语境,且无法对后续单词进行副中央凹加工),但对比眼动指标的技术复杂性(表4.2),LDT能够提供简单且强大的反映语言相关加工的指标。

快速序列视觉呈现

依据定义,单个单词再认范式缺乏语境,而语境可以说是阅读中最大的影响因素之一。在 RSVP 范式中，单词通常以每个单词 100～700 ms 的速度，在显示器的同一位置逐一呈现。同样，这一范式的主要目标就是消除眼跳以分离出语言相关的加工效应。测量阅读句子中的 ERP 一般用间隔时间较长的 RSVP（每个词 300～700 ms），因为该任务能够确保脑电指标中没有眼动伪迹，而且低呈现率可以使不同单词引发的电波不重合，从而确定单个单词的 ERP。自然阅读中，眼动和大脑电位的协同配准已经取得成功。在这一范式中，以一个注视的开始，而非显示器上呈现单词的起始，作为计算注视相关电位（fixation-related potentials）的触发点。Dimigen 及其同事（2011）详尽介绍了研究者应如何处理阅读中遇到的眼动和注视相关脑电协同配准的技术、数据分析和概念的问题。

自定步速阅读

可以说，在不追踪眼球运动的情况下，最能模拟自然阅读的范式就是自定步速阅读。在这一范式中，读者按下按钮，在其通常的物理位置开始连续呈现单词或短语。此处假设查看时间提供有关语言加工的直接信息，而不涉及技术上复杂的眼动数据收集和分析。显然，存在眼动的情况下，该任务中包含与眼跳计划相关的过程，但副中央凹信息的加工被禁用。

对语言相关加工的兴趣驱动着心理语言学的研究。阅读中的眼动追踪是一个窗口，透过它我们可以观察到一些最复杂的认知加工过程。与其他富有成果的科学领域一样，研究者需要克服技术困难、数据分析和同样重要的概念问题。这种心理语言学研究方法的独特贡献在于，它使我们直接接触到了动态的思想和行为。

关 键 术 语

边界范式，Rayner 范式（boundary paradigm/Rayner paradigm）：一种呈现随眼动变化的实验范式，用于测量被试何时加工一个特定的副中央凹信息；当注视点跨过隐形边界时，预视刺激变为目标刺激；预视的促进效应反应为相关（或相同）的预视词相较无关预视词的注视时间更短。

校准（calibration）：将注视点和屏幕坐标对齐。

语料库分析（corpus analysis）：分析为同一材料（通常本身很庞大）收集的大量观测数据，旨在研究全体词性的扩展效应。

眼音距（eye-voice span，EVS）：朗读中，注视词和发音词之间的距离差；计算单位为字母（空间 EVS）或毫秒（时间 EVS）。

移动窗口范式，McConkie 范式（moving window paradigm/McConkie paradigm）：一种呈现随眼动变化实验范式，用于测量阅读中有效视野（知觉广度），该范式中仅宽度受限的窗口中的文本可见，这一窗口随阅读者的注视点实时移动。

知觉广度（perceptual span）：注视位置周围不对称区域，字母识别时从左侧约 3 个字母延伸至右侧约 6 个字母，而低级视觉信息如单词之间的空格识别时则延伸至右侧约 15 个字母处。知觉广度通常使用 McConkie 范式测量。

快速序列视觉呈现（rapid serial visual presentation）：通常在屏幕中央的固定位置快速连续呈现实验刺激；不追踪眼动研究句子整合加工。

眼跳检测（saccade detection）：将原始时间序列解析为眼跳和其他事件（注视、眨眼、平滑追踪）。

自定步速阅读（self-paced reading）：由被试按键触发逐词呈现句子；通常单词在句子中的常规位置累积出现，从而保留空间布局。

基于视频的眼动追踪（video-based eye tracking）：测量阅读中眼动的最常用、应用最广的技术，基于眼睛图像视频流中的瞳孔检测，通常通过红外光源的角膜反射改善精度。

参　考　文　献

Baayen, R. H., Davidson, D. J., & Bates, D. M. (2008). Mixed-effects modeling with crossed random effects for subjects and items. *Journal of Memory and Language*, 59, 390-412.

Bates, D., Kliegl, R., Vasishth, S., & Baayen, H. (2015). Parsimonious mixed models. arXiv. org:1506.04967.

Boersma, P., & Weenink, D. (2010). *Praat: Doing phonetics by computer* [Computer Program]. Version 5.1. Available at: http://www.praat.org/.

Bouma, H. (1970). Interaction effects in parafoveal letter recognition. *Nature*, 226, 177-178.

Buswell, G. T. (1920). *An experimental study of the eye-voice span in reading*. Supplementary Educational Monographs No. 17. Chicago: Chicago University Press.

Deubel, H., & Schneider, W. X. (1996). Saccade target selection and object recognition: Evidence for a common attentional mechanism. *Vision Research*, 36, 1827-1837.

Dimigen, O., Sommer, W., Hohlfeld, A., Jacobs, A. M., & Kliegl, R. (2011). Co-registration of eye movements and EEG in natural reading: Analyses and review. *Journal of Ex-*

perimental Psychology: General, *140*, 552-572. DOI:10.1037/a0023885.

Engbert, R., & Kliegl, R. (2003). Microsaccades uncover the orientation of covert attention. *Vision Research*, *43*, 1035-1045.

Engbert, R., Nuthmann, A., Richter, E., & Kliegl, R. (2005). SWIFT: A dynamical model of saccade generation during reading. *Psychological Review*, *112*, 777-813.

Hohenstein, S., Laubrock, J., & Kliegl, R. (2010). Semantic preview benefit in eye movements during reading: A parafoveal fast-priming study. *Journal of Experimental Psychology: Learning, Memory, and Cognition*, *36*, 1150-1170.

Hohenstein, S., Matuschek, H., & Kliegl, R. (2017). Linked linear mixed models: A joint analysis of fixation locations and fixation durations in natural reading. *Psychonomic Bulletin & Review*, *24*(3), 637-651. DOI:10.3758/s13423-016-1138-y.

Inhoff, A. W., & Radach, R. (1998). Definition and computation of oculomotor measures in the study of cognitive processes. In G. Underwood (Ed.), *Eye guidance in reading and scene perception* (pp. 29-53). Oxford, UK: Elsevier.

Just, M. A., & Carpenter P. A. (1980). A theory of reading: From eye fixations to comprehension. *Psychological Review*, *87*, 329-354.

Kennedy, A., Hill, & Pynte, J. (2003). The Dundee corpus. *Proceedings of the 12th European conference on eye movement*. Dundee: University of Dundee.

Kimmel, D. L., Mammo, D., & Newsome, W. T. (2012). Tracking the eye non-invasively: Simultaneous comparison of the scleral search coil and optical tracking techniques in the macaque monkey. *Frontiers in Behavioral Neuroscience*, *6*, 49.

Kliegl, R. (2007). Towards a perceptual-span theory of distributed processing in reading: A reply to Rayner, Pollatsek, Drieghe, Slattery, & Reichle (2007). *Journal of Experimental Psychology: General*, *138*, 530-537.

Kliegl, R., & Engbert, R. (2013). Evaluation of a computational model of eye-movement control during reading. In U. Gähde, S. Hartmann, & J. H. Wolf (Eds.), *Models, simulations, and the reduction of complexity* (pp. 153-178). Berlin-New York: Verlag der Akademie. DeGruyter.

Kliegl, R., Nuthmann, A., & Engbert, R. (2006). Tracking the mind during reading: The influence of past, present, and future words on fixation durations. *Journal of Experimental Psychology: General*, *135*, 13-35.

Kliegl, R., Risse, S., & Laubrock, J. (2007). Preview benefit and parafoveal-on-foveal effects from word n+2. *Journal of Experimental Psychology: Human Perception and Performance*, *33*, 1250-1255.

Laubrock, J., Engbert, R., & Kliegl, R. (2005). Microsaccade dynamics during covert attention. *Vision Research*, *45*, 721-730.

Laubrock, J., & Kliegl, R. (2015). The eye-voice span during reading aloud. *Frontiers in Psychology*, *6* (1432).

von der Malsburg, T. , & Vasishth, S. (2011). What is the scanpath signature of syntactic reanalysis? *Journal of Memory and Language*, 65, 109-127.

Matuschek, H. , Kliegl, R. , & Holschneider, M. (2015). Smoothing spline ANOVA decomposition of arbitrary splines: An application to eye movements in reading. *PLoS ONE 10*: e0119165. DOI:10.1371/journal.pone.0119165.

McConkie, G. W. , & Rayner, K. (1975). The span of the effective stimulus during a fixation in reading. *Perception & Psychophysics*, 17, 578-586.

Meixner, J. , Nixon, J. , & Laubrock, J. (2017). *The perceptual span is locally modulated by word frequency early in reading development*. Under review.

Nyström, M. , & Holmqvist, K. (2010). An adaptive algorithm for fixation, saccade, and glissade detection in eyetracking data. *Behavior Research Methods*, 42, 188-204.

Radach, R. , & Kennedy, A. R. (2004). Theoretical perspectives on eye movements in reading: Past controversies, current issues and an agenda for future research. *European Journal of Cognitive Psychology*, 16, 3-26.

Rayner, K. (1975). The perceptual span and peripheral cues in reading. *Cognitive Psychology*, 7, 65-81. DOI: 10.1016/0010-0285(75)90005-5.

Rayner, K. , Liversedge, S. P. , White, S. J. , & Vergilino-Perez, D. (2003). Reading disappearing text. *Psychological Science*, 14, 385-388.

Rayner, K. , Pollatsek, A. , Drieghe, D. , Slattery, T. J. , & Reichle, E. D. (2007). Tracking the mind during reading via eye movements: Comments on Kliegl, Nuthmann, and Engbert (2006). *Journal of Experimental Psychology: General*, 136, 520-529.

Reichle, E. D. , Pollatsek, A. , Fisher, D. L. , & Rayner, K. (1998). Towards a model of eye movement control in reading. *Psychological Review*, 105, 125-157.

Reilly, R. G. , & Radach, R. (2006). Some empirical tests of an interactive activation model of eye movement control in reading. *Journal of Cognitive Systems Research*, 7, 34-55.

Reingold, E. , Reichle, E. , Glaholt, M. , & Sheridan, H. (2012). Direct lexical control of eye movements in reading: Evidence from a survival analysis of fixation durations. *Cognitive psychology*, 64, 177-206. DOI: 10.1016/j.cogpsych.2012.03.001.

Risse, S. , Hohenstein, S. , Kliegl, R. , & Engbert, R. (2014). A theoretical analysis of the perceptual span based on SWIFT simulations of the n+2 boundary paradigm. *Visual Cognition*, 22, 283-308.

Risse, S. , & Kliegl, R. (2014). Dissociating preview validity and preview difficulty in parafoveal processing of word n+1 during reading. *Journal of Experimental Psychology: Human Perception and Performance*, 40, 653-668.

Schad, D. J. , & Engbert, R. (2012). The zoom lens of attention: Simulating shuffled versus normal text reading using the SWIFT model. *Visual Cognition*, 20, 391-421.

Schad, D. J. , Nuthmann, A. , & Engbert, R. (2012). Your mind wanders weakly, your mind wanders deeply: Objective measures reveal mindless reading at different levels. *Cognition*,

125, 179-194.

Schotter, E. A., & Rayner, K. (2015). The work of the eyes during reading. In A. Pollatsek & R. Treiman (Eds.), *The Oxford handbook of reading* (pp. 44-62). Oxford, UK: Oxford University Press.

Schotter, E. R., Reichle, E. D., & Rayner, R. (2014). Rethinking parafoveal processing in reading: Serial-attention models can explain semantic preview benefit and N+2 preview effects. *Visual Cognition*, *22*, 309-333.

Sperlich, A., Meixner, J., & Laubrock, J. (2016). Development of the perceptual span in reading: A longitudinal study. *Journal of Experimental Child Psychology*, *146*, 181-201.

Watanabe, A. (1971). Fixation points and the eye movements. *Oyo Buturi*, *40*, 330-334 (in Japanese).

Yan, M., Risse, S., Zhou, X., & Kliegl, R. (2012). Preview fixation duration modulates identical and semantic preview benefit in Chinese reading. *Reading and Writing: An Interdisciplinary Journal*, *25*, 1093-1111.

扩 展 阅 读

Duchowski, A. T. (2007). *Eye tracking methodology: Theory and practice*. London: Springer.

Holmqvist, K., Nyström, M., Andersson, R., Dewhurst, R., Jarodzka, H., & van de Weijer, J. (2011). *Eye tracking: A comprehensive guide to methods and measures*. Oxford, UK: Oxford University Press.

Liversedge, S., Gilchrist, I., & Everling, S. (2011). *The Oxford handbook of eye movements*. Oxford: Oxford University Press.

Rayner, K., Pollatsek, A., Ashby, J., & Clifton, C. Jr. (2012). *The psychology of reading*, 2nd Edn. New York, NY: Psychology Press.

Rayner, K., Pollatsek, A., & Schotter, E. R. (2012). Reading: Word identification and eye movements. In A. Healy (Ed.), *Handbook of psychology*, *Volume 4: Experimental Psychology* (pp. 548-577). Hoboken: Wiley.

第五章
视觉情景范式

Anne Pier Salverda & Michael K. Tanenhaus

视觉情景范式(visual world paradigm，VWP)是研究语言理解和产出中实时语言加工的一系列实验方法，适用于所有年龄段以及一些特殊人群。被试听到或产出关于视觉情景内容的口语时，实验者记录他们对视觉工作空间中的物体或显示屏中图片的眼动信息。VWP中的眼动测量是一种敏感的、锁时的反应测量方法，可以用来考察各种心理语言学问题，涉及从言语感知到互动对话等多种主题。

引　言

VWP是一系列实验方法，能够让实验者记录被试在听或产出语言时，对视觉工作空间中的真实物体或显示屏图片产生的眼动信息。图5.1是一个实验设置范例。VWP这一术语由Tanenhaus及其同事(Allopenna，Magnuson，& Tanenhaus，1998)提出，强调视觉工作空间定义一个语言所涉及的限定情景（circumscribed context）。

1974年，Roger Cooper在一篇文章*中报告了使用双浦肯野(Dual-Purkinje)眼动仪测量被试一边观看图片一边听故事产生的眼动的实验。实验发现：被试会将目光转移到故事中命名的图片，以及和这些名称相关的图片上。被试在听完口语词语音之前就会产生注视，表明视觉和语言加工紧密耦合。

20多年后，Tanenhaus，Spivey-Knowlton，Eberhard和Sedivy(1995)使用头戴式视频眼动追踪仪，监测被试根据实验者的口语指导语选择和移动桌子上的物

---

* 标题为《口语意义对眼睛注视的控制：一种能实时考察语音感知、记忆和语言加工的新范式》(The control of eye fixation by the meaning of spoken language: A new methodology for the real-time investigation of speech perception, memory, and language processing)。——作者

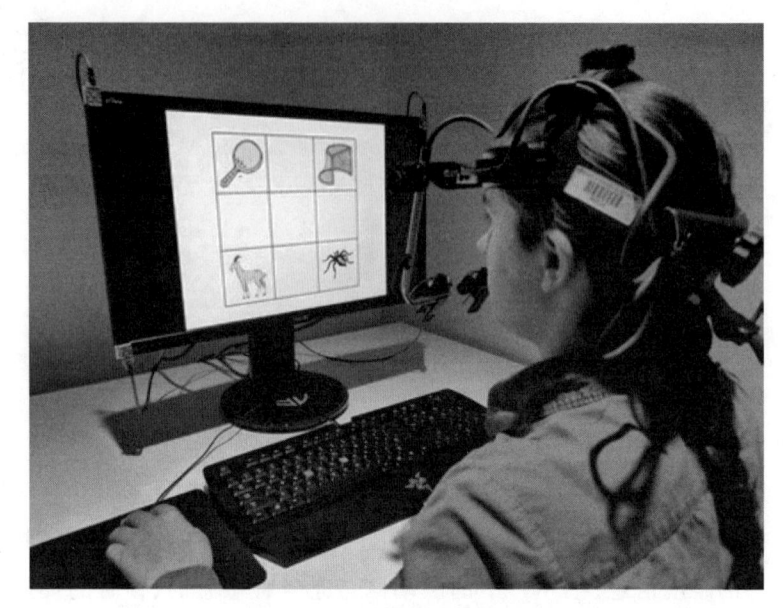

图 5.1　视觉情景范式实验设置

体（例如，将毛巾上的苹果放到盒子里）时产生的眼动，这种任务导向的方法受到了 Rochester 早期工作的影响，该研究使用眼动来研究自然任务中的视觉（综述见 Hayhoe & Ballard, 2005）。Tanenhaus 等人发现，视觉信息和语言信息在词汇识别、所指消解、句法加工（解析）中均能快速整合，句法加工是其报告的重点。Allopenna, Magnuson 和 Tanenhaus（1998）是第一个使用基于屏幕的呈现方式研究连续语音中口语词汇识别时间进程的视觉情景研究。Trueswell, Sekerina, Hill 及 Logrip（1999）调整了 Tanenhaus 等人的研究设置，证明 VWP 可用于研究学前儿童的句子理解。

当前，许多视觉情景研究沿用了 Cooper（1974）的方法和原理，没有使用显性任务。Altmann 和 Kamide（1999）的研究是基础性的视听同步（look-and-listen）研究。研究者向被试呈现一个人形图像（如一个男孩）、四个物体（如一个蛋糕、一辆玩具车、一个球和一辆玩具火车），并播放一段语音，如"男孩要吃蛋糕了"（图 5.2）。随着动词出现，当其语义只和其中一个物体一致时（"吃"，只有蛋糕可以吃；与"移动"一词相反，所有对象都可以移动），被试更可能产生眼跳，即对目标物体产生预期眼动。

图 5.2　视觉呈现示意,参照 Altmann & Kamide (1999)

两项开创性研究为 VWP 应用于语言产出提供了基础。Meyer,Sleiderink 和 Levelt(1998)证明了在简单名词短语的产出过程中,眼动和言语计划的时间进程密切相关。Griffin 和 Bock (2000)用可以使用主动或被动结构描述的图示化场景(如一张闪电击中房子的图片)来监测眼动,并证明了注视和言语计划之间的紧密耦合。

假设、逻辑和术语

所有视觉情景实验都遵循相似的逻辑,并采用同一设计的不同变式。视觉工作空间包含真实物体,或通过显示屏呈现一组物体、图示化场景或真实世界场景。在屏幕呈现的情况下,研究通常使用图片作为实验材料,但也有使用书面语词的情况(McQueen & Viebahn, 2007),随着语音的连续输入,监测被试的眼动。研究者感兴趣的是相对于语音信号中的一些声学标记(如词的起始点),被试的视觉注意力何时发生偏移,这一过程通常用对物体或图片的扫视眼动(saccadic eye movement)来测量。

行为和神经成像测量需要一个链接假设(linking hypothesis),该假设将测量到的因变量(此处为眼动)和背后假设的认知过程联系起来。视觉情景最常见的链接假设形式是,当视觉注意力转移到工作空间中的物体时,作为计划或理解言语的结果,被试很有可能会很快随之进行扫视眼动(眼跳),将关注区域带入视网膜中央凹视野。被试注视的位置,特别是和语音相关的扫视起跳时间和位置可以提供实时语言加工的信息。后文将进一步讨论链接假设如何影响视觉情景研究的解释和分析。

在不同的研究中,语言的特点、视觉工作空间的内容和结构、指导语和/或任务各不相同。本节我们假设,潜在的所指对象是屏幕上显示的图片。伴随口语语音的播放,被试可能会一次或多次看向每张图片。实验者指定某个特定时间点呈现的图片是目标图片。实验者主要关心何时被试对目标图片的注视与对其他图片的注视不同,通常操控非目标图片的一个或多个特征,使这些图片在某个指定维度与目标的相关度比其他非目标图片更高,从而将其纳入隐性事件加工中。这些图片通常被称为竞争项(competitor),无关图片被称为干扰项(distractor)。竞争项和目标刺激在不同维度上有差异。例如,如果两张图片对应的词以相同的音节起始(如"蜡烛"和"辣椒"),并且被试听到指令"点击蜡烛",那么"蜡烛"就是目标项,"辣椒"是语音竞争项,或称同组竞争项(cohort competitor)。竞争项可以在多个维度上不同,从竞争项与目标项对应的词的差异程度[如首音、韵律、嗓音起始时间(voice-onset time,VOT)竞争项]到二者在视觉和/或概念上的相似程度。例如,相同类型的两个描述性目标项可能在诸如大小、颜色等特征维度上不同,如条纹或星形。在理解研究中,只有一幅图片和句子中信息及视觉情景中物体的整合一致时,其对应的语音信号时间点有时被称为歧义消解点(point of disambiguation,POD)。POD 可以作为参考点,定义为语音信号中,被试使用所有可用的信息,最早可以识别目标项的时间点。不过,POD 有时也指对目标项的注视和对竞争项的注视真正开始出现差异的时间点。产出研究通常不使用"竞争项"这个术语,但是逻辑是相似的:研究者考察感兴趣区(例如,施事或受事)的注视和话语各个方面之间的关系,如图片何时被提及,采用何种语法或担任哪类题元角色(如主语或宾语、施事或受事)。

仪　　器

筹备实验室时面临的最大抉择是眼动仪类型的选择。这里我们介绍两种最常见的系统。

在确定哪种系统最适合某给定类型的实验范式或实验时，要考虑的因素包括：实验性质（任务的性质，如和视觉情景互动的形式）、对时间和空间敏感度的需求（当对效果出现时间的细微差异感兴趣时，可能需要具有高时间采样率的眼动追踪仪；而当显示屏中感兴趣区（region of interest，ROI）数量较少，并且这些 ROI 位置差异大时，可以使用低空间分辨率的系统）、接受实验的人群、是否需要自动编码数据以及成本收益。

最简单、最便宜、最便携的系统是摄像机，可以记录被试眼睛的图像。摄像机可以安装在计算机屏幕的上方或下方，或者放置在有真实物体的平台的中央（Snedeker & Trueswell，2004）。眼动通过对视频记录的逐帧检查来编码。时间分辨率受到视频设备的限制，通常为 30 Hz 或 60 Hz。为了获得对每个物体注视的清晰明确的眼睛图像，需要定位视觉呈现中的物体。一个重要的限制是，被试需要保持其眼睛在摄像机前方。

很多眼动追踪系统使用光学传感器测量眼框内眼睛的方向来推断凝视位置。通常有一两个眼睛摄像机，分为头戴式或遥测式，用于记录单眼或双眼的图像。使用专业的硬件处理图像，并根据瞳孔图像或者通过计算暗瞳孔中心和角膜反射之间的向量[*]定位凝视位置。重要的是，凝视位置取决于眼睛的方位和头部相对于视觉呈现界面的方位。大多数光学系统会补偿头部运动（例如，遥测式系统追踪贴在被试前额的小贴纸的形状，从而记录头部位置和方向）。

光学眼动追踪仪通常生成横纵坐标形式的结果，以反映被试的注视位置。如果这个输出是屏幕坐标的形式，设备就可以自动将眼动编码到视觉情景中的 ROI。一些光学系统使用额外的场景摄像机并产生视频输出，此时被试的注视位置将叠加在对视觉工作空间的视频记录上。头戴式系统通常比遥测式眼动仪具有更高的采样率和空间分辨率。然而，遥测式眼动仪的空间分辨率可以通过使用某种形式

---

[*] 瞳孔中心-角膜反射向量：眼动仪装备有人造光源，能够发出肉眼不可见的近红外光线，眼睛受近红外光线照射会产生角膜反射点，可依此结合瞳孔中心计算凝视位置（详见第四章）。——译者

的头部稳定器来提高,如下巴托。

实验的常见变体

语言

语言在不同维度上存在差异,从细腻的声学-语音特征(时长、VOT、共振峰结构、基频等)到词的属性(句法范畴、语义特征、出现频率等),再到语言学结构(句法结构、信息结构、语义和语用特征,如含意和疑问等)。

语音的来源很重要。语言往往来自一种离身的声音,可以给出一种叙述(例如,"医生会把手术刀交给护士")或一种指令(例如,"把蜡烛放在叉子上方")。默认的假设是,说者和听者可以获得视觉情景中的相同信息。在更具互动性的任务中,被试和/或同盟者可生成研究者感兴趣的话语。

视觉情景

工作空间的特征对确定一个视觉情景实验中可以提出的问题起着重要作用。最常用的设置是在屏幕上呈现一组图片、一个场景简图或真实世界场景。工作空间还可以包含布置在桌面或更复杂的仪器上的真实物体。当真实世界的物体和操纵指令结合使用时,研究者可以提出如物体的可用性如何与语言交互等研究问题,与之相比,用屏幕呈现物品可能显得不够自然。这些问题还可以在一个更可控的环境中提出,即使用虚拟现实。这一手段能够让研究者进行各种有趣的操作,包括虚拟环境中的复杂眼跳跟随变化。

更复杂的工作空间有助于提出关于观点采择(perspective taking)的问题,也有助于生成多种话语类型。例如,通过构造一个合适的装置,研究者可以控制被试之间哪些信息共享、哪些信息独享。具体而言,在一个装置上设置一个小洞,通过打开或遮挡小洞使只有一个对话者可以看到一个或多个物体(Keysar, Barr, Balin, & Brauner, 2000)。

任务

视觉情景实验有两种常见的版本。任务或动作导向的研究借鉴了自然任务中的视觉研究,被试和真实世界物体互动,或者与以屏幕呈现的工作空间中的图片互动来执行运动任务,通常包括遵循显性的指令点击和拖动图片("把小丑放在星星上面")、在提到图片名称时点击图片或者操控真实物体(例如,"捡起苹果,现在放在盒子里")。显性的目标导向运动任务鼓励被试快速识别和注视语言表达的目标物体。被试通常会眼跳到该对象(或维持更早期的注视),并一直注视直到鼠标光标或手接近目标物体(视觉引导触碰)。该选择表明了被试对表述的最终理解,可用于基于反应的分析(例如,分析当被试听到特定 VOT 标记选择目标项"peach"时,对有声竞争物"beach"的注视情况)。最早以语言介导的注视在能够确定 POD 的相关声学标志后 200~250 ms 出现(Salverda, Kleinschmidt, & Tanenhaus, 2014)。在整个试次中,很高比例的注视由目标项控制,随着语言进行,高比例注视的对象也包括与确定所指相关的物体(Salverda, Brown, & Tanenhaus, 2011;关于与之对应的基于激活的假设,参见 Altmann & Kamide, 2007)。

视听同步研究(有时被错误地称为"被动倾听研究",passive listening study)不要求被试做除了看计算机屏幕以外的显性任务。由于对语言的理解由场景中的信息共同决定,被试的注意力会被吸引到所指对象上,包括听者预期会提到的图片或同隐含事件相关的图片(例如,未来将发生的动作)。在 Altmann(2004)提出的一个范式中,一个空白屏幕在叙述中的某个时间点取代了图示化场景。

很少有研究直接比较旨在解决同一问题的"任务导向"和"视听同步"的范式,这使得对每种方法的优缺点的讨论只能是推测性的。

影响实验设计和解释的普遍因素

很多初学者想知道设计和分析视觉情景实验需要遵循哪些步骤。我们发现,将实验和烹饪类比有助于理解。可以说,每个人都在一定程度上会做饭,但专业度不同。有些人很少做饭,对烹饪技术几乎一无所知。如果你是其中之一,你可以养活自己,但不能创造任何新的东西。而且如果你冒险尝试一种新的配方,结果很可能不太好;即使是最详细的食谱,也需要烹调者对一些基本的烹饪技巧有所了解。相反,大师级厨师在烹饪的多种样式中,有着准备多种菜肴的丰富经验,他们知道烹饪的全部过程和最新的技术。虽然大厨们在准备既定菜肴时很少犯错误,但其新作品却不一定成功。然而,当一盘菜失败时,他们对出了什么问题,以及如何纠正都有较好的直觉。使用视觉情景范式不需要专业厨师,但对于几乎不做饭的人来说,偶尔尝试照着菜谱做也可能会出问题。

每个视觉情景实验都结合了口语和视觉两个方面。因此,范式的成功使用需要对两个系统的性质有一定的基础知识和敏感度。这是很有挑战性的,因为很少有了解视觉领域的心理语言学家。此外,很多研究高级过程(例如,句法加工、理解、推理和含意)的心理语言学家对语音信号的经验有限。相反,很多对语音信号有了解的人只知道语音信号是如何受到更高层级因素影响的。接下来,本章将介绍自然任务中语音和视觉因素对视觉情景研究的设计、分析和解释的影响作用。

语音和口语

语音是一种时间上快速变化的信号。声学线索是瞬间的,没有和语言范畴对应的声学特征。一个范畴,甚至如发音等语音特征的相关线索,是由多个线索决定的,其中许多线索是非同步到达的,同时受到高、低层级语言学子系统的影响。因此,将眼动和语音信号中的相关信息联系起来,关键取决于对语音信号中的信息在何处、何时,以及为什么提供有关语言结构的信息有一些了解。

将眼动和声学标记锁时通常需要确定语音或口语词的起始点。当孤立地呈现一个目标词时,这个任务是直截了当的。例如,词汇"杯子"从释放爆破音/b/开始。然而,大多数研究使用的是目标词嵌入连续语音的口语句子,如"点击杯子"。连续语音中的词语可能有跟单独的词截然不同的特点。决定连续语音中的目标词何时开始可能比较复杂,因此我们建议咨询语音学家。例如,在"点击杯子"中,爆破音/b/的释放并不对应"杯子"这个词的起始。释放前的闭合是爆破音在连续语音中发音的一个组成部分,因此,闭合的起始构成了"杯子"这个词的起始点。

协同发音是语音的普遍特征。在任何时刻,语音信号都会提供关于多个语音的信息,而协同的强弱取决于多种因素。这对语音和眼动之间的锁时产生了影响,在需要估计语音信号中影响语言中介眼动的最早信息的那些条件下尤其如此。仔细检查语音编辑器(使用语谱图)或使用递增听觉呈现方式对刺激进行评估,可以提高语言事件(如语音)的分割质量。在可能的情况下使用交叉拼接材料可以减少协同发音的影响,不行的话也可以通过仔细选择刺激来减少这种影响。

语音由多个层次的约束决定。提供音段信息的声觉线索也可能同时产生关于句法、信息结构和语用方面的预期。这些高级加工的许多方面都影响了声学线索

(如持续时长），体现在韵律和声调上，与音位（phoneme）和口语词加工受影响的声学线索一致。因此，更高层级的信息可能（比人们想象得）更早即可辨识。因此，在视觉情景研究中，从语言结构的角度考虑各种线索的位置和程度是非常重要的。此外，语音线索的操纵可能会在多个（且很有可能相互制约的）语言表征层级上影响最终的理解。

自然任务中的眼动

一些经典的视觉搜索文献采用简单的呈现方式，最近也有研究使用场景呈现。虽然这些文献对于视觉情景研究者来说信息丰富，但是自然任务中的视觉研究的新文献可能更具相关性（Salverda, Brown, & Tanenhaus, 2011）。传统的视觉搜索研究侧重于低层级感知特征（例如，颜色、方向、形状）在注意前的视觉加工和随后视觉注意分配中的作用。这些研究使用简单、静态和大部分非结构化的呈现方式，假设这些基本的知觉特征在复杂的现实生活场景中对视觉注意会产生类似的影响。基于这一假设，基本刺激特征应该是视觉注意部署的关键预测因素。诚然，在没有任务的情况下，通过整合屏幕内每个位置的多个特征值得到对视觉凸显性的整体估计与观看场景时的注视模式有关（Parkhurst, Law, & Niebur, 2002）。

然而，当被试参与任务明确的实验时，基于特征的凸显性对注视模式的预测能力较差（Tatler, Hayhoe, Land, & Ballard, 2011）。在日常视觉运动行为中，例如，准备沏茶、做三明治和驾驶汽车等行为的研究，绝大多数的注视，通常是90%或更多，可以很明确地归因于任务导向的目标。被试倾向于在物体即将和执行任务的子目标相关前就注视这个物体（例如，在马上够到物体之前便注视这个物体）。此外，被试会注视行为上最相关的物体的部分（例如，倒热水时茶壶口的水柱）。

除了影响注视的位置和时间以外，认知目标在确定注视过程中编码的信息，以及在注视过程中提取存储在记忆中的信息方面也起着关键作用。重要的是，被试完成任务的各个方面，包括那些动态变化的方面，会强烈地影响可用于通达信息的时间和资源，从而影响在注视中编码的信息。例如，随着区组分类任务（block-sorting task）复杂性的增加，被试开始减少对工作记忆的依赖，并且更多地依赖外部环境（Droll & Hayhoe, 2007）。

视觉情景研究最基本的启示是，被试看向目标的位置和时间将很大程度由显性和隐性任务目标决定。比如，研究者可能愿意以对先前提及图片的注视比例，作为该图片被认为是一个所指表达的潜在对象的指标。然而,已经知道物体的位置和特征的被试可能不会去看某张图片,即使这张图片被认为是最可能的所指对象(Yee & Heller,2012)。这并不是说视觉情景范式不适合研究代词消解;事实上,一些最优雅、最有影响力的视觉情景研究已经进行过代词研究。但这确实意味着,我们必须谨慎解释被试对一个物体或图片缺乏注视的原因。通常,强调不要混淆因变量和潜在过程的重要性。虽然这看上去显而易见,但是经常发生,特别是当研究者假设有某种"特征"数据类型代表某种认知过程的时候(Tanenhaus,2004)。最后,在缺乏具体目标结构的情况下,基于注视模式的"逆向"(back engineer)解释可能是有问题的。

刺激的性质

视觉情景

视觉情景研究中的每个试次都以呈现屏开始,屏幕上包括目标项和一个或多个竞争项(图 5.1)。不相关的干扰项为眼动中言语驱动效应(speech-driven effects)的评估提供了一个基线,言语驱动效应通过目标项和干扰项,以及竞争项和干扰项之间的注视差异来体现。为了避免基线差异使解释复杂化并增加数据中噪声,干扰项物体不应该和语言刺激激活(即使是暂时激活)的相关信息有直接或间接的关系,无论是在语音、语义还是视觉维度层面上。倘若干扰项的视觉特征会吸引被试的注意力,不管是哪种语言,都应该避免。

视觉情景的结构因实验而异,从有物体的网格排布到结构较少的视觉场景和工作空间。为了促进眼动的编码,物体之间应该相隔一定的距离。探索性注视中的系统模式(例如,试次初期,被试倾向于注视搜索阵列中左上角的图片;Dahan,Tanenhaus,& Salverda,2007)可以通过随机化或交叉平衡物体位置的方式来抵消。除非有其他令人信服的理由,我们建议不要在试次开始时指示被试注视固定的位置(例如,使用十字注视点),因为维持注视十分消耗认知资源。此外,要求被试控制他们的初始注视会减少眼动次数,有些被试保持注视状态直到他们的眼睛开始移动。

在产出研究中,常常操纵显示屏的特征来考察被试对不同物体的注视如何影响词汇选择和语法编码。被试的注意力有时会被特定位置的短暂视觉刺激吸引。

有的研究使用预览阶段(preview phase)。在预览阶段,程序每次呈现一个物体和其对应的名字。当项目选择受到限制而导致图片可能不容易和相应的名字关联时,采用这种方式使被试对物体熟悉化是有用的。

语言学刺激

在每一个试次中,一个口语指令或一个句子都是指向视觉情景中的一个或多个物体。在一组特定的假设下,研究者设计语言使人们可以清晰地预测视觉信息和语言信息的结合如何随着语言的进行而引发不同的注视模式。研究者可以在精心选择的设计中考察信息整合的时间进程,这些设计的实验条件间存在语言学信息的最小差异,如时间和/或可用性方面(见本章研究示例)。

时间

理解研究通常使用预先录制的语音,通过语音编辑器对语音进行分割和标记。实验软件提供了声学标记的起始点和结束点(比如,目标词的起始点/结束点)相对应的时间码,使得眼动数据和特定的语言材料能够对齐。适当的语音刺激分割对解释语言刺激进行过程中的眼动有直接的影响(另见影响设计与解释的一般考虑章节)。在声学标记点后 200 ms 内的系统性语言调节的注视很可能是由标记事件前有偏的协同发音信息导致(Salverda, Kleinschmidt, & Tanenhaus, 2014)。在产出研究中,实验者通常记录被试的话语,然后使用语音编辑软件来识别那些时间锁定在呈现屏开始处或看向屏幕特定位置的标记。

在大多数视觉情景研究中,语言刺激的呈现紧随屏幕呈现之后,延迟约 1 s,目的是让被试识别显示屏中的物体,又不给他们过多的机会使用某种策略行为。屏幕呈现内容的复杂性决定预览时间的适当长度。

数据收集和分析

主要的视觉情景眼动数据是根据眼动仪的采样率记录的注视位置。这些数据叠加在视觉情景的一段录像上,并/或以数字文件的形式存储为直角坐标。数字文件输出包括关于试次的重要信息的时间戳信息、物体的特征和位置,以及语音流中声学标记的时间（如目标词的起始/结束点）。一个直角坐标的数字序列可以通过专用软件解析成注视、眼跳、眨眼序列。

编码

为了评估被试在整个试次中所观察到的情况，实验者定义了视觉情景中的ROI，每个都和一个或多个物体关联。我们建议将ROI扩展到物体边缘之外（例如，覆盖图片所在的整个网格），因为视觉注意力集中在空间中的某个区域而不是某个点上，并且眼动仪估计的注视位置存在误差。然后，编码人员或自动编码程序将每个注视记为指向其中一个ROI，或者不指向任何ROI。眼跳也需记录，尽管视觉系统在眼跳过程中获得的输入最少，这种现象被称为眼跳抑制。由于眼跳是由视觉-空间注意转移到一个新的位置引起的，这个位置被认为是眼跳过程中的注意位点。同样，对一个ROI的一系列眼跳和注视可以记为对该区域的一次长注视，如果在眨眼之前和之后注视同一对象，眨眼可以记为持续注视。记录眼动直到试次结束，也可以一直到被试执行一项动作的时间点（例如，被试点击目标物体的时刻，或鼠标移动前的起始点），表明他们获得了对口语输入的最终解释。

可视化

一种广泛使用的总结视觉情景研究结果的方法是描绘整个试次过程被试注视不同物体的比例（图5.3；请参阅本章研究示例部分）。注视比例图表示在整个时间窗内的每一时刻，各类图片受到注视的试次比例，在被试（或项目）之间取平均值。在单一试次的时间进程中，注视比例随着语言信息的加工，以及语言信息与视觉情景信息的整合而变化。例如，对一个物体的注视比例的上升反映了和该物体相关的特定语言理解的证据增加。

注视比例图很有用，因为它提供了眼动记录的全面（尽管绝非穷尽）表征。随着时间的推移，不同类型图片的注视分布的变化揭示了眼动数据的重要方面。注视分布的变化也适用于一些首次通过（first-pass）的考察：对物体的注视达到预期的程度了吗？没有看向任何一个ROI是否占比很少？注视集中在目标图片上吗？注视比例存在基线差异吗？一般来说，如果统计分析的结果和注视比例图的结果不一致，那么情况就变得不妙了。正如下文将讨论的，研究者不应该先看注视比例图，再根据看到的最大效应定义一个分析区域。

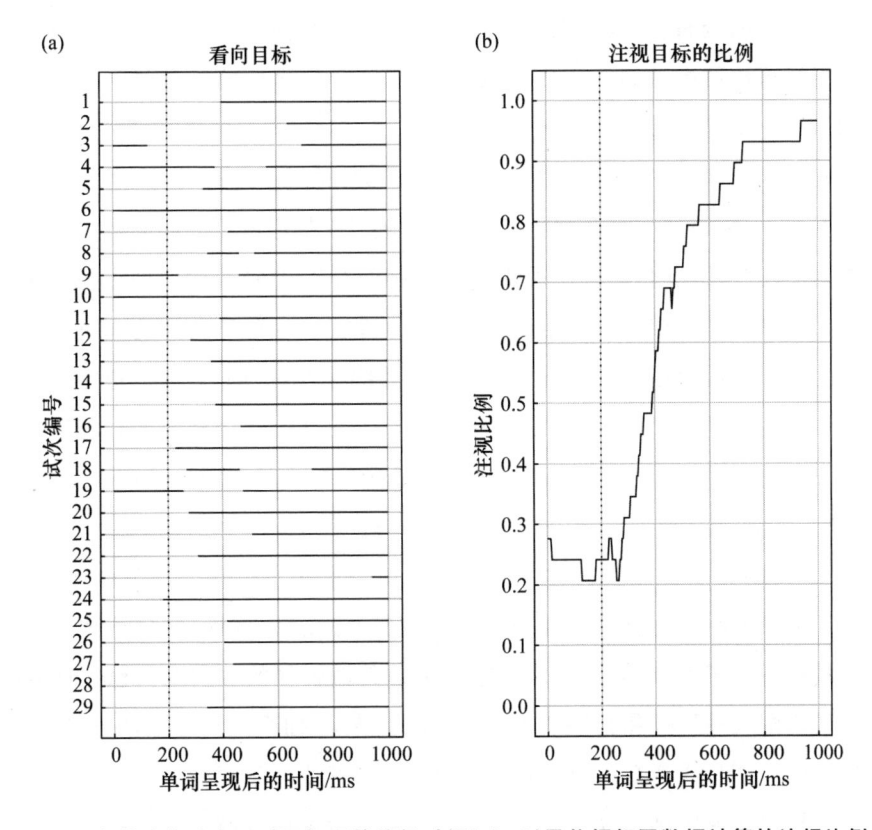

图 5.3 一名被试各试次下对目标项的注视时间(a)，以及依据相同数据计算的注视比例(b)
（引自 Salverda, Kleinschmidt, & Tanenhaus, 2014）

注视比例图是通过采取特定的时间窗口，计算每个时刻（受采样率的限制）所有相关试次下，注视每个物体的比例来构建的。图 5.3 为 Salverda 等人（2014）在一项研究的实验 1 中的一名被试的数据。被试看到屏幕上呈现一张目标图片和三张干扰图片，并按照简单的口语指导点击目标图片。图 5.3(a) 呈现每个试次在目标词开始的 1 s 时间间隔内看向目标图的情况。图 5.3(b) 呈现了对目标图的注视比例。比如，在 200 ms，29 个试次中有 7 个的注视点落在目标图片，因此注视比例为 7/29＝0.24。

累积不同被试的数据，可以用来检查数据或呈现精细时间窗口注视比例（bin fixation proportion；比如，使用 20 ms 时间窗处理采样率为 250 Hz 的数据；见图 5.4 的例子）。这种"降采样"减少了偶然的瞬间变化对观察到的注视比例的影响。

注视比例图通常呈现和某一相关语言事件对应的数据，一般需要跨试次对数据进行时间上的调整。例如，在图5.3中，0 ms对应于每个试次的目标词开始的位置。对于注视比例图数据的评估，需要考虑到语音信号中的信息对眼动的影响有200～250 ms的延迟(Salverda et al., 2014)。

当同一个时间窗内的眼动数据数量在不同试次间变化时，会产生一些重要的问题。例如，如果被试的反应终止了该实验，从那一刻起就没有眼动数据。当计算这些数据的注视比例时，早期注视比例反映所有试次的数据，而晚期注视比例只反映被试尚未做出反应或尚未开始反应的试次子集。一个经常使用的解决办法是根据被试的反应将每个试次的最终注视扩展为持续注视，例如，记为对选定的图片进行注视。其原理是，这种"人为"的注视反映了被试对语音信号的最终理解。延长最终注视时间，保证每个试次对注视比例的统计分析贡献相同的信息量。

统计分析

视觉情景眼动数据可以通过一系列对因变量的统计分析来完成，这些因变量能提供目标识别速度和容易度，以及被试考虑其他解释的程度等信息。最基本的分析类型考察眼跳目标和竞争项的时间或发生情况，如眼跳到目标项（对尚未注视的试次）所需时间，或者在一个时间窗口中扫视目标或竞争项的可能性。通过对不同时间窗平均注视比例的分析，可以更集中、更细致地衡量被试对一张图片在一个时间区域上的注视程度。[注意，注视比例是有界的，数值在0到1之间，因此违反了很多统计测试和模型的数据分布假设。在这种情况下，需要一个合适的数据转换，如对数比(log odds)或经验对数比(empirical log odds)；参见Barr, 2008和Jaeger, 2008。]平均注视比例的一个重要的局限性就是它们捕捉不到注视比例在计算窗口内的变化趋势。一些分析方法直接模拟注视比例曲线（例如，增长曲线分析，Mirman, Dixon, & Magnuson, 2008; Mirman, 2014；广义额外混合模型，Nixon et al., 2016；抽取式时间序列差异，Oleson, Cavanaugh, McMurray, & Brown, in press）。Vandeberg, Bouwmeester, Bocanegra和Zwaan(2013)引入了不同类型的分析，这些分析预测了眼动从一种图片转变到另一种图片随时间变化的可能性。

在大多数研究中，研究者都对由反应语音流中相关语言信息的呈现导致的眼动感兴趣，将其对应到锁定特定语言学事件的时间窗口（例如，在目标词呈现过程中捕捉眼动的窗口）。例如，如果一个人对句子"放下这个大的苹果"中"大的"效应前的"放下"感兴趣,那么该时间窗可能是"放下"的起始点加 200 ms 到"大的"的起始点加 200 ms 的区域。如果说有一个理论上的原因让研究者关注"苹果"一词之前的区域,那么时间窗就是从"放下"起始点开始到"苹果"起始点之后 200 ms 的区段。注意,必须针对每一个项目计算这些区域。

研究者往往希望在较长的时间间隔内比较两种或多种条件的差异,并且从一个词的起始点开始分析。这里研究者可以使用任意大小的时间窗,然而,时间窗口的选择应基于合理的理论或研究动机,并在数据分析前预先设定。任何时间窗大小的改变都应该视为一种事后选择,并应该报告没有显著效应的时间窗。选择性地报告有统计学意义的事后时间窗结果是一种"p 值篡改"(p-hacking,挑选一份报告进行分析,得到有统计学意义的结果)形式,急剧增加了结果不可复制的概率。最危险的"p 值篡改"是先观察注视比例图,然后选择最有希望的窗口。

如果相对于无关物体,被试更多地注视相关物体(目标或竞争物),表明听话人感知到和相关物体唯一关联的语言信息的证据。在产出研究中,注视被认为标记被试参与并因此对那个物体进行语言学编码的证据。当比较被试对同一屏内多个物体的注视情况时,对于需要独立指标的一些统计分析类型来说,可能需要以比率的形式计算单个指标。例如,下面的比率评估对竞争词的注视平均比例是否高于干扰词(在这种情况下得到的结果大于 0.5):

$$\frac{对竞争词的注视比例}{对竞争词+干扰词的注视比例}$$

可以通过比较不同条件下同一目标或竞争项的注视情况来支持某种语言学解释。比如,在本章研究示例部分,我们讨论 Dahan 和 Tanenhaus(2004)的视觉情景研究,预测(并发现)两种实验条件之间的同组竞争项存在显著差异。

需要注意的是,目前的分析并没有映射到视觉情景研究中评估的原始数据的生成模型上,这些数据来自真实或物体图像的眼跳。这些眼跳是事件,并且依赖于状态。至少,眼跳到哪里及何时进行眼跳受到物体之间空间关系的影响(例如,距离以及转移到新位置需要的轨迹,如垂直、水平或倾斜)。然而,目前的方法分析的是人们所注视的位置,而不是注视背后的事件。我们认为,视觉情景数据分析的发展将来自生成统计模型的应用,该模型作为语言输入、时间和到该时间点为止的眼动记录(即眼跳、注视及其持续时间)的函数,预测试次层面的事件。虽然目前不存在这种分析,但如果开发出这种分析方法,可能会改变通常的做法。

研 究 示 例

在这一节中，我们将讨论一个结合了句子加工和词汇识别的实验。Dahan 和 Tanenhaus（2004）用荷兰语进行了一项视觉情景研究，考察基于动词的语义限制对词汇竞争的影响。在语义限制的语境下，被试听到的口语句子提到了四个物体图像之一（目标项），语义限制语境是在目标词之前或之后引入的，被试的任务是点击目标物体。Dahan 和 Tanenhaus 利用在荷兰语中，动词可以出现在主语之前或之后的现象。当动词位于名词之前时，如 *Nog nooit klom een bok zo hoog*（从没/以前/爬过/一个/山羊/这么高，意思为"从来没有一个山羊爬过这么高"），会创建一个和目标项 bok（山羊）一致但和同类竞争项 bot（骨头）不一致的限制性语境。当动词在名词之后时，即 *Nog nooit is een bok zo hoog geklommen*（从没/以前/有/一个/山羊/爬过/这么高），目标名词之前的语境对于目标项和同组竞争项是中性的。（为便于说明，我们将使用汉语目标项"山羊"，并用单词"山路"作为同组竞争项，因为汉语词"山羊"和"骨头"在起始音上没有重叠。）

实验操纵涉及重复测量设计，每名被试在每个实验条件下接受多个试次。为了避免由多次呈现图片或目标词而引发的问题，特别是在不同条件下的重复呈现，每个项目只呈现一次，并在不同实验条件间分配。对于每名被试来说，每个项目只出现在一个实验条件下（中性动词或限制性动词），项目对条件的分配在被试之间是交叉平衡的。填充材料用来抵消实验试次中的意外情况，包含一些句子，这些句子中的动词和屏幕中两种图片的语义一致（例如，融化；冰激凌/黄油）。一部分填充材料对应的两个干扰项在语音上是相似的，以此阻止被试产生一种预期，即具有语音相似名字的图片可能是目标项。试次的顺序是随机的。（注意，在一些设置中，在实验开始前进行一些练习试次，使得被试熟悉实验任务和程序是很有帮助的。）

实验刺激为包含目标项（"山羊"）、同组竞争项（"山路"）、无关干扰项（"镜子"）以及语义竞争项（"蜘蛛"）的屏幕。包含语义竞争项的目的是提供基线，区分只是由于动词带来的加工目标项的效应。图 5.4 呈现的是注视目标项、同组竞争项和干扰项的比例。在中性动词条件中，竞争项注视比例从呈现目标词起始点开始后 100～400 ms 一直增加，然后下降，直到和干扰项的注视比例持平。（早期注视可能反映协同发音和/或来自前面动词的信息。)这说明在目标项呈现过程中,同组竞争项被用作识别目标项。限制动词条件得到了特别不同的模式:竞争项注视比例没有显著高于基线水平。这表明,被试听到目标词"山羊"后,立即利用动词"爬"提供的动词语义限制,从候选词集合中消除同组竞争项"山路"。

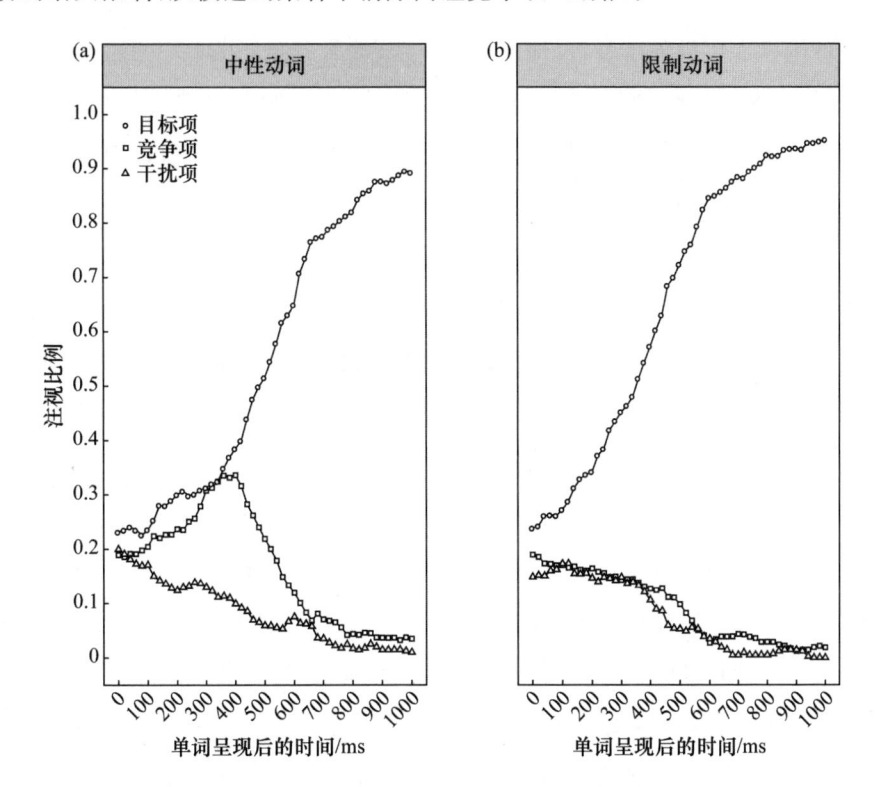

图 5.4　Dahan 和 Tanenhaus(2004)的实验 1
在中性和限制动词条件下,随着时间的推移(从目标词起始点)到目标项("山羊")(a)、同组竞争项("山路")(b)的注视比例。

优势和常见应用

和其他在线的心理语言学范式不同,VWP 本质上是指称性(referential)的:语言介导的、对视觉工作空间中的物体和位置的眼动之所以发生,是因为语言处理使该物体或工作空间的区域变得潜在相关。

VWP 的一个独特优势是其通用性。VWP 可以应用于广泛的自然(目标导向)任务,限制性小,适用于包括婴儿(使用偏好注视范式的变体,见第二章)、老年人、患者（如失语症）在内的各种群体，这在研究学前儿童的句子加工方面尤其有用。该范式还可以用于研究多个层级的语言理解（或语言产出）中从语音到语用加工的大多数话题。我们简要概述了一些最常见的应用。

VWP 经常被用作连续语音中语音感知和口语词识别的实时测量，因为其对语音信号的细微操作极为敏感，包括亚音素声学/语音变量，比如 VOT（McMurray, Tanenhaus, & Aslin, 2002）5 ms 内的差异。我们注意到，虽然它们是相关的，但敏感度和采样率并不等同。因变量指标可以有很高的采样率，但对 VOT 中的 5 ms 内操作并不敏感。

VWP 用于在多个语言学层面研究句子加工中的广泛问题。在理解中，研究者使用 VWP 考察韵律、语调、句法分析、指称和语篇，以及实验语义学和语用学中的问题。它也非常适合研究不同语言层面的限制之间的相互作用，包括非同步信息。在语言产出中，VWP 被用来研究词汇和语法编码，以及信息计划、信息更新和话语形成之间的交叉领域。

VWP 经常用于研究任务导向的交互式对话，以及基于目标的任务，如爱丁堡地图任务（Edinburgh MAP task）和目标语言游戏（targeted language game）。目标语言游戏是 Brown-Schmidt 和 Tanenhaus（2008）引入的一个术语。爱丁堡地图任务是一个协作任务，在该任务中说话者相对而坐，看着各自的地图。有路线的指导者引导追随者重现路线。目标语言游戏是一种互动指称性交流任务，该任务的目的是令作为实验试次的实验条件在实验过程中自发出现，且重复率较高足以完成后续分析。

缺点、局限性和顾虑

VWP 在问题的形式和类型上存在局限性，这些问题可以用视觉情景设计来提出，也可以从视觉情景数据中推论。其中一些局限性是显而易见的，并且与适用性和研究领域有关。比如，VWP 不能用于：和视觉情景完全无关的语言研究；难以图示化的关于事件和实体的语言研究（又见书面语词范式）；以及阅读研究。其他局限性更加微妙。

句子加工的很多问题都集中在加工难度上。因为 VWP 是一个指称性任务，所以注视潜在所指对象的时间和导致加工困难的假设理论建构之间没有明显的映射关系。例如，为了测试理论上正确的假设，实验者可以操纵意外度（surprisal），考察是否影响注视提到的目标项的可能性、注视的持续时间，以及从声学标记（如词汇起始点）到迅速眼跳开始的时间。然而，没有一个清晰的关联假设可以将意外度映射到任何一个指标上。

视觉情景研究可以用来解决不同类型的信息何时被使用和整合的问题。然而，人们不能将注视归因于特定的过程（词汇识别、句法分析、推理等），也不能从眼跳的时间推断加工阶段（例如，瓶颈前或瓶颈后）。

也许对VWP最大的顾虑是，视觉情景创设了一组有限的可能所指对象，因此被试可能会绕过"正常"语言加工，而采用任务特定的策略。这个问题已经在口语词汇识别的研究中解决了，即以下三个重要的结果。首先，存在词频效应（Dahan, Magnuson, & Tanenhaus, 2001）。其次，存在邻近性效应：邻近词（neighbor）多的单词比邻近词少的单词更难加工（Maguson, Dixon, Tanenhaus, & Aslin, 2007）。最后，在所谓的"隐蔽竞争项"设计中，目标项注视对频率和邻近关系敏感，在这种设计中，所有非目标图片都是不相关的干扰项，单词和图片都不是重复的（Dahan, Magnuson, Tanenhaus, & Hogan, 2001; Magnuson et al., 2007）。

另一个顾虑是，因为大多数语言使用不是关于具体的、共同出现的所指，所以从视觉情景研究中得出的结论无法推广到限制性较少的情景中。据我们所知，没有证据支持这一结论。相反，使用VWP研究限制情景下的语言加工似乎可以推广到和限制性视觉环境无关的语言（相关讨论见Tanenhaus & Brown-Schmidt, 2008）。

结　　论

视觉情景范式提供了一种敏感的、锁时的反应指标，可用于研究语言产出和理解中的各种心理语言学问题，从语音感知到协作的、任务导向的对话；并且，适用于所有年龄段的被试，包括特殊群体。

视觉情景研究记录与产出和/或理解有关的共现的"视觉情景"的口语时，被试对视觉工作空间中物体或图片的眼动情况。当视觉注意力转移到工作空间中的物体时，被试的眼睛很有可能迅速进行眼跳，从而将关注区域带入视网膜中央凹视野中。因此，被试注视的位置，特别是和语音信号中信息相关的眼跳开始的时间与起跳位置,可用于考察实时语言加工。VWP 结合了口语加工和视觉搜索。因此,研究者需要考虑语言的不同方面如何影响语音信号,还需要从相对较新的有关自然任务中的视觉的文献中了解眼动和视觉注意之间的关系。

关 键 术 语

竞争项(competitor):视觉工作空间中,在某种特定的维度上和目标项相关的物体。

干扰项(distractor):视觉工作空间中和目标项无关的物体。

试听同步 VWP(look-and-listen VWP):没有给被试明显的任务。

歧义消解点(point of disambiguation, POD):语音和视觉情景唯一确定目标项的时间点;也是注视比例曲线偏向目标项的时间点。

注视比例(proportion of fixations):被试注视某种图片的试次比例。

目标项(target):视觉工作空间中语言表达所指的物体。

任务导向的 VWP(task-based VWP):被试在视觉情景中完成一个明确的动作。

视觉情景范式(VWP):被试听或产出与工作空间元素(element)相关的口语时,记录视觉工作空间中对不同物体眼动情况的实验范式。

参 考 文 献

Allopenna, P., Magnuson, J. S., & Tanenhaus, M. K. (1998). Tracking the time course of spoken word recognition using eye movements: Evidence for continuous mapping models. *Journal of Memory and Language*, 38, 419-439.

Altmann, G. T. M. (2004). Language-mediated eye movements in the absence of a visual world: The 'blank screen paradigm'. *Cognition*, 93, B79-87.

Altmann, G. T. M., & Kamide, Y. (1999). Incremental interpretation at verbs: Restricting the domain of subsequent reference. *Cognition*, 73, 247-264.

Altmann, G. T. M., & Kamide, Y. (2007). The real-time mediation of visual attention by language and world knowledge: Linking anticipatory (and other) eye movements to linguistic processing. *Journal of Memory and Language*, 57, 502-518.

Barr, D. J. (2008). Analyzing 'visual world' eyetracking data using multilevel logistic regression. *Journal of Memory and Language*, 59, 457-474.

Brown-Schmidt, S., & Tanenhaus, M. K. (2008). Real-time investigation of referential domains in unscripted conversation: A targeted language game approach. *Cognitive Science*, 32, 643-684.

Cooper, R. M. (1974). The control of eye fixation by the meaning of spoken language: A new methodology for the real-time investigation of speech perception, memory, and language processing. *Cognitive Psychology*, 6, 84-107.

Dahan, D., Magnuson, J. S., & Tanenhaus, M. K. (2001). Time course of frequency effects in spoken-word recognition: evidence from eye movements. *Cognitive Psychology*, 42, 317-367.

Dahan, D., Magnuson, J. S., Tanenhaus, M. K., & Hogan, E. (2001). Subcategorical mismatches and the time course of lexical access: Evidence for lexical competition. *Language and Cognitive Processes*, 16, 507-534.

Dahan, D., & Tanenhaus, M. K. (2004). Continuous mapping from sound to meaning in spoken-language comprehension: Immediate effects of verb-based thematic constraints. *Journal of Experimental Psychology: Learning, Memory, and Cognition*, 30, 498-513.

Dahan, D., Tanenhaus, M. K., & Salverda, A. P. (2007). The influence of visual processing on phonetically driven saccades in the "visual world" paradigm. In R. P. G. van Gompel, R. H. Fischer, W. S. Murray, & R. L. Hill (Eds.), *Eye movements: A window on mind and brain* (pp. 471-486). Oxford: Elsevier.

Droll, J. A., & Hayhoe, M. M. (2007). Trade-offs between gaze and working memory use. *Journal of Experimental Psychology: Human Perception and Performance*, 33, 1352-1365.

Griffin, Z. M., & Bock, K. (2000). What the eyes say about speaking. *Psychological Science*, 11, 274-279.

Hayhoe, M., & Ballard, D. (2005). Eye movements in natural behavior. *Trends in Cognitive Sciences*, 9, 188-194.

Jaeger, T. F. (2008). Categorical data analysis: Away from ANOVAs (transformation or not) and towards logit mixed models. *Journal of Memory and Language*, 59, 434-446.

Keysar, B., Barr, D. J., Balin, J. A., & Brauner, J. S. (2000). Taking perspective in conversation: The role of mutual knowledge in comprehension. *Psychological Science*, 11, 32-38.

Magnuson, J. S., Dixon, J. A., Tanenhaus, M. K., & Aslin, R. N. (2007). The dynamics of lexical competition during spoken word recognition. *Cognitive Science*, 31, 133-156.

McMurray, B., Tanenhaus, M. K., & Aslin, R. N. (2002). Gradient effects of within-category phonetic variation on lexical access. *Cognition*, 86, B33-B42.

McQueen, J. M., & Viebahn, M. C. (2007). Tracking recognition of spoken words by tracking looks to printed words. *Quarterly Journal of Experimental Psychology*, 60, 661-671.

Meyer, A. S., Sleiderink, A. M., & Levelt, W. J. M. (1998). Viewing and naming objects: Eye movements during noun phrase production. *Cognition*, *66*, B25-B33.

Mirman, D. (2014). *Growth curve analysis and visualization using R*. Chapman and Hall/CRC.

Mirman, D., Dixon, J. A., & Magnuson, J. S. (2008). Statistical and computational models of the visual world paradigm: Growth curves and individual differences. *Journal of Memory and Language*, *59*, 475-494.

Nixon, J. S., van Rij, J., Mok, P., Baayen, R. H., & Chen, Y. (2016). The temporal dynamics of perceptual uncertainty: Eye movement evidence from Cantonese segment and tone perception. *Journal of Memory and Language*, *90*, 103-125.

Oleson, J. J., Cavanaugh, J. E., McMurray, B., & Brown, G. (in press). Detecting time-specific differences between temporal nonlinear curves: Analyzing data from the visual world paradigm. *Statistical Methods in Medical Research*.

Parkhurst, D., Law, K., & Niebur, E. (2002). Modeling the role of salience in the allocation of overt visual attention. *Vision Research*, *42*, 107-123.

Salverda, A. P., Brown, M., & Tanenhaus, M. K. (2011). A goal-based perspective on eye movements in visual world studies. *Acta Psychologica*, *137*, 172-180.

Salverda, A. P., Kleinschmidt, D., & Tanenhaus, M. K. (2014). Immediate effects of anticipatory coarticulation in spoken-word recognition. *Journal of Memory and Language*, *71*, 145-163.

Snedeker, J., & Trueswell, J. C. (2004). The developing constraints on parsing decisions: The role of lexical-biases and referential scenes in child and adult sentence processing. *Cognitive Psychology*, *49*, 238-299.

Tanenhaus, M. K. (2004). On-line sentence processing: past, present, and future. In M. Carreiras and C. Clifton Jr. (Eds.), *On-line sentence processing: ERPS, eye movements and beyond* (pp. 371-392). New York: Psychology Press.

Tanenhaus, M. K., Spivey-Knowlton, M. J., Eberhard, K. M., & Sedivy, J. C. (1995). Integration of visual and linguistic information in spoken language comprehension. *Science*, *268*(5217), 1632-1634.

Tatler, B. W., Hayhoe, M. M., Land, M. F., & Ballard, D. H. (2011). Eye guidance in natural vision: Reinterpreting salience. *Journal of Vision*, *11*, 1-23.

Trueswell, J. C., Sekerina, I., Hill., N. M., & Logrip, M. L. (1999). The kindergarten-path effect: Studying on-line sentence processing in young children. *Cognition*, *73*, 89-134.

Yee, E., & Heller, D. (2012). Looking more when you know less: Goal-dependent eye movements during reference resolution. *Poster presented at the Annual Meeting of the Psychonomic Society*, Minneapolis, MN.

扩 展 阅 读

对视觉情景基础研究的回顾：Spivey, M. J., & Huette, S. (2016). Towards a situated view of language. In P. Knoeferle, P. Pyykkönen-Klauck, & M. W. Crocker (Eds.), *Visually situated language comprehension* (pp. 1-30). Amsterdam/ Philadelphia：John Benjamins Publishing.

更全面的综述：Huettig, F., Rommers, J., & Meyer, A. S. (2011). Using the visual world paradigm to study language processing：A review and critical evaluation. *Acta Psychologica*, *137*, 151-171.

互动对话的研究方法和工具：Tanenhaus, M. K., & Trueswell, J. C. (2005). Eye movements as a tool for bridging the language-as-product and language- as-action traditions. In J. C. Trueswell & M. K. Tanenhaus (Eds.), *Approaches to studying world-situated language use：Bridging the language-as-product and language-as-action traditions* (pp. 3-37). Cambridge, MA：MIT Press.

非实验室任务中的视觉和眼动：Land, M. F. (2009). Vision, eye movements, and natural behavior. *Visual Neuroscience*, *26*, 51-62.

对视觉情景数据进行处理和可视化的 R 语言包：Dink, J. W., & Ferguson, B. F. (2015). eyetrackingR：An R library for eye-tracking data analysis (R package version 0.1.6). Retrieved from http://www.eyetrackingr.com. Porretta V., Kyröläinen A., van Rij, J., & Järvikivi, J. (2016). VWPre：Tools for preprocessing visual world data (R package version 0.5.0). Retrieved from https://cran.rstudio.com/web/packages/VWPre/.

第六章
词汇启动和干扰范式

邵泽妹 & Antje S. Meyer

在词汇启动和干扰研究中,研究者通常给被试呈现词对(称作启动词和目标词),并评估目标词(例如,"护士")如何受到不同类型的启动词(例如,语义相关和无关的启动词,如"医生"和"勺子")的影响。启动和干扰范式已被用于研究一系列广泛的问题,这些问题涉及心理词典的结构,以及在词汇理解和产出过程中通达语言表征的方式。在这一章中,我们将介绍启动范式在两个经典研究中的使用,然后讨论研究者在刺激选择、实验设计、结果分析时需要考虑的因素。

引 言

为了交流,人们需要共享词汇。众所周知,我们的词典——心理词典,并不是随意堆砌的,而是具有复杂的内部结构。大量的证据可以证实这一点。例如,我们可以很容易地说出联想词("鸡-母鸡""红色-火")、反义词("高-矮""好-坏")或同韵词("猫-脑""背-卫")。这表明,我们对联想词、反义词和同韵词的记忆表征在某种程度上是有联系的。这些联系可能对我们不利,例如,当我们发现自己说出的话和想表达意义相反时(如"我特此宣布会议结束,呃,开始了"),或者经历舌尖效应*(tip-of-the-tongue)时,发音相似的词似乎阻碍了目标词的通达("It's not Rutherford, Remington, ... Rubicon!")。这些现象表明,心理词典不仅表征了单个单词的特征,还表征了词与词之间的多重关系。描述这些关系并了解其发展及其对语言产出、理解的影响是心理语言学研究的关键问题(Gaskell, 2007)。其

---

* 舌尖效应,常称为"话在嘴边",是一种无法从记忆中提取词语的现象,时常伴有部分回忆,但又苦于说不出来。英语中有"It's on the tip of my tongue"这一说法。——译者

中,最重要的工具之一就是词汇启动和干扰范式。

假设和原理

　　词汇启动研究的目标是观察一个刺激(即启动刺激)对另一个刺激(即目标刺激)的反应速度(以毫秒计)和/或准确率(正确反应的比例)的影响。比如,启动词可能为"猫",目标词为"老鼠"。为了确定启动词的效应,研究者需要在实验中设置合适的中性或无关启动词作为基线条件(例如,一行"×××"或无关词,如"叉子"作为启动词)。干扰研究的目标完全一样:观察一个刺激(即干扰刺激)对另一个刺激(即目标刺激)反应速度和/或准确性的影响。典型的启动和干扰研究在刺激呈现时间上存在差异,启动刺激先于目标刺激出现,干扰刺激和目标刺激同时出现;效应方向也不同,启动研究中相关条件比无关条件产生更快和/或更准确的反应,干扰研究中相关条件比无关条件产生更慢和/或准确率更低的反应。然而,我们无法基于刺激呈现时间或观察到的效应方向来清晰地区分这两类研究,本章将其统称为"启动"和"启动研究"。

　　词汇启动研究的基本假设很容易理解:为了对目标刺激的反应产生影响,被试必须加工启动刺激,启动刺激激活的心理表征必须在某种形式上与目标刺激的表征相关。因此,启动研究可用于研究刺激的加工过程,以及确定心理表征的性质及其之间的关系。

两项示例研究

　　为了说明如何使用启动范式,我们介绍两项经典研究,分别是 Meyer 和 Schvaneveldt(1971)的词汇再认研究,以及 Glaser 和 Düngelhoff(1984)的图片命名研究。Meyer 和 Schvaneveldt 对词汇判断背后的记忆搜寻过程感兴趣,即判断写下来的一串字母是否是一个词。他们的实验试次结构如下:在试次开始时,被试在屏幕上看到"准备"一词,然后是注视框,接着是一对刺激(图 6.1)。这些刺激会一直停留在屏幕上,直到被试做出反应。2 s 后,开始下一个试次。刺激可以是两个真词、两个假词,或一个真词和一个假词。假词(如 MARB)是从已有的英文词汇中衍生的,大多是替换一个字母。重要的是,同时呈现的词要么是相关的(正如"面包-黄油"),要么是无关的("护士-黄油")。在第一个实验中,当两个刺激都是单词时,被试按下控制面板上的一个按键,当其中一个或两个刺激是假词时,按另一个按键。12名被试接受了测试。研究者记录了被试的正确率与正确回答的反应速度,正确率是正确判断词和假词的比例,反应速度则从词对呈现开始计时。相关和无关词对的错误率分别为 6.3% 和 8.7%;测得的反应时分别为 855 ms 和 940 ms,差异显著。在第二个实验中,当两个刺激都是真词或者都是假词时,被试按键,当看到一个真词、一个假词时按另一个按键。同样记录准确率和正确反应的速度。正如第一个实验中那样,相比于无关词对,被试对相关词对的反应更准确、更快。为了解释这些结果,Meyer 和 Schvaneveldt 提出,心理词典中相关词语之间可能存在被动的激活扩散,因此在相关条件下,阅读第一个词可促进对第二个词的通达,或者从词典中临近(相关)的位置通达第二个词可能比从较远的位置更快。

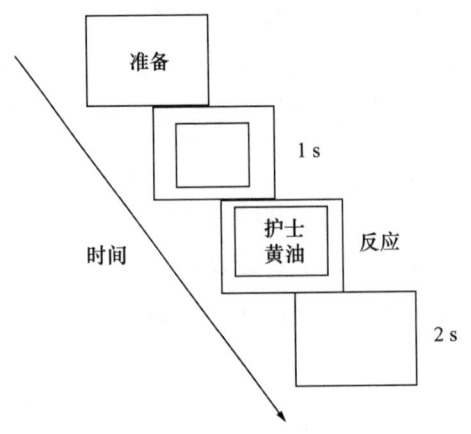

图 6.1　Meyer 和 Schvaneveldt (1971)的实验试次
"准备"的呈现时间在文中被描述为"简短的"。

第二个研究来自 Glaser 和 Düngelhoff (1984,实验1)。他们给被试呈现图 6.2 所示的单词-图形组合,要求被试命名图片或出声读出单词。早期研究表明,当图像伴随着语义相关的单词时,说话者命名图片的速度比伴随不相关单词时慢。因此,图片命名存在语义干扰效应。相比之下,出声读出单词不受相关图片的影响。这种模式被解释为单词命名比图片命名速度更快、更自动化。为了考察图片命名中通达刺激材料的意义对语义干扰效应的重要性,Glaser 和 Düngelhoff 改变了图片与词汇的起始呈现时间之间的间隔(stimulus onset asynchrony, SOA)。被试会看四种类型的启动-目标对,分别为中性(一行字符串"××××××"和一幅图组合,如"×××××-房子")、不一致("汽车-房子")、范畴一致("教室-房子")和概念一致("房子-房子")。文字刺激叠加在图片上,如图 6.2 所示。两种刺激的呈现要么同时开始(即 SOA 为 0 ms),要么在图片呈现前或后 100 ms、200 ms、300 ms、400 ms 时呈现单词。两种刺激都在做出反应后 200 ms 消失。其中一组 18 名被试必须在忽略单词的情况下命名图片,另一组 18 名被试在忽略图片的情况下读出词汇。

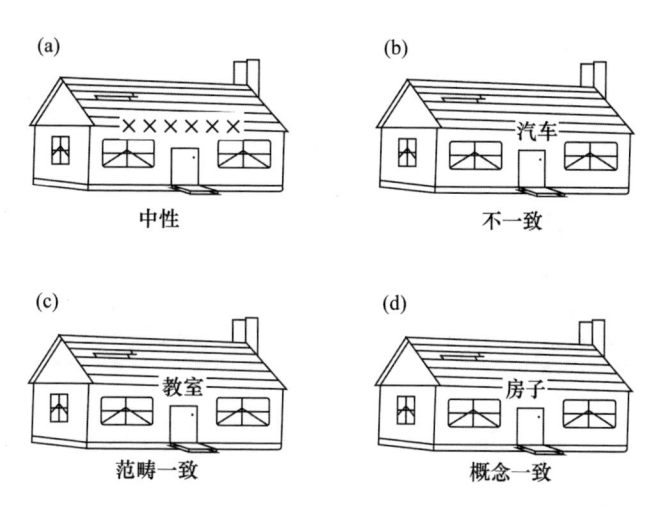

图 6.2 Glaser 和 Düngelhoff (1984) 使用的启动-目标词对示例

Glaser 和 Düngelhoff 记录了反应的正确率,即被试是否正确命名了单词或图片,以及正确反应的反应时(从目标刺激呈现起点开始记录)。图 6.3 总结了反应时的结果。(a)图显示了图片命名任务的结果。和中性启动基线相比,概念一致启动词对目标图片反应更快。对于在目标开始前 400 ms 到开始后 200 ms 之间的任何时间呈现的启动词,结果相同。在相同的时间窗内,相比于中性基线,不一致的启动词延缓了目标图片命名。更重要的是,在更窄的时间窗内,即启动词和图片同时呈现或晚于目标图片 100 ms 呈现时,范畴一致启动词相比于无关启动词干扰了目标词命名(即反应更慢)。因此,在这个时间窗中,存在语义干扰效应。词汇命名的结果如图 6.3(b)所示。结果表明,无论 SOA 是多少,不同启动词诱发的效应几乎没有差异。因此,即使先看到图片,语义相关图片也不会干扰词汇命名。这一结果表明除了语义表征通达的速度之外,需要其他变量来解释为什么语义干扰效应只在图片命名而不是单词命名任务中存在。

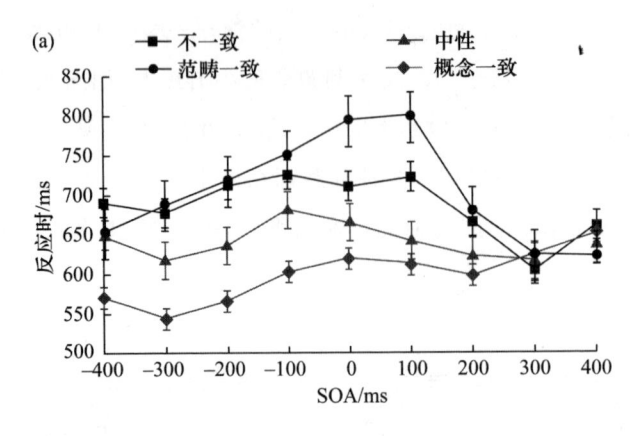

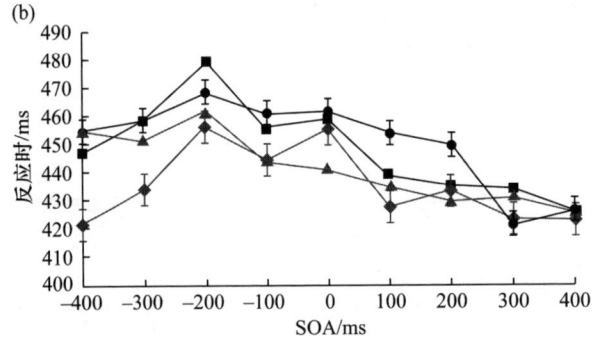

图 6.3 Glaser 和 Düngelhoff(1984) 的实验结果
(a)为图片命名,(b)为词汇命名。

综上,启动研究的目标是观察不同启动类型对目标词加工的影响。正如下文所述,可以设计启动实验来检验某个具体的假设,即与心理词典中的词汇表征,以及通达这些表征所涉及的过程有关的假设。

仪　　器

标准的启动实验不需要专门的仪器。刺激可以通过便携式计算机或台式计算机呈现,实验流程可以用标准实验软件包来控制,如 Presentation 或 E-prime (Schneider, Eschman, & Zuccolotto, 2012)。掩蔽启动实验则需要严格控制实验室的照明环境和刺激呈现时间,在选择呈现刺激的显示器时需要牢记这一点。在语音反应的启动实验中,通常使用和实验软件包相关的语音键在线测量语音起始时间,该软件包能够记录语音的起始和结束。但是,考虑到大多数语音键的精准度较低,研究者通常使用 Praat (Boersma, 2001) 或 Audacity 等软件包离线记录反应并测量语音起始时间。当然,使用启动范式的 fMRI、MEG 或 EEG 实验需要特定的设备和仪器。

设计启动实验

在设计启动实验时,研究者需要决定启动刺激和目标刺激的模态、特征及其关系,一个试次和整个实验中事件的时间,以及刺激反应的类型(比如,命名或分类)。这些决定在很大程度上取决于要验证的假设。在本节中,我们将描述在做出每个决策时需要考虑的一些选项。

模态

首先要考虑的是启动词和目标词的模态。刺激可以是口语声音或单词,也可以是视觉刺激,即一串字母或单词、手语词或图片。启动刺激和目标刺激可以通过相同或不同模态呈现。例如,视觉启动词后面可以跟着一个视觉启动词或有声口语词;口语启动词后面可以跟着一个目标图片或手语词。启动刺激和目标刺激以不同模态呈现的实验就是跨模态启动实验。

刺激模态的选择取决于研究目的与研究者对不同模态刺激加工的理论。例如,口语的词汇通达研究通常使用图片命名任务,而阅读研究通常使用书面语刺激。口语词汇再认研究通常使用口语启动词和目标词,或口语启动词和书面语目标词(Marslen-Wilson & Zwitserlood, 1989)。在不同模态中呈现启动词和目标词通常比较有用,因为刺激可以同时呈现而不会造成相互的感觉掩蔽。

对于很多研究问题来说,刺激的模态不是关键。例如,研究者对语义知识表征的通达感兴趣,无论输入模态是书面语词汇还是口语词汇。Glaser 和 Düngelhoff (1984) 使用范畴一致和不一致书面语启动词,而其他图片命名研究使用相同类型的口语启动词,并重复了原始研究中发现的语义干扰效应(Roelofs, 2005; Schriefers, Meyer, & Levelt, 1990)。

启动刺激与目标刺激的特性及其组合关系

启动刺激和目标刺激的特性及关系决定了启动实验的实验条件(通常和其他

116 变量一起，比如刺激的呈现时间）。显然，刺激的选择由研究目的决定。研究者在不同研究语境中使用启动实验，涉及多种类型的启动刺激和目标刺激。例如，启动刺激与目标刺激可以是多种语言，可以是被试的母语或二语；可以是真词或假词，高频词或低频词，长词或短词，具体词或抽象词，中性词或积极词，常规词或"禁忌"词。同样，启动研究考察了许多不同类型的启动-目标关系。除了大量使用各种意义相关的启动-目标关联词对的研究，还有很多使用形态相关词对的研究［例如，"fall-fell"的相关动词形式（Crepaldi，Rastle，Coltheart，& Nickels，2010）；或者"butter-butter dish"的词根和复合词（Lüttmann et al.，2011）］，字形相关词对［例如，"castfe-castle"（Adelman et al.，2014）］，以及完全相同的词对（Kane et al.，2015）。在大多数研究中，启动词和目标词都是同一语言，但在双语者的词汇加工研究中，启动词和目标词往往以不同语言呈现（Wang，2013）。这使得研究者可以考察关于被试母语和二语心理词典之间的关系。启动词也可以是"新异词"，即在前面的训练阶段中与新的概念或已有概念相关联的一串字母（Gaskell & Dumay，2003）。通过比较新异词和已有单词的启动效应，研究者可以评估新异词的学习效果，以及它们在功能上是否和被试心理词典中的已有单词相似。

很多研究使用了多种类型的、有相应控制条件的启动刺激和/或多种类型的目标刺激，并比较不同启动-目标组合所产生的效应。这样的设计可以用来检验关于词汇表征的特定假设。例如，Lüttmann 等人（2011）研究中呈现的目标图片（如"butter"）的启动词可以是透明复合词（transparent compound，如"butter dish"）或不透明复合词（opaque compound，如"butterfly"）。研究的目标之一为考察复合词的单个成分是只在透明复合词中被激活，还是在两种类型的复合词中都被激活。结果支持第二个假设：无关条件的图片命名时间是 855 ms（$SD=145$），显著慢于透明复合词启动条件（831 ms，$SD=122$）以及不透明复合词启动条件（831 ms，$SD=134$）。因此，两种相关启动词都促进了目标词的命名，并且两种条件间的差异不显著。

很多视觉词汇再认研究也使用多种启动类型的实验设计。例如，大量研究比较了启动词和目标词字形和语音都相关时的启动效应，以及和目标词只有字形或语音形式相关的启动效应。其中很多研究旨在考察阅读过程中词汇的语音形式激活的影响（综述见 Leineger，2014）。

大量文献表明，很多类型的相关启动词影响目标词的加工。表明说话者和听话者对其同时或先后感知到的刺激之间的许多不同类型的关系都非常敏感。然而,相关启动词在效应的强度上有所不同。一个常见的发现是相似度高的启动-目标词对比相似度低的启动-目标词对的启动效应强。例如,Meyer(1991)揭示语音启动效应随着词汇之间的词形重合度程度的增加而增加:相比于不相关条件("hamer-kilo"),单词开头辅音形式重合的词对("kever-kilo")产生大约 30 ms 的促进效应;而整个首音节重合的词对("kilo-kiwi")产生了 50 ms 的促进效应。另外几项研究报告了中介启动效应(比如,"狮子"通过"老虎"的词汇表征启动"条纹",Chwilla & Kolk,2002;Sass et al.,2009),但是,这种效应比直接启动效应弱("老虎"启动"条纹")。比如,在 Chwilla 和 Kolk(2002)的研究中,直接启动效应为 82 ms,中介启动效应为 41 ms。因此,研究者不仅可以通过启动范式考察心理词典中的词汇表征是否相关,还可以考察它们的联系有多紧密。

启动刺激和目标刺激之间的相似性不一定促进目标刺激加工。正如此前介绍的 Glaser 和 Düngelhoff(1984)研究发现,相比于无关启动词条件,范畴一致启动词减慢了图片命名任务的反应。相反,相关启动词往往促进目标词命名,或没有效应。这种模式的一个解释是启动词促进了目标词的概念加工,同时,范畴一致启动词阻碍了后续加工,要么是从心理词典中选择目标词,要么是从反应缓冲器中提取目标词语音形式(Mahon et al.,2007;Roelofs,1992)。因此,比较不同启动类型的效应,有助于深入了解词汇加工过程中认知系统的不同组成部分如何协作。

词汇启动实验必须包括相关和无关的启动刺激。在大多数研究中,每个目标刺激都和不同的启动刺激组合(例如,语义相关、无关和中性启动词),即每个目标词会出现在每种条件中。启动刺激也经常在不同条件中重复出现。比如,"狗"可能是目标词"猫"的相关启动词,以及目标词"鞋子"的无关启动词。研究者也可以在不同条件中使用不同的启动词和/或不同的目标词。但是,需要严格控制出现在不同条件下的单词的所有可能对加工产生影响的特征,如词长、词频、习得年龄等。通常,很难做到完美匹配,而且并不是所有可能影响词汇通达的变量都是已知的。在大多数情况下,研究者会在不同实验条件中使用相同的启动词和/或目标词的设计。

一些启动研究会向每个被试呈现所有启动-目标词的组合。例如,很多图片命名任务就是这样处理的(Schriefers et al.,1990)。在图片命名任务中,图片材料可以重复使用,因为即使被试多次命名同一个图片,也会出现稳定的启动效应。相比之下,在使用词汇命名或词汇判断任务的再认实验中,同一个目标词每个被试通常只看到或听到一次,对应多个启动词;不同组别的被试会看到不同的启动-目标词组合。这种设计很复杂,需要很多刺激材料和被试,但是研究者通常首选这种设计,因为词汇再认的启动效应通常比较微弱,被试多次看或听一个目标词时,这种启动效应很容易被掩蔽。

启动实验通常包含数目相同的相关和无关试次,以随机或伪随机顺序呈现。很多研究还会设置额外的无关填充试次。使用填充材料是为了防止被试策略性地通过启动词来预测目标词,以及间隔具有相同刺激或条件的试次,从而减少不必要的试次间启动效应(Kinoshita, Mozer, & Forster, 2011)。

刺激呈现时间

设计启动实验时,研究者需要决定启动词和目标词的呈现时间,及其相对呈现时间。当使用听觉刺激时,刺激的呈现时间由语音信号的持续时间决定,但是视觉刺激的呈现时间可以更长或更短。视觉目标词可以一直呈现直到被试做出反应,也可以呈现一段固定的时间,通常为1~3 s。

启动词的呈现时间通常比目标词更关键。当启动词呈现时间很长时,被试可能会形成与日常词汇加工不同的策略,或者可能会试图预测目标词。研究者试图使用尽可能短的启动词呈现时间避免这种策略性行为。许多研究都使用了掩蔽启动,即启动词呈现时间非常短(例子参见 Van den Bussche, Van den Noortgate, & Reynvoet, 2009, 40 ms; Gomez, Perea, & Ratcliff, 2013, 56 ms),并且在启动词前后呈现可抑制后像(afterimage)*的掩蔽图案。在这些条件下,被试在大多数试次中无法有意识地识别启动词以及使用其他策略。由此便可以得到稳定的启动效应。比如,Crepaldi, Rastle, Coltheart 和 Nickels (2010)发现掩蔽启动词后,形态和字形与目标词相关(平均值=582 ms, SD=51)比仅字形相关(平均值=606 ms, SD=61)或无关条件(均值=603 ms, SD=60)下的词汇判断时间更短。

很多研究比较了无掩蔽和掩蔽启动条件下的效应,如为了揭示早期"自下而上"以及晚期"自上而下"过程在词汇再认中的作用(例子参见 de Wit & Kinoshita, 2015;图6.4)。但是,应该注意的是,无意识的启动加工可能受到注意资源和任务

---

* 后像是一个视觉生理现象,指的是在视觉刺激停止后,仍然有影像残留的现象,即影像并不立刻消失,而是逐渐减弱。——译者

要求的调节(综述见 Kiefer, Adams, & Zovko, 2012)。此外,注意控制能力对启动的影响可能在不同被试群体中存在差异(例如,有注意缺陷或没有注意缺陷的被试)。因此,在解释启动研究的结果时,研究者需要考虑自上而下的加工过程对启动词与目标词加工的潜在影响。

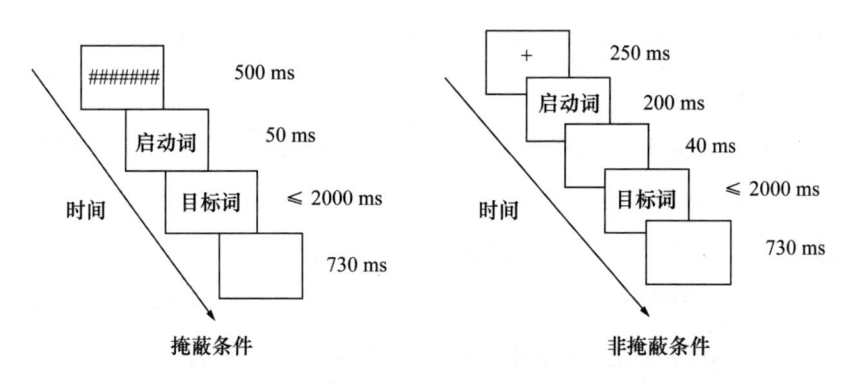

图 6.4 de Wit 和 Kinoshita (2015) 中掩蔽和非掩蔽条件的试次示意
目标词一直呈现到被试做出反应,最长呈现 2000 ms。

最后,需要确定启动词和目标词起始的时间间隔。在很多启动研究中,启动词和目标词同时呈现,或者在目标词呈现前后短时间内呈现。SOA 的选择取决于研究的理论目标,以及研究者关于他们所考察的时间进程的假设,也可能将刺激的表征和被试的行为联系起来。比如,一旦被试注视启动词的位置,启动词或图片可能被目标词所替代(Morgan & Meyer, 2005)。很多研究包含了几种 SOA,通常结合几种类型的启动词来追踪不同类型信息激活的时间进程。这就是 Glaser 和 Düngelhoff(1984)描述的研究案例。再举一个例子,在一个图片命名研究中,Schriefers, Meyer 和 Levelt (1990) 呈现和目标图片语义或语音相关或无关的启动词;结果发现了 20 ms 的语义抑制效应,36 ms 的语音促进效应;语义相关条件中的平均命名时间是 651 ms,语音相关条件为 595 ms,无关启动条件为 631 ms。重要的是,语义效应在最早的 SOA 达到峰值,即当启动词在目标词呈现之前 150 ms 出现;而语音效应仅当启动词在目标词出现 150 ms 后呈现时达到峰值。这表明目标词的语义表征早于语音表征被激活。

在很多启动研究中,启动词和目标词出现在不同试次中。比如,在重复启动实验中,让被试命名一系列图片,相同图片可能多次出现,第一个图片启动第二个图片。同样,在语义启动实验中,被试可能被要求命名一个动物的图片,几个干扰试次之后他们需要命名另一个动物（Howard et al.，2006）。因此，在这种设计中，启动词和目标词的区别体现在实验设计中，但是对于被试来说并不明显。很多种启动效应是稳定的，即使启动词和目标词之间存在多个干扰试次也可以观察到。比如，在图片命名实验中，Zwitserlood、Bölte 和 Dohmes（2000）发现启动词先于目标词几分钟时，会得到 143 ms 的形态启动效应（形态相关条件均值为 653 ms，无关条件均值为 796 ms）。

在一些启动研究中，根据实验条件将刺激分成不同的区组呈现。使用这种区组范式，在同质性区组（homogeneous block）测试中，被试需要反复命名几套由少量相关的图片组成的集合，比如相同语义范畴的词（如"鸭子、老鼠、鱼、蛇、老鼠……"）或者名字相似的图片（"床、窗、船、床……"）；在异质性区组（heterogeneous block）测试中，相同的刺激材料被组合成不相关的集合（Belke & Stielow，2013；O'Seaghdha, Chen, & Chen, 2010）。研究者可以通过这些范式考察被试如何策略性地利用刺激之间的相似性；例如，说话者可以在一个区组中的所有单词都有相同的开头时提前做好准备，但当单词韵律相似时就不行了（Meyer，1990）。更重要的是，区组范式还可以用来研究说话者重复通达同一语义范畴刺激时产生的重复效应与竞争效应的交互作用。

任务

实验任务的选择也取决于研究的目标。研究者使用启动范式来考察词汇产出，通常让被试命名目标图片，大多用纯粹的名词或动词，也会用简短的短语。图片分类任务（例如，根据物体的真实尺寸，或者有无生命）也经常被用于研究，通常作为命名的控制条件（Schmitz & Wentura，2012）。

词汇再认研究会使用许多不同的任务：被试有时需要出声朗读书面目标词、重复或直接写下听到的目标词（Adelman et al.，2014；De Bree, Janse, & Van de Zande，2007）。被试也可能被要求根据语义或语音特性来对目标词进行分类。一个常见的语音分类任务就是音素监控（phoneme monitoring），即让被试决定目标词是否包含特定的音素（比如，/p/）。在这个任务中，被试对词的判断比非词快，表明此任务适用于评估词汇知识（Dijkstra, Roelofs, & Fieuws，1995）。词汇再认研究中最常见的任务就是词汇判断任务：目标词和假词混合在一起，在启动词之后呈现，被试按键判断目标词为真词或假词。研究发现词汇判断时间对很多词汇变量敏感，比如词长和词频及其语音邻近词（语音形式相似的词）的特征。这些词汇效应表明，此任务适用于研究读者和听者如何通达其心理词典。但是，词汇判断是元语言（metalinguistics）任务，因为被试被要求对他们看到或听到的刺激做出判断，并且词汇判断任务也对不同反应策略敏感。这些均可能使结果的解释复杂化（Ratcliff，Gomez，& McKoon，2004）。

被试

大多数词汇启动实验都是在大学生群体中进行的。当然，启动实验也适用于其他群体。例如，最近有词汇启动研究将2岁半的孩子作为被试群体（Singh，2014），词汇启动范式已经应用于健康老年人群体（De Bree et al.，2007）、双语者（Kroll & Stewart，1994；van Hell & de Groot，1998），以及不同患者群体（例如，布罗卡失语症，Utman，Blumstein，& Sullivan，2001；颞叶癫痫，Miozzo & Hamberger，2015；语义性痴呆，Merck，Jonin，Laisney，Vichard，& Belliard，2014）。

数 据 分 析

在本章中，我们重点讨论了启动范式在行为学研究中的应用。在这些研究中，被试产出单独的词，回应口头或书面刺激，对刺激进行分类，最常见的是判断真词或假词。一个设计简单的启动实验，比如有20张需要命名的目标图片，每个都有两个启动词，共30名被试参加实验，每名被试会看到所有启动词-目标词组合，因此会得到一个包含1200个命名时间的原始数据集。实验刺激、被试或条件更多的设计显然会得到更大的数据集。全面且细致地讨论启动实验的统计分析结果，如排除极端值、适当的数据转换和显著性检验等，超出了本书的范围；我们推荐读者参考相关教材（如Baayen，2008；Field，Miles，& Field，2012）。这里仅简要介绍数据分析涉及的主要步骤。

数据分析的第一步是决定是否所有的被试和刺激都应该保留在数据集中，是否需要剔除一部分被试和/或刺激。研究者可能会剔除那些整体表现与其他人有很大偏差的被试；如平均反应延迟（response latency）异常缓慢（如比样本平均值高3个标准差以上）或反应错误率异常高。同样，研究者可能会剔除那些异常的刺激,如被试对该刺激的反应延迟显著得慢或错误率非常高。例如,在词汇判断实验中,研究者可能会剔除那些大多数被试判定为假词的真词。

第二步关注数据的错误率。在一个典型的词汇判断实验中,数据包括漏报率、错误判断真词为假词的概率和错误判断假词为真词的概率。在一个图片命名实验中,错误包括回应缺失、不正确的图片名称(如将"狗"命名为"猫")、自我修正(如"猫……狗"),以及反应犹豫或停顿(如"呃……猫")。由于错误率很少是正态分布,许多研究者在比较平均错误率时使用对数变换,而不是原始错误率。在最近的研究中,首选逻辑混合模型分析错误率(Jaeger,2008)。

即使研究假设与错误率无关(而是与反应延迟有关),研究者还是会分析不同条件下的错误率。这是为了确定错误率和反应延迟的结果是否一致。例如,假设相关启动促进目标刺激的加工,则相关启动的反应比无关启动快,且错误率应该相同或更低,而不是更高。与无关启动相比,当相关启动与更快的反应速度和更高的错误率,或与更慢的反应速度和更低的正确率相联系(例如,存在速度-正确率权衡),结果的解释则具有挑战性。这是因为对一个因变量进行分析得到的结果表明,相关启动促进目标刺激的加工,而其他因变量的结果与之矛盾。

第三步考虑正确作答时的反应延迟,这通常是启动实验中最重要的因变量。在词汇判断实验中,通常分别分析真词和假词。除了错误的反应,许多研究者还会排除过快和/或过慢的反应。这些异常值可以用不同的方式定义(如 Ratcliff,1993)。一种方式是固定的反应时间。例如,快于 200 ms 的图片命名或词汇判断反应可能是由于误操作或测量错误,被试无法如此迅速地处理目标并启动反应,因此被剔除。另一种方式是参考样本中的反应时分布并剔除偏离平均值(例如,样本的整体均值、条件均值或每名被试的平均值)一定数值的数据,如超出 2.5 或 3 个标准差。研究者有时会使用几种标准来排除异常值,如以一个固定的反应标准排除过快的反应时,以及基于数据分布的标准(例如,高于均值 3 个标准差)排除过慢的反应时。由于均值的参数比较(t 检验、方差分析)要求输入的数据为正态分布,但原始数据通常不符合这一标准,而是具有慢响应的长尾特征,因此通常在分析之前对原始数据进行对数变换(如 Baayen,2008)。统计软件(R 语言和 SPSS 等)提供高级绘图工具协助异常值排除标准的优选和原始数据的转换。

最后,研究者会使用推论统计的方法来确定启动刺激对目标刺激的反应延迟是否存在显著影响。数据分析通常使用条件均值,尽管有时需要考虑反应延迟的整体分布(例子参见 Roelofs,2008)。在 Clark(1973)的建议下,许多研究者根据每个条件下被试的均值(即计算各项目的平均值)和单项均值(即计算各参与者的平均值)进行单独的分析(参见 Crespaldi et al.,2010)。Clark 主张将两个检验统计量合并为一个 F 值($\min F'$),但很少有研究者这样做,因为 $\min F'$ 过于保守。另一种选择是混合效应建模(例子参见 Barr,Levy,Scheepers,& Tily,2013;Baayen,Davidson,& Bates,2008),研究人员可将被试和项目作为随机效应纳入同一模型,为数据的统计分析提供了很高的灵活性(例子参见 Shao,Roelofs,Martin,& Meyer,2015)。

启动范式已在神经生物学研究中广泛使用,例如,使用 EEG(Jouravlev,Lupker,& Jared,2014;Llorens et al.,2014;Ries et al.,2015)、MEG(Brennan et al.,2014;Whiting,Shtyrov,& Marslen-Wilson,2014)和 fMRI(Almeida & Poeppel,2013;Massol et al.,2010;Savill & Thierry,2011)。EEG 和 MEG 研究可以提供关于启动刺激和目标刺激加工时间进程的精确信息。fMRI 用于研究当提取语法特征、声音形式或单词含义时,哪些脑区会受到影响(Koester & Schiller,2011)。本书的第十三章和第十四章将介绍如何设计这些研究,以及如何进行数据分析。

对词汇启动范式的评价

自 20 世纪 70 年代以来,词汇启动范式在心理语言学中得到了广泛的应用。启动范式的流行有很多原因:理论假设简单易懂,实验设计比较容易且高度灵活,数据分析也不需要特定的专业知识。最重要的是,启动范式应用范围广泛,包括词汇在心理词典中的表征及其在语言产生和理解过程中的通达方式等。

词汇启动范式是一种研究工具,就像其他工具一样,可用性取决于使用者的目标。词汇启动是一种实验范式,专门用于研究单词是如何被表征和通达的。心理语言学中的许多问题都可以通过实验来研究,并且确实与单个单词有关,但显然有些问题不容易在实验室中研究,并且/或者与单个单词无关,因此需要其他方法。

当词汇启动范式适用于解决一个研究问题时,必须确定实验方法、刺激材料和设计的细节。当然,启动实验的许多特性是由研究问题决定的。对复杂形态词汇的处理或说话过程中的词汇通达特别感兴趣的研究者可选择特定的刺激和任务。

其他实验设计则不必如此。例如,为了研究形态复杂的词汇的表征,研究者可以使用生成任务或理解任务,以及掩蔽或未掩蔽的启动刺激。如何选择可能取决于实际考虑(例如,寻找适当刺激的难易程度,设置实验的难易程度,以及分析被试的反应)。在设计实验时,一个有用的方法是:考察已发表的关于类似问题的实验,并尽可能地重复设计特征(尤其是那些在许多研究中使用过的)。例如,研究者设计一个掩蔽启动实验时,可能会以同样的方式呈现刺激(相同的大小、亮度等),并且刺激呈现时间与近期同行评议期刊中的类似研究报告相同。这一策略增加了实验真正"有效"的机会,并有助于将结果与前人发现进行比较。

当然,我们并不提倡盲目模仿现有的研究。在设计词汇启动实验(或其他类型的研究)时,最重要的考虑因素必须源于研究的理论目标。研究人员需要考虑每种设计选择如何影响被试处理任务的方式、如何处理刺激,以及这些因素如何影响从结果中得出的结论。

关 键 术 语

区组范式(blocking paradigm):在每个实验条件下,刺激材料以区组的方式呈现的实验范式。例如,四个语义同质区组为分别来自动物、交通工具、水果和家具等类别物体的图片;对应的四个异质区组为包含全部四个类别物体的图片。

词汇判断任务(lexical decision task):在视觉和听觉单词识别研究中经常使用的任务。参与者听到或看到声音或字母序列(例如,BLISS 或 BLIFF)。对于每个序列,被试必须尽快判断它是否为一个单词。测量反应时间和准确性。

掩蔽启动范式(masked priming paradigm):在启动范式中,启动刺激呈现时间非常短(通常为 40~50 ms),然后在其之前和/或之后有视觉掩蔽(如 %＄%＄＄% 或 ♯♯♯♯♯♯)。被试通常不能识别启动刺激,甚至不能可靠地报告其存在与否,但这些启动刺激仍可能影响随后的目标刺激的加工。

音位监测(phoneme monitoring):一项经常用于听觉词汇识别研究的任务。被试听到一串单词,一旦听到特定的声音(如/p/)就必须按键。

图片-词汇干扰范式(picture-word interference paradigm):一种经常用于研究言语中词汇通达的范式。被试看到一连串的图片,每张图片都伴有一个书面或口语的干扰词。要求被试说出图片的名字,忽略干扰词。尽管存在指导语,干扰词仍然会影响被试命名反应的速度和/或准确性。

启动刺激(prime)：对后续目标刺激的反应有影响的刺激材料；例如，相比于呈现不相关的启动词（如"猫"），呈现相关启动词（如"护士"）会促进对目标词（如"医生"）的加工。

刺激呈现不同步(stimulus-onset asynchrony)：启动实验中启动刺激和目标刺激呈现之间的时间间隔。

目标刺激(target)：要求被试做出反应的刺激材料。

参 考 文 献

Adelman, J. S., Johnson, R. L., McCormick, S. F., McKague, M., Kinoshita, S., Bowers, J. S., Perry, J. R., Lupker, S. J., Forster, K. I., Cortese, M. J., Scaltritti, M., Aschenbrenner, A. J., Coane, J. H., White, L., Yap, M. J., Davis, C., Kim, J., & Davis, C. J. (2014). A behavioral database for masked form priming. *Behavior Research Methods*, 46, 1052-1067. DOI: 10.3758/s13428-013-0442-y.

Almeida, D., & Poeppel, D. (2013). Word-specific repetition effects revealed by MEG and the implications for lexical access. *Brain and Language*, 127, 497-509.

Baayen, R. H. (2008). *Analyzing linguistic data: A practical introduction to statistics using R*. Cambridge University Press.

Baayen, R. H., Davidson, D. J., & Bates, D. M. (2008). Mixed-effects modeling with crossed random effects for subjects and items. *Journal of memory and language*, 59, 390-412.

Barr, D. J., Levy, R., Scheepers, C., & Tily, H. J. (2013). Random effects structure for confirmatory hypothesis testing: Keep it maximal. *Journal of memory and language*, 68, 255-278.

Becker, A. B. C., Schild, U., & Friedrich, C. K. (2014). ERP correlates of word onset priming in infants and young children. *Developmental Cognitive Neuroscience*, 9, 44-55. DOI: 10.1016/j.dcn.2013.12.004.

Belke, E., & Stielow, A. 2013. Cumulative and non-cumulative semantic interference in object naming: Evidence from blocked and continuous manipulations of semantic context. *Quarterly Journal of Experimental Psychology*, 66, 2135-2160. DOI: 10.1080/17470218.2013.775318.

Boersma, P. (2001). Praat, a system for doing phonetics by computer. *Glot International*, 5, 341-345.

Brennan, J., Lignos, C., Embick, D., & Roberts, T. P. L. 2014. Spectro-temporal correlates of lexical access during auditory lexical decision. *Brain & Language*, *133*, 39-46. DOI: 10.1016/j.bandl.2014.03.006.

Chwilla, D. J., & Kolk, H. H. J. (2002). Three-step priming in lexical decision. *Memory & Cognition*, *30*, 217-225. DOI: 10.3758/BF03195282.

Clark, H. H. (1973). The language-as-fixed-effect fallacy: A critique of language statistics in psychological research. *Journal of verbal learning and verbal behavior*, *12*, 335-359.

Crepaldi, D., Rastle, K., Coltheart, M., & Nickels, L. (2010). 'Fell' primes 'fall', but does 'bell' prime 'ball'? Masked priming with irregularly-inflected primes. *Journal of Memory and Language*, *63*, 83-99. DOI:10.1016/j.jml.2010.03.002.

de Bree, E., Janse E., & Van de Zande, A. M. (2007). Stress assignment in aphasia: Word and non-word reading and non-word repetition. *Brain & Language*, *103*, 264-275. DOI: 10.1016/j.bandl.2007.07.003.

de Wit, B., & Kinoshita, S. (2015). The masked semantic priming effect is task dependent: Reconsidering the automatic spreading activation process. *Journal of Experimental Psychology: Learning, Memory, and Cognition*, *41*, 1062-1075. DOI: 10.1037/xlm0000074.

Dijkstra, T., Roelofs, A., & Fieuws, S. (1995). Orthographic effects on phoneme monitoring. *Canadian Journal of Experimental Psychology*, *49*, 264-271. DOI:10.1037/1196-1961.49.2.264.

Field, A., Miles, J., & Field, Z. (2012). *Discovering statistics using R*. Los Angeles, California: SAGE Publications.

Gaskell, M. G. (2007). *The Oxford handbook of psycholinguistics*. Oxford, UK: Oxford University Press.

Gaskell, M. G., & Dumay, N. (2003). Lexical competition and the acquisition of novel words. *Cognition*, *89*, 105-132. DOI: 10.1016/S0010-0277(03)00070-2.

Glaser, W. R., & Düngelhoff, F. J. (1984). The time course of picture-word interference. *Journal of Experimental Psychology: Human Perception and Performance*, *10*, 640-654. DOI:10.1037/0096-1523.10.5.640.

Gomez, P., Perea, M., & Ratcliff, R. (2013). A diffusion model account of masked versus unmasked priming: Are they qualitatively different? *Journal of Experimental Psychology: Human Perception and Performance*, *39*, 1731-1740. DOI:10.1037/a0032333.

Howard, D., Nickels, L., Coltheart, M., & Cole-Virtue, J. (2006). Cumulative semantic inhibition in picture naming: Experimental and computational studies. *Cognition*, *100*, 464-482. DOI:10.1016/j.cognition.2005.02.006.

IBM Corp. Released 2013. IBM SPSS Statistics for Windows, Version 22.0. Armonk, NY: IBM Corp.

Jaeger, T. F. (2008). Categorical data analysis: Away from ANOVAs (transformation or not) and towards logit mixed models. *Journal of Memory and Language*, *59*, 434-446.

Jouravlev, O., Lupker, S. J., & Jared, J. (2014). Cross-language phonological activation:

Evidence from masked onset priming and ERPs. *Brain & Language*, *134*, 11-22. DOI: 10.1016/j.bandl.2014.04.003.

Kane, A. E., Festa, E. K., Salmon, D. P., & Heindel, W. C. (2015). Repetition priming and cortical arousal in healthy aging and alzheimer's disease. *Neuropsychologia*, *70*, 145-155. DOI:10.1016/j.neuropsychologia.2015.02.024.

Kiefer, M., Adams, S. C., & Zovko, M. (2012). Attentional sensitization of unconscious visual processing: Top-down influences on masked priming. *Advances in Cognitive Psychology*, *8*, 50-61. DOI:10.2478/v10053-008-0102-4.

Kinoshita, S., Mozer, M. C., & Forster, K. I. (2011). Dynamic adaptation to history of trial difficulty explains the effect of congruency proportion on masked priming. *Journal of Experimental Psychology: General*, *140*, 622-636. DOI:10.1037/a0024230.

Koester, D., & Schiller, N. O. (2011). The functional neuroanatomy of morphology in language production. *NeuroImage*, *55*, 732-741. DOI: 10.1016/j.neuroimage.2010.11.044.

Kroll, J. F., & Stewart, E. (1994). Category interference in translation and picture naming: Evidence for asymmetric connections between bilingual memory representations. *Journal of Memory and Language*, *33*, 149-174. DOI:10.1006/jmla.1994.1008.

Leineger, M. (2014). Phonological coding during reading. *Psychological Bulletin*, *140*, 1534-1555. DOI: 10.1037/a0037830.

Llorens, A., Trébuchon, A., Riès, S., Liégeois-Chauvel, C., & Alario, F.-X. (2014). How familiarization and repetition modulate the picture naming network. *Brain and Language*, *133*, 47-58. DOI: 10.1016/j.bandl.2014.03.010.

Lüttmann, H., Zwitserlood, P., Böhl, A., & Bölte J. (2011). Evidence for morphological composition at the form level in speech production. *Journal of Cognitive Psychology*, *23*, 818-836. DOI:10.1080/20445911.2011.575774.

Mahon, B. Z., Costa, A., Peterson, R., Vargas, K. A., & Caramazza, A. (2007). Lexical selection is not by competition: A reinterpretation of semantic interference and facilitation effects in the picture—word interference paradigm. *Journal of Experimental Psychology: Learning, Memory, and Cognition*, *33*, 503-535. DOI: 10.1037/0278-7393.33.3.503.

Marslen-Wilson, W., & Zwitserlood, P. (1989). Accessing spoken words: The importance of word onsets. *Journal of Experimental Psychology: Human Perception and Performance*, *15*, 576-585. DOI:10.1037/0096-1523.15.3.576.

Massol, S., Grainger, J., Dufau, S., & Holcomb, P. (2010). Masked priming from orthographic neighbors: An ERP Investigation. *Journal of Experimental Psychology: Human Perception and Performance*, *36*, 162-174. DOI: 10.1037/a0017614.

Merck, C., Jonin, P.-Y., Laisney, M., Vichard, H., & Belliard, S. (2014). When the zebra loses its stripes but is still in the savannah: Results from a semantic priming paradigm in semantic dementia. *Neuropsychologia*, *53*, 221-232. DOI: 10.1016/j.neuropsychologia.2013.11.024

Meyer, A. S. (1990). The time course of phonological encoding in language production: The encoding of successive syllables of a word. *Journal of Memory and Language*, *29*, 524-545. DOI:10.1016/0749-596X(90)90050-A.

Meyer, A. S. (1991). The time course of phonological encoding in language production: Phonological encoding inside a syllable. *Journal of Memory and Language*, *30*, 69-69. DOI:10.1016/0749-596X(91)90011-8.

Meyer, D. E., & Schvaneveldt, R. W. (1971). Facilitation in recognizing pairs of words: Evidence of a dependence between retrieval operations. *Journal of Experimental Psychology*, *90*, 227-234. DOI:10.1037/h0031564.

Miozzo, M., & Hamberger, M. J. (2015). Preserved meaning in the context of impaired naming in temporal lobe epilepsy. *Neuropsychology*, *29*, 274-281. DOI: org/10.1037/ neu0000097.

Morgan, J., & Meyer, A. S. (2005). Processing of extrafoveal objects during multiple-object naming. *Journal of Experimental Psychology: Learning, Memory, and Cognition*, *31*, 428-442. DOI:10.1037/0278-7393.31.3.428.

O'Seaghdha, P. G., Chen, J.-Y., & Chen, T.-M. (2010). Proximate units in word production: Phonological encoding begins with syllables in Mandarin Chinese but with segments in English. *Cognition*, *115*, 282-302. DOI:10.1016/j.cognition.2010.01.001.

R Core Team. (2015). *R: A language and environment for statistical computing*. R Foundation for Statistical Computing, Vienna, Austria. http://www.R-project.org/.

Ratcliff, R. (1993). Methods for dealing with reaction time outliers. *Psychological Bulletin*, *114*, 510.

Ratcliff, R., Gomez, P., & McKoon, G. (2004). A diffusion model account of the lexical decision task. *Psychological Review*, *111*, 159-182. DOI:10.1037/0033-295X.111.1.159

Riès, S. K., Fraser, D., McMahon, K. L., & de Zubicaray, G. I. (2015). Early and late electrophysiological effects of distractor frequency in picture naming: Reconciling input and output accounts. *Journal of Cognitive Neuroscience*, *27*, 1936-1947. DOI:10.1162/ jocn_a_00831.

Roelofs, A. (1992). A spreading-activation theory of lemma retrieval in speaking. *Cognition*, *42*, 107-142. DOI:10.1016/0010-0277(92)90041-F.

Roelofs, A. (2005). The visual-auditory color-word Stroop asymmetry and its time course. *Memory & Cognition*, *33*, 1325-1336. DOI: 10.3758/BF03193365.

Roelofs, A. (2008). Dynamics of the attentional control of word retrieval: Analyses of response time distributions. *Journal of Experimental Psychology: General*, *137*, 303-323. DOI: 10.1037/0096-3445.137.2.303.

Sass, K., Krach, S., Sachs, O., & Kircher, T. (2009). Lion - tiger - stripes: Neural correlates of indirect semantic priming across processing modalities. *Neuroimage*, *45*, 224-236. DOI:10.1016/j.neuroimage.2008.10.014.

Savill, N. J., & Thierry, G. (2011). Reading for sound with dyslexia: Evidence for early orthographic and late phonological integration deficits. *Brain Research*, *1385*, 192-205. DOI: 10.1016/j.brainres.2011.02.012.

Schmitz, M., & Wentura, D. (2012). Evaluative priming of naming and semantic categorization responses revisited: A mutual facilitation explanation. *Journal of Experimental Psychology: Learning, Memory, and Cognition*, *38*, 984-1000. DOI:10.1037/a0026779.

Schneider, W., Eschman, A., & Zuccolotto, A. (2012). *E-Prime reference guide*. Pittsburgh: Psychology Software Tools, Inc.

Schriefers, H., Meyer, A. S., & Levelt, W. J. M. (1990). Exploring the time course of lexical access in language production: Picture-word interference studies. *Journal of Memory and Language*, *2*, 86-102. DOI:10.1016/0749-596X(90)90011-N.

Singh, L. (2014). One world, two languages: Cross-language semantic priming in bilingual toddlers. *Child Development*, *85*, 755-766. DOI: 10.1111/cdev.12133.

Shao, Z., Roelofs, A., Martin, R. C., & Meyer, A. S. (2015). Selective inhibition and naming performance in semantic blocking, picture-word interference, and color-word stroop tasks. *Journal of Experimental Psychology: Learning, Memory, and Cognition*, *41*, 1806-1820. DOI:10.1037/a0039363.

Utman, J. A., Blumstein, S. E., & Sullivan, K. (2001). Mapping from sound to meaning: Reduced lexical activation in Broca's aphasics. *Brain and Language*, *79*, 444-472. DOI: 10.1006/brln.2001.2500.

Van den Bussche, E., Van den Noortgate, W., Reynvoet, B. (2009). Mechanisms of masked priming: A meta-analysis. *Psychological Bulletin*, *135*, 452-477. DOI:10.1037/a0015329.

van Hell, J. G., & de Groot, A. M. B. (1998). Conceptual representation in bilingual memory: Effects of concreteness and cognate status in word association. *Bilingualism: Language and Cognition*, *1*, 193-211.

Wang, X. (2013). Language dominance in translation priming: Evidence from balanced and unbalanced Chinese English Bilinguals. *Quarterly Journal of Experimental Psychology*, *66*, 727-743. DOI:10.1080/17470218.2012.716072.

Whiting, C., Shtyrov, Y., & Marslen-Wilson, W. (2014). Real-time functional architecture of visual word recognition. *Journal of Cognitive Neuroscience*, *27*, 246-265. DOI:10.1162/jocn_a_00699.

Zwitserlood, P., Bölte, J., & Dohmes, P. (2000). Morphological effects on speech production: Evidence from picture naming. *Language and Cognitive Processes*, *15*, 563-591. DOI: 10.1080/01690960050119706.

扩 展 阅 读

Bates, E., D'Amico, S., Jacobsen, T., Székely, A., Andonova, E., Devescovi, A., Herron,

D., Lu, C. C., Pechmann, T., Pléh, C., Wicha, N., Federmeier, K., Gerdjikova, I., Gutierrez, G., Hung, D., Hsu, J., Iyer, G., Kohnert, K., Mehotcheva, T., Orozco-Figueroa, A., Tzeng, A., & Tzeng, O. (2003). Timed picture naming in seven languages. *Psychonomic Bulletin & Review*, *10*, 344-380. DOI:10.3758/BF03196494.

Brysbaert, M., Stevens, M., Mandera, P., & Keuleers E. (in press). The impact of word prevalence on lexical decision times: Evidence from the Dutch Lexicon Project 2. *Journal of Experimental Psychology: Human Perception and Performance*.

Hutchison, K. A., Balota, D. A., Neely, J. H., Cortese, M. J., Cohen-Shikora, E. R., Tse, C.-S., Yap, M. J., Bengson, J. J., Niemeyer, D., & Buchanan, E. (2013). The semantic priming project. *Behavior Research Methods*, *45*, 1099-1114. DOI 10.3758/s13428-012-0304-z.

Keuleers, E., & Brysbaert, M. (2010). Wuggy: A multilingual pseudoword generator. *Behavior Research Methods*, *42*, 627-633. DOI:10.3758/s13428-011-0118-4.

Keuleers, E., Lacey, P., Rastle, K., & Brysbaert, M. (2012). The British Lexicon Project: Lexical decision data for 28,730 monosyllabic and disyllabic English words. *Behavior Research Methods*, *44*, 287-304. DOI:10.3758/s13428-011-0118-4.

第七章
结 构 启 动

Holly P. Branigan & Catriona L. Gibb

在连续话语(如句子、短语、音节)中,当语言结构重复时,人们往往表现出促进效应。这种现象可能源于结构启动,即源于语言使用中底层抽象结构和过程的自动、内隐的促进作用。为了解决语言产出、理解和习得中涉及的结构表征和加工的基本问题,研究者开发了一系列范式来探讨在什么条件下,被试加工启动表达时所使用的结构会对随后的目标表达结构产生影响。这些范式使用行为和非行为测量来考察离线和在线加工,既包括适合幼儿的简单图片描述和图片选择方法,也包括复杂的眼动追踪及成像技术。结构启动范式是一种适用于广泛人群、环境以及理论问题的灵活、有力的研究工具。

引　言

在语言使用过程中,当语言结构在连续的话语中重复时,人们往往会表现出促进效应。比如,相比于表达同样意义的主动句(例如,"Lightning struck the church"),人们在产出或听到一个被动句(例如,"The church was struck by lightning")后,更可能使用被动句去描述一个事件(例如,"The girl was chased by the boy")。继 Bock(1986)的开创性工作后,很多研究已经证实,这种被称为结构启动的现象可能源于语言使用中底层抽象结构的自动、内隐的促进作用。这种结构启动的倾向被广泛用于解决语言产出、理解、母语及二语习得中所涉及的结构表征和加工的基本问题。结构启动范式是一种适用于广泛人群、环境以及理论问题的灵活、有力的研究工具。

假设和理论基础

启动效应在人类认知研究中得到了充分证实。当加工具有某些特征的启动刺激促进了随后同样具有这些特征的目标刺激的加工时,启动效应就会发生[*]。启动的发生并不涉及对启动刺激的有意觉察或外显回忆,而是一种自动的、无须消耗资源的过程。启动效应的发生是因为表征或加工变得更容易。如果这些表征或加工适用于随后出现的刺激,则其后续重复使用将更容易[**]。因此,它们是关于表征和加工的信息:对于刺激 A 启动刺激 B,加工者必须将 A 与 B 视为在认知的某些维度上是相关的。通过操纵启动与目标刺激的特征,观察促进作用可能发生的条件,我们可以确定 A 与 B 是如何相关的,以及哪些维度与加工相关。

早期的心理语言学启动范式关注内容重复相关的促进作用(例如,像在 DOCTOR-NURSE 或 CAT-CAP 词对中的词汇表征的语义或语音特征)。然而,1986 年,Bock 开创性地指出,在连续句子中,说话者在没有重复意义、单词或声音的情况下也会重复句法结构(Bock, 1986)。自此,人们已经意识到,抽象的语言结构也可以通过有关结构表征和加工的潜在信息被启动。

因此,结构启动范式的基本原理与其他启动范式相同,其定义特征是启动源于语言结构的重复。通过操纵启动和目标刺激的结构特征,以及加工的模态,我们能够确定结构表征的本质及其在语言使用中的作用方式。

原则上,语言结构的任一方面都可能发生启动。实际上,人们也认为结构的所有方面都容易受到启动的影响。结构启动范式被广泛应用于研究句法结构(例子参见 Bock, 1986; Pickering & Branigan, 1998)。说话者倾向于在语义、语音等方面无关的句子中重复句法,这一现象证明了语言使用涉及一种加工,在这种加工中句法结构的表征独立于语义和语音内容。操纵句法结构的不同方面(例如,词序与层级关系),研究者可以通过启动效应的模式来推断这些表征的确切性质。

然而,越来越多的研究使用结构启动范式来研究语言结构的其他方面,包括与意义相关的结构(例如,量化、信息结构)、与声音相关的结构(例如,音节结构、韵律结构),以及结构不同水平之间的映射。例如,一些研究考察了具有相同量词辖域

---

[*] 启动也可能涉及抑制作用,但这里集中阐述促进作用。——作者

[**] 请注意,启动调节了被试如何处理对刺激的适当反应,但刺激限制了被试的可能反应(因此,可能反应也会受到启动的影响)。——作者

(scope)关系的表达之间的促进作用(例如,"Every kid climbed a tree"; Raffray & Pickering, 2010),以及具有相同音节结构的单词之间的促进作用(Sevald, Dell, & Cole, 1995),其他研究则考察了语义与句法表征之间映射的促进作用(Bunger, Papafragou, Trueswell, 2013)。

在所有情况下,研究都会考察,在接触了一种语言结构(无论是句法、意义还是声音)的启动表达后,相比于不同结构(和内容)的目标表达,被试在加工具有相同结构(不同内容)的目标表达时是否显示出促进作用。这种促进作用证明发生了结构启动。

仪器和测试工具

如下所述,研究结构启动效应有许多不同的范式,涉及各种仪器和测试工具。研究理解中的结构启动效应通常使用计算机来呈现口语或文本刺激,使用键盘或按键盒(测量反应时或反应选项)、眼动追踪器(测量眼球运动)、连接头皮的电极(测量 ERP)、fMRI 扫描仪(测量 BOLD 信号的变化)或者小册子(测量可接受性判断)等多种方式来记录被试的反应。研究产出中的结构启动效应通常使用计算机,也可使用成套图片卡(尤其是在涉及儿童的研究中)或印刷的小册子来呈现刺激。被试的反应可能通过数码记录仪(测量口头选项或反应时)、语音键(测量反应时)、键盘(测量反应时或反应选项)、fMRI 扫描仪(测量 BOLD 信号的变化)或小册子(测量反应选项)记录。测试工具包括一组句子和句子片段,数码图像(例如,照片或漫画),以及一组涉及线条图、漫画或照片的图片卡。

实验刺激和数据的性质

所有的结构启动研究都需要被试在加工某种类型(句子、短语、音节)的启动表达后加工目标表达,自变量是目标表达结构的水平,因变量是反应目标表达加工的某些测量指标。然而,不同范式在诱发启动和目标表达的刺激(以及诱发加工的任务)上存在很大差异。

启动与目标表达

原则上,无论是否存在可能的备选结构,启动都能促进被试对一种结构的使用。但实际上，相关研究通常考察当被试可以在不同备选结构中选择时，先前对某一结构的加工如何影响随后结构的加工。因此，在所探究的结构水平上（例如，句法结构），研究者选用的目标表达必须包含不同的备选结构供被试选择，并且其中的一种备选结构可以被先前使用的结构启动。启动表达必须使用其中的一种结构，但启动表达不需要被试从备选结构中做出选择。启动是因为被试先前使用过这种结构，而不是因为被试先前在备选结构中进行过选择。对目标表达的这一要求在一定程度上限制了可以研究的启动与目标结构的类型（示例参见表7.1）。

在语言产出启动研究中，目标表达通常涉及备选结构，说话者在两种结构中进行选择，或者在结构的不同水平上进行映射，来表达相同的底层概念表征。例如，同一个双及物事件既可以使用介宾（prepositional object，PO）动词短语结构表达，也可以使用双宾（double object，DO）动词短语结构表达；相同的概念既可以使用's的属格名词短语结构，也可以通过of属格名词短语结构表达；相同的复杂事件既可以通过将其语义表征映射到一个完整的动词短语结构上表达，也可以通过将其语义表征映射到一个被构式压制的动词短语结构上表达。

在语言理解启动研究中，目标表达通常涉及歧义，理解者必须在备选结构中进行选择。比如，在主句（main clause，MC）与简化关系从句（reduced relative clause，RR）中，理解者必须在遇到消歧材料（表7.1中的"by the lawyer"）之前选择是将"examined"作为主句动词还是简化关系从句动词。在高附着（high-attached，HA）与低附着（low-attached，LA）句中，理解者必须选择是将介词短语解释为附着在动词（表7.1中的"prodded"）上还是第二个名词短语（表7.1中的"the doctor"）上；在这种情况下，句法并不会消除歧义。在量词辖域的歧义中（例如，"Every kid climbed a tree"），句中的名词短语"a tree"取宽域还是窄域与语义结构有关。

为排除其他可能的启动来源（例如，词汇启动），启动-目标表达通常在感兴趣的结构方面相关联，但在其他方面（例如，词汇内容）存在差异。然而，在某些情况下，研究者可能对语言不同方面之间的交互作用（例如，句法结构与词汇内容之间的交互作用）感兴趣，此时，启动-目标表达可能以特定方式重叠（例如，使用相同的动词）。

表 7.1　结构启动实验中涉及的结构类型示例

结构	示例	产出或理解启动	操纵的结构层级	研究示例
介宾（PO）与双宾（DO）	PO：The cowboy handed the banana to the thief. DO：The cowboy handed the thief the banana.	产出，理解	句法、语义-句法映射	Arai, van Gompel, & Scheepers, 2007; Cai, Pickering, & Branigan 2012; Bock, 1986
主句（MC）与简化关系从句（RR）	MC：The defendant examined the glove but was unreliable. RR：The defendant examined by the lawyer was unreliable.	理解	句法	Ledoux, Traxler, & Swaab, 2007
高附着（HA）与低附着（LA）短语	HA：The policeman prodding [the doctor] [with the gun]. LA：The policeman prodding [the doctor with the gun].	理解/产出	句法	Branigan et al., 2005b
动词-小品词顺序	动词后：Pull off a sweatshirt 宾语后：Pull a sweatshirt off	产出	句法	Konopka & Bock, 2009
's-与of-属格名词短语	's：The King's castle. of-：The castle of the King.	产出	句法	Bernolet, Hartsuiker, & Pickering, 2013
施动者与受动者强调	施动者强调：The one who is hitting him is the cowboy. 受动者强调：The one who he is hitting is the cowboy.	产出	语义	Vernice et al., 2012
宽域与窄域量词	宽域：Every kid climbed a tree [the same tree] 窄域：Every kid climbed a tree [a different tree]	理解	语义	Raffray & Pickering, 2010
强制动词与完整动词短语	完整动词：The bricklayer began building the wall. 强制动词：The bricklayer began the wall.	产出	语义-句法映射	Raffray, Pickering, Cai, & Branigan, 2014
辅音-元音结构（CV）与辅音-元音-辅音结构（CVC）	CV：ki CVC：kil	产出	音节结构	Sevald et al., 1995

实验刺激

感兴趣的启动和目标表达可能直接作为实验刺激。例如，研究者可能会呈现句子让被试重复（产出启动）或解释（理解启动）。然而，很多启动实验会通过非语言刺激（比如图片或动画视频）来诱发启动和目标表达的产出或理解。这类刺激特别适用于幼儿等人群。

在产出研究中，刺激图片用来诱导被试对相关结构特征的描述。例如，一幅描绘包含两个参与者的及物事件图片既可能诱发主动描述，也可能诱发被动描述。图片还可以用来表达复杂的语义关系，比如所属关系，训练被试以特定的方式进行解释（Bernolet, Hartsuiker & Pickering, 2013）。

在理解研究中，刺激图片描述了对歧义表达的可能解释。这些图片可以用来迫使被试使用特定结构理解启动句（例如，通过呈现仅与 HA 解释一致的图片使被试将"The policeman prodding the doctor with the gun"理解为 HA 结构），也可以用来推断被试对歧义表达的解释（例如，在 HA 启动句后，被试是否将"The policeman prodding the doctor with the gun"解释为 HA 或 LA）。被试还可能需要对图片作出回应（例如，判断图片描述的准确性），确保其已经充分加工了启动和目标表达。

很多产出启动研究使用句子片段与图片组合的方式（如，双及物事件的图片与片段"The pirate is giving..."），或者与刺激图片一起提供一些语言内容（例如，动词）来限制被试产出的意义与可能形式，从而减少与研究无关的"过度反应"。

实验刺激通常与无关的填充刺激混杂在一起，以分散被试对实验操纵的注意，并最大限度地减小实验试次间的残留效应。如果某种实验结构的出现频率较低，一些实验则会使用这种实验结构作为填充材料，以提高其在实验中的整体使用情况。

数据类型

大多数产出研究收集关于被试反应内容的数据（例如，口语反应录音）；少数情况下，研究者也会收集在线加工的数据（例如，开始反应的速度、流利度）。理解研究主要关注在线加工的数据，包括句子或图片上的眼球运动与反应时长，但也可以记录关于反应类型频率或反应正确率的数据。非行为数据包括头皮上的电活动（ERP）的改变以及对刺激反应的脑区活动的变化。

数据收集与数据分析

如前所述，所有结构启动范式都包含对与启动表达相关联的启动刺激和与目标表达相关联的目标刺激的加工。然而，有很多方式可以诱发这种加工，因此，在理解和产出中都存在很多不同的结构启动范式。我们的讨论假定使用单个启动，并且目标紧跟在启动后，但也有一些研究会使用多个启动或者在启动与目标之间呈现干扰材料。

语言理解的结构启动

外显反应：时间测量指标

语言理解的结构启动使用眼动追踪范式研究。在这种范式中，被试阅读在计算机屏幕上呈现的句子，同时记录眼球运动的轨迹与持续时间（Tooley, Traxler, & Swaab, 2009）。在实验试次中，先完整呈现启动句，随后立即呈现与启动句结构相同或不同的目标句。例如，被试可能在阅读句子"The defendant examined by the lawyer was unreliable（RR）"后，立即阅读结构相同的句子"The engineer examined by the doctor had a large mole（RR）"或者结构不同的句子"The engineer examined the license in the doctor's office（MC）"。

分析主要集中于 ROI 内被试的注视情况。ROI 通常位于歧义结构后的消歧区域（例如，"by the doctor"，确定是 MC 还是 RR）。常用的测量指标包括首次阅读时间（被试离开 ROI 之前，其注视时间之和）和总阅读时间（ROI 内所有注视时间之和）。与结构不同的启动句相比，若被试在阅读与目标句结构相同的启动句后，对随后的目标句的阅读时间减少，则证明发生了结构启动。这种效应通常仅限于不占优势的备选结构（如，RR 启动句之后，RR 目标句较短的首次阅读时间；Tooley et al., 2009）。很多研究使用方差分析方法分析数据（对被试和项目分别进行分析），但一些研究使用混合效应模型分析数据（不需要分别对被试和项目进行分析）。

一种密切相关的范式是使用自定步速阅读整句或逐个短语呈现启动与目标句

(Kim, Carbary, & Tanenhaus, 2014)。在这种情况下,因变量为被试阅读句子或者关键短语的时间(由按键反应测量)。这种方法无法探测到启动效应的详细时间进程。

另一种不同的眼动范式,即视觉情景范式,用于研究口语理解。研究者记录被试边看视觉情景边听句子时的眼动轨迹,以确定被试是否会预期目标句的结构与其刚加工的启动句结构相同。比如,加工 DO 启动句是否会增加对 DO 目标句的预期(Arai et al., 2007)。在一个典型的试次中,被试会看到并阅读一个无歧义的启动句。紧接着,他们会看到包含潜在相关对象[例如,与事(recipient)和主题(theme),"princess-necklace"]的组合,同时听到一个在启动与备选结构之间存在暂时歧义的目标句(例如,"The pirate will send...")。

分析侧重于被试对某一对象的预期性注视。典型因变量包括首次凝视时间(即对一个实体的连续注视时间,直到注视另一个实体或背景为止)与对数注视概率比(对一个或其他对象的视觉倾向的强度)。方差分析与混合效应模型的分析显示,结构启动表现为,与启动句结构一致的对象(例如,DO 启动之后的受事者)被注视的时间更长,被注视的可能性更高。

视觉情景范式可以直接用于 3~4 岁的儿童(Thothathiri & Snedeker, 2008)。儿童先听到一个启动句,并用一套玩具将其表演出来,然后听到一个目标句并将其表演出来。这种范式不需要读写技能,而且表演任务能够激发儿童的兴趣,并确保他们对实验句子的加工深度。与成人一样,儿童的结构启动也表现为与启动句结构一致的对象被注视的可能性增加。然而,由于儿童通常记不住项目的位置,总注视时间通常比首次凝视时间更准确。

外显反应:结构选择

其他范式探讨了先前经验如何影响被试对歧义表达的解释。一种常见的范式使用基于计算机的任务,让被试选择与图片匹配的句子和表达(Branigan, Pickering, & McLean 2005;图 7.1)。通常,被试会阅读或听到有歧义的启动表达(例如,"The policeman prodding the doctor with the gun"),然后看到两幅图片,其中一幅与一种结构(例如,HA)一致,另一幅与两种结构都不一致。被试必须选择匹配的图片(使用特定的结构来理解启动句,即这里的 HA)。随后,被试会阅读或听到一个包含同样歧义的目标表达,然后在分别与 HA 结构和 LA 结构匹配的两幅图片中进行选择。

因变量是被试所选的图片(即句子结构)。分析(通常使用混合逻辑效应模型)比较相同结构与不同结构启动句后被试的选择。结构启动表现为选择与启动句结构一致图片的可能性增加。比如,相比于 LA 启动,被试在 HA 启动后选择与 HA 结构一致图片的可能性更高*(也可以测量反应时;使用方差分析或线性混合效应模型分析时,启动表现为与备选结构相比,被试选择与启动结构一致图片的反应时更短)。

图 7.1　图片匹配理解启动范式中的试次示例

真值判断任务的逻辑类似,并且与图片匹配范式同样适用于儿童(Viau et al., 2010)。在这一任务中,研究者使用玩偶向儿童讲述并表演故事,然后儿童需要决定某一事件的描述是真还是假。在启动刺激中,描述与/或动作会消除结构的歧义(例如,句子"Not every horse jumped over the fence"中否定的辖域)。在目标刺激中,描述在结构上具有歧义。在一种解释下,目标刺激是对动作的正确描述;在另一种解释下,目标刺激对与动作的解释并不正确。因而,儿童对于描述的真值判断可以帮助研究者深入了解其解释。

＊ 重要的是,启动提高了被试使用一种结构的可能性;从本质上来说,该结构不一定是被试最可能使用的。——作者

最后,可接受度判断任务可以用于测量理解启动(Luka & Barsalou,2005)。在这一任务中,被试先阅读一系列启动句,然后对具有不同句法结构的目标句进行可接受度评定。与不同结构的启动句相比,在相同结构的启动句后,被试的可接受度评分增加(使用方差分析),反映了在线加工过程促进效应。

非行为反应

理解中的结构启动效应研究还会使用非行为测量,主要是 ERP 与 fMRI。在 ERP 研究中,研究者记录被试加工语言时头皮的电活动。当被试加工不同类型的刺激时,会出现不同的波形偏转。例如,相比于非花园小径句(如 MC),在加工花园小径句(如 RR)中的消歧词时,被试通常会在消歧词呈现后的 500 ms 左右诱发正向的波形偏转。因此,ERP 是一种敏感的非行为测量方法,可以测量锁时于关键词的结构加工。

在典型研究中,被试会默读使用快速序列视觉呈现(rapid serial visual presentation, RSVP)方法逐词呈现的句子(Ledoux et al., 2007)。在实验试次中,被试会先阅读一个包含一种结构的启动句(如 RR),然后阅读有局部歧义的目标句,这种局部歧义可以通过与启动句相同的结构(即 RR)或不同的结构(即 MC)进行消解。

因变量是关键消歧词处的 ERP 平均振幅,主要关注会诱发加工困难的结构(这种加工困难通常与一种特定的 ERP 成分相关)。句法结构的结构启动表现为,与不同结构相比,加工相同结构句子后的消歧词处会诱发更小的正向偏转(通过方差分析确定)。原则上,其他类型的结构启动同样可以通过相关的脑电成分的更小偏转得以体现(例如,与语义相关的脑电成分)。

作为一种测量加工的内隐方法,ERP 可以用来探究一些难以诱发外显反应的人群(例如,儿童、失语症患者、低熟练度的二语学习者)的结构启动。然而,这些范式需要大量的刺激,而且可能具有侵入性,因而限制了其在健康成年人之外的适用性。

在 fMRI 范式中,研究者会测量被试在阅读或听句子时与理解相关的脑区活动(BOLD 信号)。在使用文本的范式中,研究者会通过被试头部上方的镜子向其呈现实验刺激,被试在阅读启动句(例如,被动句)后,会接着阅读具有相同或不同结构的目标句(Weber & Indefrey, 2009)。句子逐词呈现,每个词呈现的时间是固定的。在听觉范式中,被试可能会先看到一个动词,随后是一张描述及物事件的图片，在固定的刺激间隔后，被试会听到一个描述事件的句子（Segaert，Menenti，Weber，Petersson，& Hagoort，2012）。刺激以连续启动的方式呈现，每个句子都可以作为下一个句子的启动句。

数据分析比较的是被试加工与前一句相同或不同结构的句子时的 BOLD 信号（使用方差分析）。结构启动表现为，当结构重复时（例如，在被动句后听到被动句），BOLD 信号降低（神经元活动的降低）。

语言产出的结构启动

语言产出研究中启动效应的范式通常比语言理解研究的范式更加多样化，并且倾向于关注被试对于结构的选择，而不是对在线加工的测量。范式的不同之处在于，与被限制传达特定的意义相比，被试在多大程度上能够自由决定要表达的意义，以及他们所表达的语言内容会受到多大程度的限制。很多语言产出的启动范式不仅涉及产出过程，而且涉及加工启动与/或目标的理解过程。

外显反应：结构选择

大多数产出范式探究被试的结构选择是否受到前一个启动句中特定结构的影响。图片（或视频/动画）刺激通常用于诱发具有特定概念内容的目标反应。在一些范式中，研究者会使用屏幕或者卡片向被试呈现没有任何语言线索的目标图片，并要求被试描述图片中的事件。在其他范式中，研究者会向被试同时呈现图片，以及被试做出反应时必须使用的词或短语，比如一个动词（例如"sell"）或者一个句子片段（例如"The doctor is giving..."）。

图片描述范式非常灵活，并且可以与许多不同模态的启动呈现相结合。最简单的模态是被试阅读或听到启动句。例如，被试听并重复句子，然后在记忆再认任务中描述目标图片（Bock，1986），或者被试默读句子后描述动画视频（Bunger et al.，2013）。在其他范式中，图片描述可能与图片匹配任务相结合，被试必须判断口语或书面语的启动描述是否与启动图片相匹配，然后对目标图片进行描述（图 7.2）。例如，被试在描述一幅牛仔推拳击手的图片之前，会先听到句子"The pirate was lifted by the mouse"，然后看到一幅老鼠抱起海盗（匹配情况：是）的图片。这种任务还有一种操作方式，需要被试从一组图片中选出与启动描述句相匹配的图片，或者产出一个目标描述句（Branigan，Pickering，& Cleland，2000）。

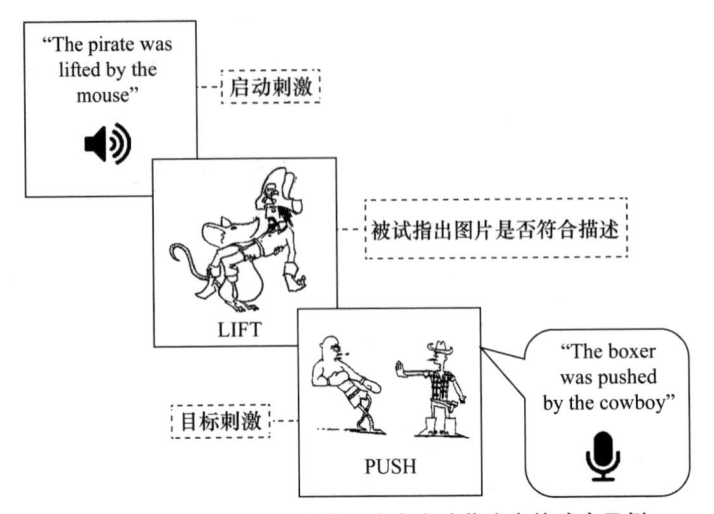

图 7.2　图片匹配与图片描述产出启动范式中的试次示例

　　图片匹配任务通常用于非互动情景,启动句通常为屏幕上呈现的文本或者耳机中播放的声音(Cai et al., 2012)。然而,这种任务也可以用于涉及两个或多个"玩家"的互动情景(Branigan et al., 2007)。其中一个"玩家"是研究者的同盟,看似在自发地产出描述让被试进行图片匹配,实际上是按照研究者每个回合指定的结构来产出描述。互动情景可以提高被试在任务中的参与度,而且可以比非互动情景产生更强的启动效应。在伪互动(pseudo-interactive)情景中,研究者会让被试相信他们正在与另一被试互动,但实际上却是在和一台计算机互动(Ivanova, Pickering, Branigan, Costa, & McLean, 2012)。这种方法具有互动范式的优点,同时避免了对同盟者的需求,而且研究者能够对启动呈现进行更紧密的控制(例如,时间或措辞的变化)。

　　图片描述任务特别适合儿童和其他语言能力受限的人群(如非母语者;Hartsuiker, Pickering, & Veltkamp, 2004),以及临床患者(例如,失语症患者和高功能孤独症患者;Allen et al., 2011; Hartsuiker & Kolk, 1998)。Snap 范式是基于流行的儿童游戏,对图片匹配任务进行修改,使其适用于儿童的一种范式(Branigan, McLean, & Jones, 2005)。在这种范式中,玩家轮流描述表达事件或物体的卡片,并就识别匹配对的表现进行竞争。研究者先玩,其描述可以启动儿童后续对目标的描述。在类似的 Bingo-game 范式中,儿童会先听并重复研究者对动画视频的启动描述,然后再对不同的视频进行描述(Rowland, Chang, Ambridge, Pine,

& Lieven, 2012)。

在这两种范式中,基于游戏的互动情景使得儿童能够保持注意力并充分加工启动句,从而为儿童参与任务提供持续的动机。3~4 岁的儿童也可以完成大量的试次,这一点令实验能够采用被试内设计。相比于成人实验,在儿童实验中,这种设计通常使用更少的填充材料。这两种范式也能用于成人被试,由此,研究者可以对不同人群的结构启动进行直接比较。

其他产出范式仅使用语言刺激。在句子补全范式中,被试阅读并用脑海中首先想到的语言片段来补全句子。启动和目标片段以小册子的形式在连续行呈现,供被试进行书面补全,也可以通过屏幕呈现,被试阅读并说出或打字补全连续呈现的启动与目标片段(Branigan et al., 2000)。

启动片段用以诱发一种实验结构(例如,"The doctor gives the girl…"支持 DO 补全),而目标片段对于两种结构都适用(例如,"The teacher shows…"允许 DO 或 PO 补全),并且通常会触发可能产生预期反应的模式化情景。然而,由于并未指定概念内容,这种范式往往会产生大量其他反应(即不涉及任何预期结构的反应)。因此,与基于图片的范式相比,这种范式的可用数据比例较低。

相反,句子回忆范式的使用高度受限,当感兴趣的结构难以自动诱发(例如,不容易描述,或者不能由句子片段稳定诱发)时,通常会选择这种范式。这些范式基于的假设是:句子回忆涉及易受启动效应影响的正常的语言产出过程(Potter & Lombardi, 1998)。因此,当被试回忆句子时,他们可能倾向于使用其最近加工过的结构。

研究者通常使用计算机,以 RSVP 方式向被试呈现刺激。被试默读句子,随后完成干扰任务(例如,阅读数字串并进行再认判断),最后大声重复句子(图 7.3)。在实验中,被试在回忆相同或不同结构的启动句后回忆涉及一种结构的目标句。

在所有范式中,因变量都是被试目标反应的结构。研究者记录、转录被试的反应,并将其编码为不同的结构(启动、备选或其他)。分析通常仅限于被试的最初反应(能够最好地反映自动启动过程),未完成的反应通常被删除。考虑到被试可能产出大范围的反应(尤其在限制较低的范式中),制订详细的反应编码标准至关重要,并且可能需要检查不同编码员(器)之间的可靠性。因为研究探讨当其他备选结构存在时被试使用的结构类型,所以不可逆的反应(即无法使用备选结构表达)和其他反应通常不纳入分析。当前的分析方法通常使用混合逻辑效应模型,比较

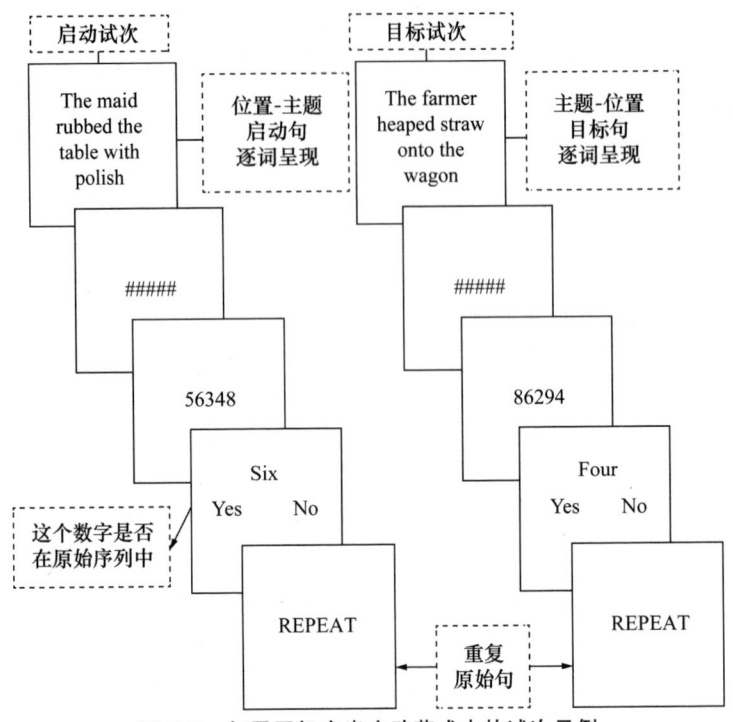

```
┌ 启动试次 ┐                    ┌ 目标试次 ┐
└─────────┘                    └─────────┘
┌──────────┐  ┌─────────┐      ┌──────────┐  ┌─────────┐
│ The maid │  │位置-主题 │      │The farmer│  │主题-位置 │
│rubbed the│  │ 启动句  │      │heaped straw│ │ 目标句  │
│table with│  │逐词呈现 │      │ onto the │  │逐词呈现 │
│  polish  │  └─────────┘      │  wagon   │  └─────────┘
└──────────┘                    └──────────┘

     #####                           #####

     56348                           86294

    ┌─────┐                        ┌─────┐
    │ Six │  ┌─────────┐          │Four │
    │Yes No│ │这个数字是否│         │Yes No│
    └─────┘  │在原始序列中│         └─────┘
             └─────────┘
    ┌──────┐                       ┌──────┐
    │REPEAT│  ┌──────┐             │REPEAT│
    │      │◄─│ 重复 │────────────►│      │
    │      │  │原始句│             │      │
    └──────┘  └──────┘             └──────┘
```

图 7.3 句子回忆产出启动范式中的试次示例

在相同或不同结构的启动句后产出某种结构的可能性。结构启动表现为在相同结构启动句后使用某种结构的可能性更高。

外显反应：时间测量

产出启动研究较少用于探讨在线加工。大多数范式会限制被试必须使用的结构。例如，研究者可能要求被试使用特定的结构来描述特定事件，如动画中以特定方式移动的对象（Smith & Wheeldon, 2001），或者要求被试对视觉线索做出反应，如最先突出显示的角色（Segaert et al., 2012）。使用计算机呈现刺激能够精确记录被试的反应。类似地，Sevald, Dell 和 Cole（1995）让被试重复与先前音节具有相同或不同结构的音节，测量被试产出音节时的语速。结构启动表现为相同结构的启动后更快的产出速度（使用方差分析或线性混合效应模型分析得出，发音起始点潜伏期更短、语速更快）。

非行为反应

在非交互与交互语境下，已有使用 fMRI 研究产出启动的范式（Schoot, Menenti, Hagoort, & Segaert, 2014; Segaert et al., 2012）。研究者通常会先向被

试呈现他们描述图片时必须使用的动词,然后让被试看需要描述的事件图片。为诱发特定的结构(例如,被动句),研究者会利用视觉线索提示被试需要最先描述的实体。与理解研究一样,使用方差分析比较相同和不同结构启动句后,被试产出一种结构时语言相关脑区的 BOLD 信号。

研 究 示 例

假设一个研究旨在探讨小句(例如,"The cowboy called the burglar a liar")与 DO 句(例如,"The cowboy gave the burglar a banana")是否具有相同的句法结构。如果二者有相同的句法结构,那么被试在加工小句后加工 DO 结构应该会出现促进效应。因此,当被试选择 DO 或 PO 结构来描述双及物事件(例如,"a teacher selling a swimmer a cup")时,他们使用 DO 结构的可能性会增加。

为检验这一点,研究者向 24 名被试呈现四种不同类型的启动句(表 7.2):DO 启动(对 DO 结构有促进作用)、PO 启动(对 PO 结构有促进作用)、无关的不及物基线启动(对任一结构都没有促进作用)、关键的小句启动(对 DO 结构有促进作用)。为精确控制刺激呈现,对启动的操纵内嵌于图片匹配/图片描述任务中。被试听耳机播放的录音描述,确定屏幕上显示的图片是否与录音内容匹配,或者通过大声阅读并补全屏幕上显示的句子片段来描述图片。在一半的试次中,图片与描述不匹配(例如,涉及不同动作),被试需要集中注意力仔细描述。在实验中,被试会听到结构为 DO、PO、基线或小句的启动句,然后描述一幅双及物事件的图片(即理解-产出启动)。

这些材料涉及的实体(例如,"a soldier""a cake")和动作(包括 6 个与格动词)有限,并且容易识别。实验前会先让被试熟悉这些单词。目标句子片段为 DO 结构或者 PO 结构(例如,"The teacher sold...")。这些实验操作有助于减小被试的认知负荷(例如,识别实体或动作,提取合适的单词)以及反应的可变性(例如,使用 PO 和 DO 以外的目标结构)。图片中动作施事者和受事者的左右顺序是平衡的,以排除图片浏览偏好与词序之间的联系。

表 7.2　小句研究的刺激材料

启动条件	启动句	启动句匹配图片(是)	目标图片	目标句片段
PO	The cowboy gave a banana to the burglar			The teacher sold...
DO	The cowboy gave the burglar a banana			The teacher sold...
小句	The cowboy called the burglar a liar			The teacher sold...
基线	The cowboy sneezed			The teacher sold...

被试会完成 24 个实验试次(每种启动条件 6 个)以及 72 个填充句。试次与条件之间的顺序随机化(避免被试察觉到试次模式,并控制试次之间可能的启动效应),在连续的实验试次中会出现 2~4 个填充句(将试次间的干扰最小化)。大多数填充句涉及不会启动任一目标结构的不及物与及物事件。然而,由于假定在 4 个启动条件中,2 种条件支持 DO 补全,因此在整个实验中,有 12 个填充句会使用 PO 结构来促进 PO 句子的产出。

研究者对被试的目标描述进行录音,并根据一系列的特定标准将其编码为 PO、DO 或者其他结构。研究者使用逻辑混合效应模型(排除小于 1% 的其他反应)分析被试在每种启动条件后产出 PO 与 DO 结构的可能性。因变量为被试对每个刺激的反应类型(PO 与 DO)。使用被验证的最大随机效应结构,将包含启动类型作为固定效应的全模型与排除启动类型作为固定效应的零模型进行比较。使用似然比对模型进行评估,如果存在启动效应,包含启动类型的模型应该能够对数据进行更好的拟合。重要的是,如果小句与 DO 有相同的句法结构,那么相比于 PO 与基线启动,被试在小句与 DO 启动后更可能产出 DO 目标描述,而且配对比较的结果应该显示,小句与 DO 条件之间不存在显著差异。表 7.3 显示了一组与此模式一致的假定结果。

表 7.3 小句研究假定结果

启动条件	PO 反应(比例)	DO 反应(比例)	其他反应
PO	111(78%)	31(22%)	2
DO	63(44%)	80(56%)	1
小句	66(46%)	77(54%)	1
基线	96(67%)	48(33%)	0

问题和不足

正如我们所见,结构启动范式使得研究者能够对语言产出与理解中的结构表征与加工进行有力、灵活的内隐测量。这些范式既可以使用不需要复杂设备、适用于实验室外的简单语言材料,也可以使用复杂的语言材料和专业的技术设备,来考察不同人群语言结构的众多方面。然而,这些范式也存在一些可能的不足。

目标表达必须允许被试在不同备选结构之间选择,这一要求从根本上限制了可以研究的表达的范围。此外,这些备选结构在其他结构层次上不应存在系统性区别(例如,句法结构 A 与语义结构 A、句法结构 B 与语义结构 B 之间的系统性对应关系)。这种限制对于定位启动的来源十分必要。例如,如果备选的句法结构与备选的语义结构存在系统共现,就很难确定启动效应是反映了句法结构的重复,还是语义结构的重复或二者的重复。

此外,在语言产出启动范式中(不包括那些高度限制说话者产出的范式,如句子回忆范式),研究者必须确保两种备选结构在实验语境中的恰当性,以及二者在语言使用中的频率,以便诱发启动(虽然通过加入包含该结构的填充句可以促进低频结构的使用):启动可以改变被试对一种可能反应的相对偏好,但如果一种反应本身为不可能反应,则很难通过启动来诱发这种反应。

对于语言理解启动范式,当备选结构之间存在较大的偏好差异时,研究者容易检测到在线加工过程中的启动效应(例如,难度较大的花园小径句),但是当不存在明显的偏好差异时,研究者可能很难检测到启动效应。事实上,虽然产出中的启动效应通常很稳健（尤其是在句法方面），语言理解的启动效应似乎很微弱，通常只有在启动与目标之间存在内容重叠（例如，动词重复）时才能检测到。

当启动表达加工不充分时，启动效应同样会减弱。尤其是在被试不需要以某种方式对启动句做出反应的情况下，这种现象最有可能发生。因此，加工的深度非常关键。研究者可以通过使用一些辅助任务（例如，理解问题、记忆测试或者图片匹配判断）来确保被试的加工深度。如果不能确定被试正确加工了启动句，可从试次中剔除该数据（尤其是在研究者对被试是否使用预期结构存疑的情况下）。

语言产出启动研究中剔除数据的另一个可能原因是被试产出了研究之外的启动和/或目标结构。任务越不受约束，被试做出这种反应的概率就越大。在句子补全任务中，被试可以自由产出概念内容，这种任务通常会导致较多的其他反应。无线索的图片描述范式也可能产生大量必须丢弃的数据。在某种程度上，研究者可以通过对刺激进行仔细前测，在指导语阶段使用合适的例子，以及使用相关的限制线索（例如，为被试提供其做出反应时需要使用的内容）等方式来解决这种"过度反应"问题。在互动语境中，研究者也可以通过同盟者的话语对被试产生内隐的影响。虽然，高限制的范式（例如，句子回忆）可以避免这些问题，而且能够对实验进行精确控制，但这种范式不够自然、缺乏生态效度。

其他实验控制问题与刺激呈现和记录反应的方式有关。产出和理解范式都可以使用少许技术设备进行研究，比如使用图片诱发反应，因变量为被试的结构选择结果。但是，这种方法会在一些方面，如启动/目标呈现的时间，存在相当大的可变性。相比之下，计算机化的呈现能够实现更精确的控制，但却限制了研究的场所。同样，过于严格地控制刺激呈现的时程可能会降低生态效应，如不自然的、缓慢的逐字听觉呈现。

另一个关注点涉及启动/目标加工的模态。很多产出范式在一定程度上涉及理解系统（例如，在产出补全之前，被试会阅读或听到启动句，或启动/目标片段）。启动与目标若使用不同的模态（即理解启动/产出目标）可能使得研究者能够推断相关表征和加工在多大程度上是非模态的。但是，如果这两种模态在启动和/或目标反应中都涉及，就很难区分效应发生的来源。比如，重复启动中产生的启动效应可能涉及在重复之前，阅读启动时的理解过程，或在重复时的产出过程。当研究者使用结构启动探究加工而不是表征的相关问题时，尤其要关注这一问题。

在实验设计方面也有一些注意事项。首先，如果启动方向（即是否两种备选结构都启动,或者只启动一种,通常是只启动不占优势的结构)很关键,实验中可能需要包括无关的基线启动条件:仅使用包含两种备选结构的启动意味着对于每个试次,或者目标结构被启动,或者备选结构被启动,因此缺少用来测量促进作用的中性基线。

其次,实验中结构整体的平衡情况也可能产生潜在影响。越来越多的证据表明,结构启动涉及大量试次引发的学习效应。因此,被试在某一试次上的行为反应可能受到其他试次的影响。事实上,很多研究考察了结构接受次数引发的累积效应(Kaschak, Loney, & Borreggine, 2006)。因此,研究者应该意识到在实验中,一种结构的启动可能会随着对结构接受次数的增加而减弱,并且应该考虑将可能的试次顺序效应纳入分析中(Jaeger & Snider, 2013)。

再次,在"不平衡"设计中,当有不止一个条件启动一种备选条件(如本章研究示例)时,可能会导致被试对另一结构的使用率非常低。当另一结构频率很低时,这一问题更为明显。与示例研究中使用先验低频目标结构一样,一种可能的解决方案是使用包含另一结构的填充材料。

最后,特定人群会对可能的方法施加特定限制。正如我们所讨论的那样,结构启动范式可以成功应用于儿童、成人二语学习者以及临床患者。在研究此类人群时,可能的考虑因素包括:确保其注意力的维持与仔细加工;避免疲劳;减少认知负荷;鼓励相关反应的使用;降低对读写能力的要求。对于这些群体,研究者需要使用少量的实验试次与填充句来确保实验内容对于他们不会过于繁重。特别是对于儿童,研究者需要使用基于游戏的互动范式来促进注意与加工深度,并为其提供持续的动机。有些范式让儿童纯粹地听并重复启动,不让儿童进行表演,这样会加重儿童的工作记忆负荷,降低注意力和参与度。相比之下,对于儿童来说,基于游戏的互动范式更有效。研究者也可以让被试事先熟悉物体和动作(以及需要使用的单词),这样可以减少实验过程中的认知负荷(例如,词汇检索过程或概念加工),对二语学习者和儿童都是有益的。

关 键 术 语

理解启动(comprehension priming):产出或理解启动后,在语言理解过程中表现出的启动效应。

启动(prime)：如果某一刺激的加工对随后刺激的加工产生促进作用，那么这一刺激就被称为启动。

产出启动(production priming)：产出或理解启动后，在语言产出过程中表现出的启动效应。

结构启动(structural priming)：由语言结构的重复产生的促进作用。

句法启动(syntactic priming)：由句法结构的重复产生的促进作用。

目标(target)：如果某一刺激的加工受到先前刺激的促进作用，那么这一刺激就被称为目标。

参 考 文 献

Allen, M. L., Haywood, S., Rajendran, G., & Branigan, H. P. (2011). Evidence for syntactic alignment in children with autism. *Developmental Science*, 14, 540-548. DOI:10.1111/j.1467-7687.2010.01001.x.

Arai, M., van Gompel, R. P. G., & Scheepers, C. (2007). Priming ditransitive structures in comprehension. *Cognitive Psychology*, 54, 218-250. DOI:10.1016/j.cogpsych.2006.07.001.

Bernolet, S., Hartsuiker, R. J., & Pickering, M. J. (2013). From language-specific to shared syntactic representations: The influence of second language proficiency on syntactic sharing in bilinguals. *Cognition*, 127, 287-306. DOI:10.1016/j.cognition.2013.02.005.

Bock, J. K. (1986). Syntactic persistence in language production. *Cognitive Psychology*, 18, 355-387.

Branigan, H. P., McLean, J. F., & Jones, M. W. (2005). A blue cat or a cat that is blue? Evidence for abstract syntax in young children's noun phrases. In A. Brugos, M. Clark-Cotton, & S. Ha (Eds.), *BUCLD 29: The Proceedings of the Twenty-Ninth Boston University Conference on Language Development* (pp. 109-121). Somerville MA: Cascadilla Press. Retrieved from http://istina.msu.ru/static/pl2012_html/documents/Priming_add.pdf.

Branigan, H. P., Pickering, M. J., & Cleland, A. A. (2000). Syntactic co-ordination in dialogue. *Cognition*, 75, 13-25. DOI:10.1016/S0010-0277(99)00081-5.

Branigan, H. P., Pickering, M. J., & McLean, J. F. (2005). Priming prepositional-phrase attachment during comprehension. *Journal of Experimental Psychology: Learning, Memory, and Cognition*, 31, 468-481. DOI:10.1037/0278-7393.31.3.468.

Branigan, H. P., Pickering, M. J., McLean, J. F., & Cleland, A. (2007). Syntactic alignment and participant role in dialogue. *Cognition*, 104, 163-197. DOI:10.1016/j.cognition.

2006.05.006.

Branigan, H. P., Pickering, M. J., Stewart, A. J., & McLean, J. F. (2000). Syntactic priming in spoken production: linguistic and temporal interference. *Memory & Cognition*, 28, 1297-1302. DOI:10.3758/BF03211830.

Bunger, A., Papafragou, A., & Trueswell, J. C. (2013). Event structure influences language production: Evidence from structural priming in motion event description. *Journal of Memory and Language*, 69, 299-323. DOI:10.1016/j.jml.2013.04.002.

Cai, Z. G., Pickering, M. J., & Branigan, H. P. (2012). Mapping concepts to syntax: Evidence from structural priming in Mandarin Chinese. *Journal of Memory and Language*, 66, 833-849. DOI:10.1016/j.jml.2012.03.009.

Hartsuiker, R. J., & Kolk, H. H. (1998). Syntactic facilitation in agrammatic sentence production. *Brain and Language*, 62, 221-254. DOI:10.1006/brln.1997.1905.

Hartsuiker, R. J., Pickering, M. J., & Veltkamp, E. (2004). Is syntax separate or shared between languages? Cross-linguistic syntactic priming in Spanish-English bilinguals. *Psychological Science*, 15, 409-414. DOI:10.1111/j.0956-7976.2004.00693.x.

Ivanova, I., Pickering, M. J., Branigan, H. P., Costa, A., & McLean, J. F. (2012). The comprehension of anomalous sentences: Evidence from structural priming. *Cognition*, 122, 193-209. DOI:10.1016/j.cognition.2011.10.013.

Jaeger, T. F., & Snider, N. E. (2013). Alignment as a consequence of expectation adaptation: Syntactic priming is affected by the prime's prediction error given both prior and recent experience. *Cognition*, 127, 57-83. DOI:10.1016/j.cognition.2012.10.013.

Kaschak, M. P., Loney, R. A., & Borreggine, K. L. (2006). Recent experience affects the strength of structural priming. *Cognition*, 99. DOI:10.1016/j.cognition.2005.07.002.

Kim, C. S., Carbary, K. M., & Tanenhaus, M. K. (2014). Syntactic priming without lexical overlap in reading comprehension. *Language and Speech*, 57, 181-195. Retrieved from http://www.ncbi.nlm.nih.gov/pubmed/25102605.

Konopka, A. E., & Bock, K. (2009). Lexical or syntactic control of sentence formulation? Structural generalizations from idiom production. *Cognitive Psychology*, 58, 68-101. DOI: 10.1016/j.cogpsych.2008.05.002.

Ledoux, K., Traxler, M. J., & Swaab, T. Y. (2007). Syntactic priming in comprehension: Evidence from event-related potentials. *Psychological Science*, 18, 135-143. DOI: 10.1111/j.1467-9280.2007.01863.x.

Luka, B. J., & Barsalou, L. W. (2005). Structural facilitation: Mere exposure effects for grammatical acceptability as evidence for syntactic priming in comprehension. *Journal of Memory and Language*, 52, 444-467. DOI:10.1016/j.jml.2005.01.013.

Pickering, M. J., & Branigan, H. P. (1998). The representation of verbs: Evidence from syntactic priming in language production. *Journal of Memory and Language*, 39, 633-651. 检索自 http://linkinghub.elsevier.com/retrieve/pii/S0749596X9892592X.

Potter, M. C., & Lombardi, L. (1998). Syntactic priming in immediate recall of sentences. *Journal of Memory and Language*, 38, 265-282. DOI:10.1006/jmla.1997.2546.

Raffray, C. N., & Pickering, M. J. (2010). How do people construct logical form during language comprehension? *Psychological Science*, 21, 1090-1097. DOI:10.1177/0956797610375446.

Raffray, C. N., Pickering, M. J., Cai, Z. G., & Branigan, H. P. (2014). The production of coerced expressions: Evidence from priming. *Journal of Memory and Language*, 74, 91-106. DOI:10.1016/j.jml.2013.09.004.

Rowland, C. F., Chang, F., Ambridge, B., Pine, J. M., & Lieven, E. V. M. (2012). The development of abstract syntax: Evidence from structural priming and the lexical boost. *Cognition*, 125, 49-63. DOI:10.1016/j.cognition.2012.06.008.

Schoot, L., Menenti, L., Hagoort, P., & Segaert, K. (2014). A little more conversation-the influence of communicative context on syntactic priming in brain and behavior. *Frontiers in Psychology*, 5. DOI:10.3389/fpsyg.2014.00208.

Segaert, K., Menenti, L., Weber, K., Petersson, K. M., & Hagoort, P. (2012). Shared syntax in language production and language comprehension-An fMRI study. *Cerebral Cortex*, 22, 1662-1670.

Sevald, C. A., Dell, G. S., & Cole, J. S. (1995). Syllable structure in speech production: Are syllables chunks or schemas? *Journal of Memory and Language*, 34, 807-820.

Smith, M., & Wheeldon, L. (2001). Syntactic priming in spoken sentence production-An on-line study. *Cognition*, 78, 123-164. DOI:10.1016/S0010-0277(00)00110-4.

Thothathiri, M., & Snedeker, J. (2008). Syntactic priming during language comprehension in three- and four-year-old children. *Journal of Memory and Language*, 58, 188-213. DOI:10.1016/j.jml.2007.06.012.

Tooley, K. M., Konopka, A. E., & Watson, D. G. (2014). Can intonational phrase structure be primed (like syntactic structure)? *Journal of Experimental Psychology: Learning, Memory, and Cognition*. DOI:10.1037/a0034900.

Tooley, K., Traxler, M., & Swaab, T. (2009). Electrophysiological and behavioural evidence of syntactic priming in sentence comprehension. *Journal of Experimental Psychology: Learning, Memory and Cognition*, 35, 19-45. DOI:10.1037/a0013984.

Vernice, M., Pickering, M. J., & Hartsuiker, R. J. (2012). Thematic emphasis in language production. *Language and Cognitive Processes*, 27, 631-644. DOI:10.1080/01690965.2011.572468.

Viau, J., Lidz, J., & Musolino, J. (2010). Priming of abstract logical representations in 4-year-olds. *Language Acquisition*, 17, 26-50. DOI:10.1080/10489221003620946.

Weber, K., & Indefrey, P. (2009). Syntactic priming in German-English bilinguals during sentence comprehension. *NeuroImage*, 46, 1164-1172. DOI:10.1016/j.neuroimage.2009.03.040.

扩 展 阅 读

使用基于线索的回忆范式：Ferreira, V. S. (2003). The persistence of optional complementizer production: Why saying 'that' is not saying 'that' at all. *Journal of Memory and Language*, 48, 379-398. DOI:10.1016/S0749-596X(02)00523-5.

适用于遗忘症患者的图片描述范式：Ferreira, V. S., Bock, J. K., Wilson, M. P., & Cohen, N. J. (2008). Memory for syntax despite amnesia. *Psychological Science*, 9, 940-946.

以儿童为被试的非游戏的图片描述范式：Huttenlocher, J., Vasilyeva, M., & Shimpi, P. (2004). Syntactic priming in young children. *Journal of Memory and Language*, 50, 182-195.

第八章
会 话 分 析

Elliott M. Hoey & Kobin H. Kendrick

会话分析（conversation analysis，CA）是一种归纳式的、微观的、以定性分析为主的研究人类社会互动的方法。本章将描述并阐明会话分析的基本方法。我们首先通过描述其社会学基础、关键领域，以及分析自然语言材料的独特方法来诠释会话分析。本章的大部分内容集中于解释收集数据和进行解析的典型会话分析过程。我们分析了一种互动实践——疑问句的隐性评价——使用真实数据对这一方法进行演示，明确列出了分析过程中每一阶段的相关问题和注意事项。最后讨论了会话互动的定量方法，以及会话分析和心理语言学关注点之间的联系。

引　　言

随着社会神经科学（Schilbach et al.，2013）、心理语言学（Pickering & Garrod，2004；Levinson，2016）和认知科学（De Jaegher et al.，2010，2016；Fusaroli et al.，2014）领域的研究者越来越认识到，互动其实是不同关注点汇聚的舞台，语言科学正在经历一种互动转向。会话分析在互动语言使用和组织方面数十年积累的发现，为互动研究的发展奠定了基础。本章阐述了会话分析的规则、结果和方法。

会话分析是一种归纳式的、微观的、以定性分析为主的研究社会互动中所使用的语言的方法。这一方法与其他方法最明显的区别有以下三点：① 分析实地记录的自然发生的对话；② 关注语言作为一种社会行为的资源；③ 基于参与者自身行为细节进行分析的过程。正如我们将看到的，该方法包括收集和整理互动现象的实例，对该现象进行个案分析，并对其运作进行系统化描述。那些对人类社会行为的具体细节感兴趣并致力于自然观察的人通常会对会话分析方法产生共鸣。会话分析为研究者研究会话互动提供了一种成熟的描述工具,并为分析提供了一种严格的实验程序。

历史和概念

会话分析出现于 20 世纪 60~70 年代,由 Harvey Sacks 及其同事 Emanuel Schegloff、Gail Jefferson 提出。这一方法主要受到 Erving Goffman 和 Harold Garfinkel 的影响,成为一种独特的社会学方法。Goffman(1967)的主要创新在于揭示了一个全新的社会学研究领域,即面对面的互动。作为 Goffman 的学生,Sacks 和 Schegloff 将互动视为社会组织的核心,并对这种互动进行独立研究。大约在同一时期,Harold Garfinkel 正在建立民俗方法学(ethnomethodology),这种方法以一种独特的视角看待日常活动,批判了主流的社会秩序理论。在 Garfinkel(1967)看来,社会秩序不应被置于对社会生活的总体描述中,而应定位于人们为使当地情况易于理解所部署的有条不紊的程序中。因此,对任何社会活动的理解都是一种已实现的理解,由参与者使用常识和实践推理自行设计、批准并维持(Heritage,1984)。会话分析综合了这两个主题:参与者如何自我识别和产生行为,以及在实际的社会互动场景中如何自我识别和产生行为。

会话分析的指导原则是互动显示"随时有序"(order at all points; Sacks,1992)。这种秩序具有规范性,由参与者自己按照社会规则或期望的方向产生和维持。一种会话规范是"一次一方发言"(Sacks, Schegloff & Jefferson,1974)。各种倾向于以这种方式进行的对话,以及参与者偏离规范的情况都为此提供了证据。想象以下场景:当某人讲话时,另一个参与者与第三方窃窃私语。这并没有违反"一次一方发言"。相反,窃窃私语产生并指向第三方的重叠交谈揭示了规范本身的方向。窃窃私语的参与者表明自己"不是当前的说话者",从而承认了规范,但明显偏离了规范。这一现实允许我们从互动本身的细节中恢复社会环境的规范秩序。

在会话分析中,交谈被视为行为的工具。参与者参与交谈并不只是在传达主题内容,也不是将交谈作为信息传递的简单媒介,他们更关心的是通过交谈完成的行为(如提问、请求、抱怨、通知等),以及这些行为在现实生活中产生的后果(Schegloff,1995)。此外,交谈并不是孤立的话语,而是处于互动中,是一种在真实环境中人与人之间发生的活动。从这方面来说,互动中的行为总是处于语境中;由某人在特定时间、以特定方式为某人产生的。

在过去的半个世纪里,这种语言和社会互动的方法产生了一种用于分析互动结构的完善的描述性工具。实施会话需要一些交互的"机制"。我们将其简单描述为四个方面:话轮转换、序列组织、话轮设计和修复。

话轮转换(turn-taking)程序通过协调一个话轮的结束和下一话轮的开始,解决了"下一个谁发言"以及"何时开始发言"的问题(Sacks et al.,1974)。话轮由一个或多个话轮结构单元(turn-constructional unit,TCU)组成。而话轮结构单元由语言单元(词、短语、小句等)组成,这些语言单元在给定语境中形成可识别的完整话语。当某一话轮足够完整时,话轮转换的可能性就出现了——转换关联位置(transition-relevance place,TRP)。在 TRP 中,参与者以分层组织的方式(当前说话者选择他人＞他人自选＞当前说话者自选)使用话轮分配技术(他人/自我选择)。因此,话轮转换组织提供了会话中所谈论话轮的有序分布。

序列组织(sequence organization)是指连续话轮如何连接起来形成连贯的行为过程(Schegloff,2007)。邻接对(adjacency pair)是该组织的基础:两个话轮/行为。邻接对由不同的参与者产生,其中第一个配对部分(first pair part,FPP)之后的下一位置紧跟着类型匹配的第二个配对部分(second pair part,SPP),如果不产生 SPP,则"明显不存在"。邻接对的例子包括问候语-问候语、问题-答案、邀请-接受/拒绝、抱怨-解释等。将 FPP 和 SPP 结合在一起的属性称为条件关联性(conditional relevance),因为第二个行为的相关性取决于第一个行为的产生。通过序列扩展过程,多个邻接对可以串在一起形成复杂的行为过程。

话轮设计(turn design)是指说话者如何安排话轮,以便在某一位置对某些接受者实施某一行为(Drew,2013)。会话分析中的一个基本假设是,参与者通常以特定的语法格式作为资源,使用交谈和其他行为来产生可识别的行为(参见 Levinson,2013)。例如,为了提供帮助,说话者可以将他们的话轮设计为条件句(如"如果你丈夫想要他们的地址,我丈夫很乐意提供")、陈述句(如"我周日带她去")或疑问句(如"你想让我把椅子拿来吗?"),每一种都在特定的序列位置出现(Curl,2006)。

修复(repair)行为能够解决说话、听力和理解方面的问题(Schegloff,Jefferson, & Sacks, 1977)。修复程序包括三个基本组成部分:问题源(例如,不熟悉的单词)、修复启动(例如,开始修复程序的信号)和修复方案(例如,对不熟悉的单词重新措辞)。问题源的说话者(自身)或其接收者(他人)都可以启动修复程序和/或产生修复方案。因此,研究者对不同的修复程序进行了区分。例如,自我启动的自修复与他人启动的自修复。自我启动的自修复(例如,"so he didn't take Sat- uh Friday off")是问题源的说话者独立启动并执行修复程序,而他人启动的自修复(例如,"A:so he didn't take Saturday off. B:Saturday? A:Friday.")则由问题源的接收者启动程序,说话者给出解决方案。

数据的性质

记录和仪器

会话分析者将参与者之间的直接互动视为社交的原始场所,因此,他们几乎只使用自然发生的互动的录音,而非使用构造、想象或实验诱发的录音。由于笔记和互动记忆未必完整,人们对互动行为的直觉往往与其实际行为相冲突,所以自然数据是首选。此外,录音或录像可以反复缓慢播放,并且允许转录和分析互动细节。

人们一起做事通常具有系统性,所以在伦理上允许录制的任何社交场合都可以作为研究材料。这一想法是为了捕捉社会生活,因为无论是否被录制,社会活动都会发生,包括朋友和密友之间的"普通"互动,以及在医院、教室和办公室发生的"机构"互动。尽管电视节目、广播和采访中使用脚本式的互动很有用处(如 Heritage & Clayman,2010),但会话分析仍应避免这种脚本式的互动(如电影、电视、戏剧)。会话分析传统上依赖于电话和对家庭生活的简短、固定视角的视频记录,这意味着还有很多内容有待记录。在当前文献中,对同一参与者、活动或环境的多个记录、多日记录、多机位记录,以及移动活动的记录都不太常见。

虽然理论上可以对任何活动进行分析,但有些活动可能具有挑战性。任何影响可听/可见行为转录的因素(例如,照明不良、嘈杂的环境、大量重叠的语音)都会降低分析的可靠性。如果研究者缺乏对所记录场合的基本知识,分析也可能会受到阻碍。研究者需要对分析所涉及的语言和文化足够熟悉,对参与者之间的关系有一定的了解,并实际掌握所记录的情况。

关于记录仪器,如果参与者是面对面的,研究者需要对参与者的互动过程进行录像,而且使用多个摄像机在捕捉不同的视角上优于单个摄像机。当然,使用当前最佳技术,如高清晰度或超高清晰度摄像机,研究者能够获得更丰富的数据。研究者也可以考虑使用最新的技术,如眼球追踪眼镜、装在身体上甚至装在无人机上的摄像机、广角或全景镜头。当与会话分析方法相结合时,不同仪器记录的数据可能会有新的发现。

研究者需要记录的内容取决于其感兴趣现象的发生频率与记录的实用性。例如,会话分析的学位论文都是基于 10~50 h 的音像文件。虽然大多数会话分析者会收集原始数据,特别是博士生通常需要这样做,但一些语料库是公开的(参见本章"扩展阅读和资源"),会话分析研究者之间也会共享。关于摄像机定位、知情同意书、文件格式和其他注意事项的讨论,请参见 Mondada(2013)。

转录

转录是进行会话分析的一个重要部分。在分析互动情景前,会话分析者会对交谈进行详细的转录,在某些情况下,还会对凝视或手势等行为进行转录。会话分析中用于转录交谈的惯例(参见本章"转录惯例")由 Gail Jefferson 提出,涵盖了语音、韵律和交谈时间的各个方面(Hepburn & Bolden, 2013)。在会话分析转录文本中,由于我们无法预知交谈者在理解其所处环境时可能使用的可感知特征,所以任何细节都不能忽略。沉默的精确长度及其发生的位置对参与者如何理解互动有着重要影响(Hoey, 2015;Kendrick & Torreira, 2015;Sacks et al., 1974)。因此,转录不仅应显示言语,还应显示如笑声、谈话重叠的范围、沉默的时长、吸气和呼气、声音延长、韵律轨迹、更快或更慢的言语等发声特征。对于身体姿态和行为的转录,我们推荐使用 Mondada(2014)提出的多模态转录惯例。

数据收集与分析

确定合适的现象

数据分析大多始于对所收集数据的观察。参与者认为与其互动相关的任何事情都可被视为适合研究的现象。观察可能涉及整个互动情节的结构,比如"医生问诊"或"玩棋类游戏"。在层次较低的组织中,观察可能涉及对一些行为过程的处理，比如"宣布坏消息"或"安排会面"等行为；也可能针对有序的行为，比如请求、抱怨或评价等。在结构组织最低的层次上，观察的现象可能存在于组成这些行为的成分中，如韵律轨迹、语法结构或伴随其产出的手势。

捕捉实验现象这一技能的发展源于对自然数据的研究。在理想情况下，会话分析的策略是一种"无动机观看"，或对数据处理没有任何特别的想法。虽然这种特定技术自然涉及研究者的特定兴趣，但随着时间的推移，这些直觉和预感会通过对互动数据的经验有机地表现出来。有关互动基本结构组织的知识（比如，话轮转换、序列组织、话轮设计及修复）以及分析互动数据的动手实践都是其中的一部分。大多数做会话分析的学生会在数据会议（data sessions）中提升分析技能，因为在数据会议中，会话分析领域的专家能够和学生一起研究数据。数据会议是一个重要的教学网站，学习者和实践者可以在"无动机观看"中积累经验。并且，与其他学科一样，"捕捉"潜在实验现象的能力至少部分是通过课程、实践和专业分析者的培训获得的。此外，一遍遍分析相同的录制内容所花费的时间可以让研究者对互动更加熟悉。通常，一个有意思的事情会让研究者想起另一个熟悉的录制场景中的类似事情。这样，对材料的熟悉也有助于培养捕捉实验现象的能力。

为了举例说明基本的会话分析方法，我们将介绍一种在数据会议中发现的例子，并在本章中对其进行研究，即疑问句的隐性评价。但是，由于命名或贴标签会引导研究者发现和选择分析的内容，并可能模糊其所阐明的内容，所以在研究的早期阶段，在不清楚现象本质的情况下，研究者不应该对实验现象进行命名。

摘录 8.1 展示了这一现象的初始样本：三个朋友正在讨论一个热门的电视节目，Clara 向另外两人提了一个问题。

摘录 8.1 [01_EMIC_n03t]
1　CLA：Have you seen the American version of The
2　　　　Inbe[tweeners
3　AME：　　[Oh it is aw [ful. = it's so terrible
4　BOB：　　　　　　　[Um:: no:::
5　CLA：　　　　　　　[It's so bad

我们可以从一些基本的观察结果开始分析这个摘录。首先，Clara 的问题（第 1~2 行）在语法上被称为是/否疑问句，需要听话者进行是/否回答（Raymond, 2003）。其次，Amelia 对这一问题的回答并不包含"是"或"否"（或某种等效形式），而是对电视节目的负面评价（第 3 行）。再次，与 Amelia 的回答重叠，Bobby 对问题的回答是否定的,且并未做出任何评价(第 4 行)。最后,提出这一问题的 Clara 对自己的问题做出了负面评价(第 5 行)。

通过这些观察,我们可以得出一些关于该序列的初步结论。Amelia 使用评价而非是/否来回应该问题,表明她并没有将这一问题理解为直接的信息请求。这例证了下一话轮验证程序(next-turn proof procedure):会话中的每个话轮都显示了说话者对前一话轮的理解,并因此可用于分析(Sacks et al.,1974)。此外,Clara 自己做出了负面评价,同意 Amelia 的观点,这一观察结果表明 Amelia 对这个问题的理解是恰当的。因此,参与者的行为证明了第 1~2 行的问题本身并不是在请求信息,而是涉及对讨论对象的评价。

这些观察和推论提醒我们留意常规实践的可能性。我们想知道的是,询问某人是否看过某物(如电视节目)是否意味着对其进行评价?对于一位会话分析者来说,摘录 8.1 提出了这一问题。我们在本章介绍会话分析方法时给出了一些可能的答案。

数据分析的第一步是对所研究的现象进行系统化描述,这可被称为疑问句的隐性评价。以下是初步描述,在本章中我们将对其进行反复修改。

描述 Ⅰ
• 提问者生成是/否疑问句: 　▪ 格式为"have you seen × ?" 　▪ 做出条件性相关的"是"或"否"回答
• 问题接收者做出: 　▪ 评价,或 　▪ 否
• 提问者做出后续评价: 　▪ 同意问题接收者的评价

建立案例集合

在对这一现象进行初步描述之后,第二步是检查社会互动相关的其他音频和视频记录,以收集案例,从而形成分析的实验基础。研究者收集案例时应广泛而充分,以便捕捉目标现象和相关现象中的大量变化,包括满足初步描述标准的所有内容,以及近似但不严格符合这些标准的内容。通过这种方式,研究者能够发现该现象的轮廓,并识别其运作方式。在检查其他数据时,这一现象的本质将呈现得更清楚,研究者可对初步描述进行修改。

建立案例集合至少有两种方法。第一种方法是检查包含这一现象的所有案例的记录。虽然这一过程很慢，但其优点是严格而系统。例如，你可以称，1 h 的数据包含该现象的 100 个案例。第二种方法在本质上更具偶然性。如果研究者在处理其他事情（例如，在数据会议中）时遇到这一现象的案例，就可以将其添加到对应的集合中。虽然这种方法具有偶然性并缺乏系统性，但它能够使研究者同时构建多个集合。而且，虽然收集足够多的案例可能需要数年时间，但研究者可以用短时间不允许的方式来思考这一现象。大多数会话分析者会根据项目的特点使用这两种方法。第一种方法适用于高频现象（例如，评估、重叠、点头示意），第二种方法适用于不经常发生或并非在所有环境/活动中发生的现象。如上所述，研究者应熟悉自己收集的材料，因为对特定互动的深入了解将使研究者能够更快地找到其感兴趣的现象的实例。在标准的会话分析研究中，研究者可用的所有记录都是以偶然方式提取的，而定量会话分析研究通常采用系统抽样程序（参见"会话分析中的定量研究方法"）。

由于示例现象的构成包括特定的词汇项（即"have you seen"），我们首先搜索了数据的转录文本以寻找其他案例。虽然文本搜索可能是一个有用的工具，但会话分析集合中的相关内容可能并不能通过简单的文本搜索获得。第一个原因是，会话分析转录惯例并不总是使用标准正字法。比如，对于"did you have coffee?"这一问题，在转录文本中可能被记录为"d'yih'av co:ffee?"，这意味着大多数搜索可能是无效的。第二个原因是，并非所有感兴趣的现象都可以通过文本搜索（例如，韵律或行为）发现。第三个原因是，消极证据在会话分析中很重要（Schegloff, 1996）。文本搜索只显示发生了的事情，却无法将没有发生的某事物定位在可能或应该发生的位置。

尽管如此，我们仍然使用简单搜索发现了这一现象的其他案例，如摘录 8.2。

摘录 8.2 [Poker]
1   BEN: Have you seen the ↓ chips that we play with
2   at yer house wi Roberto? =
3   SHA: = Yeah, I was thinkin that those were tight
4   BEN: Those are fun ↓

该序列满足我们为摘录 8.1 制订的许多形式化标准。提问者用"have you seen X"格式提出了一个是/否疑问句；问题接收者用评价的方式进行回应；然后，提问者进行第二个评价，表明其同意第一个评价。然而，摘录 8.2 与摘录 8.1 有一个重要的区别：除了评价之外，问题接收者的回答还包括对问题本身的回答（即"Yeah"；参见摘录 8.2，第 3 行）。因此，摘录 8.1 和摘录 8.2 中的序列似乎是同一现象的不同变体。

虽然我们发现了与初步描述相符的案例,如摘录8.2,但也遇到了一些挑战,如摘录8.3。

摘录 8.3 [02_EMIC_n09t]
1　ALI：　　Oo::h have you had (.) fried green tomato:es:?
2　CHA：　　No [::,
3　BRI：　　　　[Those are [goo:d.
4　ALI：　　　　　　　　　　[°So goo:d.°

注意,该序列在形式上与摘录8.1类似。第1行的问题得到两种回应,一个对问题进行了否定回答(第2行;参见摘录8.1,第4行),另一个评价了问题所指的对象(第3行;参见摘录8.1,第3行);提问者做出了与第一个评价一致的第二个评价(第4行;参见摘录8.1,第5行)。但是,与摘录8.1和摘录8.2相比,这里的是/否疑问并未采用"have you seen X"的格式。在这一点上,我们要么制定一些标准,从集合中排除摘录8.3之类的案例,要么修改我们对这一现象的描述,将其包括在内。第一种选择可能会忽略"have you seen X"和"have you had X"疑问句之间的明显共性:这两种疑问句都会询问接收者的感知或经历。因此,我们最初的描述可能过于具体化。事实上,我们发现的其他案例也支持这一结论,并揭示了话轮设计中的更多变化(例如"did you ever go to the Cheesecake Factory?")。由于参与者将不同的话轮格式视为同一种事情(例如,通过评价做出回应),我们修改了对这一现象的相应描述。

在这一阶段,一个重要的方法论问题是一个集合需要有多大。尽管其他研究报告了更小或更大的集合,Schegloff(1996)认为60个案例就足够了。我们的集合包含27个符合以下标准的案例(下划线显示了变化的地方)。

描述 Ⅱ
• 提问者生成是/否疑问句: 　▪ 格式为"{did, have} you + 知觉/经验动词 + 宾语" 　▪ 做出条件性相关的"是"或"否"回答
• 问题接收者做出: 　▪ 评价,或 　▪ 是 + 评价,或 　▪ 否
• 提问者做出后续评价: 　▪ 同意问题接收者的评价

建议：从最明确的案例开始

建立集合后，第三步是分别分析每个案例。一般来说，最好从最清楚、最直接的案例开始，即使这些案例看起来不如其他案例"有趣"。研究者只有在分析了最清晰易懂的案例后，才能处理更复杂的案例。当然，归根结底，研究者的分析必须考虑到整个集合，但应该从内到外，从现象最核心的特征开始。以下是关于如何开始分析的一般性建议。

（1）从头开始。相比于内嵌到复杂序列中的案例，在一个新的行为过程（例如，一个新主题、新活动等）开始时发生的案例更容易分析。由于研究者可以跟踪导致焦点现象的行为轨迹，这种案例通常更加清楚。

（2）利用先前的研究。如果一些互动语境在会话分析文献中已经有了很好的描述，发生在这些互动语境中的案例就可以为这一现象提供借鉴。例如，如果一个案例发生在可识别的行为序列中（请求-接受、问题-回答等），就可能比其他案例更容易分析。

（3）注意自我修复。会话分析中一种有力的证据是参与者的行为直接证实分析者对某些现象的解释。这可以在一些自我修复实例中看到。例如，说话者可能会以"why don't we"开始一个话轮，然后将其改为"why don't I"。这种自我修复显示了说话者对这两种格式所指向的行为，以及这一行为如何适应特定互动语境的理解（Drew，Walker，& Ogden，2013）。

分析集合中的每个案例

第四步是对集合中的每个案例进行分析。从考虑互动的基本细节开始，包括活动、参与性、位置、组成成分和行为等。对任何现象的充分分析取决于对这些细节如何逐一、实时运作的理解。

活动是参与者在互动过程中一起做的事情。相关注意事项包括：参与者在何种情境下参与互动？该活动具备哪些资源或限制？参与者是否适应共享的活动结构、环境设置或沟通媒介？这一活动是目标导向的，还是结构松散的？特定的参与者是否在特定时间、以特定顺序完成了特定的事情？

参与性是指参与者在给定活动过程中所扮演的角色。需要考虑以下问题：在特定场合（例如，来电者、被叫者），参与者刚刚在行为的特定序列中（例如，问题源的说话者、修复启动者)、在交谈的特定话轮中(例如,说话者、接受者)扮演什么样的互动角色(例如,刚开始说话的人、刚停止说话的人)?参与者如何适应并灵活利用这些角色?

位置是指在互动过程中某事发生的位置。考虑一下交谈中的某一话轮在更大的行为序列中的位置。启动交谈序列,还是强制做出回应?或者是否回应了上一个话轮,以完成序列(Schegloff,2007)?以摘录8.4为例。这里,Rick以"did you see ×"的格式提问,启动了一个序列。如我们所见,此类问题可能涉及是/否回答、评价或二者的组合。然而,这些可能的回应都没有紧随问题出现。Luke提出了自己的一个问题,即紧随其后的是他人启动的修复(other-initiation of repair,OIR;综述参见Kendrick,2015a)。

摘录8.4 [05_Monopoly_Boys]
1   RIC: Didya see the Yankees didn- (.) resign Bernie,
2   (0.7)
3   LUK: Williams?
4   RIC: Mmhm
5   (1.0)
6   RIC:. TSK No. [(w- sh-)
7   LUK: [Ba:d idea.

在Rick确认Luke正确理解了Bernie(即Bernie Williams)的所指后,Luke通过评价,即Ba:d idea(第7行)回应Rick的初始问题。(注意,第6行Rick的话轮是在开玩笑,与此处描述的序列的基本结构无关。)该示例表明,对启动序列行为的相关回应不需要发生在下一个话轮中,可以被其他活动"取代",比如此处的插入序列(Schegloff,2007)。它还表明序列可以具有复杂的结构,一个邻接对(第3~4行)可以嵌入另一个邻接对(第1行和第7行)中。

组成成分是指构成行为的言语、声音、体态或物质资源。每个话轮成分都可能相关:话轮启动时的吸气、咔哒声或叹息(Hoey,2014);话轮的语法形式(比如,"did you see ×"的疑问句);对一个词而非另一个词的选择(比如,"have you had"与"have you eaten fried green tomatoes");话轮的韵律重音和语调模式等。这些对正在进行的事情有什么帮助?如果使用了其他形式,或者遗漏了一些内容,事情会发生怎样的变化?组成成分是如何反应位置的?它是如何处理之前发生的事情的?它是如何针对接收人进行设计的?例如,考虑表8.1中问题和评价的组成成分。

表 8.1　摘录 8.1 至摘录 8.3 中的问题和评价

摘录	问题	评价
8.1	Have you seen the American version of The Inbetweeners	oh it is awful it's so bad
8.2	Have you seen the ↓ chips that we play with at yer house wi Roberto?	I was thinkin that those were tight
8.3	Ooh have you had fried green tomatoes	Those are fun ↓ Those are good So good

疑问句的特点是疑问句法、第二人称主语、过去时的感知或体验动词、有关感知或体验对象的详细描述，以及情感韵律。评价的特点是代词指称、效价明确的谓语形容词，并且比较短。这些都可能与分析相关。以摘录 8.3 中的话轮初始助词"ooh"为例。话轮初始助词可以投射出初始话轮将实施的行为类型（Levinson，2013）。作为情感助词，"ooh"赋予问题一种情感效价，对"fried green tomatoes"表现出积极的态度。这种隐性的评价为其他参与者提供了一个展示对"fried green tomatoes"立场的空间。

行为是指在互动中完成的交谈或其他行为。会话分析的一个方法论原则是"位置加组成成分等于行为"，这意味着分析某人正在做的事情很大程度上还是关于行为发生的位置及其如何表示的问题（Schegloff，1995）。因此，研究者在刻画行为的特征之前应该充分分析序列结构和话轮构成。

该过程中这一阶段的目标是对集合中的每个案例进行逐行分析。从数据提取开始，然后逐词、逐话轮、逐序列地进行转录。研究者需要写下自己的观察和推论（例如，要点），并根据需要修改对现象的描述，以解释数据。

分析集合中的变体

第五步是认真考虑并着手处理变体。变体案例的分析应侧重于参与者认为相关且有意义的变化维度。研究者的任务就是跟踪整个集合中的变体形式，并将此类案例归到特殊类别中，以便对各种变体进行比较。变体的哪些维度是相关的取决于所研究现象的本质。我们已经观察到摘录 8.1 至摘录 8.4 中的变体。例如，问题接收者可以选择使用"是""否"或其他形式进行回应。这一选择似乎对评价发生在哪一位置，以及由哪位参与者进行评价至关重要。正如摘录 8.3 和摘录 8.5 所示，当问题接收者回答"否"时，提问者会在其后进行评价。

摘录 8.5 ［LUSI；Santa Barbara 2］
1　CIN：Yea：h have you tried there?
2　DAD：N：o.
3　CIN：They're a lot s：maller than the ones we got in L A：
4　　　　but they're,＞↑they're kinda＜decent.

相反，如摘录 8.2 和摘录 8.6 所示，当问题接收者回答"是"时，他还会在同一话轮的"是"后进行评价。

摘录 8.6 ［SBC045］
1　COR：Did you hear about that cop (.) in Milwaukee?
2　PAT：Oh：yeah, I loved that.

当问题接收者使用"是/否"以外的内容进行回应时，他将在下一个话轮（摘录 8.1）或插入序列（摘录 8.4）之后进行评价。此外，如摘录 8.1 和摘录 8.3 所示，当问题接收者进行评价后，提问者也可以在其后进行评价。

仅从这 6 个摘录示例中，我们确定了几种类型的变体：疑问句后面是什么内容（是，否，其他内容），谁进行评价（提问者、问题接收者或二者都评价），以及评价发生的位置（单独出现，还是出现在同一话轮的"是"后）。总体而言，这些是关于做什么、以什么顺序、由哪位参与者、以什么方式做等方面的问题。这些都是分析变体时需要考虑的因素。

集合中的一种变体使得我们修改了系统化描述。"Have you tried there"（摘录 8.5，第 1 行）这一问题不包含明确的对象，但暗指正在讨论的餐厅。尽管如此，序列还是如预期的那样发生了，因此，我们修改了系统化描述（下划线提示变化的地方）。

描述 Ⅲ
• 提问者生成是/否疑问句： 　■ 格式为"{did, have} you ＋ 知觉/经验动词 ＋ 宾语" 　　◆ 其中，宾语可以是隐含的 　■ 做出条件性相关的"是"或"否"回答
• 问题接收者做出： 　■ 评价，或 　■ 是＋评价，或 　■ 否
• 提问者做出后续评价： 　■ 同意问题接收者的评价

定义现象的边界

边界案例不同于清晰的案例。这类似于上述研究的现象，但从分析上看不是真实案例。识别此类案例并制订标准将其排除在核心集合之外就是定义现象的边界的过程(参见 Schegloff，1997)。

我们确定了两种迫使我们修改描述的边界案例，以摘录 8.7 为例。Cindy 去妈妈的衣柜里拿东西，妈妈刚刚解释完为什么她的衣柜这么乱。

摘录 8.7 [LUSI；Santa Barbara 2]
1　MOM：So did- uh Matthew didn't tell you I'm a clothes horse
2　　　　did'ee hahuhuh
3　CIN：That you're a WHAt？ =
4　MOM：= Have you ever heard the expression＜clothes horse＞
5　CIN：↑ No：：°what is it？°
6　MOM：Oh：my mother had a clothes fetish that means like you
7　　　　have um：obsessive amounts of clothes haha

显然，第 4 行的问题符合我们的描述标准，因此被包含在集合中。然而，这对于分析来说是有问题的，因为其中不存在对"clothes horse"这一表达的评价，也没有任何不做评价的倾向。从表面上看，这个案例与我们的定义相矛盾，即"have you ever heard ×？"这样的问题隐含对所讨论对象的评价。

这是怎么回事呢？对集合中的案例仔细地进行逐行分析，便可以回答这一问题。简单地说，集合中的所有问题都出现在序列初始位置；由特定的语言构成，这些语言表达形式要求问题接收者做出相应的回应。然而，在摘录 8.7 中，第 4 行的问题并不处于序列初始位置，而是出现在序列的后续位置。作为复杂插入序列的一部分，该序列的出现是为了解决 Cindy 在理解"clothes horse"这一表达时遇到的问题。我们对现象的描述似乎仅限于一个行为过程的开始。因此，基于序列组织的理由，排除了摘录 8.7，并修改了我们的描述，规定问题必须处于序列初始位置。

现在我们来看一下摘录 8.8。与摘录 8.7 一样，摘录 8.8 同样对系统化的描述提出了挑战。因为，虽然摘录 8.8 中的问题(第 4 行)符合我们的描述，但没有出现评价。然而，由于问题出现在序列初始位置，我们却不能基于序列组织的理由排除这一案例，也不能排除其他类似的案例。

摘录 8.8 [13_RCE28]
1 KEL：So i'wzlike- (.) >we could js<buy a private island，
2   (cuzs) cheaper than a house.
3   (0.8)
4 HEA：Did you see BBC Breakfast this £morn(h)ing?
5   hhh-[hhh
6 KEL：   [(((snort/laugh)) £N(h)o:?
7 HEA：It's a link, it's an island=h
8   ((continues telling))

因此，我们有两种选择：①承认此类案例与我们的分析相矛盾；②重新分析集合中的案例，以确定此类案例是否与其他案例存在系统性差异。对集合中案例的组成成分进行仔细分析，我们发现这一案例与集合中的案例在话轮设计上存在系统性差异。摘录8.8中的问题包含时间状语"this morning"，在时间上定义了事件。然而，在这一现象的明确案例（例如，摘录8.1至摘录8.6）中并不存在这样的时间状语。这些明确案例体现了语言学家所称的经验完成时态（Comrie，1976），将一种情况描述为在过去某段时间内至少发生过一次，换句话说，并未在时间上对其进行具体化。我们可以通过比较"Did you see BBC Breakfast this morning?"与"Have you seen the American version of the Inbetweeners"（摘录8.1）来理解这种时体（tense-aspect）的区别。第一个问题可以解释为："Did you see the particular episode of BBC Breakfast that aired this morning?"，而第二个问题传达的内容则为"Have you ever, at any time in the past, watched the American version of the Inbetweeners?"第一个问题是对过去某一特定时间点的询问，第二个问题则是询问某人过去的一般经历。

因此，我们得出结论，案例集合实际上包含两类问题，其中只有一类是我们所研究的现象的一部分。在整个集合中，不存在由包含"this morning"（或摘录8.9中的"recently"）等时间状语的问题引发的评价。因此，我们基于话轮构建的理由从集合中排除了摘录8.8和其他类似案例，并相应地修改了对现象的描述，如下所示（下划线显示了变化的地方）。

描述 Ⅳ

• 提问者生成是/否疑问句：
  ■ 格式为"{did, have} you＋知觉/经验动词＋宾语"
    ◆ 其中，宾语可以是隐含的
    ◆ <u>动词是经验完成时态</u>
  ■ <u>处于序列的初始位置</u>
  ■ 做出条件性相关的"是"或"否"回答

• 问题接收者做出：
  ■ 评价，或
  ■ 是 ＋ 评价，或
  ■ 否

• 提问者做出后续评价：   ■ 同意问题接收者的评价

分析偏离案例并寻找规范性证据

    一方面，会话分析的目标是描述参与者在组织社会互动时所使用的规范惯例，即人们在社会情境中期望发生的事情。偏离案例（deviant case）是证明某些现象规范组织的一种极其有力的证据。偏离案例的特征是：偏离预期模式，以及以一种可观察到的偏离规范的方向（参见 Maynard & Clayman，2003；第 177～182 页）。假设研究者构建了数百个问答的集合。虽然这可以证明统计上提问与回答的行为是同时发生的，但并不代表就规范上而言，参与者预期问题后会出现回答。为了证明规范性，研究者必须提供以下内容：① 问题接收者不提供回答；② 这是有问题的（提问者寻求回应，问题接收者对未回应做出解释等）。这表明问题和回答同时出现不仅在统计上具有相关性，而且是一种社会规范性的组织（参见 Heritage，1983；第 245～253 页）。

    摘录 8.9 为我们的分析提供了可能的规范性证据，第一句是 Molly 向 Hannah 打听他俩都认识的一个朋友。

```
摘录 8.9 [11_RCE25]
1  MOL： Uhm what-(.) Have you seen：(.) o̲ther Jack.
2          (0.4)
3  MOL： recent[ly.
4  HAN：       [.hh No：, I think he：(1.0) uhm (0.7) he's
5          just-(0.9) staying at home en：
```

    乍一看，Molly 的问题和我们描述的现象很像。但是，两位参与者都没有进行评价。由于该问题出现在序列初始位置,研究者不能从序列组织的角度排除这一问题。而且,由于第1行的问题缺少时间状语,研究者也无法从话轮构建的角度排除该问题。然而,请注意,Hannah未能及时回应问题,导致出现0.4 s的间隙(第2行)。在此之后,Molly继续她的话轮,通过添加时间状语"recently"在时间上对事件进行定位。会话分析研究表明,回应前的延迟可能表示互动遇到了麻烦,类似此处的话轮延续可用来解决此类问题(参见Kendrick, 2015b;第8~10页)。因此,一个合理的分析是,Molly将Hannah的未回应理解为"有问题",并且Molly通过添加时间状语使话轮延续,解决了该问题。但是Hannah遇到了什么麻烦呢?话轮延续本身给出了一种答案:"recently"将问题从完成时态转变为询问最近发生的事件。因此,在这一案例中,时间点的界定是由参与者在互动过程中确定的。这表明对时态的区分具有社会规范性,参与者以此来产生和解释可识别的社会行为。

对现象进行系统化描述

最后一步是对现象进行系统化描述。研究者为识别现象及其范围而制订的标准,以及对集合中变体的分析都是该描述的重要组成部分。系统化描述不仅包括现象的具体细节、语言形式和构成该现象的社会行为,还应解释其运作方式、变体发生的条件,以及该现象构成解决方案的社会互动问题(参见Schegloff, 1996)。

对于本章探讨的现象,我们仔细地阐述了研究的步骤,说明了惯例和原则:① 定义了一个合适的现象;② 建立了案例集合;③ 单独分析每个案例;④ 检查了整个集合中的变体;⑤ 界定了现象的边界;⑥ 为数据分析寻找规范性证据。但要想完成最后一步,即对现象进行全面描述,首先要回答两个重要问题。

第一个问题是该现象是否为一种特定类型的预序列(Schegloff, 2007)。预序列是邻接对,前一句从相关性上预测了后续的内容。例如,问题"what're you doing tonight?"不仅使回应具有条件相关性,还预测了后续的产出,并指定其行为(例如,作为邀请)。此类预邀请的接收者可以预测预期的行为,阻止其发生(如"I'm staying in tonight")或者允许其发生(如"nothing")。问题是,我们是否应该将摘录8.3中的第一行分析为预评价。根据Schegloff(2007)对预序列的定义,预评价是从相关性上预测后续评价的内容,并允许接收者阻止其发生或使其继续发生的部分。如摘录8.3中第二行的回应可能被分析为继续,允许评价。这种分析面临的问题是,在案例集合中,不管回答是"是"(如摘录8.2)还是"否"(如摘录

8.3),说话者或者接收者都会继续进行评价。也就是说,我们观察到的一组反应似乎并不包括阻止序列进行的情形。因此,如果分析的是预评价,则其产生的序列组织不同于文献中描述的其他预序列(另参见 Levinson,1984,第 360~364 页;Rossi,2015)。因此,对现象的全面描述将详细检查这些差异,并对集合中观察到的预评价序列的组织进行描述。

第二个问题涉及对评价序列中社会认知的管理(Heritage & Raymond,2005)。认知是指在会话中对知识的社会管理与分配:谁知道什么,谁有权知道什么,等等。说话者根据接收者对可评价对象的认知通达选择不同的语言形式。例如,类似"That sounds interesting"的内容会受到单词"sounds"的限制,当接收者无法通达或者能够通达可评价内容时,就会出现这种情况。相反,如果已知接收者能够通达,那么进行评价的说话者可能会使用反义疑问句,类似"That's interesting, isn't it?"这显示了对接收者相对于说话者拥有的知识类型和范围的定位。对此,说话者首先询问接收者对某个物体的体验,从而将接收者对该物体的认知通达作为评价的实际前提。这与上面讨论的预序列问题有关,因为研究者可以设计序列,在评价前建立接收者的认知通达。我们希望整合对序列和认知的分析,以对现象进行更全面的描述,研究接收者对可评价内容的通达如何影响整个集合中疑问句的隐性评价序列的轨迹。

虽然以上问题还没有答案,但我们已经对示例,即疑问句的隐性评价有了了解。结果表明,在序列初始位置(例如,作为一个新主题)询问他人对某个物体或事件的感知体验(例如,"have you seen ×"),将其表述为关于一般过去经验的问题,使得评价与被询问物体或事件相关,或隐含对被询问物体或事件的评价。如果这一描述能够得到证实,那么我们将从交谈的细节中提炼出一种对话序列,互动者使用这一序列一起评价事物。

会话分析中的定量研究方法

会话分析是一种具有归纳性质的、数据驱动的方法,用于发现和描述在自然发生的社会互动中观察到的互动模式和组织方式。正如会话分析 40 多年来的实证研究所表明的那样,定量和实验的方法不一定能有效描述社会互动的结构。事实上,会话分析者一直对定量的研究方法深表怀疑,更不用说实验法了(Schegloff,

1993)。一个主要的问题是,研究者在计算和编码感兴趣的案例之前,应先识别、描述和理解该现象,以免统计结果无法反映该现象的真实性质。然而,编码和计数,以及标准的推论统计等方法,已被会话分析者用于调查已经进行过定性分析的互动现象(参见 Stivers,2015)。这类研究不仅可以重复先前的结果,而且可以完善先前的经验观察,在某些情况下,还能挑战传统的观念。

举一个例子,Schegloff 等人(1977)观察到,启动修复(例如,"asking what?"如果你没有听到上一个话轮)存在系统延迟(例如,摘录 8.4,第 2~3 行)。然而,作者在文章中并没有报告案例的统计分布或延迟的精确时间。随后的定量会话分析研究表明,启动修复之前的情态间隙持续时间约为 700 ms,比同一语料库中是/否问题反应中观察到的 300 ms 更长(Kendrick,2015b)。因此,这一结果重复并进一步说明了 Schegloff 等人的观察结果。但这项研究也获得了一个意外的发现:与 Schegloff 等人宣称的相反,事实上,他人校正(other-correction)产生前并不存在延迟。这表明,会话分析使用定量方法不仅可以重复和细化先前的观察结果,还可以对已描述完备的现象有新的发现。

优点和缺点

科学研究的主要模式是假设演绎法。研究者提出一个可以通过实证观察证伪的假设,然后做实验对其进行检验。虽然定性研究可以由假设驱动,但相比之下,会话分析并非始于对社会互动中参与者可能做什么事情的假设,而是一些参与者已经做了什么事情的实际样本。研究者将这一初始样本作为分析开端,从中进行归纳分析。与其他方法相比,这种方法的优势在于其生态效度(即分析结果能够推广到日常生活的程度)。鉴于会话分析中的主要数据是对日常生活的记录,关于生态效度的唯一担忧是研究者的记录设备可能会影响互动(参见 Hazel,2015)。然而,在实验研究中,参与者可能会执行与日常经验几乎没有相似之处的不熟悉或不寻常的任务(例如,对计算机屏幕上出现的一系列图片进行命名,与陌生人保持长时间的眼神接触)。因此,会话分析者通常对社会学和心理学实验的结果持怀疑态度。

会话分析的一个缺点,尤其是从心理学的角度来看,是缺乏实验控制。心理学实验旨在分离和操纵一些自变量,以确定其对某些因变量的影响,从而推断因果关系。在对照实验中,不同的条件下只有自变量的值存在差异。然而,在会话分析研究中,每个案例的详细信息因参与者、参与者之间的关系、背景、主题等而异。那么,存在这么多"无关变量",会话分析者如何确定他们的结果呢?答案是会话分析利用了自然发生数据的固有可变性。考虑一下我们本章构建的案例集合。它包括各种案例,涵盖面对面互动、电话通话,有的是在安静房间记录的,有的是在室外公开记录的,记录时参与者可能在进行其他活动(例如,玩游戏)。对于不同的案例集合,一个特定案例中作为解释的任何无关变量都不可能适用于另一个案例,更不用说集合中的所有案例了。会话分析正是利用了自然发生的社会互动的这种可变性,而不是通过实验控制将这种可变性最小化。

会话分析与心理语言学

从许多方面看,会话分析和心理语言学都是一对奇怪的组合。这两个领域在数据收集方法、分析的基本单元,以及对社会和认知过程的重视程度上都存在显著差异。虽然许多心理语言学研究将在控制条件下诱发的单个单词或句子的产出和理解作为其基本分析单元,但会话分析研究却将在自然发生的社会情境中记录的两个或多个参与者的话语互动交流视为其基本单元。心理语言学家通常试图揭示个体可观察行为背后的认知过程,会话分析者却并不关心对认知的研究,而是对互动过程进行描述和建模,这一互动过程通常涉及多个参与者的协调,并产生在会话和其他形式的互动交谈中观察到的有序性。

尽管如此,会话分析文献仍然对心理语言学理论密切相关的互动现象提供了丰富的描述。以会话中的话轮转换为例(Sacks et al., 1974)。话轮之间的间隔平均为 200~300 ms(Stivers et al., 2009),但根据心理语言学实验,说话者甚至需要至少 600 ms 来计划一个单词(例如,在图片命名任务中;Indefrey & Levelt, 2004)。这表明下一个说话者在当前话轮结束之前就已经开始计划他的话轮了,也说明会话中语言理解和产出的过程存在重叠(Levinson, 2016)。这给心理语言学理论带来了问题,例如,理解可能使用产出系统进行预测(例子参见 Garrod & Pickering, 2015)。正如话轮转换的例子所显示的那样,使用本章描述的方法对会话组织进行会话分析的研究可以为产出和理解模型提供信息,并为将来的研究提供建议。

以摘录 8.10 为例。在 Jamie 确认他踢足球的计划后,Will 向他询问游戏开始的时间。

摘录 8.10［RCE15a］
1　WIL：You gonna come to football tonight，
2　JAM：Yeah.
3　　　 (0.9)
4　JAM：hhh[h
5　WIL：　 [W'time is it?
6　　　 (0.2)
7　JAM：Four o'clock.

第5～7行的问答序列呈现了一个心理语言学难题：问题的持续时间只有295 ms，接下来是185 ms 的间隙，但 Jamie 显然轻松地回答了这个问题。对这一现象存在两种可能的解释：他计划名词短语"four o'clock"的时间短于图片命名任务中观察到的最少 600 ms 的时间（Indefrey & Levelt, 2004），或者他预期了 Will 的问题并提前计划了他的回答。虽然我们发现第一种解释更合理，但这两种解释都给心理语言学研究提出了问题。有人可能会质疑得出这种最小时间值的实验的生态效度，并使用会话分析研究来为语言产出实验创建新范式。或者，有人可能会研究说话者针对尚未提出的问题计划答案的可能情况。理论上，时间副词"tonight"可能激活"four o'clock"的相关表征，而 Will 没有说话的长间隙（第 3 行）可能作为问题出现的信号，促使 Jamie 搜寻问题的来源。因此，Jamie 的快速反应可能是交谈序列组织的副产品。无论人们倾向于哪种解释，使用会话分析的方法很容易找到一些序列，说话者回应问题的速度比心理语言学中所限定的更快，而且这样的序列非常值得研究。

关 键 术 语

行为（action）：参与者通过产出话语（如问候、询问、讲述、建议、请求）而执行的社会行为（或言语行为）。

集合（collection）：从构成分析实证基础的记录互动中提取的数据集（例如，视频片段）。

组成成分（composition）：参与者用于执行行为的实践结构。

偏离案例（deviant case）：偏离某一模式的案例被视为偏离案例，证明该模式具有社会规范性。

民俗方法学(ethnomethodology)：对人们用来理解和创造社会秩序的方法的研究。

互动现象(interactional phenomenon)：作为研究对象的社会互动中可观察到的秩序轨迹。

自然发生的互动(naturally occurring interaction)：不是为了科学研究而专门安排的社会互动。

下一话轮验证程序(next-turn proof procedure)：一种分析话轮的方法，以此作为说话者理解前一话轮的证据。

位置(position)：在社交场合的一连串行为或整体结构中，对于一种行为的定位。

转 录 惯 例

(.) 短暂而不定时的停顿

(1.4) 定时停顿

hh 呼气

.hh 吸气

(word) 听不清

((comment)) 转录者的评论

w[ord 重叠起始点

wor]d 重叠结束点

wor- 截止词

>word< 较快的言语速率

<word> 较慢的言语速率

↓word 音高明显降低

↑word 音高明显升高

word = 闭锁，进入下一个话轮或部分

word 凸显重音

WORd 音量高于周围的交谈

w(h)ord 口头笑声

Å↑word 微笑嗓音

Å↓wordÅ↓ 音量低于周围交谈

wo:rd 音段长度

. 降调

, 平调或轻微升调

? 高升调

˙ 中升调

参 考 文 献

Comrie, B. (1976). *Aspect*. Cambridge: Cambridge University Press.

Curl, T. S. (2006). Offers of assistance: Constraints on syntactic design. *Journal of Pragmatics*, 38, 1257-1280.

De Jaegher, H., Di Paolo, E. A., & Gallagher, S. (2010). Can social interaction constitute social cognition? *Trends in Cognitive Sciences*, 14, 441-447.

De Jaegher, H., Peräkylä, A., & Stevanovic, M. (2016). The co-creation of meaningful action: Bridging enaction and interactional sociology. *Philosophical Transactions of the Royal Society* B, 371 (1693), 20150378.

Drew, P., Walker, T., & Ogden, R. (2013). Self-repair and action construction. In M. Hayashi, G. Raymond, & J. Sidnell (Eds.), *Conversational repair and human understanding* (pp. 71-94). Cambridge: Cambridge University Press.

Drew, P. (2013). Turn design. In J. Sidnell & T. Stivers (Eds.), *The handbook of conversation analysis* (pp. 131-149). Malden: Wiley-Blackwell.

Fusaroli, R., Raçzaszek-Leonardi, J., & Tylén, K. (2014). Dialog as interpersonal synergy. *New Ideas in Psychology*, 32, 147-157.

Garfinkel, H. (1967). *Studies in ethnomethodology*. Englewood Cliffs, NJ: Prentice-Hall.

Garrod, S., & Pickering, M. J. (2015). The use of content and timing to predict turn transitions. *Frontiers in Psychology*, 6. http://doi.org/10.3389/fpsyg.2015.00751.

Goffman, E. (1967). *Interaction ritual: Essays on face-to-face behavior*. Chicago: Aldine Publishing Company.

Hazel, S. (2015). The paradox from within: Research participants doing-being-observed. *Qualitative Research*. Advance online publication.

Hepburn, A., & Bolden, G. (2013). The conversation analytic approach to transcription. In J. Sidnell & T. Stivers (Eds.), *The handbook of conversation analysis* (pp. 56-76). Malden: Wiley-Blackwell.

Heritage, J. (1984). *Garfinkel and ethnomethodology*. Cambridge: Polity Press.

Heritage, J., & Clayman, S. E. (2010). *Talk in action: Interactions, identities, and institutions*. Malden: Wiley-Blackwell.

Heritage, J., & Raymond, G. (2005). The terms of agreement: Indexing epistemic authority and subordination in talk-in-interaction. *Social Psychology Quarterly*, 68, 15-38.

Hoey, E. M. (2014). Sighing in interaction: Somatic, semiotic, and social. *Research on Language and Social Interaction*, 47, 175-200.

Hoey, E. M. (2015). Lapses: How people arrive at, and deal with, discontinuities in talk. *Research on Language and Social Interaction*, 48, 430-453.

Indefrey, P., & Levelt, W. J. M. (2004). The spatial and temporal signatures of word production components. *Cognition*, 92, 101-144.

Kendrick, K. H. (2015a). Other-initiated repair in English. *Open Linguistics*, 1, 164-190.

Kendrick, K. H. (2015b). The intersection of turn-taking and repair: The timing of other-initiations of repair in conversation. *Frontiers in Psychology*, 6.

Kendrick, K. H., & Torreira, F. (2015). The timing and construction of preference: A quantitative study. *Discourse Processes*, 52, 255-289.

Levinson, S. C. (1983). *Pragmatics*. Cambridge: Cambridge University Press.

Levinson, S. C. (2013). Action formation and action ascription. In J. Sidnell & T. Stivers (Eds.), *The handbook of conversation analysis* (pp. 103-130). Malden: Wiley-Blackwell.

Levinson, S. C. (2016). Turn-taking in human communication: Origins and implications for language processing. *Trends in Cognitive Sciences*, 20, 6-14.

Maynard, D. W., & Clayman, S. E. (2003). Ethnomethodology and conversation analysis. In L. T. Reynolds & N. J. Herman-Kinney (Eds.), *Handbook of symbolic interactionism* (pp. 173-202). Walnut Creek, CA: Altamira Press.

Mondada, L. (2013). The conversation analytic approach to data collection. In J. Sidnell & T. Stivers (Eds.), *The handbook of conversation analysis* (pp. 32-56). Malden: Wiley-Blackwell.

Mondada, L. (2014). Conventions for multimodal transcription. Accessed March 1 2016. https://franz.unibas.ch/fileadmin/franz/user_upload/redaktion/Mondada_conv_multimodalitypdf.

Pickering, M. J., & Garrod, S. (2004). Toward a mechanistic psychology of dialogue. *Behavioral and Brain Sciences*, 27, 169-190.

Raymond, G. (2003). Grammar and social organization: Yes/no interrogatives and the structure of responding. *American Sociological Review*, 68, 939-967.

Rossi, G. (2015). Responding to pre-requests: The organisation of hai x "do you have x" sequences in Italian. *Journal of Pragmatics*, 82, 5-22.

Sacks, H. (1992). Lectures on conversation, Vols. 1 & 2, edited by G. Jefferson. Oxford: Blackwell.

Sacks, H., Schegloff, E. A., & Jefferson, G. (1974). A simplest systematics for the organization of turn-taking for conversation. *Language*, 50, 696-735.

Schegloff, E. A. (1993). Reflections on quantification in the study of conversation. *Research on Language and Social Interaction*, 26, 99-128.

Schegloff, E. A. (1995). Discourse as an interactional achievement III: The omnirelevance of action. *Research on Language and Social Interaction*, 28, 185-211.

Schegloff, E. A. (1996). Confirming allusions: Toward an empirical account of action. *American Journal of Sociology*, 102, 161-216.

Schegloff, E. A. (1997). Practices and actions: Boundary cases of other-initiated repair. *Discourse Processes*, 23, 499-545.

Schegloff, E. A. (2007). *Sequence organization in interaction*. Cambridge: Cambridge University Press.

Schegloff, E. A., Jefferson, G., & Sacks, H. (1977). The preference for self-correction in the organization of repair in conversation. *Language*, 53, 361-382.

Schilbach, L., Timmermans, B., Reddy, V. et al. (2013). Towards a second-person neuroscience. *Behavioral and Brain Sciences*, 36, 393-462.

Stivers, T., Enfield, N. J., Brown, P., Englert, C., Hayashi, M., Heinemann, T., Hoymann, G., et al. (2009). Universals and cultural variation in turn-taking in conversation. *Proceedings of the National Academy of Sciences*, 106, 10587.

Stivers, T. (2015). Coding social interaction: A heretical approach in conversation analysis? *Research on Language and Social Interaction*, 48, 1-19.

扩展阅读和资源

阅读：

Sidnell, J. (2010). *Conversation analysis: An Introduction*. Malden: Wiley-Blackwell.

Sidnell, J., & Stivers, T. (Eds.). (2013). *The handbook of conversation analysis*. Malden: Wiley-Blackwell.

软件：

ELAN: https://tla.mpi.nl/tools/tla-tools/elan/.

CLAN: http://childes.psy.cmu.edu/clan/.

Transcriber: http://transcriber.en.softonic.com/.

语料库：

CABank[英语、西班牙语、汉语(普通话)等]: http://talkbank.org/cabank/.

语言与社会互动档案库(英语; Language and Social Interaction Archive): http://www.sfsu.edu/~lsi/.

第九章
虚 拟 现 实

Daniel Casasanto & Kyle M. Jasmin

沉浸式虚拟现实（immersive virtual reality，iVR）技术发展迅速，实验者可以使用该技术将被试带入虚拟世界。这一虚拟世界是通过3D视频投影呈现的，一般通过模拟三维声景的音频系统、令虚拟物体具有可触感的触觉刺激器，甚至嗅觉刺激器来增强效果。传统的语言或图片刺激可以诱导被试想象不同的现实场景，而iVR可以让被试在感官上有所体验。因此，iVR提供了传统的实验室研究无法实现的丰富性和真实性，同时研究人员可以严格控制刺激和实验环境。在本章中，我们将概述iVR系统的基本组成部分，讨论这一技术如何用于社会认知研究，描述这项技术如何帮助研究人员理解社会层面的语言使用。

假设和理论基础

对人类来说，语言是无法复刻的虚拟现实设备。在现实世界中，我们的体验受限于周围环境的丰富性、触手可及的范围，以及感官分辨率。然而，通过语言，我们可以超越这些限制，创造无限可能的虚拟现实。在一个个故事里，我们被发射到外太空（Asimov, 1951），瞬间潜至海底两万里（Verne, 1962）；或者沿着黄砖铺就的道路，途经有魔法的罂粟花和会飞的猴子，走向翡翠色的城市（Baum, 1958）。

我们通过语言创造的世界只存在于想象，而非感官中。使用新一代虚拟现实设备，通过其他媒介呈现信息，感知觉可以逐渐替代想象力，承担起构建虚拟世界的重任。书中的图片和收音机播放的音效增添了单一模态的细节（视觉或听觉），在增强对虚拟世界的想象的同时，又限制了其边界。舞台、电视或电影中的视听信息提供了更多的感知细节,但现实世界仍然与虚拟世界并存。人们只需从屏幕上移开视线就可以回到现实,而停留在这些虚拟世界中,往往需要努力地阻止自己对这一虚拟世界的怀疑。

相比之下,在完全沉浸式的虚拟现实中,我们几乎能够实现从想象到感知的转变。当人们进入 iVR 系统时,现实世界消失了,另一种现实占据了感官。你所看到的由环绕视野的 3D 眼镜决定,你所听到的则由模拟 3D 声景的扬声器组合决定。你的感觉可能是由脚下的地板振动器或由身体动作提示的振动反馈装置塑造的,还有一些 iVR 系统甚至可以提供嗅觉刺激。

iVR 有多"身临其境"?答案部分取决于具体的系统,以及个体对临场感(presence)的敏感程度。临场感是虚拟现实研究人员用来描述一个人在虚拟世界中的主观沉浸感的术语(Heeter,1992)。然而,即使是运行在较基础 iVR 设备上的标准程序,也足以展示 iVR 在大多数人的脑海中发挥的作用。例如,深渊错觉(pit illusion)的实现很简单:被试站在一个深渊的入口处,邀请被试通过一块虚拟的木板走过这个深渊。(虽然没有必要,但一些实验会在被试脚边放一块真正的木板,将木板抬离地面约 3 cm 来增强效果。)即使动画可能看起来不真实,岩石和树木可能看起来很卡通,3D 视角可能并不完美。但是,这种想象依然存在。许多被试拒绝走过木板,即使他们知道绝对没有危险——身处安全的大学实验室内,但大脑无法控制感官。在 iVR 中停止对虚拟世界的怀疑可能没有必要,因为这种怀疑本身是很难实现的。(本章的一位作者在第一次走过木板时经历了严重的眩晕,最终没有顺利通过。)

除了激起人们对高度的恐惧,iVR 还有什么用?iVR 提供了实验室难以实现的丰富性和真实感,同时也让研究人员对刺激和实验环境保持严格的实验控制。实验者可以同时刺激多种感官,并且同时收集多个数据流(例如,声音反应、身体运动),配备眼动仪和脑电仪的 iVR 实验室可以记录眼动和电生理学数据。与传统方法相比,通过让被试沉浸在虚拟世界中,iVR 能令被试对情感或社会刺激产生更自然的反应。

设　备

支持 iVR 的硬件有两种。输入硬件(input hardware)可获得来自现实世界的数据,如被试身体的位置和运动。输出硬件（output hardware）通过向被试呈现视觉、听觉和触觉信息的某种组合来"渲染"世界。连接设备的是一台处理输入并产生输出的计算机。我们将依次介绍每种类型的设备。

输入设备:运动捕捉

想象一下,你坐在一个虚拟环境中——虚拟教室。你看着坐在你右边的人,或者低头看着你的桌子,那里放着一个虚拟咖啡杯。在这样做的过程中,你一定会移动头部。接下来,你拿起咖啡杯,你的虚拟手向前移动到视野中,就像在现实世界中一样。这是通过使用被称为运动捕捉（motion capture, mo-cap）的输入技术来实现的。

mo-cap 允许跟踪现实世界中的人和物体,以更新虚拟世界中虚拟人物和物体的位置。这通常使用标志物（marker）来实现,标志物是附在人们希望跟踪的任何身体部位或物体上的小型设备。两种常见的类型是主动和被动光学标志物,它们依靠光线和摄像机工作。被动标志是带有反射涂层的塑料球,称其"被动"是因为它们本身不发光,而是反射从另一个光源发出的光,例如,连接到摄像机的红外灯。红外线是实现此目的的理想选择,因为它是肉眼不可见的。可用多个摄像头精确定位标志物在空间中的精确位置和方向。

被动标志反射光,而主动标志发射光。主动标志系统通常由佩戴在身体上的LED组成。与被动标志一样,摄像机检测光线并将这些信息传至计算机,以计算标志物在空间中的位置。对于这两种标志物,摄像机越多,效果越好。因为摄像机越多,位置的测量越精确,且标志物仅在摄像机"看到"它们时起作用,也就是说,标志物只有在没有被遮挡或隐藏时才起作用。例如,假设你正在跟踪被试手的位置,并且被试把手伸到头部后面。为了继续准确跟踪,你需要将摄像机放置在被试的后部。

数据手套能够跟踪单个手指的运动。一个经典的例子是任天堂（Nintendo）在20世纪80年代推出的能量手套（Power Glove）。虚拟环境中使用的专业数据手套更加复杂,可用于数据的输入和输出。手套每个手指上的精确传感器可以记录被试的手形和手指运动。该数据可用于精确测量手势或语言符号,并创造出"化身"（avatar,指虚拟世界中被试的角色）的手。手套还可以作为输出设备,通过产生触觉反馈来模拟握持或触摸虚拟物体的感觉。数据手套不会自行传输手臂位置

176 信息，但通过在手套上附加 mo-cap 标志物，可以在虚拟环境中定位手臂的位置。

完整动作捕捉系统的低成本替代品是微软公司的体感设备 Kinect（Microsoft Kinect），可提供基本的动作感应。该系统无须任何标志物即可工作。位于用户前方的单个摄像头检测房间背景下的运动，并推断用户在房间内的位置和身体的位置。在某些情况下，Kinect 已被证明与更昂贵的光学系统一样有效（例子参见 Chang et al.，2002）。

你还可以使用非虚拟现实研究专用的设备来测量其他类型的行为或生理机能，可以给被试接上麦克风记录他们的声音以供后续分析（见本章"研究示例"）。此外，还可以纳入眼动追踪和皮肤电反应等测量方法。

输出设备

被试通过输出设备沉浸在虚拟环境中，输出设备向被试提供感官信息（视觉、听觉、触觉）。头戴式显示器（head-mounted display，HMD）是呈现视觉信息的常用方法。顾名思义，该设备佩戴在头上，由两块附在头盔或面罩上的视频屏幕（一只眼睛一块）组成，这些屏幕投射出第一人称的立体视角，这有助于创建三维效果。不同设备所呈现的视野有所不同。通常，具有更宽视野的设备可以带来更多沉浸感，同时也更昂贵。一些 HMD 还通过使用加速度计实现头部跟踪。

以前，HMD 价格昂贵，现在有了低成本的选择。谷歌公司于 2014 年发布了一款名为 Google Cardboard 的产品，仅售 15 美元。它是一张包含两个镜头的纸板，可以巧妙地折叠成一个设备，并把智能手机安装在用户面前（此售价不包含智能手机的价格）。Google Cardboard 和智能手机一起构成了有效的 HMD。智能手机的屏幕在中间被分成两部分，因此可以立体地呈现两个图像，每只眼睛一个，以实现 3D 效果。手机的加速度计提供头部跟踪信息，以便实时更新虚拟环境的视图。第二款低成本设备 Oculus Rift 于 2016 年发布，售价 599 美元。Oculus Rift 不需要与手机连接，其本身就是一个成熟的 HMD，可提供 110°视野和内置 3D 耳机。

洞穴式自动虚拟环境（cave automatic virtual environment，CAVE）无需 HMD 即可呈现虚拟世界。计算生成立体图像，并通过投影机投射到房间的墙壁、天花板和地板上——类似于《星际迷航》中的"全息甲板"。用户佩戴与 CAVE 投影同步的 3D 眼镜，图像被分离为左右两块以进行立体观察。

可以使用 HMD 内置的耳机向被试呈现音频（例如，声音）。或者，可以将外部扬声器放置在墙壁、房间角落或天花板，让被试沉浸在 3D 声音体验中。如果需要的话，使用这种技术可以精确控制声音的源位置。

在虚拟世界中移动

用户如何在虚拟世界中移动？答案取决于你身处的现实世界中的实验室的物理边界，以及你使用的输入和输出硬件。如果你的实验室足够大，被试可以简单地在房间内走动（例如，佩戴 HMD 和装着其他硬件的背包）。当然，用户佩戴的输入和输出设备都需要连接计算机，可以通过让用户佩戴无线收发器或直接将电线接到计算机来实现。或者，可以将电线直接放进安装在天花板上的龙门系统（gantry system），该系统会随着被试在房间内移动，从而保持电线的适当松弛量。通过动作捕捉（例如，佩戴在身上的标志物）跟踪用户在实验室中的位置，并使用此信息在虚拟世界中移动相应的化身。

根据虚拟现实实验室的大小，以及被试的运动本身是否为研究对象，让被试静坐并移动他们周围的物体可能更好。在这种情况下，虚拟世界可以无限大，即使实验室空间有限。在 Staum Casasanto、Jasmin 和 Casasanto（2010）以及 Gijssels 等人（2016）的研究中，被试穿过一个虚拟超市。实际上，实验室比超市小得多——被试只走几步就会碰到一堵墙。因此，化身没有穿过商店，而是坐在虚拟机动推车中，并由虚拟智能体（agent，即虚拟世界中的一个自主角色——一个数字机器人）驾驶它穿过商店。当推车的虚拟马达运行时，地板振动器会发出隆隆声，提供了触觉输入，并扰乱了被试的前庭系统，以产生运动错觉。因此，被试不必在实验室中移动——虚拟环境在其周围移动。

输入和输出的整合

第一步是建造实验室。接下来是构建虚拟世界。你想让被试在室内还是室外活动？他们需要到处走走吗？他们需要触摸或操纵物体吗？他们会和其他人交谈吗？这些问题的答案将影响你的选择。但每个虚拟世界都需要一个用来整合输入和输出设备数据的软件系统。

尽管有多个软件包可用，但在心理学研究中常用的一个软件包是 WorldViz 的 Vizard 虚拟现实软件。它是一个集成的开发环境（integrated development environment，IDE），可在同一系统或框架内控制与实验相关的多个功能。使用此工具,你可以对实验流程进行编程,直观地检查你正在开发的虚拟世界。在实验期间,该软件会处理程序和数据流,处理来自运动捕捉摄像机、麦克风和其他设备的输入流。当被试在虚拟世界中移动头部、手部和身体时,该软件可以更新其 HMD 和音频耳机。

Vizard 软件基于 Python 编程语言,这可能对使用 Python 语言进行过其他研究的研究人员有利。在 Vizard 软件中,虚拟世界里的虚拟对象、化身和智能体都由 Python 对象(object)表示,这些对象可以通过更改其属性(例如,location $= x$, y, z;或 color $=$ blue)或激活其动作来轻松控制(让智能体"走"或"说",或让一个球"掉落")。当为虚拟世界创建了各种对象时,使用 Python 语言控制它们比其他实验稍微复杂一些(如基于视频游戏的任务)。Python 语言的另一个优势是开源,研究者可以免费获得许多附加组件。

虚拟世界中的对象和化身可以从公共知识库免费获取或购买。像 Vizard 这样的软件包有时会附带一组库存"模型"(3D 对象物理形状的规格)和"纹理"(映射到模型上的位图图形,以赋予其颜色和其他视觉属性)。一些常见的事件、物体和人物的实现很容易,如一男一女穿着西装坐在办公室里开会。但是,要满足复杂的需求有些困难,如飞过马丘比丘的翼龙,这可能需要具有 3D 模型工作经验的平面设计师的帮助。

刺激和数据的本质

在虚拟现实实验中,虚拟世界本身就是刺激,可以改变的参数数不胜数。你需要根据明确的实验问题选择要操作的参数。下面,我们将重点介绍在以往的实验中改变虚拟环境的一些范式,并展示如何将这些范式应用于心理语言学研究。

操控虚拟人物的参数

当一个人在虚拟世界中有强烈的临场感,并对其做出反应,就好像是真的一样,这种情况下的虚拟现实是有效的(Heeter, 1992)。建立临场感使研究人员不仅可以操纵被试的感官体验,还可以操纵他们的思想、信念和行为。虚拟现实让我们能够以在现实世界中不可能的方式改变人们的外表。这可能会对一个人关于自我的信念产生影响。一个典型的例子是 Proteus 效应(Proteus effect)。Yee 和

Bailenson(2007)改变了被试化身的身高。一些被试有着高大的化身,而另一些则为矮小的化身。然后他们进行了一场竞争性的讨价还价博弈。化身较高的被试表现得很激进,而化身较矮的被试更有可能接受不公平的交易。在另一项研究中,Fox等人(2013)分别赋予女性被试一个穿着保守的化身或一个穿着暴露的化身。化身穿着暴露的被试报告了更多与身体相关的想法,并报告了对强奸有更多的"受害者有罪论"的态度。

Proteus效应研究表明,虚拟现实有效地改变了人们对自己的看法。这种效应可以用于心理语言学研究吗?如果一个人的化身身高激活了刻板印象,并影响了他们对支配和权力的感觉,也许它也会影响与支配相关的语言行为。我们可以预测,化身较高的人倾向于在谈话中占主导地位——说话声音更大,更多地打断他人,并且对与他们交谈的人的语言选择适应度更低。相反,化身较矮的人可能说话声音更小,更少打断他人,并更适应谈话伙伴的语言风格。在虚拟现实中更改化身的身高非常简单,使用 Vizard 软件,你可以简单且精确地以厘米为单位指定一个人的身高。

还有一些方法可以改变对象的外观,这些都可能会影响被试的语言输出。Groom等人(2009)指出,改变化身的种族可以激活刻板印象并影响种族偏见。改变被试的种族是否也会激活语言知识——与该种族相关的单词或语音模式?只需用一个化身代替另一个化身,就可以改变种族。通过改变虚拟的服装来操纵对象的文化亚群可能会产生类似的效果,如贵族与流浪汉有着不同的语言表达方式。虚拟现实可以是一种有用的工具,用来探索被试对其他群体语言模式的潜在知识的掌握程度,以及这种知识是否可以通过暂时改变一个人的身份来激活并投入语言产出。

操控环境的参数

也许你希望彻底改变实验环境:你可以简单地用一个背景环境替换另一个。已有研究使用了这种技术进行了有效的情绪操纵。例如,Riva等人(2007)创建了两种公园环境,旨在引发特定的情绪。其中一个具有吸引人的声音、灯光和纹理,旨在引发平静的放松情绪,而另一个则使用黑暗的灯光、声音和纹理,旨在唤起焦虑的情绪。这些环境在诱发目标情绪方面是有效的。事实上,被试的临场感越强,引发的情绪就越强烈。相比之下,与置身于中性情绪的公园相比,沉浸在这些带有情绪色彩的公园之中也会增强临场感。

为什么在不同的情绪环境中学习语言很有用？一些证据表明，情绪会影响语言处理。Van Berkum 等人（2013）指出，电影片段诱发的情绪[积极情绪的《快乐的大脚》(*Happy Feet*) 或消极情绪的《苏菲的抉择》(*Sophie's Choice*)]影响代词指称分配的神经基础。在语言处理、语言产出和语言互动行为的研究中，虚拟现实可用于更复杂的情绪诱发。与电影片段相比，虚拟现实对实验控制的能力更强，可以对引发情绪的虚拟场景进行程度最小的修改以改变情绪（电影片段与之不同的是，除了情绪效价之外，可能还会在许多不同的维度上存在差异）。

虚拟现实情绪诱发也可用于创建情绪声音刺激。情绪性的声音刺激通常由演员录制，表现出想要的情绪，假装害怕或放松、生气或兴奋。演员实际上并没有体验到他们试图用声音传达的情绪。如果表演不具有说服力，或者如果在某些未知维度上表现的情绪发声与真实的情绪发声不同，就可能会出现问题。在这种情况下，便可以利用虚拟现实为实验引发真正的情绪性声音。例如，为了诱发恐惧情绪的语音，实验者可以利用前文提到过的深坑错觉，在这种错觉中体验到强烈临场感的人会真正感到害怕。如果要求被试在体验的同时产出话语，那么这种语音应该具有真正的恐惧语音的所有特征。

操纵被试的空间环境也可能有助于探索语言与空间的关系。以在空间中定位事物的参考框架为例，澳大利亚 Guugu Yimitthir 和墨西哥 Tzeltal 等语言使用基本方向（东、南、西、北）来定位空间中的事物。例如，"蚂蚁在你腿的南边"（Majid et al., 2004; Haviland et al., 1993）。虚拟现实可用于操纵物理环境，以研究人们如何跟踪自己相对于太阳、山脉等地理特征的方位，从而将空间信息编码为语言。

在 iVR 实验中更改视觉背景需要有多个背景，并选择加载哪一个用于实验。可以在图形编辑和 3D 建模软件中设计背景。

数据的性质

采集什么样的数据取决于你自己，也取决于你的实验问题。正如你有无数种用于呈现和操纵刺激的方式一样，前文讨论的各种输入设备在数据采集方面提供了很大的灵活性。如果你的实验需要口头反应，这些将被麦克风采集并保存为 WAV 格式的音频文件用于语言学或声学分析。你使用的动作捕捉设备会为你提供实验中每个标志物在每个时间点的空间精确坐标。然后,你可以将这些动作与实验中的事件或其他行为(如发声)进行锁时,并绘制和分析这些动作。

采集和分析数据

如上所述,虚拟现实技术可以让你采集到多个数据流。你必须决定采集什么以及分析什么。如果你的实验使用动作捕捉系统,请在整个实验期间将每个标志物的位置信息发送到你的系统运行记录文件。如果你用麦克风录制音频,请以高质量的未压缩格式录制并保存所有内容。你可能还想记录被试在实验期间看到的所有内容的视频,这是可以实现的,但这种记录需要大量的磁盘空间,因此你需要一个可以快速访问磁盘的大硬盘。

对于采集的大部分数据,你可以使用自己熟悉的软件进行分析。例如,如果你采集的是被试声音的录音,则可以使用 Praat 软件(Boersma & Weenink, 2011)进行分析,这是一种用于测量和操纵声音各维度的成熟工具。例如,你可以使用 Praat 软件测量被试声音的音高、音调变化和持续时间等特征。与运动相关的信息记录为毫秒级的 x、y 和 z 时间序列坐标,即标志物的坐标。你可以在 MATLAB 编程语言中计算速度和加速度等变量(Mathworks, Natick, MA)。或者,如果你的实验只需要对运动进行简单分析,如利用被试在左、右空间中的手势,可以简单地导出纵坐标 y 轴上的运动数据。这种简单的一维时间序列可以加载到 ELAN 软件中(Brugman & Russel, 2004),并参考其他数据流进行绘制,如在实验期间记录的音频和视频,以及特定事件的时间。

研 究 示 例

尽管已发表的研究相对较少,但虚拟现实在语言学研究中的潜力巨大。我们将重点介绍两个使用 iVR 的研究及其优势。

如果我们认为语言是一种用于创建虚拟世界的低技术性工具,那么自最早的心理语言学实验发表以来,非沉浸式虚拟现实就已被用于研究语言。然而,迄今为止,iVR 仅用于少数心理语言学研究。Gijssels, Staum Casasanto, Jasmin, Hagoort 和 Casasanto(2016)的一项研究测试了语言适应(accommodation)背后的心理机制,即说话者倾向于将其语言产出更多(或更少)地调整为像他们的对话者(Giles, Taylor, & Bourhis, 1973)。根据主流的心理语言学理论(Pickering & Garrod, 2004),所有的语言适应都是自动启动机制的结果。根据互动协同模型(interactive alignment model, IAM),感知话语会提高感知中语言表征的激活水平。因此,当轮到感知者说话时,这些表征的高度激活增加了产出这些形式的可能性。生成由对话者启动的话语形式可以减轻说话者的计算负担,根据IAM理论,这是适应的功能性动机(Pickering & Garrod, 2004;有关启动方法的详细信息,参见本书第六章)。

Gijssels及其同事(2016)推断,如果启动是适应的机制,那么适应应该表现出两个启动的特征:剂量依赖性(dose dependence)和持久性(persistence; Wiggs & Martin, 1998)。剂量依赖性意味着听者在对话中感知给定语言特征的频率越高,产出该特征的可能性就越高(Garrod & Pickering, 2004)。因此,语言产出的某一特征出现得越频繁,应该会导致被试在整个对话中逐渐对该语言特征变得越适应(Hartsuiker, Kolk, & Huiskamp, 1999)。持久性意味着协同效应应该在接触某些特征之外持续存在。也就是说,一旦语言的一个特征被启动,它的高激活水平不应该立即回到基线水平;在启动刺激结束后的一段可测量的时间内,其激活应该保持在一个较高的水平之上。

在句法适应研究中发现了启动的这两种特征:呈现给说话者的某种语法结构的次数越多(例如,主动与被动动词短语),说话者产出该结构的可能性就越大(Branigan, Pickering, & Cleland 2000; Jaeger & Snider, 2008)。研究观察到这种句法协同效应可以在初次启动开始后持续长达7天的时间(Kaschak, Kutta, & Coyle, 2014);并且,即使位置或实验环境发生变化,这种效应也会持续存在(Kutta & Kaschak, 2012)。IAM预测,"所有语言水平上"的适应效应都来源于启动,包括语言的连续维度,如语速(speech rate)和音高(pitch;即基频,f_0; Finlayson et al., 2012; Garrod & Pickering, 2004; Giles, Coupland, & Coupland, 1991; Staum Casasanto, Jasmin, & Casasanto, 2010)。因为这些特征是连续的,所以与对话者的音高或语速进行协同应该不涉及激活对话者先前使用的离散语言单元表征(如词、句法结构)。

因此,启动似乎不太可能是语言产出的连续维度(如语速和音高)产生适应的机制,在连续维度下,适应效应不应表现出剂量依赖性或持久性。为了验证这一预期，Gijssels 及其同事（2016）在 iVR 中测量了被试在与虚拟智能体对话之前、期间和之后的语音音调。位于荷兰奈梅亨（Nijmegen, Netherlands）的马克斯·普朗克心理语言学研究所的 iVR 实验室，男性和女性被试在虚拟超市中与一位栩栩如生的同性别虚拟智能体（名为 VIRTUO 或 VIRTUA）讨论虚拟超市中的商品。

  超市环境是专门为此实验创建的，使用了预制的 3D 模型，纹理通过 Adobe 3ds Max 4 软件（Adobe Systems Inc., San Jose, CA）集成。我们从一个空的超市模型开始，然后添加货架和放在货架上的商品。VIRTUO 和 VIRTUA 角色来自 Vizard 软件附带的"库存"模型。

  你通常会在超市里找到各种各样的商品，这些都是谈话的主题。为了确保总是有新的话题可以谈论，被试和虚拟对话伙伴直接的视觉环境中需要有新的项目。这是通过让被试在虚拟车辆中"移动"穿过超市来实现的。被试坐在现实世界中的椅子上，这把椅子在虚拟环境中变成了一辆高尔夫球车。VIRTUO/A 坐在方向盘后面，"载"着被试沿着超市过道前进。虚拟引擎运行时，地板震动器隆隆作响，模拟引擎的声音和感觉。

  尽管这些设置可能看起来很复杂，但 Vizard 允许实验者在非常高的层次上控制编程流程。移动虚拟高尔夫球车可以很简单，只需指定高尔夫球车的对象名称（object ID）和它应该移动到的坐标（例如，"golfcart.move([x,y,z], speed=s）"并启动引擎（"floorshakers.Start"）。困难的是设置让这一切成为可能的所有硬件和软件。

  在实验中，智能体询问被试有关每个商品的一系列问题（例如，番茄酱是由什么做的）。VIRTUO 和 VIRTUA 的声音是由同性别的荷兰语母语者录制的。至关重要的是，这些录音的基频被调整为比原始高 5％或低 5％，被试被随机分配至与 VIRTUO/A 的高版本或低版本进行互动。音高通过 Audacity 软件操纵，该软件可免费下载。实验者听着被试和智能体之间的对话，并在适当的时间触发 VIRTUO/A 做出适当的回应。

  结果表明，与实验前的语音样本（被试在虚拟世界中遇到 VIRTUO/A 之前录制）相比，被试语音的音高往预期的方向上进行了调整。平均而言，与分配到和低基频版本的 VIRTUO/A 互动的被试相比，分配到和高基频版本的 VIRTUO/A 互动的被试说话音调显著更高。此外，被试的基频会逐渐接近智能体的基频。然而，适应的幅度并没有随着对话过程一直增加（即更多地接近对话者的音高），在与

VIRTUO/A 的对话结束后立即收集的实验后语音样本中,适应效应也没有持续存在。因此,尽管被试表现出强烈的语音适应效应,但适应没有显示出剂量依赖性和持久性,这表明启动不是这种效应的潜在机制(参见 Staum Casasanto et al.,2010;一个结果一致的研究,被试调节他们的语速以匹配 VIRTUO/A)。根据 IAM,所有形式的语音适应(例如,词汇、句法、语音)是"自动的,只依赖简单的启动机制"(Pickering & Garrod,2004)。然而,与 IAM 相比,Gijssels 等人(2016)的结果表明,启动并不是语音适应的唯一机制,不同类型的适应有不同的机制(即言语产出的离散维度与连续维度的适应是不同的)。

为什么 Gijssels 等人(2016)使用 iVR 来解决这个问题?首先,真人的录音不可能实现相同水平的实验控制,因为人类无法将其基频调节为比一半被试精确地高 5%,比另一半被试精确地低 5%。除了音高之外,人们正常说话时的声音特征和肢体动作等都是不可控的,而这些都会影响适应行为。对于 VIRTUO/A 来说,这些都可以保持 100% 恒定。适应可以使用更简单、非沉浸式虚拟现实设备观察到,比如录音(Babel,2009),这可以控制声音,又可以消除对话中其他物理和社会性方面(如凝视)的差异。为什么不使用录音来简化这个实验?虽然录音可能有助于回答一些关于对话的问题,但语言在自然发生时是多模态的(不仅是听觉的)和情境的(对话者共享物理环境,这是其共同之处的重要组成部分;Clark,1996)。剥夺语言使用者在看到彼此和共享环境时通常可以获得的信息,可能会使研究人员无法观测到语言行为的重要特征。适应性体现出语言具有明显的社会性(例子参见 Babel,2009;Giles et al.,1973),可能受到互动中除语言以外的因素的影响。因此,在一项关于语速适应的 iVR 研究中,Staum Casasanto 等人(2010)发现,与 VIRTUO/A 更相似的被试表现出更强的适应效果。

正如使用 VIRTUO/A 的实验所示,iVR 可以平衡实验控制和场景丰富性或真实感,这是人类对话者或更简单的虚拟现实设备难以实现的。但是,还有一个重要的问题:iVR 实验的结论是否可以推广到两个人类个体之间的对话?Heyselaar,Hagoort 和 Segaert(2015)的一项研究使用 iVR 测试句法适应是否会产生和人与人之间对话的研究相似的结果来解决这个问题。他们比较了人类个体与其他人、类人虚拟对话者和类计算机虚拟对话者互动时的句法启动。

结果表明,被试产出被动句法结构和主动句法结构的速度受到与人类互动或与类人智能体互动的影响。相比之下,当人类个体与类计算机虚拟对话者互动时,这种效应会减弱。这些发现表明，使用类人智能体的 iVR 为研究语言行为提供了可能，既对刺激和测试环境的语言，以及其他方面进行了非凡的实验控制，同时也可在一定程度上将结果推广到人类个体之间的真实对话。

优势和局限

在本章中，我们强调 iVR 提供了前所未有的场境丰富性和感觉运动真实性，同时也使实验者能够对无数变量保持严格控制，如果在真实场景中，这些变量就是不可控的。

扩大被试库

网络化的虚拟现实系统可能会使被试库更加多样化（Blascovich et al.，2002；Fox et al.，2009）。随着像 Oculus Rift 这样的 HMD 越来越便宜和普及，以及互联网的飞速发展，研究者可以远程施测，而不受实验室地理位置的限制。身在各处的被试，可能具有截然不同的文化或语言背景，却可以在相同的虚拟环境中进行互动。

iVR 可用于以非典型人群为研究对象的实验。例如，无法旅行的患者能够戴上 HMD 去往任何地方、与任何人交谈，这令以老年人或精神障碍患者为被试的语言处理和使用的研究成为可能。原则上，移动虚拟现实实验室是可以实现的，只要动作捕捉需求很小，例如，依靠 HMD 中的加速度计而不是外部摄像头来跟踪头部运动。

情绪的真实性

在实验室研究情绪的挑战之一是，真正的情绪很难被诱发。即使是情绪强烈的文字或图片也无法像现实生活场景那样影响被试的情绪。通过控制感官并使被试沉浸在虚拟世界中，iVR 有助于克服传统刺激诱发的情绪较弱的问题。例如，深坑错觉会引起真正的恐惧和焦虑。iVR 能够诱发许多情绪。例如，即使在《第二人生》(Second Life) 在线社交环境等非沉浸式虚拟现实中，与其他人的化身互动也会使人们真的坠入爱河（Meadows，2007）。

复杂环境的可重复性

在任意两次自然发生的对话中，环境、背景噪声、天气、实验者的衣服和行为等都会有很大的不同。iVR 允许对传递给被试的所有感觉输入进行严格控制,以便实验对每个被试来说都是精确复刻的(Blascovich et al.,2002;Fox et al.,2009)。人与计算机驱动的智能体之间的语言互动可以被结构化并按照预先编好的脚本发生,使得智能体在每次互动中以完全相同的方式说出完全相同的内容,同时所有伴随的非语言行为也保持不变。在两个人控制的化身之间的互动中,每次实验的物理环境布局能够设置成完全相同。控制环境中对象的布局对于参照研究特别有用(Keysar et al.,2000)。

iVR 的缺点

iVR 的真实性也存在缺点。高度或运动的幻象很强大,以至于少数被试会因此感到恶心。Heyselaar 等人(2015)的研究(见上文)提出了 iVR 研究中的另一个重要考虑因素:提防令人毛骨悚然的智能体。人们在与看起来不像人类的机器人(想象一下 R2-D2,《星球大战》系列电影中的垃圾桶形状的机器人)互动时会感到比较自在,并且与类人机器人(如 R2-D2 的高大金色伙伴,C-3PO)互动更自在。但是当机器人或数字智能体变得太像人类时,人们通常会产生厌恶反应:一个看起来与人类有约 90% 相似度的人物就会落入虚构和真实之间的"恐怖谷"(uncanny valley)之中(Mori,2012)。例如,与明显不是人类的金属假手相比,看起来不太逼真的仿人假手通常被认为更令人毛骨悚然。为了确保类人智能体不会落入"恐怖谷",Heyselaar 等人(2015)要求一组评分员评估候选智能体的脸,他们选择了一张像人的但可怕程度较低的脸。落入"恐怖谷"的智能体可能会对带有社会性成分的实验产生意料之外的影响。

如果你是操作虚拟现实的新手,那么最大的问题是时间和金钱的投入,即使是创建简单的 iVR 研究也如此。尽管便携式 HMD(如 Google Cardboard),以及简单的运动跟踪系统(如 Microsoft Kinect)都非常便宜,但你能想到的虚拟互动在低成本系统中有些可行,有些则不可行。对多个身体部位的精准跟踪可能需要更精密的多组件 mo-cap 技术。即使你使用固定角色作为智能体和化身,创建虚拟世界也可能需要大量的编程工作,以及使用 3D 模型填充其所需的精湛的技艺。刚接触 iVR 的研究人员应该了解将想象中的研究变为(虚拟)现实可能需要的设备和专业知识。此外,低成本硬件和预打包软件可以完成的任务数量正在迅速增多。

结　　论

　　心理语言学研究者通常需要权衡实验控制和实验刺激的丰富性或真实性。与创建虚拟世界的低技术方法（如文字、图片、视频和音频记录）相比，iVR 可以提供高水平的实施控制和真实感。迄今为止，iVR 仅用于少数心理语言学研究，以解决有关言语适应（如前文所述）和手势-言语互动的问题（Chu & Hagoort, 2014）。然而，在心理学的其他领域，iVR 已经以富有创意的方式被用于解决各种问题。由于语言使用本身具有互动性，iVR 是研究人员的有力工具，被试能够在一个完整的物理和社会环境中与一个或多个对话者（其他化身或虚拟智能体）进行互动，同时控制不同的外在和社会身份。即使 iVR 环境或角色看起来有些人造感（避免"恐怖谷"效应），它们也可以引发真实的情绪和社会态度，使研究人员能够在常用但很少研究的社会情感语境中观察语言。随着 Microsoft Kinect、Google Cardboard 和 Occulus Rift 等经济实惠的运动捕捉和 iVR 技术的出现，mo-cap 和 iVR 不再是那些拥有成熟虚拟现实实验室的少数研究人员独享的领域。就像 20 世纪 80 年代初的事件相关电位和 90 年代末的眼动追踪一样，iVR 现在已成为心理语言学家的常用研究方法之一。

关 键 术 语

　　智能体（agent）：虚拟智能体是虚拟世界中的一个自主角色；一个不是化身的数字机器人。智能体的行为是由计算机控制的，而不是由人类动作发出者控制的。

　　化身（avatar）：人类沉浸在虚拟世界中的角色；人类动作发出者的数字化角色。

　　头戴式显示器（head mounted display，HMD）：一种带有屏幕的头盔，被试可以通过它观看虚拟世界的视频。

　　沉浸式虚拟现实（immersive virtual reality，iVR）：一种虚拟现实系统，其中视觉模态（有时也包括其他感官模态）中的感知完全由虚拟环境决定；被试无法进入真实（视觉）世界，因此沉浸在虚拟世界中。

　　临场感（presence）：被试沉浸在虚拟世界中的主观感觉。

恐怖谷（uncanny valley）：介于人造刺激和真实刺激之间的区域。随着机器人的外观变得更加逼真，人类与机器人（物理或虚拟）互动的舒适度通常会提高；然而，这一趋势的一个例外是，人类常常对机器人或其他看起来与人的相似度为90%，但不完全逼真的设备感到不舒服，这类设备常被称为落入了"恐怖谷"。

参 考 文 献

Asimov, I. (1951). *Foundation*. New York: Doubleday.

Babel, M. E. *Phonetic and social selectivity in speech accommodation*. PhD dissertation, University of California, Berkeley, 2009.

Baum, L. F. (1958). *The wizard of oz*. New York: Scholastic.

Blascovich, J., Loomis, J., Beall, A. C., Swinth, K. R., Hoyt, C. L., & Bailenson, J. N. (2002). Immersive virtual environment technology as a methodological tool for social psychology. *Psychological Inquiry*, 13, 103-124.

Boersma, P., & Weenink, D. (2011). Praat: Doing phonetics by computer [computer program]. Version 5.2.46. Retrieved 10 September 2011 from http://www.praat.org.

Branigan, H. P., Pickering, M. J., & Cleland, A. A. (2000). Syntactic co-ordination in dialogue. *Cognition*, 75, B13-B25.

Brugman, H., & Russel, A. (2004). Annotating multimedia/multi-modal resources with ELAN. In *Proceedings of LREC 2004*, Fourth International Conference on Language Resources and Evaluation.

Chang, C.-Y., Lange, B., Zhang, M., Koenig, S., Requejo, P., Somboon, N., Sawchuk, A. A., & Rizzo, A. A. (2012). Towards pervasive physical rehabilitation using Microsoft Kinect. In *6th International Conference on Pervasive Computing Technologies for Healthcare*, 159-162. IEEE.

Chu, M., & Hagoort, P. (2014). Synchronization of speech and Gesture: Evidence for interaction in action. *Journal of Experimental Psychology: General*, 143, 1726.

Clark, H. H. (1996). *Using language*. Cambridge: Cambridge University Press.

Finlayson, I., Lickley, R. J., & Corley, M. (2012). Convergence of speech rate: Interactive alignment beyond representation. In *Twenty-Fifth Annual CUNY Conference on Human Sentence Processing*, CUNY Graduate School and University Center, 24, New York, USA.

Fox, J., Arena, D., & Bailenson, J. N. (2009). Virtual reality: A survival guide for the social scientist. *Journal of Media Psychology*, 21, 95-113.

Fox, J., Bailenson, J. N., & Tricase, L. (2013). The embodiment of sexualized virtual selves: The Proteus effect and experiences of self-objectification via avatars. *Computers in*

Human Behavior, 29, 930-938.

Garrod, S., & Pickering, M. J. (2004). Why is conversation so easy? *Trends in Cognitive Sciences*, 8, 8-11.

Gijssels, T., Staum Casasanto, L., Jasmin, K., Hagoort, P., & Casasanto, D. (2016). Speech accommodation without priming: The case of pitch. *Discourse Processes*, 53, 233-251.

Giles, H., Coupland, N., & Coupland, J. (1991). Accommodation theory: Communication, context and consequences. In H. Giles, J. Coupland, & N. Coupland (Eds.), *Contexts of Accommodation* (pp. 1-68). Cambridge & Paris: Cambridge University Press & Editions de la Maison des Sciences de l'Homme.

Giles, H., Taylor, D. M., & Bourhis, R. (1973). Towards a theory of interpersonal accommodation through language: Some Canadian data. *Language in Society*, 2, 177-192.

Groom, V., Bailenson, J. N., & Nass C. 2009. The influence of racial embodiment on racial bias in immersive virtual environments. *Social Influence*, 4, 231-248.

Hartsuiker, R. J., Kolk, H. H. J., & Huiskamp, P. (1999). Priming word order in sentence production. *The Quarterly Journal of Experimental Psychology: Section A*, 52, 129-147.

Haviland, J. B. (1993). Anchoring, iconicity, and orientation in Guugu Yimithirr pointing gestures. *Journal of Linguistic Anthropology*, 3, 3-45.

Heeter, C. (1992). Being there: The subjective experience of presence. *Presence: Teleoperators and Virtual Environments*, 1, 262-271.

Heyselaar, E., Hagoort, P., & Segaert, K. (2015). In dialogue with an avatar, language behavior is identical to dialogue with a human partner. *Behavior Research Methods*, 1-15.

Jaeger, T. F., & Snider, N. (2008). Implicit learning and syntactic persistence: Surprisal and cumulativity. In D. S. McNamara & J. G. Trafton (Eds.), *Proceedings of the 29th Annual Cognitive Science Society Conference* (pp. 1061-1066). Austin, TX: Cognitive Science Society.

Kaschak, M. P., Kutta, T. J., & Coyle, J. M. (2014). Long and short term cumulative structural priming effects. *Language and Cognitive Processes*, 29, 728-743.

Kutta, T. J., & Kaschak, M. P. (2012). Changes in task-extrinsic context do not affect the persistence of long-term cumulative structural priming. *Acta Psychologica*, 141, 408-414.

Keysar, B., Barr, D. J., Balin, J. A., & Brauner, J. S. (2000). Taking perspective in conversation: The role of mutual knowledge in comprehension. *Psychological Science*, 11, 32-38.

Majid, A., Bowerman, M., Kita, S., Haun, D. B. M., & Levinson, S. C. (2004). Can language restructure cognition? The case for space. *Trends in Cognitive Sciences*, 8, 108-114.

Meadows, M. S. (2007). *I, avatar: The culture and consequences of having a second life*. New Riders.

Mori, M., MacDorman, K. F., & Kageki, N. (2012). The uncanny valley [from the field]. *IEEE Robotics & Automation Magazine*, 19, 98-100.

Pickering, M. J., & Garrod, S. (2004). Towards a mechanistic psychology of dialogue. *Behavioral and Brain Sciences*, 27, 169-226.

Riva, G., Mantovani, F., Capideville, C. S., Preziosa, A., Morganti, F., Villani, D., Gaggioli, A., Botella, C., & Alcañiz, M. (2007). Affective interactions using virtual reality: The link between presence and emotions. *CyberPsychology & Behavior*, 10, 45-56.

Staum Casasanto, L., Jasmin, K., & Casasanto, D. (2010). Virtually accommodating: Speech rate accommodation to a virtual interlocutor. In S. Ohlsson & R. Catrambone (Eds.), *Proceedings of the 32nd Annual Conference of the Cognitive Science Society* (pp. 127-132). Austin, TX: Cognitive Science Society.

Yee, N., & Bailenson, J. (2007). The Proteus effect: The effect of transformed self-representation on behavior. *Human Communication Research*, 33, 271-290.

Van Berkum, J. J. A., De Goede, D., Van Alphen, P. M., Mulder, E. R., & Kerstholt, J. H. (2013). How robust is the language architecture? The case of mood. *Frontiers in Psychology*, 4, 505.

Verne, J. (1870). *20,000 leagues under the sea*. Translated by Anthony Bonner, 1962. New York: Bantam.

Wiggs, C. L., & Martin, A. (1998). Properties and mechanisms of perceptual priming. *Current Opinion in Neurobiology*, 8, 227-233.

扩展阅读和资源

Loomis, J. M., Blascovich, J. J., & Beall, A. C. (1999). Immersive virtual environment technology as a basic research tool in psychology. *Behavior Research Methods, Instruments, & Computers*, 31, 557-564.

McCall, C., & Blascovich, J. (2009). How, when, and why to use digital experimental virtual environments to study social behavior. *Social and Personality Psychology Compass*, 3, 744-758.

Tarr, M. J., Warren, W. H. (2002). Virtual reality in behavioral neuroscience and beyond. *Nature Neuroscience*, 5, 1089-1092.

第十章
实验室之外的心理语言学研究

Laura J. Speed, Ewelina Wnuk, & Asifa Majid

传统的心理语言学研究在控制好的实验室中进行，被试通常是心理学或语言学本科生。这样的心理语言学研究方法会让人质疑研究结果的外部效度，即研究结果在多大程度上具有跨语言和跨文化效度，在多大程度上可以推广到具有生态效度的环境中。在此，我们考虑了三种心理语言学走出实验室的方式。第一，研究人员可以在不同的语言和文化中进行跨文化田野调查（cross-cultural fieldwork）。第二，研究人员可以进行网络在线实验或在有约定俗成的行为规范的公共空间（如博物馆）进行实验，获得大量且多样化的被试样本。第三，研究人员可以在更具有生态效度的环境中进行实验，以提高研究结果在现实环境的可推广性。脱离传统的实验室环境，心理语言学家可以在多样化的背景下丰富其对语言使用的理解。

引　言

参加心理语言学研究通常需要到大学里去，与研究者见面，在安静的实验室隔间里根据研究者的指导完成一项计算机任务。本章将把心理语言学研究带离这种传统的实验室环境，转移到外部世界——现实和网络。大多数情况下，这种形式的研究沿用标准的心理语言学方法，但改变了研究地点，以便将更加多样化的观察样本纳入心理语言学理论的考虑范畴。

多样化样本的使用是现代科学的支柱。为了准确地概括和描述一个群体，研究样本必须具有代表性，也就是说，选择的样本能够最佳地反映群体的多样性。因此，心理语言学——主要目标是了解人类语言使用的心理表征和过程的一门学科——必须努力代表全人类,绝不能将被忽视的群体(如手语使用者、双语者、失语症患者等)或不同文化的群体置于一边。接触其中一些人群存在挑战,研究人员要敢于走出实验室,以更积极的态度在家庭、学校、社区、诊所等地接触他们。

对于在实验室外进行的研究,我们认为有两个普遍性的问题,这两个问题都关注研究结果的外部效度,即目前的心理语言学理论是否适用于当今日常语言交流所使用的约7000种不同语言?为了回答这个问题,我们首先需要知道,已证实的心理语言学现象能否推广到世界各地,以及大学环境之外的群体中。其次,我们必须确定,在实验室内观察到的现象,能否在实验室外具有生态效度的环境中重复。

为了外部效度这一广泛的目标,有三个走出实验室的动机:①接触被忽视的人群,包括进行跨文化田野调查接触不同语言的使用者;②在特定的语言中收集大量有着不同人口统计学特征的样本,这可以通过网络在线实验(即众包)或在特定的公共空间(如博物馆)进行实验来实现;③通过在现实环境中进行伪实验(pseudo-experiments)来增加研究结果的生态效度。①和②通常采用传统的心理语言学实验范式,但能接触到更多的被试群体;而③通常需要进一步完善传统方法,提高生态效度。我们将①和②分为两点是因为两者的实验方法和关注点不同,但我们讨论的许多研究可能符合多个类别。

我们的分类并不是全面的。在实验室之外进行的研究也可以出于其他原因,如针对某一特定问题的理论性原因。例如,研究人员可以寻求其他研究环境,以便进行在传统的心理语言学实验室中无法进行的操作,如在太空飞行中操纵重力,这使得 Friederici 和 Levelt(1990)可以研究语言中用于确定空间参照系的感知线索。然而,走出实验室的问题和好处应该引起所有心理语言学家的关注。

跨文化田野研究

理论依据

我们为什么要研究不同的文化和语言?很早之前人们就认识到,语言的多样性是了解思想多样性的窗口。用心理语言学之父冯特(1920)的话来说,每一种语言都"代表了其自身特有的人类思想",因此可能隐藏着一个独特的"宝藏",帮助我们理解思想和语言是如何运作的(Levelt,2013)。

心理学研究已经严重倾向于西方本科生这一大规模同质化样本(96%的研究人群来自西方工业化社会,这些人只占全世界人口的12%;Arnett,2008)。这被认为是一个"狭窄的"数据库(Sears,1986)。

心理语言学的情况也大体相似。除了语言习得研究(例如,Bowerman & Brown,2008;Slobin,1985)之外,大多数心理语言学研究都是由英语或其他欧洲语言使用者完成的。例如,Jaeger 和 Norcliffe(2009)发现,句子产出研究只涉及全世界0.6%的语言的数据(参见 Norcliffe, Harris, & Jaeger, 2015)。这是有问题的,因为英语和其他标准普通欧洲语(Standard Average European,SAE)并不能充分描绘语言的多样性(Dahl,2015),这导致研究人员过于关注以欧洲为中心的语言传统(Eurocentric linguistic traditions)所强加的模式(Whorf,1944;Gil, 2001)。同样地,通常参与心理语言学实验的说话者的社会人口学特征——"WEIRD"[西方的(western)、受过教育的(educated)、工业化的(industrialized)、富有的(rich)和自主的(democratic)]——与世界上其他人口相比,并不寻常(Henrich, Heine, & Norenzayan, 2010;Majid & Levinson, 2010)。例如,心理语言学研究对单语者的关注度很高,这忽略了世界范围内多语现象的盛行。总而言之,这样一种局限于样本基本同质的方法,不能认识到全世界范围内文化和语言的多样性(Evans & Levinson, 2009;Malt & Majid, 2013),也默认假设了心理语言学的普遍性。

实际上,语法和语义结构的差异对话语的编码和解码有不同的影响(例如,Norcliffe, Harris, & Jaeger, 2015;Levinson, 2012),并且可以影响一般认知过程(例如,Majid et al.,2004;Wolff & Holmes, 2011)。我们在此重点关注非城市地区使用的不太为人所知的语言,但由于跨语言的心理语言学正处于起步阶段,即使是描写得相对较好的语言,也能提供新的见解(例如,Sauppe et al.,2013)。

有什么意义?最佳实践

每种语言都会给研究者带来一系列独特的挑战。因此,在一项田野调查中所遵循的要求和程序会因为所在地方不同而产生变化,这取决于与田野调查现场后勤、研究人群的社会文化和语言背景、语言记录的状况、研究问题等相关的一些实际和理论问题。目前,已有许多优秀的语言学田野调查指南(例如,Bowern, 2008;Crowley, 2007;Sakel & Everett, 2012)和手册(例如,Gippert, Himmelmann, &

Mosel, 2006; Newman & Ratliff, 2001; Thieberger, 2011),所以我们只标出一些关键的一般性问题,主要关注田野调查中的心理语言学研究方法。

成功推进一项心理语言学田野调查的先决条件是熟悉所研究的语言和文化。这意味着在实践中需要长期参与社区工作。如果一种语言以前没有被研究过,田野工作需要对其做基本的描写,为探索更高深的问题做好准备工作。另外,如果已经有了足够好的语法描写,了解该语言就容易得多。了解语言和文化是至关重要的,因为这不仅能够让你与说话者互动并进行实验,而且还能确保不会忽略重要的环节。由于不能先验地确定一种描写不足的语言是如何运作的,因此田野工作者不能只对句法或只对形态感兴趣,而是需要对"整个语言"(Hyman, 2001)有一个总体的把握,并了解它在文化中的适应性。例如,句子的构建受到词序的影响,但同时也可能受到动词形态的驱动(Norcliffe et al., 2015),而感知词汇可能与文化习俗密切相关(例如,Burenhult & Majid, 2011; Wnuk & Majid, 2014)。

只要所采用的方法本身适合于研究人群,田野中的刺激材料和数据收集就不需要与实验室研究有很大的区别。经典的心理语言学范式(例如,自定步速阅读、词汇判断)是基于接受过教育的人群开发的,因此许多标准方法为了跨文化的可用性需要进行调整(例如,Wagers, Borja, & Chung, 2015)。大体上,在计算机上进行的实验任务一般都可以在田野调查现场的便携式计算机上运行。毫无疑问,其他(非电子的)易于运输的刺激材料,如图片、小册子、小件物品也可以用于田野研究。运输和储存通常需要仔细计划——就像确保定期用电一样——但也有一些小窍门,如使用保护袋/箱、轻质太阳能电源、携带备用设备(例如,Bowern, 2008)。由于技术的快速发展,一些专门的技术——如超声波(Gick, 2002)、眼球追踪器(Norcliffe et al., 2015)、脑电图设备等——已变得便携,也可用于心理语言学的田野研究。在某些情况下,可以建立田野实验室——封闭的安静空间——以此接近实验室的测试条件。因此,与其说研究者走出了实验室,不如说我们现在把实验室移到了室外。

问题和难点

如上所述,田野调查的地点因研究而异,所以心理语言学田野研究没有特定的难点,但也存在一些普遍性问题。在这些问题中,我们挑选出三个最重要的问题:与母语被试一起工作的可行性、被试群体小,以及实验控制有限。对其他问题的讨论，请参见 Crowley (2007)。

第一，与不习惯接受测试的人群一起工作的可行性。许多非城市群体没有接受过正规教育，也没有习惯于在实验中按照指导语做出反应。从每天花几个小时听课和考试的（例如，执行重复性任务）大学生的角度来看，实验任务似乎没有问题，但对其他人来说，可能是非常苛刻的（Whalen & McDonough, 2015）。还需要注意的是，现代的仪器设备和测试并不会令被试感到恐惧。所以应避免使用过长的问卷调查或烦琐的程序，不要让被试感到紧张。

第二，研究者和被试之间的共同点有限，如文化背景不同。有时，传达一个实验要点可能非常困难，尤其是如果目标语言中没有对应直译的概念。因此，要尽可能让设计清晰简单：对任务进行预实验，并设置一个训练阶段。随着对语言的深入了解，研究人员会预测被试的反应和可能存在的误解，所以这类问题通常容易解决。

第三，田野调查难以招募大量被试。如果你研究的语言比较小众，那么被试数量可能相对较少。一个可行的解决方案是增加刺激材料的数量，这样就会有更多的数据被纳入分析。但要注意的是，需要权衡实验的持续时长和数据质量，因为人们可能会疲劳，甚至不愿意参与实验。为了最大化招募被试的概率，在合适的时间实施田野调查是很重要的。例如，在收获的季节拜访农民群体并不合适。另一个相关的限制因素与性别或社会阶层有关。从社会角度看，田野调查人员与异性或某些社会阶层的群体成员进行交谈可能是不合适的。在这种情况下，招募当地人陪同研究者进行实验，或实施实验任务会很有帮助。

第四，田野研究难以对实验条件进行严格控制。许多田野工作的地点少有或没有基础设施。通常也没有用于测试的独立的封闭空间。因此，干扰因素可能包括背景噪声和好奇的围观者。你可以采取各种措施来避免这些情况——例如，找一个僻静的地方，礼貌地要求不被打扰，等等。同样，进一步熟悉当地人和环境可以帮助研究者优化测试条件。

研究示例

一个采用不同被试样本的心理语言学研究的例子是切开与掰断项目（Cut & Break project; Majid et al., 2007; Majid, Boster, & Bowerman, 2008）。该实验使用了一组描述物理分离事件（切开和掰断）的视频片段，研究 28 种语言的事件分类。语言学专家团队用说话者的母语对被试进行采访,要求他们观看视频片段并对每个事件进行自由描述。根据过程中用于描述目标事件的动词,给每个语言建立片段和片段间的相似度矩阵。如果一对事件用相同的动词描述,那么它们被认为是相似的(即赋相似性分数1),否则就是不相似的(即赋0分)。叠加的相似度数据进行对应分析,提取主要的差异维度。分析结果显示,尽管各种语言在事件分类的方式上有很大不同(图10.1),但各种语言的领域结构有共同的核心。为了验证这一结果,作者将不同语言的一般解决方案所提取的维度与每种语言的维度进行了关联。总体上来说,各语言之间相关性很高,体现在高平均相关和小标准差上。另外,因子分析和聚类分析进一步证实了跨语言事件分类的共同之处。

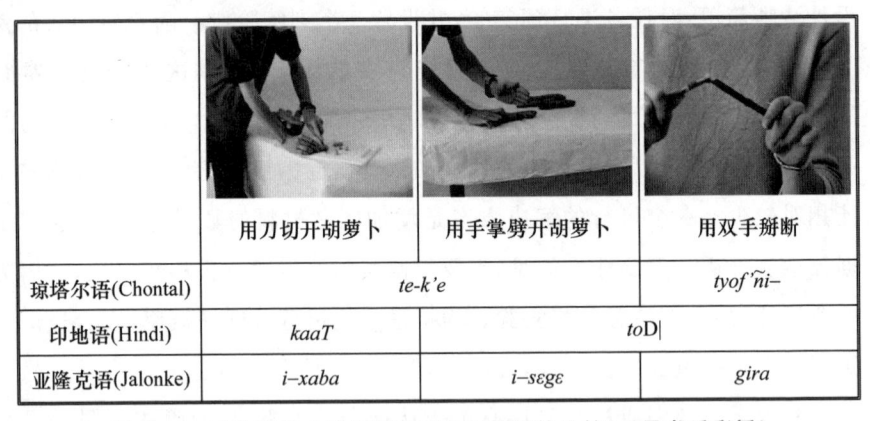

	用刀切开胡萝卜	用手掌劈开胡萝卜	用双手掰断
琼塔尔语(Chontal)	te-k'e		tyof ñi-
印地语(Hindi)	kaaT	toD|	
亚隆克语(Jalonke)	i-xaba	i-sɛgɛ	gira

图 10.1 三种语言中动词"切开"和"掰断"的比较(又见书后彩插)
(改编自 Majid et al.,2007)

由于采用了"中性抽象标示模式"(etic grid)——一个标准化的、独立于语言的刺激材料集——能够在一般水平上进行大规模的比较,而田野研究团队的专业知识也使研究人员能够具有"主位视角"(emic perspective)——特定语言和文化的内部视角(参见 Majid et al.,2007)。

网络和博物馆研究

理论依据

作为心理语言学家,如果你还没有准备好收拾行李,坐飞机到遥远的目的地去测试研究的普遍性,那么你可以努力扩大被试样本,使其更具包容性和代表性。最近,网络和博物馆成为大量研究的室外场所。虽然两者从表面上看非常不同,但都是出于同样的考虑,因此在这里我们将两者放在一起讨论。

把实验或调查放在网络上,你能够在一天中的任何时候、一周中的任何一天接触到数量惊人的被试。使用美国亚马逊公司的 Mechanical Turk(MTurk)——一个在线众包网站——研究者能够测试 100 多个国家和地区超过 100 000 名的被试(尽管大多数是在美国)。Burhmester、Kwang 和 Gosling(2011)报告,MTurk 上的被试比美国大学的典型样本更具多样化。同样,博物馆几乎每天都有源源不断的参观者,在开放时间内有数量惊人的人群。伦敦的科学博物馆每年约有 270 万游客。相比于典型的心理语言学研究,在网络上和博物馆招募的被试能够描绘一个更加多样化的样本,甚至可能出现与特殊人群接触的机会,如有罕见的联觉(synesthesia)*的人群。

在大学招募的被试与在网络上和博物馆招募的被试之间也可能存在质的差异。来自大学的被试可能有着志愿者偏好。自愿参与实验的人群的结果可能不能代表一般人。Ganguli 等人(2015)发现,相比于从人群中随机抽取的被试,自愿参与实验的人往往更年轻、受教育程度更高、更健康、认知障碍更少。此外,大学里的被试参与实验通常会得到报酬,但博物馆的参观者却没有。虽然网络在线研究和博物馆研究并不能完全解决这样的志愿者偏向(例如,科学博物馆的参观者显然对科学感兴趣),但它们至少向被试群体的多样化迈出了一步。

实验室里的被试也可能特别容易受到实验者需求特征的影响。因此,正如 Bargh 和 McKenna(2004)指出的那样,在网络上招募被试有匿名性这一额外优势。被试试图找出"正确答案"的倾向性更低,或不会以他们认为能取悦实验者的方式来行事。总而言之,在网络上招募被试可能会以多种方式提高样本的多样性和质量。

研究者在这些替代地点收集数据,可以获得更大、更丰富的被试样本。在大学招募被试是很困难的,会受到许多因素的阻碍,包括人口规模(通常是心理学或语言学专业的本科生)、假期、考试时间等。例如,Dufau 等人(2011)使用智能手机进行的实验,仅在四个月内就收集了 4157 名被试的数据。而在实验室中进行的同等规模的研究花费了将近三年的时间(Balota et al.,2007)。

---

* 联觉是一种认知现象,指个体在刺激某一感官时,不自主地引发另一种感官或认知体验。例如,某些联觉者在看到特定数字或字母时会感知到特定颜色。——译者

使用该方法的另一个好处是实验成本很低。在 MTurk 上,每个被试的费用低至 1 美分,亚马逊公司收取 20% 的额外费用。实验室场地、工作人员和数据输入等方面的成本也会降低(Birnbaum,2004)。在博物馆进行实验的成本也较低。被试通常是无须报酬的志愿者。对他们来说,参与实验是一种有趣且有教育意义的经历。

最后,这种性质的研究还有其他好处,特别是在博物馆里进行的研究,如公众参与。在公共场合进行研究是宣传研究项目、研究所或大学的好机会,同时也能够让公众了解研究过程和研究结果。

有什么意义? 最佳实践

在过去 5 年左右的时间里,在网络上进行的研究显著扩大。随着 MTurk 和 Crowdflower 等众包服务,以及 WebExp 等在线实验软件的发展,在线研究变得很容易。许多标准心理语言学研究涉及的视觉和听觉刺激材料,如图片、单词和句子,都能够实现;记录的数据包括评分、书面和口语反应,甚至反应时。例如,Dufau 等人(2011)呈现英语单词和非词,并收集了词汇判断任务(即"这是一个真正的英语单词吗?")的正确率和反应时。MTurk 上有许多模板,如调查表和李克特量表(Likert scale),以满足研究者的需要。

创建一个网络在线实验时,有些事情需要铭记于心。确保识别和编码所有感兴趣的变量非常重要,以便有效地处理和分析数据。一旦收集到大量的数据,错误地标记了变量可能会导致数周的额外工作。由于被试将在远离实验室的地方完成任务,因此还需要考虑减少疲劳和维持动机的方法,如用进度条来显示研究的完成度(Keuleers et al.,2015)。同样,取消"超时"这一设置,即一段时间未做出反应就结束实验,这意味着被试可以随时休息,降低了中途退出的概率(Keuleers et al.,2015)。与其他实验一样,被试有权在任何时候退出实验而不用承担后果。实验完成后,可以测量被试的反应时以评估专心程度。反应时极长或极短的被试,或者在实验过程中出现较大的间隔,很可能是分心或懈怠,这部分被试数据应该从分析中剔除。

现在,网络在线实验正在向移动设备延伸,出现了许多实验应用程序(APP)。人们在日常生活中会使用智能手机,这为研究提供了一个很好的机会,高空间和时间分辨率使其适合进行实验呈现(Dufau et al.,2011)。一个例子是应用程序 Syn-

Quiz(Language in Interaction，2015)，其下载和使用都很快捷，该应用向被试呈现了许多有趣的任务，以测试一个人是否有字母-颜色联觉(个体自动和不自主地对字母或数字产生颜色感觉)。还有WoordWolk，这是一个通过查找词汇来帮助失语症患者的应用程序；LingQuest，这是一个教育玩家了解世界语言的游戏，同时也在应用和传播研究。

研究人员也会找机会在博物馆(Simner et al.，2006)和其他公共活动中进行研究，如科学节(Verhoef, Roberts, & Dingemanse, 2015)。在博物馆进行的研究通常会涉及在博物馆驻留一段时间(几天或几周)，但也有可能进行短期的数据收集，如在特别活动或博物馆夜间开放时。博物馆参观者包括所有年龄和背景的人，所以必须牢记这一广泛的人群，并以清晰和可理解的方式编写指导语。实验本身应该是有趣和有教育意义的。被试在离开博物馆时感到高兴，其他参观者对参与实验倍感鼓舞，这是非常重要的。出于相同的原因，实验任务不应该太长或太难。当然，博物馆可能会很嘈杂，也会发生一些意想不到的事情，所以需要记录所有类似的外在因素，以便在分析时参考。

问题和难点

尽管网络在线实验受到很大的关注，能够快速收集大量且多样化的样本数据，但也有一些问题，可分为三类：被试特征、实验控制程度，以及研究类型。

首先，尽管在网络上进行实验能够增加被试的多样性，但实验者必须仔细了解这类抽样的局限性。使用互联网的人群可能在某些维度上存在同质化，如大多数人是世界上使用人数最多的几种语言的母语者。因此，尽管被试可能来自不同的国家和地区，但也许并不能反映研究者希望挖掘的文化或语言的多样性。了解与被试相关的人口统计学特征对解释结果很重要。

其次，尽管研究人员会仔细地编写指导语，但还是会有被试误解和混淆。如果有不清楚的地方，网络在线被试不能提问。因此，研究者不能保证指导语像在实验室里那样有效。同时，实验者对参与实验的被试几乎没有控制。同一个人可以用不同的用户名多次参与研究(尽管这可以通过一个IP地址只允许参与一次来避免)。不符合研究要求的被试也可以报名参加(例如，要求是某一种语言的母语使用者)，或者被试们可以通过合作来"作弊"。同时，由于没有直接的影响，或者仅仅是因为其他事件对被试的干扰，中途退出率可能比现场研究要高。

实验室的隔间空旷隔音,干扰程度很低,被试能够全神贯注地完成任务。与之相比,一方面,在家里完成实验容易分心。例如,背景里可能有正在播放的音乐或电视的声音、孩子的玩闹声等。研究者无法控制这些因素。同样,在博物馆或其他公共场所,被试是去享受的,所以他们可能不会像大学里有报酬的被试那样遵守实验条件。另一方面,"真实世界的变化性"可以被认为是一种优势,因为它模拟的条件更接近我们每天自然处理语言的方式(Moroney, 2003)。有趣的是,Enochson 和 Culbertson (2005)比较了网络上收集的反应时数据和实验室相同任务的反应时数据,发现实验室里的数据变异更大(标准误更大)。因此,也许我们的担心是多余的。

对环境缺乏控制的一个必然结果是在线实验使用的设备缺乏控制。不同的计算机、操作系统和互联网服务器都会增加实验刺激材料的呈现时间和被试反应时的差异。在心理语言学中,许多稳健的现象,如语义启动,都是在小而显著的反应时差异中观察到的,所以数据中任何额外的差异都可能减弱效应。然而,Enochson 和 Culbertson (2015)使用 MTurk 复现了三个反应时差异很小的经典心理语言学效应:与限定词短语相比,代词的处理过程更快;填充语空位依存关系(filler-gap dependencies)的加工;一致性吸引(agreement attraction),即动词错误地与邻近的名词而非其语法主语保持一致。此外,Germine 等人(2012)将从网络在线实验中收集的数据质量(即平均表现、方差和内部信度)与典型的实验室研究的数据相比,发现差异可以忽略不计。

最后,除了上述问题以外,在网络上或公共场所进行的研究类型有限。比按键更复杂的行为实验,或者需要非视觉或听觉刺激(如气味)的实验,都不能在网络上进行。博物馆研究在时间和难度上都会受到限制,因为博物馆的参观者主要是去玩和去学习的。

研究示例

Keuleers 等人(2015)进行了一项大型在线研究。近 30 万名被试参加了一个改编的在线词汇判断测试,被试必须判断字符串是否为真正的单词,这一实验产生了数万个单词判断的正确率和反应时数据。有了大量的被试数据,研究人员能够更可靠地估计(荷兰语)普通人群中语言处理的变异性。此外,研究者还可据此考察年龄、教育、多语制和实验地点对词汇量的影响。这项研究也是一个公众参与的例子。完成测试后，被试可以在社交媒体上分享他们的分数，研究人员认为，这能够提高被试的参与度和满意度。此外，被试可以返回他们在词汇判断任务中的回答，并且在词典中查询词义。被试有机会对任务中使用的项目进行评论，因此研究者能够知道一些与真正的词非常相似的非词。

为了建立这样一个网络在线实验，我们可以使用像 WebExp（Keller, Gunasekhran, Mayo, & Corley, 2009）这样的程序。WebExp 使用一个具有实验刺激材料和结果的服务器，以及一个在被试的浏览器中运行的小程序客户端。实验是用 XML 编写的，这是一种 HTML 用户熟悉的编程语言，需要一个描述实验阶段的时间轴（例如，介绍、练习）。在每个阶段进一步对单个幻灯片和组件，如文本、图像、按键进行细化，每个都有明确的属性。例如，按键和时间信息等数据可以被记录下来，并使用数据目录中的编号文件存储在服务器上。

Simner 及其同事（2006）提供了一个很好的例子，突出了在博物馆进行研究的优势。在 3 个月内，伦敦科学博物馆的 1190 名英语参观者参加了计算机化的字母/数字与颜色的匹配任务，以估计字母-颜色联觉的普遍程度。这项研究最重要的发现是女性和男性之间的联觉比约为 0.9∶1。而以往研究估计的比例则高得多，为 6∶1。从更广泛的被试群体（不仅仅是大学生）中收集的数据结果，与"女性联觉更加普遍"这一结果相反。研究表明，以往的研究数据反映了一种研究偏差，即男性主动报告其联觉经历的可能性比女性小。

在现实环境中进行研究

理论依据

心理语言学的传统研究倾向于对语言采取一种"狭隘"的观点（Port, 2010），即专注于语音或书面文本，而忽略了丰富的语境特征，如具体语境、话语语境和社会语境；以及其他的交流特征，如手势、身体姿态和面部表情。由于许多心理语言学研究只关注有限的交流部分，这引发的一个问题是，心理语言学的发现在多大程度上反映了人们实际使用语言的方式。

在更像"真实世界"的环境中进行研究——更密切地反映了语言在日常生活中的使用——可以成为解决生态效度问题的一个方式。这也被描述为扩展性问题

(scaling problem；Zwaan，2014)：心理语言学的研究结果是否可以扩展到现实世界？传统的心理语言学研究通常会避开对自然语言使用的考察，这很可能是因为在完全嵌入和多模态的语境中研究语言是很困难的。

传统的心理语言学实验在控制环境下进行，移除或彻底简化了现实世界的因素，因此研究者能够仔细操纵感兴趣的变量。这些实验在隔音的房间里进行。鼓励被试只关注当前的语言任务，刺激材料通常是无语境的。被试对呈现在计算机屏幕中央的去语境化的单词做出反应，或者阅读一句情境未知的单句，这与日常生活中的说话和理解不同。

在日常生活中使用语言伴随着大量的语境：晚餐时与家人聊天、散步时与朋友交谈或久别后与表亲叙旧。对话双方具有共同背景。理解和产出语言的动机和意图以人为中心，而不由实验者驱动。其中，一些来自多模态的语境因素在发挥作用。

除了外部环境，如环境中的物体或正在进行的活动，交际信号的其他方面在心理语言学研究和理论中也常常被忽视。说话时，说话者会使用手部和身体姿势。例如，通过标志性的手势或使用节拍手势作为韵律线索(McNeill，1992)。研究表明，言语和手势是一个整合系统(integrated system；Kelly，Özyürek，& Maris，2010)；相比于和言语不一致的手势(如扭动的手势和"剁")，与言语一致的手势(如切的手势和"剁")更有利于语言理解。随着具身认知范式的出现(Barsalou，1999)，研究人员现在也在研究交际场合的外部环境是如何影响语言的理解和产生的(相关综述，参见 Fischer & Zwaan，2008)。

有什么意义？最佳实践

为了减少对实验的人为操纵，提高结果的生态效度，研究人员可以利用日常生活中的情况来评估各种因素如何影响语言处理。关注生态效度不是什么新鲜事。Clark (1979)开展的研究是在自然环境中进行的心理语言学实验的早期案例之一。为了研究对间接请求的反应，研究者在五个实验中打电话给950家当地企业，问了一些简单的直接和间接的问题(例如，"你们今晚几点关门？")，并记录了对方的反应。Clark 根据这些结果概括出六个信息来源，受访者利用这些信息来确定间接问题是否应该以字面意思进行理解。

如今，研究人员开始记录长时间的现实世界的互动。目前已有儿童可以整天佩戴的录音设备，能够收集、记录儿童及其周围人的话语，并可以连接到专门的计算机软件进行自动分析（Kimbrough Oller，2010）。同样，儿童可以佩戴轻便的头部摄像头，研究人员能够通过儿童的眼睛看世界，并评估现实世界的特征对语言习得的作用（Smith，Yu，Yoshida，& Fausey，2014）。

在现实世界中进行实验可能很困难，也可能会遇到问题。因此，另一种方式是在实验室中引入更丰富的语境线索。例如，可以研究带有同步手势或面部表情的语音加工，理解语言的同时完成手部任务或其他形式的持续动作，如使用虚拟现实技术，或在朋友间就相关话题进行对话。

问题和难点

在实验室外开展研究有很多问题，这些问题反映了研究者对生态效度和实验控制的权衡。此外，还有一些具体的伦理问题。

首先，让我们来考虑缺乏实验控制的问题。在现实环境中，研究者很难保证实验一直在相同的条件下进行，精确测量更加困难，这对于某些毫秒级的心理语言学效应来说可能是个问题。现实环境很嘈杂，因此在这种情况下，能够严格进行测试的心理语言学现象可能是有限的。

一个更实际的考虑是用专业设备记录数据的问题。现在心理语言学领域流行的许多实验方法，例如，EEG、眼动追踪和fMRI，由于设备的要求，在实验室之外很难进行。然而，最近的发展已经克服了其中的一些问题，例如，无线眼镜中的眼动追踪器。此外，包含非语言情境的记录可能非常昂贵，分析和编码这些特征（特别是视频）需要时间，而且如果视频设备需要安装，如人们的家里，也会造成破坏（Roy，2009）。然而，研究者正在开发减少此类影响的方法；例如，开发快速准确的语音和视频的转写与注释（Roy，2009）或虚拟现实系统。

其次，在自然环境下进行实验的伦理问题。在大学里进行研究，研究方案必须由伦理委员会仔细审查，监测可能存在的风险，确保向被试提供足够的信息。在实验室外进行研究，研究者无法预测所有潜在的问题和风险。此外，一些研究的被试并不知道他们是实验操纵的一部分，因为当你知道你正在参与一个实验时，你的行为可能会改变。这意味着被试失去了知情同意的机会。然而，美国心理学会（American Psychological Association）制定的伦理准则指出，满足某些条件可以免除知情同意，例如，被试没有受到伤害或困扰的风险，以及保护被试的个人信息。总之,研究人员必须尊重被试的自由选择和隐私,不扰乱人们的日常生活。

在现实环境中完成的研究可能包含大量的变异和潜在的混淆因素,研究人员必须仔细、全面地记录事件。总而言之,要用多种方法(如在典型的实验室环境和具有生态效度的现实环境)调查同一种现象。这些数据可以为特定的心理语言学现象提供一致性的证据。

研究示例

Boroditsky 和 Ramscar(2009)为在具有丰富语境的日常环境下进行的研究提供了一个非常好的例子。研究者想要考察空间位置对时间概念的影响,利用了可以作为实验操纵的真实环境。例如,在机场问等待出发或刚刚到达的人"下周三的会议向前移动了两天。现在会议被重新安排在了哪一天?"这样的问题。现实的空间经历会影响人们采取自我移动的观点(认为自己在时间中移动,因此回答"星期五")或时间移动的观点(认为时间向自己移动,因此回答"星期一")的程度:相比于那些要出发的人,刚刚到达机场的人更可能采取自我移动的观点(回答"星期五")。

这一切与其说是实验,不如说是观察性研究,但 Roy(2009)提供了一个数据丰富且具有生态效度的例子,令人印象深刻。Roy 在自己的家里安装了摄像头,收集了他的儿子在自然环境下从出生到三岁语言习得的全面记录,时长超过 230 000 h。可以使用人机交互的转写和注释系统从录音中提取许多特征,例如,从音频中提取单词、韵律特征和辨认说话人;从视频中提取人/物的信息、行为和动作方式。处理完这些感知信息后,可以输入机器学习器,对语言习得过程进行计算建模和预测。从这些丰富的数据中得到的初步发现表明,照顾者在孩子的语言习得过程中非常重要。例如,孩子第一次能够可靠地说出新单词,是在照顾者降低了含有该单词的话语的复杂性之后发生的。该研究还考察了语义和语用的语境,评估了眼球注视和身体运动在语言产生过程中的作用,揭示了儿童如何在有意义的语境中学习和理解词语的意义。

结　论

实验室是心理语言学研究的重要阵地。但也有很多研究的被试来自范围更广的人群,以及更多地考虑了语言使用的情境和背景。明智地选择研究方法,权衡每一种方法的优势和难点,为解决困扰心理语言学研究的一些问题提供了补救办法。毕竟,我们的理论应该适用于全人类,适用于丰富多样的语言形式。心理语言学家是时候走出实验室了。

关 键 术 语

众包(crowdsourcing):从网络在线社区的大群体中收集数据的方法。

生态效度(ecological validity):研究结果能在多大程度上被推广到现实世界中。

外部效度(external validity):研究结果能在多大程度上被推广到其他人群和情况下。

语言学田野调查(linguistic fieldwork):在工作场所之外收集原始语言数据,通常与对鲜为人知和描述不足的语言的长期调查相关。

参 考 文 献

Arnett, J. J. (2008). The neglected 95%: Why American psychology needs to become less American. *American Psychologist*, 63, 602-614. DOI: 10.1037/0003-066X.63.7.602

Balota, D. A., Yap, M. J., Hutchison, K. A., Cortese, M. J., Kessler, B., Loftis, B., Neely, J. H. Nelson, D. L., Simpson, G. B., & Treiman, R. (2007). The English lexicon project. *Behavior Research Methods*, 39, 445-459.

Bargh, J. A., & McKenna, K. Y. A. (2004). The internet and social life. *Annual Review of Psychology*, 55, 573-590. DOI:10.1146/annurev.psych.55.090902.141922.

Barsalou, L. W. (1999). Perceptual symbol systems. *Behavioral and Brain Sciences*, 22, 577-660. DOI: 10.1017/S0140525X99532147.

Birnbaum, M. H. (2004). Human research and data collection via the internet. *Annual Review of Psychology*, 55, 803-832. DOI:10.1146/annurev.psych.55.090902.141601.

Boroditsky, L., & Ramscar, M. (2002). The roles of body and mind in abstract thought. *Psychological Science*, 13, 185-189. DOI: 10.1111/1467-9280.00434.

Bowerman, M., & Brown, P. (Eds.). (2008). *Crosslinguistic perspectives on argument structure*. New York: Lawrence Erlbaum Associates.

Bowern, C. (2008). *Linguistic fieldwork: A practical guide*. Basingstoke: Palgrave Macmillan.

Burenhult, N., & Majid, A. (2011). Olfaction in Aslian ideology and language. *The Senses & Society*, *6*, 19-29. DOI: 10.2752/174589311X12893982233597.

Buhrmester, M., Kwang, T., & Gosling, S. D. (2011). Amazon's Mechanical Turk: A new source of inexpensive, yet high-quality, data? *Perspectives on Psychological Science*, *6*, 3-5. http://doi.org/10.1177/1745691610393980.

Clark, H. (1979) Responding to indirect speech acts. *Cognitive psychology*, *11*(4), 430-477.

Crowley, T. (2007). *Field linguistics: A beginner's guide*. New York: Oxford University Press.

Dahl, Ö. (2015). *How WEIRD are WALS languages?* Presented at the Diversity Linguistics: Retrospect and Prospect, Leipzig.

Dufau, S., Du. abeitia, J. A., Moret-Tatay, C., McGonigal, A., Peeters, D., Alario, F.-X., ... Grainger, J. (2011). Smart phone, smart science: How the use of smartphones can revolutionize research in cognitive science. *PLoS ONE*, *6*, e24974. DOI:10.1371/journal.pone.0024974.

Enochson, K., & Culbertson, J. (2015). Collecting psycholinguistic response time data using Amazon Mechanical Turk. *PLOS ONE*, *10*, e0116946. DOI: 10.1371/journal.pone.0116946.

Evans, N., & Levinson, S. C. (2009). The myth of language universals: Language diversity and its importance for cognitive science. *Behavioral and Brain Sciences*, *32*, 429-448. DOI:10.1017/S0140525X0999094X.

Fischer, M. H., & Zwaan, R. A. (2008). Embodied language: A review of the role of the motor system in language comprehension. *The Quarterly Journal of Experimental Psychology*, *61*, 825-850. DOI:10.1080/17470210701623605.

Ganguli, M., Lee, C.-W., Hughes, T., Snitz, B. E., Jakubcak, J., Duara, R., & Chang, C.-C. H. (2014). Who wants a free brain scan? Assessing and correcting for recruitment biases in a population-based fMRI pilot study. *Brain Imaging and Behavior*, *9*, 204-212. DOI:10.1007/s11682-014-9297-9.

Germine, L., Nakayama, K., Duchaine, B. C., Chabris, C. F., Chatterjee, G., & Wilmer, J. B. (2012). Is the Web as good as the lab? Comparable performance from Web and lab in cognitive/perceptual experiments. *Psychonomic Bulletin & Review*, *19*, 847-857. DOI:10.3758/s13423-012-0296-9.

Gick, B. (2002). The use of ultrasound for linguistic phonetic fieldwork. *Journal of the International Phonetic Association*, *32*, 113-121. DOI:10.1017/S0025100302001007.

Gil, D. (2001). Escaping Eurocentrism: Fieldwork as a process of unlearning. In P. Newman & M. S. Ratliff (Eds.), *Linguistic fieldwork* (pp. 102-132). Cambridge, UK; New York, NY: Cambridge University Press.

Gippert, J., Himmelmann, N., & Mosel, U. (Eds.). (2006). *Essentials of language documentation*. Berlin; New York: Mouton de Gruyter.

Henrich, J., Heine, S. J., & Norenzayan, A. (2010). The weirdest people in the world. *Behavioral and Brain Sciences*, *33*, 1-75. DOI: 10.1017/S0140525X0999152X.

Hyman, L. M. (2001). Fieldwork as a state of mind. In P. Newman & M. S. Ratliff (Eds.), *Linguistic fieldwork* (pp. 15-33). Cambridge, UK; New York, NY: Cambridge University Press.

Jaeger, T. F., & Norcliffe, E. J. (2009). The cross-linguistic study of sentence production. *Language and Linguistics Compass*, *3*(4), 866-887.

Keller, F., Gunasekharan, S., Mayo, N., & Corley, M. (2009). Timing accuracy of web experiments: A case study using the WebExp software package. *Behavior Research Methods*, *41*, 1-12.

Kelly, S. D., Ozyurek, A., & Maris, E. (2010). Two sides of the same coin: Speech and gesture mutually interact to enhance comprehension. *Psychological Science*, *21*, 260-267. DOI:10.1177/0956797609357327.

Keuleers, E., Stevens, M., Mandera, P., & Brysbaert, M. (2015). Word knowledge in the crowd: Measuring vocabulary size and word prevalence in a massive online experiment. *The Quarterly Journal of Experimental Psychology*, *68*, 1665-1692. DOI: 10.1080/17470218.2015.1022560.

Kimbrough Oller, D. (2010). All-day recordings to investigate vocabulary development: A case study of a trilingual toddler. *Communication Disorders Quarterly*, *31*, 213-222. DOI:10.1177/1525740109358628.

Language in Interaction Consortium (2015). LingQues t(1.1). [Mobile application software]. Retrieved from http://itunes.apple.com.

Language in Interaction Consortium (2015). Syn Quiz (1.1.161). [Mobile application software]. Retrieved from http://itunes.apple.com.

Language in Interaction Consortium (2015). WoordWolk (1.3). [Mobile application software]. Retrieved from http://itunes.apple.com.

Levelt, W. J. M. (2013). *A history of psycholinguistics: The pre-Chomskyan era*. Oxford: Oxford University Press.

Levinson, S. C. (2012). The original sin of cognitive science. *Topics in Cognitive Science*, *4*, 396-403. DOI:10.1111/j.1756-8765.2012.01195.x.

Majid, A., Boster, J. S., & Bowerman, M. (2008). The cross-linguistic categorization of everyday events: A study of cutting and breaking. *Cognition*, *109*, 235-250. DOI: 10.1016/j.cognition.2008.08.009.

Majid, A., Bowerman, M., Kita, S., Haun, D. B. M., & Levinson, S. C. (2004). Can language restructure cognition? The case for space. *Trends in Cognitive Sciences*, *8*, 108-114.

205   DOI:10.1016/j.tics.2004.01.003.

Majid, A., Bowerman, M., Staden, M. van, & Boster, J. S. (2007). The semantic categories of cutting and breaking events: A crosslinguistic perspective. *Cognitive Linguistics*, *18*, 133-152. DOI:10.1515/COG.2007.005.

Majid, A., & Levinson, S. C. (2010). WEIRD languages have misled us, too. *Behavioral and Brain Sciences*, *33*, 103. DOI:10.1017/S0140525X1000018X.

Malt, B. C., & Majid, A. (2013). How thought is mapped into words. *Wiley Interdisciplinary Reviews: Cognitive Science*, *4*, 583-597. DOI:10.1002/wcs.1251.

McNeill, D. (1992). *Hand and mind: What gestures reveal about thought*. Chicago: University of Chicago Press.

Moroney, N. (2003). Unconstrained web-based color naming experiment. In *Electronic Imaging 2003* (pp. 36-46). International Society for Optics and Photonics. DOI:10.1117/12.472013.

Newman, P., & Ratliff, M. S. (Eds.). (2001). *Linguistic fieldwork*. Cambridge: Cambridge University Press.

Norcliffe, E., Harris, A. C., & Jaeger, T. F. (2015). Cross-linguistic psycholinguistics and its critical role in theory development: Early beginnings and recent advances. *Language, Cognition and Neuroscience*, *30*, 1009-1032. DOI:10.1080/23273798.2015.1080373.

Norcliffe, E., Konopka, A. E., Brown, P., & Levinson, S. C. (2015). Word order affects the time course of sentence formulation in Tzeltal. *Language, Cognition and Neuroscience*, *30*, 1187-1208. DOI:10.1080/23273798.2015.1006238.

Port, R. F. (2010). Language as a social institution: Why phonemes and words do not live in the brain. *Ecological Psychology*, *22*, 304-326. http://doi.org/10.1080/10407413.2010.517122.

Roy, D. (2009). New horizons in the study of child language acquisition. *Proceedings of Interspeech 2009*, 13-20.

Sakel, J., & Everett, D. L. (2012). *Linguistic fieldwork: A student guide*. Cambridge; New York: Cambridge University Press.

Sauppe, S., Norcliffe, E., Konopka, A. E., Van Valin, R. D., & Levinson, S. C. (2013). Dependencies first: Eye tracking evidence from sentence production in Tagalog. In M. Knauff, M. Pauen, N. Sebanz, & I. Wachsmuth (Eds.), *Proceedings of the 35th Annual Meeting of the Cognitive Science Society (CogSci 2013)* (pp. 1265-1270). Austin, TX: Cognitive Science Society.

Sears, D. O. (1986). College sophomores in the laboratory: Influences of a narrow data base on social psychology's view of human nature. *Journal of Personality and Social Psychology*, *51*, 515. DOI:10.1037/0022-3514.51.3.515.

Simner, J., Mulvenna, C., Sagiv, N., Tsakanikos, E., Witherby, S. A., Fraser, C., Scott,

K., & Ward, J. (2006). Synaesthesia: The prevalence of atypical cross-modal experiences. *Perception*, 35, 1024. DOI: 10.1068/p5469.

Slobin, D. I. (Ed.). (1985). *The crosslinguistic study of language acquisition*. Hillsdale, N. J: L. Erlbaum Associates.

Smith, L. B., Yu, C., Yoshida, H., & Fausey, C. M. (2015). Contributions of head-mounted cameras to studying the visual environments of infants and young children. *Journal of Cognition and Development*, 16, 407-419. DOI:10.1080/15248372.2014.933430.

Thieberger, N. (Ed.). (2011). *The Oxford handbook of linguistic fieldwork*. Oxford: Oxford University Press.

Verhoef, T., Roberts, S. G., & Dingemanse, M. (2015). Emergence of systematic iconicity: Transmission, interaction and analogy. In In D. C. Noelle, R. Dale, A. S. Warlaumont, J. Yoshimi, T. Matlock, C. D. Jennings, & P. P. Maglio (Eds.), *The 37th annual meeting of the Cognitive Science Society (CogSci 2015)*. Cognitive Science Society.

Wagers, M, Borja, M. F., & Chung, S. (2015). The real-time comprehension of WH-dependencies in a WH-agreement language. *Language*, 91, 109-144.

Whalen, D. H., & McDonough, J. (2015). Taking the laboratory into the field. *Annual Review of Linguistics*, 1, 395-415. http://doi.org/10.1146/annurev-linguist-030514-124915.

Whorf, B. L. (1944). The relation of habitual thought and behavior to language. *ETC: A Review of General Semantics*, 197-215.

Wnuk, E., & Majid, A. (2014). Revisiting the limits of language: The odor lexicon of Maniq. *Cognition*, 131, 125-138. DOI: j.cognition.2013.12.008.

Wolff, P., & Holmes, K. J. (2011). Linguistic relativity. *Wiley Interdisciplinary Reviews: Cognitive Science*, 2, 253-265. DOI:10.1002/wcs.104.

Wundt, W. M. (1920). *Erlebtes und Erkanntes*. Stuttgart: A. Kr. ner. Zwaan, R. A. (2014). Embodiment and language comprehension: Reframing the discussion. *Trends in Cognitive Sciences*, 18, 229-234. DOI:10.1016/j.tics.2014.02.008.

扩 展 阅 读

有关语言的综合性参考信息,尤其是少有人知的语言:http://glottolog.org/.

基于描述性材料收集的语言结构(音系、语法、词汇)特性数据库:http://wals.info/.

马克斯·普朗克心理语言学研究所语言与认知部门用于语义范畴诱导的刺激材料:http://fieldmanuals.mpi.nl/.

设计和实施语义诱发研究的全面且实用的指南:Majid, A. (2012). A guide to stimulus-based elicitation for semantic categories. In N. Thieberger (Ed.), The Oxford handbook of linguistic fieldwork (pp. 54-71). New York: Oxford University Press.

比利时根特大学(Ghent University)提供的各类语言学测量的实用数据库合集,包含非词生成器等软件及在线词汇测试数据：http://crr.ugent.be/programs-data.

亚马逊 Mechanical Turk(一个在线众包平台，可通过问卷调查和实验等方式从大量参与者处收集数据）：http://www.mturk.com.

WebExp 官网，支持在线开展实验并存储实验结果：http://groups.inf.ed.ac.uk/webexp/.

伦敦科学博物馆研究项目申请指南：http://www.ciencemuseum.org.uk/about_us/new_research_folder/livescience.aspx.

第十一章
计算建模

李平 & 赵晓巍

计算建模在心理语言学理论构建中举足轻重,是一种重要的研究工具,尤其擅长解决自然语言情景中变量间复杂的交互作用问题。本章将介绍心理语言学中两种计算建模的方法:概率法(probabilistic approach)和联结主义法(connectionist approach)。我们将逐一讨论两种方法的假设和理论基础,及其在方法上面临的挑战;还将给出两种方法的示例,并介绍二者在心理语言学研究中的应用,重点关注基于语义表征的共现性和儿童及成人的词汇发展,探讨如何进行建模。

假设和理论基础

自 20 世纪 50 年代认知革命早期起,计算机科学对认知科学理解人类语言行为便起到重要作用(相关历史综述,参见 Gardner, 1987)。比如,冯·诺伊曼结构下数字计算机的发展(即中央处理器和内存的分离)启发了科学家将人类思想理解为数字符号处理器,并将人类信息加工与输入输出的符号处理计算系统等同。沿袭这一传统,许多语言加工的计算模型着眼于推导出声明性、符号性的规则/算法,以计算分析句子的句法结构(parsing,解析),或构建在自然语言处理中的计算和心理学上可行的应用,如解析模型(parsing model;Vosse & Kempen, 2000)、WEAVER 言语产出模型(Roelofs, 1997)。

与更经典的认知和语言观不同,语言计算建模的发展出现两种方向。一方面,研究者明确了语言的统计特征对语言加工和学习的许多方面起到重要的作用。儿童和成人都能检测并运用统计信息,有时从语音、视觉语言流中的不同项目间觉察

(Saffran et al.,1996),有时从他们的语言输入和周遭环境间发现（Smith & Yu,2008）。根据这种经验性发现，计算研究者开始基于概率原则探索语言计算框架，比如贝叶斯统计（Bayesian statistics）和共现性统计（co-occurrence statistics），如有兴趣可以参考 Chater 和 Manning（2006），Jones、Willits 和 Dennis(2015)，Perfors、Tenenbaum、Griffiths 和 Xu（2011）对两种方法的综述。在过去的四十多年中，大量模型由此发展。

另一方面，自 20 世纪 80 年代以来，认为思维是串行符号计算系统（serial symbolic computational system）的经典观念受到联结主义（connectionism）的并行分布加工（parallel distributed processing, PDP；也称人工神经网络, artifical neural network）模型的挑战。早期 PDP 模型重点关注基于联结主义的语言学研究，主张人类认知的涌现是同时运作的大规模互动式处理单元网络的结果，该网络的工作方式类似于人脑庞大的神经网络。联结主义推崇语言学习加工与其他认知系统无异，在本质上呈现并行式、分布式、互动式，因此 Chomsky（1965）和 Fodor（1983）提倡的对模块化语言系统（modular language system）的特定操作原则和其他认知模块做严格区分这一理论，并不被联结主义加工系统接受。具体来说，联结主义语言模型认为静态语言表征（如词、概念、句法结构等）存在涌现（emergent）特征，学习者能从输入环境（如学习者听到的言语数据）中动态学习这些特征。

本章将着眼于概率法和联结主义法。尽管二者不能一分为二地看待，但为清晰起见，我们仍将逐一介绍。

概率法

近年来，使用贝叶斯统计理解认知过程的做法越来越常见（参见 Lake et al.,2015），贝叶斯统计也成了语言学研究的重要方法。概率法利用简单且强大的贝叶斯定理（Bayes theorem），推理基于先验知识的假设为真的概率。贝叶斯定理强调，某一假设为真的后验概率（posterior probability）由该假设的先验概率（prior probablity）以及证据所提供的条件概率（似然, likelihood）共同决定。这种假设验证考虑了假设的真值和证据间的概率关系，非常适用于一种经典的认知研究：自下而上加工（观测数据，即证据）和自上而下加工（先前知识或背景信息，即假设的先验概率）的整合。这一特点也使贝叶斯统计成为研究语言习得和加工的绝佳工具，特别是因为语言学习者和使用者经常需要基于特定的语言输入数据和先前的语言知识，推理底层语言结构。这种语言加工情景使许多研究者将语言学习者称为"最优贝叶斯决策者"(Norris，2006)。

概率法的另一重要假设是，语言学习者既能追踪语言系统内部不同项目间的统计关系，又能追踪语言输入和其周遭物理环境间的统计关系。基于这种假设，研究者建立计算模型模拟人类语言的统计学习模式。常用的一种方法是结合大型数据库中的共现性统计数据，即计算数据库中一种语言成分(词或词组)和其他相似成分(词或词组)或不相似成分(对象或属性)共同出现的频次。比如，人们可以计算一篇文章中，一个词和其他词共同出现的频率，作为这个词的向量表现形式[语言的高维空间类比(hyperspace analogue to language，HAL)模型；Burgess & Lund，1997]，或者在大型文本语料库中，计算一个词在段落或文章中的共现矩阵[潜语义分析(latent semantic analysis，LSA)模型；Landauer & Dumais，1997]。两种模型均通过高维向量表征目标对象(即计算的那个词)，其中每一个维度代表一个语言学实体(词或文件)。共现性统计是许多所谓的分布式语义模型(distributional semantic model)的基础(综述见Jones，Willits，& Dennis，2015；另可参考本书第十二章)。

联结主义法

现代联结主义理论强调脑式计算(brain-style computation)，即我们建立的联结主义网络需要以与真实人脑相同的方式而非简化形式加工信息。人类大脑这一巨大的网络包含近千亿神经元以及神经元间几兆亿的联结通路。一个神经元由树突和轴突组成，树突用于接收其他神经元的信号，轴突用于向其他神经元发射信号。神经信息的传输通过突触进行，信号传输强度或效力水平有高低，不同水平间的细小差异取决于神经递质的数量和性质。突触是大量神经元的基础联结中介，神经元通过突触彼此"对话"(联结)。突触的强度并非固定，可以根据输入-输出的映射关系和神经网络使用的学习算法动态变化。人类大脑能够衍生出神经网络中"最佳的"突触强度组合，以解决各种问题。这种能力是神经信息加工的基础，启发了联结主义思想。

考虑到大脑的特征，联结主义模型构建者使用两种基本成分建造人工神经网络：简单加工要素(单元、节点或人工神经元)以及加工要素间的联结。同真正的神经元一样，一个节点从其他节点处接收输入，并向其他节点发送输出。输入信号逐渐累积，进一步通过数学函数(线性阈值或非线性公式，后者更常见)变换，从而决定该节点的激活量。一个给定的联结网络可以有数量不定的节点，其中许多节点相互联结，使激活通过节点间的联结扩散。与真正的突触类似，联结的强度水平(权重，weight)不同，可以依据特定学习算法调整，从而调节源节点向目标节点发送的激活量。以此，联结网络可以构建特定的加权组合和节点激活模式，从而表征学习环境中不同的输入模式。传统计算机程序用于特定任务且具有固定先验概率，与之不同，大部分联结主义网络的权重和激活模式能够在学习过程中不断修改，如同真实突触联结的动态变化。正是这种自适应动态变化，使联结主义网络用于研究人类行为(包括语言)时，总能带来有趣的发现。

设备和工具

倘若模拟目标和任务简单，一台安装任何编程语言的个人计算机均可用于计算语言建模。尽管如今高性能计算机能够极大地提升研究者的计算速度，建模中最重要的一点仍然是适用于研究目标的基本概念和原则的相关算法的选择。本节将概述一些基本算法，并讨论执行时的实际考量。

概率算法

贝叶斯推理(Bayes inference)在许多基于计算概率模型的研究中均有应用，其中大量研究关注婴儿如何解决单词到物品或单词到指称的映射问题(综述见 Yu & Smith, 2012)。下例将帮助读者理解贝叶斯推理框架在单词学习中的应用。根据 Xu 和 Tennebaum (2007)，学习者具有包含许多潜在词-物品/词-指称对假设的搜索空间，并在搜索空间中做出决策。模型将选择事件为真的最高概率的假设作为最可能的词-指称对。根据贝叶斯定理，后验概率与假设的先验概率和条件概率的乘积成正比，反映了学习者的已有知识(先验概率)和学习者在给定假设空间下对观测证据的评估(似然)共同影响单词学习的正确率。建模的目的是使模型与实证数据匹配，成功的关键是明确界定假设空间(即指称物类别的层级结构)。

概率算法广泛应用于研究语义表征，如上文提到的 HAL 和 LSA 模型。根据 HAL，使用一个可变(比如大小从 1 个词到 10 个词变化)的移动窗口扫描一个大型语篇语料库，并记录词与词的共现，得到句子语境邻近部分中(长短取决于窗口的大小)每一个目标词(N_i)和其他词(N_j)共现的频数,从而构建一个$N_i \times N_j$的矩阵。因此在 HAL 中,一个词的意义借助共现矩阵中的所有词来表示,换句话说,共现矩阵通过语言使用的高维空间获得目标词的整体语境历史。正是这种整体词汇共现信息增加了词汇意义的丰富度。与 HAL 相同,LSA 模型也立足于共现性统计数据(Landauer & Dumais,1997),但$N_i \times N_j$矩阵内的数据是目标词(N_i)在全局语境(N_j,如段落或文档)中共现的频数。

根据共现的语境,这些模型中提取出的原始向量包含成千上万个维度(由N_j的数量表示)。这些向量通常非常零散,即许多维度的值都是 0。为了提取这些向量中最有用的信息,研究者一般会使用标准化和降维等方法,以最少的维度最大化表征目标词的语言内容。降维结果将输入模型,用来模拟心理语言学数据,比如字词联想、词汇范畴和概念映射的连贯性。例如,LSA 使用奇异值分解(singular value decomposition,SVD)这种常见数学算法,将高维矩阵转换成低维(通常为 100~300)的新矩阵。

联结主义算法

构建联结主义模型时,研究者需要先选择网络结构并确定学习算法,从而调整联结权重。在心理语言学研究中,常见的联结主义模型是一种通过多层节点前馈信息的网络模型。一般而言,节点层可分为输入层(input)、隐藏层(hidden)和输出层(output),输入层从输入模式中接收信息(如音位的声学特征),输出层提供期望的目标输出模式(如根据音位特征对音位进行的分类),而隐藏层是网络学习输入到输出的映射规则的内部表征(如不同音位的音系相似点,比如/b/和/p/)。

确定网络模型的结构后,研究者需要使用特定学习或训练算法训练模型。在心理语言学计算模型中,一种广泛应用的算法是反向传播(backpropagation)算法(Rumelhart et al.,1986)。根据这种算法,每次网络给出一种输入到输出的映射后,就会计算一次目标输出(由研究者确定)和真实输出(基于给定试次的联结权重或权重向量,由网络产生)间的差异(或误差)。之后将该误差传递给网络,网络根据误差量修改对应的联结权重(或在下一个试次时更新)。连续更新权重使得模型获得一系列权重数据,久而久之,模型得以根据任何输入模式,产出需要的输出模式。

Elman(1990)发明了简单反馈网络(simple recurrent network,SRN)随语

言输入的展开即时捕捉语义范畴,如名词、动词、形容词等。SRN 在经典三层反馈网络上增加了一个语境单元反馈层,能预先保留一份隐藏单元激活副本(图 11.1)。这个副本将与新的输入一起进入当前的学习阶段,因此称为反馈联结。语境单元在系统中是一个动态内存缓冲区,因此这种方法使联结主义模型能有效捕捉信息的时间顺序。鉴于语言是随事件展开的,SRN 因此提供了一个简单且强大的机制来确定连续语言输入流中的结构约束。

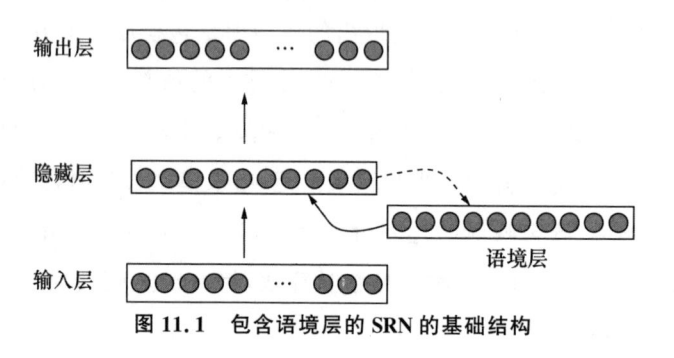

图 11.1　包含语境层的 SRN 的基础结构

　　通过反馈学习算法训练的神经网络被称作监督学习(supervised learning)模型。与之相对,无监督学习模型不在输出层使用外显的误差信号来调节权重(即研究者不设定正确的目标输出)。一种常见的无监督学习算法是自组织映射(self-organizing map, SOM; Kohonen, 2001),由组织输入表征的二维拓扑图构成。算法的每个节点都是映射上的一个单元,通过输入到映射的联结接收输入。每一步训练中,SOM 都随机挑选一种输入模式(如词的音系或语义信息)给到网络,算法识别映射上输入各单元的联结权重,并比较每一个单元的权重向量(即权重的组合)和输入向量(即输入模式中值的组合)。如果单元权重向量和输入向量相似或恰好完全相同,该单元将接受最高激活,并被选为"胜出单元"。一旦某一单元成为某一给定输入的胜出单元,算法将调节该单元及其邻近单元的权重,使之与输入更相似,从而使这些单元对之后相同或相似的输入产生更强响应。该过程持续,直到所有输入模式均能激活映射中特定的响应单元(胜出单元)。这种自组织过程使得输入中隐藏的统计结构编码在 SOM 平面结构中(即胜出单元如何组织),并可以在二维映射中可视化为有意义的簇。最后,尽管不是 SOM 的一个典型特征,不同平面图通过赫布型学习(Hebbian learning)训练的自适应联结,也可以相连(Hebb, 1949)。该训练方法是一种受神经生物学启发的联想学习和记忆机制,能够强化共同激活程度高的神经元之间的联结,即"总是同时激发的细胞连接在一起"。

值得注意的是,最近在人工智能领域出现了一些令人兴奋的进展,包括谷歌公司的 AlphaGo(Silver et al.,2016),这些研究使用了一种新的联结主义算法——深度学习(deep learning)神经网络。这种新的算法通常包括多个计算阶段,各阶段含大量层级(包括与 SRN 语境单元类似的反馈层),还有各种学习规则的组合(参见 Schmidhuber,2015)。然而在心理语言学领域,深度学习神经网络中的算法尚未投入使用。

实际考量

建模研究者在开始构建模型前必须斟酌的事项很多,第一点是确定恰当的算法或框架可用于模拟研究者感兴趣的特定语言现象。这一决定十分困难,因为对同一算法进行小的改动便可模拟不同语言现象,而同一语言现象也可以使用完全不同的算法模型模拟。比如贝叶斯推理可以用于模拟成年阅读者识别单词时,反应时如何受关键词的不同词汇变量影响(Norris,2006),也可以用于模拟单词学习(Xu & Tennebaum,2007)和语义表征(Griffiths, Steyvers, & Tenenbaum,2007)。同样,联结主义交互激活(interactive activation,IA)原则也被用于模拟视觉单词感知(McClelland & Rumelhart,1981)、语音感知(McClelland & Elman,1986)和词汇通达及言语产出(Dell,1986)等多个过程。此外,不同的联结主义模型都可以用来解释学习英语过去时的 U 形曲线(如 Plunkett & Marchman,1991;Rumelhart & McClelland,1986),虽然这些模型基于不同算法,但都说明了联结主义学习内的单一机制便可以解释复杂语法结构的习得过程。除此之外,一些联结主义模型使用不同的学习算法解释早期儿童词汇爆发期,即儿童在 18～22 月龄时,词汇量突然快速增长的现象(如 Plunkett et al.,1992;Regier,2005),包括词汇发展模型(DevLex models;Li, Farkas, & MacWhinney,2004;Li, Zhao, & MacWhinney,2007)。

模型算法的选择没有简单的规则,研究者需要清晰理解所研究的特定心理语言学现象和相关研究问题的特性,明白模拟的目标和不同算法的优缺点,这非常重要。认真考虑这些因素后,研究者才有可能选出最合适的算法。以联结主义模型举例,如果研究者关心语义表征和组织,考虑到基于 SOM 的模型能够保存平面结构,这种模型可能非常相关并且高度适用。但如果研究者想要模拟时序成分(比如句法)的加工,具有反馈算法的 SRN 结构或许更为合适,因为其语境层可以将新的输入与先前隐藏层表征合并,从而记录时序信息。基于研究者的模拟目标,还可以采用混合式联结主义网络结构,结合监督和无监督学习方法,或采用具有可调节结构或包含动态单元增长的模型。

要考虑的第二点是使用已有工具还是从头搭建模型。鉴于有些心理语言学研究者不熟悉计算机编程,建议从已通过测试且方便获取的现有工具入手。网上可以下载到一些简单易用的工具,例如 Shaoul 和 Westbury(2010)开发的概率统计模型 HiDEx,这个软件包支持研究者构建许多 HAL 变体模型;LSA 模型的信息可以在其官网上找到(参见 Dennis,2007);Zhao 及其同事(2011)开发的语境自组织映射包(contextual self-organizing map package),能够基于词与词共现的统计数据,生成语义表征,还能整合语义表征和对现实世界的感知特征;Mikolov 及其同事(2013)开发的 word2vec 工具能够让研究者从大规模文本语料库中得到单词的语义表征,研究者还可以在相关网站找到 word2vec 基本工作流程的在线工具(Rong,2014);许多发展心理语言学家都用过 Plunkett 和 Elman(1997)开发的 Tlearn 软件,其最新版本已编入基于 MATLAB 编程语言的 OxLearn 软件(Ruh & Westermann,2009);McClelland(2015)开发了 PDP 建模软件并附有在线手册,介绍了联结主义网络,给出分步使用指南并提供了参考书目;Emergent 是一款非常强大的神经网络模拟器,涵盖许多基础联结主义算法,其网站包括对几类神经网络模拟器的比较和各模拟器对应的链接;TensorFlow 是一款由谷歌提供支持的开源机器学习软件库,包含深度学习神经网络;如果读者对自组织映射算法感兴趣,可以从 MATLAB 编程语言中的 SOMToolbox 开始尝试。然而,尽管现有工具用起来很方便,但却不够灵活,无法适应一个特定的研究需求和目标,研究者后续可能还得基于自己的项目,开发新软件或运行新算法。

从任务到实施:表征和分析

刺激材料的本质

现代数字计算机程序处理的对象是数字代码,毫无疑问,这种代码和我们日常使用的语言差别很大。因此，研究者需要确定如何才能在模型内忠实地表征语言输入刺激材料。甚至有人提出，输入表征（input representativeness）是语言计算建模的重中之重（Christiansen & Chater，2001）。首先，研究者可以使用一种粗略表征词汇条目的方式，即所谓的局部（localist）表征。模型构建者随机从系统中选择一个一元加工单元，给其赋值以表征一个语言项目（如意义、声音或一个词的其他语言学属性）。由此，一个加工单元的激活可以准确对应到该单元应代表的特定语言项目，激活强度可视作对语言学属性表征效果的指标。通过这种一对一的映射，局部表征显然清晰高效，并且为计算模型模拟语言加工带来巨大的成功。

然而，许多基于局部表征的早期计算模型被批评为"玩具模型"，缺乏语言和心理现实性。批评者可能质疑通过这些模型得到的结果，能否和语言学习者或使用者所接触的自然语言所表现出的统计特征直接联系。因此，联结主义模型普遍采用另一种方法，将词汇条目以分布式表征。根据这种观点，给定的词汇项目表征为多个节点和节点间权重不同的联结，作为词项相应微观特点的激活分布模式。以单词的分布语义表征为例，我们可以大致将其分为两类：一类基于特征表征，即使用实证数据辅助描述词义的特点（如 McRae et al.，2005）；另一类基于语料库表征，即通过大型语料库中的共现数据得到词义，比如之前讨论过的 HAL 和 LSA 方法。

下面这个例子将展示如何生成单词音系表征作为模型的刺激材料。音系表征领域近期研究偏向于将单词的发音编码到基于空槽（slot-based）的表征，同时考虑音位的发音特点，尤其可以就固定的空槽组模板编码单词的音系信息：依据每一个音位所属的音节和在该音节中的位置（如首音、音核、尾音），将单词的每一个音位赋给不同的空槽。基于音节模板的思想，研究者引入音系模式生成器（即 PatPho）研究英语（Li & MacWhinney，2002）和汉语（Zhao & Li，2009）。比如，研究者可以通过实数值表征 38 个汉语普通话音位的发音特征，数值从 0 到 1，以恰当表征相同和不同的发音特征。然后，研究者可以使用具有五个音位空槽和一个音调空槽的音节模板（CVVVCT），将汉语普通话中的一个单音节表征为一个数字向量。具体来说，音位的数值在音位槽中依照音节内的先后顺序，并依照其类型为辅音（C）或元音（V）排列。基于此，/lan/ 这个音就被编码为"laVVn"，/tai/ 编码为"taiVC"，/pai/ 编码为"paiVC"。这些音节的真实向量表征值如下所示。这里空音位槽(符号编码为 C 或 V)以数字 0 代替。向量表征应当捕捉词在语音结构上的整体相似性,如上例中的 /tai/ 和 /pai/。

/laVVn/: 0.75 0.67 1.0 0.1 0.175 0.444 0 0 0 0 0 0.75 0.67 0.644
/taiVC/: 1.0 0.67 0.733 0.1 0.175 0.444 0.1 0.1 0.1 0 0 0 0 0
/paiVC/: 1.0 0.45 0.733 0.1 0.175 0.444 0.1 0.1 0.1 0 0 0 0 0

研究者选择恰当的方法表征语言特征至关重要,无论是音系特征、词汇语义特征或形态句法特征,都需要仔细衡量模拟目标。局部表征简单有效,但正如前文所述,可能无法准确表征输入。分布表征实行起来或许更加困难,但如果目标是捕捉语音或概念间的相同之处(比如模拟相似音系或语义启动造成的效应),这或许是一个更好的选择。

数据分析

根据不同的研究目的,可以从不同层面分析计算心理语言学模型的结果。首先,研究者可以就不同心理语言学变量,评估模型的输出模式,并进一步将这些输出模式和真实语言现象对应,使用实证研究中常用的方法进行分析。比如,语言产出的联结主义网络模型中,网络的输入可以表示词的概念,网络的输出可以表示词的音系表征。研究者可以检查网络在接收单词的语义表征输入时,能否生成正确的音系表征,从而衡量训练后网络的表现。输出模式和目标模式之间的差异可被视作词汇产出中的错误进行分析,并和人类被试比较(参见本章"建模实例")。此外,倘若初始状态存在细微差异(如神经网络的初始权重不同或概率模型自由参数值不同),即便使用相同计算模型也可能产生不同结果,并表现出个体差异。同分析真实被试的数据一样,这些数据可以使用推论统计,从而辨别某一初始状态对模式是否存在显著影响。

计算建模的一大优势是,其可供分析的数据除了输出结果之外,还有模型内部的表征,从而让研究者一窥人类语言习得和加工的内部机制。比如 Elman (1990)使用层级聚类分析研究 SRN 隐藏层单元激活模式,结果发现学习句子输入流导致了网络内部表征中语义范畴的涌现。同样,在 DevLex 模型不同层级的自组织映射上也观察到语义和音系范畴的涌现。使用行为实验范式和非侵入性神经成像方法,研究者还可以就计算模型内部表征和人类被试的数据模式进行对比。

建模实例

本节将详细介绍两种单词学习模型,展示如何使用计算建模处理心理语言学中的重要问题,以及概率法和联结主义法的具体应用问题。

概率模型

Yu 和 Ballard (2007) 的研究是应用概率法计算模型研究心理语言学问题的一个例子。该模型关注语义学习,首先计算口语表述中的语言标记(单词)及其对应的超语言语境中真实世界的物品(指称)之间的共现性统计数据。这种数据被称为跨情景(cross-situational)共现,和在 HAL 以及 LSA 中使用的不同,后两者的基础是语言层面内部的语言或文本成分的共现。这一模型的输入数据抽取自 CHILDES 数据库中两段照看者与儿童的互动视频(MacWhinney,2000;可参见第三章)。Yu 和 Ballard 特别关注输入数据中的两种成分:语言流,包括对照看者言语的誊写;以及意义流,包括一系列视频中出现的、可能是潜在指称对象的物品。模型的任务是基于统计规律找到正确的词-指称对。

根据这一目标,作者主张简单统计单个单词-物品对的频数并非找到词语正确指称物的最佳方式,因为口语表述中有很多高频功能词(如代词"你",定冠词"那个""这个"),其数量可能超过输入语言流中实词(如名词"猫")的数量,导致对指称(如"那张猫的照片")的映射出现错误。为了解决这个问题,作者首先基于最大期望(expectation-maximization,EM)算法,估计所有可能的词-指称对的关联概率。然后使用关联概率确定最佳的词-指称对,从而"最大化似然估计自然互动下的视听观测值"。以下总结了 EM 算法的虚拟代码作为解释(省略数学细节)。

第一步 基于所有词-指称对共现的频数,指定初始关联概率。

重复:

第二步 计算每一个词-指称对中的词在语境中,产生这一特定意义或指称的期望次数。

第三步 基于第二步的结果重新估计关联概率(使用 Yu & Ballard,2007 的方程 3)。

直至:关联概率收敛。

作者表示，EM 算法收敛后，正确的词对对应的关联概率增加，不相关词对的关联概率降低。最终根据词和指称间的关联概率哪些更高，研究者得以成功确定若干词正确的指称。

Yu 和 Ballard（2007）模型的一个重要特征是将特定的非语言（社会的）语境线索和统计学习结合（图 11.2）。对语言流，Yu 和 Ballard 分析了言语的韵律特征，并使用支持向量聚类（support vector clustering, SVC），挑出照看者在每一次言语表述中强调的、在韵律上突显的词（韵律突显信息）。在依据上文提到的 EM 算法计算关联概率时，相比无强调的词，研究者赋给这些韵律突显词更大的权重。同样，对意义流，研究者挑出每一个视觉场景中，同时被照看者和孩子关注的物品，并在计算词-指称对的关联概率时赋予更高的权重（注意突显信息）。

Yu 和 Ballard 的研究体现了计算建模的一种特质，即研究者在模拟过程中，能够系统性地操控变量。增加或删减模拟中的某些因素（比如在当前的模型中增加社会线索），能使研究者清楚地确定这些因素是否扮演因果角色，以系统性研究这些因素对学习或加工的效应或影响。总的来说，这一模型明确地显示跨情景统计数据对单词学习的重要性，但缺点是学习量较少（40～60 个词-指称对）。下面介绍基于联结主义的方法，可用于更大的心理词典（500～1000 个词）的模型，这一词汇量与学龄前儿童的词汇量大致相当。

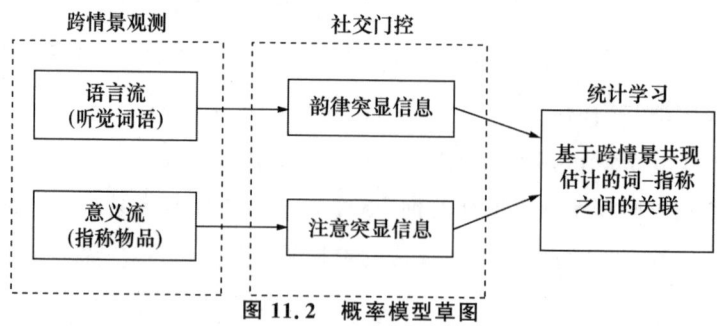

图 11.2 概率模型草图

包括两个部分：一是跨情境观测的分布统计数据；二是社交门控，包括韵律和注意突显信息。改编自 Yu & Ballard, 2007；图 1。

联结主义模型

DevLex-Ⅱ模型（Li, Zhao, & MacWhinney, 2007）是一种基于 SOM 的联结主义语言模型，具有可扩展性，可用于模拟母语和二语学习中的许多加工过程。我们称这一模型具有可扩展性,是因为该模型能够用于模拟权威的单语种或多语种词典,以及各种双语词对(参见 Li, 2009; Zhao & Li, 2010, 2013)。

模型结构

图 11.3 展示了这种模型的结构。由于该模型用于模拟词汇层面的语言发展,我们选择了三种基本的单词表征和组织:音系内容、语义内容、发音输出序列。该模型的核心是处理词汇语义表征的 SOM 与另外两个 SOM 相关联,其中一个负责输入(听觉)音系信息,另一个负责输出音系信息的发音序列。训练网络时,同时向网络呈现单词的语义表征、输入音系和输出音系序列。该过程和儿童听到一个单词后,分析其语义、音系和音位信息的过程相似。在语义和音系层面,DevLex-Ⅱ根据标准 SOM 算法,基于语言输入构建对应表征。在音位产出层面,该模型使用基于 SARDNET 的时序学习网络 (James & Miikkulainen, 1995)。由于语言学习者在单词音位序列的发音控制上面临挑战,使用时序网络能更真实地模拟单词产出。DevLex-Ⅱ 通过赫布型学习训练模型映射间相关联结。随训练进行,两个映射上当前激活的节点间的相关联结权重逐渐增大。

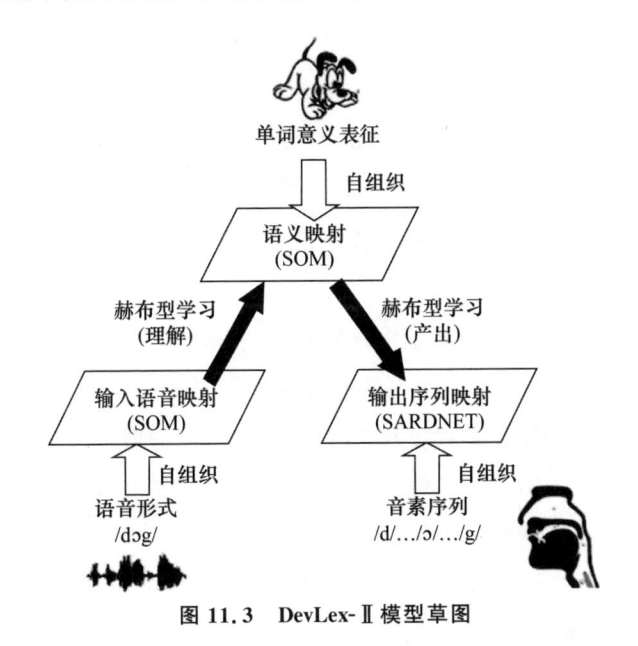

图 11.3　DevLex-Ⅱ 模型草图

(修改自 Li et al., 2007)

刺激材料表征

DevLex-Ⅱ 考察了许多单语和双语环境中的现象,包括早期词汇发展、早期音系产出、语法和词汇习得、二语学习中习得年龄的影响,以及跨语言启动效应(综述参见 Li & Zhao, 2013)。以下我们关注该模型如何模拟词汇爆发期,即儿童在词汇发展早期(特别是 18~22 月龄),词汇量快速增长的现象。正如前文所述,实证研究和联结主义模型中均有大量研究考察了这一现象。DevLex-Ⅱ模型以 591 个英语单词作为目标词汇,为该问题提供了计算模型方面的解释。

和其他联结主义模型相比,DevLex-Ⅱ试图在语言上保持真实:这些词并非随机抽取,而是根据 MCDI(Dale & Fenson, 1996;详见第三章)进行选择。此外,单词的向量表征也非随机产生,而是基于单词的音位、音系或语义信息生成,算法如下:①PatPho,一般性音系表征系统,能够基于不同语言的发音特征生成单词的声音模式;②基于统计的方法,根据大型数据库数据(如 CHILDES 数据库;Mac-Whinney, 2000;参见第三章)或计算词库(如 WordNet 数据库;Miller, 1990),生成训练刺激的语义表征。由此,DevLex-Ⅱ模型使用编码在输入材料中的真实语言信息进行训练,从而保证模型模拟的结果和儿童的真实词汇学习有关。

模型拟合和数据分析

以下通过 Li 等人(2007)的研究展示运行模拟的步骤。模拟总共进行了 10 个试次,每个试次对应实证研究中一名被试的学习过程。每个模拟试次开始时,随机给网络的联结权重赋一个真实数字的初始值。每个模拟试次的训练都包含 100 个阶段,每个阶段中,训练词库中的 591 个单词将以随机顺序逐一在网络中呈现,且同时呈现每个单词的语义、音系和音位信息。映射内和之间的联结权重根据前文介绍的算法进行调整。

完成各阶段训练后,即可保存并分析网络的联结权重和产出。这个过程可以比作在不同年龄段,给儿童的词汇发展拍摄快照。具体而言,本文对单词理解和产出的定义如下:通过训练建立跨映射联结后,激活一个词形可以通过形式和意义的联结,唤醒对词义的激活,从而模拟单词理解的过程。如果语义映射激活的单元匹配正确的词义,则认定网络正确理解该单词;反之则认定网络理解错误。同样,激活词义可以通过意义到序列的联结,引发对产出序列的激活,从而模拟单词产出过程。如果音位映射激活的单元以正确顺序匹配音位,即认定网络正确产出该单词;反之即认定模型产出错误。

图 11.4 呈现了 DevLex-Ⅱ 的模拟结果,该结果基于整个训练过程的平均接收和产出词汇量。Y 轴表示模型理解或产出成功的平均单词数量(定义见前文)。这

些数据说明,对于理解和产出,模型均表现出明显的词汇爆发期,之前有一个缓慢的学习过程,之后则是一个表现稳定期。在习得词库的基础组织结构,也就是词汇和语义范畴及其关联后,词汇学习进入加速期(大约在第 40 阶段,也就是总训练时间的三分之一处,如图 11.4 所示)。当各映射完成建立对应内容的基础结构,映射之间的相关联结将持续增强直到通过赫布型学习达到关键阈值,这一过程有助于后续学习新词汇。

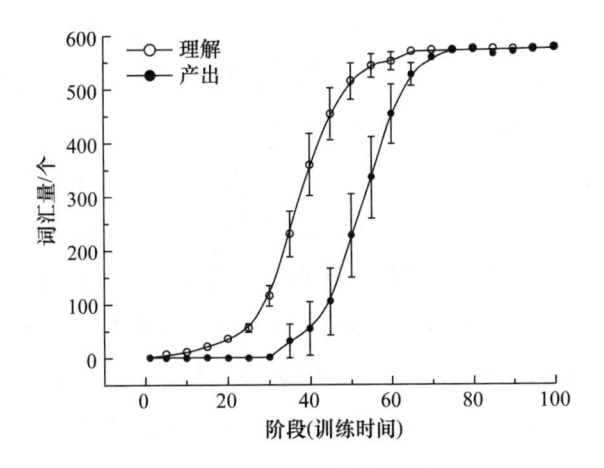

图 11.4　DevLex-Ⅱ对词汇爆发期的模拟
目标单词量 591 个,数据点为 10 次模拟的平均结果,误差线表示均值上下一个标准误。修改自 Li et al.,2007。

正如图 11.4 中的误差线所示,即使所有模拟都采用相同的建模参数,不同模拟试次也存在显著的个体差异。有趣的是,最大变异往往与快速增长或爆发期相吻合。仔细检查各试次后,研究者发现不同网络在词汇爆发期的开始时间上可能存在巨大差异。除了随机效应(由于不同网络的初始随机权重不同),我们还能观察到词汇输入的复杂度对学习造成了系统性差异。比如单词的词频越高、词长越短,词汇爆发期就发生得越早(参见 Li et al.,2007 的讨论部分)。这些数据与实证研究结果一致,此外也补充了系统性信息,即刺激的性质能够独立或交互地影响和塑造学习过程与结果。

挑战与未来研究方向

对心理语言学研究而言，计算建模相较传统的行为方法和近些年发展起来的神经成像方法，是一种尤为有效的研究工具。特别是，在自然语言学习和加工情景下，变量间的复杂交互常常让研究者心力交瘁，而建模能够更灵活地处理这些问题，因为模型构建者可以系统性地将目标变量引入严格的实验控制，以检验理论上相关的假设（McClelland，2009）。换言之，计算建模能够简化研究问题，并让研究者系统地操纵不同层面的变量。比如，一个研究者对二语习得过程感兴趣，可以先使用母语数据试着建模，然后在训练的不同阶段引入二语数据，模拟二语习得年龄的影响，Zhao 和 Li（2010）的模型即比较了早期与晚期学习二语的差异。以此，研究者可以直接考察某一特定变量的不同水平的影响，这种研究在自然环境下可能难以实现。在真实语言学习情境中，对同一名被试，研究者无法既获得其作为早期二语学习者的数据，又获得其作为晚期学习者的数据，但在同一个模型中可以做到；研究者也不能逆转患者的病情（比如失语症），从而比较同一被试损伤前后的情况，但研究者可以首先模拟一个完整的模型，然后损坏其对应的参数，或者先损坏模型再修复模型中的联结，从而轻松实现其研究目的（示例参见 Kiran et al.，2013）。

尽管使用计算建模作为心理语言学研究工具的优势很明显，但这一方法也给研究者带来了一些困难。由于计算建模需要实施模型，研究者必须明确研究假设、预期、材料、变量、参数以及检验步骤。就方法而言，这可能是好事，但同时也是一个挑战，因为建模的"明确"特性要求所有的输入和输出在模型中均以算法特定表征。有时，心理语言学家视为理所当然的基本概念，对模型来说可能没那么明显，需要在模型中清晰界定。比如对于一个表征相似度概念或者表征单词关联的模型，相关的概念（比如"马"和"斑马"）必须要以数字定量界定，从而明确计算输入项之间的"相似度"。

由于规范算法的挑战，心理语言学计算建模经常简化事件，使模型任务更容易驾驭（与将词汇项目表征为随机数和维度相比更少的向量）。尽管这种简化非常必要，但有时会使模型脱离说话人或学习者接触到的自然语言输入的统计特征。因此其中一项挑战是开发真实语言模型，使其能够扩展到真实语言数据。比如基于贝叶斯推理的概率语言模型，模型构建者为了对一个假设做出有效的推理、预期或决策，必须基于语言层面合理的背景信息，对假设设定一个合理的先验概率。理想状态下，这种背景信息应当来自真实语言使用。许多基于语料库的分析（如 HAL、LSA 或语境 SOM）都从共现性数据得到语义表征，这为计算建模的真实语言输入提供了扎实的基础。在大数据时代，为了解决语言真实性的问题，心理语言学计算建模可以利用许多在线可获得的或者其他数字形式的数据库和语料库。

心理语言学计算建模的另一项挑战是如何处理模型中的自由参数，以及这些自由参数应以何种方式调整（比如是否需要手动调整）。举个例子，HAL 模型中，研究者需要确定目标单词周围词数量的窗口大小；而在联结主义模型中，学习率和网络大小的量级（如单位的数量）常常需要模型构建者在模型运行前基于直觉确定。无论哪种情况，研究者都很难做出决定，因为每个模型涉及的复杂性和任务难度不一，研究者需要根据先前模型的经验和传统观念，设定恰当的自由参数数值。以任何一种方式设定的特定模型的自由参数，都难以达到完美。总的来说，研究者应当避免在模拟中引入过多的自由参数，尽管使用更多自由参数通常意味着模型能够更好地拟合目标数据，但也同时牺牲了网络相对于模拟情景的外在效度（对本问题的讨论，参见 Pitt & Myung，2002）。毕竟，在实证研究中，如果实验中存在很多变量且变量控制过于严格，这种实验所得到的结果很可能无法适用于其他情况。因此模型需要使用多少自由参数，以及参数的数值应当如何调整，对未来的心理语言学计算建模而言，仍是一个重要的挑战。

最后，模型构建者面临的更普遍的挑战是，如何将计算建模的结果和许多其他行为、神经心理学以及神经影像学的研究结果联系在一起，也就是增强模型基于更大范围、不同模态和背景的数据进行预测的能力，学界对该能力的需求显而易见（基于 fMRI 数据，使用分布语义表征计算模型预测大脑激活模式的范例，参见 Schloss & Li，2017）。在一些情况下，实证数据不是尚未获得，就是无法获得（比如在大脑损伤的情况下，患者无法回到损伤前的状态），此时模拟数据将十分有用。而在其他情况下，计算建模不仅能够验证已知的、可获得的行为模式，还能通过在不同假设或条件下，做出不同的预测，为心理语言学理论提供信息。以此，计算建模将为产生新观点、启发新实验、构建新理论提供一个新的平台。

关 键 术 语

贝叶斯模型（Bayesian model）：一组基于贝叶斯统计的概率模型。贝叶斯定理关注先验概率和证据可能性对确定假设检验可能性的影响。

联结主义（connectionism）：也被称为人工神经网络或并行分布加工，是一种研究人类认知和语言的理论框架和计算方法。该观点强调，人类认知的出现是同时运作的互动加工单元所构成的大型网络的成果，并推崇学习、表征和加工在本质上同时发生、广泛分布且相互影响。

跨情境单词学习模型（cross-situational word learning model）：关注低龄儿童如何解决词-指称映射问题的模型，Yu 和 Ballard（2007）的模型就属于此类。

DevLex（词库发展）模型（DevLex model）：是一系列模拟词汇发展的多层无监督联结主义模型，母语和二语中均有应用。该模型着眼于通过赫布型学习，训练音系和语义表征，以及二者之间的联结。

分布式语义模型（distributional semantic model）：基于大型语言或文本语料库的分布式统计计算概率模型（有时被称为语义空间模型）。常见模型包括潜语义分析（LSA）和语言的高维空间类比（HAL）。

赫布型学习（Hebbian learning）：一种神经生物学虚拟仿真的联想学习机制，能够强化高共同激活程度的神经元间的共同联结，这种现象被称为"总是同时激发的细胞连接在一起"。

高维空间类比（hyperspace analogue to language，HAL）：一种基于大型语料库句子语境中词与词共现的分布式语义模型。

潜语义分析（latent semantic analysis，LSA）：一种基于大型语料库中词与段落或文章共现关系的分布式语义模型。

自组织映射（self-organizing map，SOM）：一种无监督联结主义模型，具有保存拓扑结构的特点，往往将多维特征降到二维映射从而实现可视化。

简单反馈网络（simple recurrent network，SRN）：一种联结主义模型，将三层反馈学习算法和反馈语境单元结合，非常适合模拟序列学习。

监督学习（supervised learning）：一种联结主义学习模型，通常基于输出层明确错误信号调整网络中的权重。

无监督学习（unsupervised learning）：一种联结主义学习模型,该网络调节权重时,不使用输出层明确错误信号。

参 考 文 献

Burgess, C., & Lund, K. (1997). Modelling parsing constraints with high-dimensional context space. *Language and Cognitive Processes*, 12, 177-210.

Chater, N., & Manning, C. D. (2006). Probabilistic models of language processing and acquisition. *Trends in Cognitive Sciences*, 10, 335-344.

Chomsky, N. (1965). *Aspects of the theory of syntax*. Cambridge, MA: MIT Press.

Christiansen, M. H., & Chater, N. (2001). Connectionist psycholinguistics: Capturing the empirical data. *Trends in Cognitive Sciences*, 5, 82-88.

Dale, P. S., & Fenson, L. (1996). Lexical development norms for young children. *Behavior Research Methods, Instruments, and Computers*, 28, 125-127.

Dell, G. S. (1986). A spreading-activation theory of retrieval in sentence production. *Psychological Review*, 93, 283-321.

Dennis, S. (2007). How to use the LSA Web Site. In T. K. Landauer, D. S. McNamara, S. Dennis, & W. Kintsch (Eds.), *Handbook of latent semantic analysis* (pp. 57-70). Mahwah, NJ, US: Lawrence Erlbaum Associates.

Elman, J. L. (1990). Finding structure in time. *Cognitive Science*, 14, 179-211.

Fodor, J. A. (1983). *The modularity of mind: An essay on faculty psychology*. Cambridge, MA: MIT Press.

Gardner, H. (1987). *The mind's new science: A history of the cognitive revolution*. New York, NY: Basic books.

Griffiths, T. L., Steyvers, M., & Tenenbaum, J. B. (2007). Topics in semantic representation. *Psychological Review*, 114, 211-244.

Hebb, D. O. (1949). *The organization of behavior: A neuropsychological theory*. New York: Wiley.

James, D. L., & Miikkulainen, R. (1995). SARDNET: A self-organizing feature map for sequences. *Advances in Neural Information Processing Systems*, 7, 577-584.

Jones, M. N., Willits, J., & Dennis, S. (2015). Models of semantic memory. In J. R. Busemeyer & J. T. Townsend (Eds.), *Oxford handbook of mathematical and computational psychology* (pp. 232-254). New York, NY: Oxford University Press.

Kiran, S., Grasemann, U., Sandberg, C., & Miikkulainen, R. (2013). A computational account of bilingual aphasia rehabilitation. *Bilingualism: Language and Cognition*, 16, 325-

342. DOI:10.1017/S1366728912000533.

Kohonen, T. (2001). *The Self-Organizing Maps* (3rd ed). Berlin, Germany: Springer.

Lake, B. M., Salakhutdinov, R., & Tenenbaum, J. B. (2015). Human-level concept learning through probabilistic program induction. *Science*, *350* (6266), 1332-1338. DOI:10.1126/science.aab3050.

Landauer, T. K., & Dumais, S. T. (1997). A solution to Plato's problem: The Latent Semantic Analysis theory of the acquisition, induction, and representation of knowledge. *Psychological Review*, *104*, 211-240.

Li, P. (2009). Lexical organization and competition in first and second languages: Computational and neural mechanisms. *Cognitive Science*, *33*, 629-664.

Li, P., Farkas, I., & MacWhinney, B. (2004). Early lexical development in a self-organizing neural network. *Neural Networks*, *17*, 1345-1362.

Li, P., & MacWhinney, B. (2002). PatPho: A phonological pattern generator for neural networks. *Behavior Research Methods, Instruments, and Computers*, *34*, 408-415.

Li, P., & Zhao, X. (2013). Self-organizing map models of language acquisition. *Frontiers in Psychology*, *4* (828). DOI:10.3389/fpsyg.2013.00828.

Li, P., Zhao, X., & MacWhinney, B. (2007). Dynamic self-organization and early lexical development in children. *Cognitive Science*, *31*, 581-612.

MacWhinney, B. (2000). *The CHILDES project: Tools for analyzing talk, transcription, format and programs* (Vol. 1). Mahwah, NJ: Lawrence Erlbaum.

McClelland, J. L. (2009). The place of modeling in cognitive science. *Topics in Cognitive Science*, *1*, 11-38.

McClelland, J. L. (2015). *Explorations in Parallel Distributed Processing: A handbook of models, programs, and exercises*. http://www.stanford.edu/group/pdplab/pdphandbook/.

McClelland, J. L., & Elman, J. L. (1986). The TRACE model of speech perception. *Cognitive Psychology*, *18*, 1-86. DOI:http://dx.doi.org/10.1016/0010-0285(86)90015-0.

McClelland, J. L., & Rumelhart, D. E. (1981). An interactive activation model of context effects in letter perception: Part 1, an account of basic findings. *Psychological Review*, *88*, 375-407.

McRae, K., Cree, G. S., Seidenberg, M. S., & McNorgan, C. (2005). Semantic feature production norms for a large set of living and nonliving things. *Behavior Research Methods*, *37*, 547-559.

Mikolov, T., Chen, K., Corrado, G., & Dean, J. (2013). Efficient estimation of word representations in vector space. In *Proceedings of the Workshop at ICLR*. http://arxiv.org/pdf/1301.3781.pdf.

Miller, G. A. (1990). WordNet: An on-line lexical database. *International Journal of Lexicography*, *3*, 235-312.

Norris, D. (2006). The Bayesian Reader: Explaining word recognition as an optimal Bayesian decision process. *Psychological Review*, *113*, 327-357.

Perfors, A., Tenenbaum, J. B., Griffiths, T. L., & Xu, F. (2011). A tutorial introduction to Bayesian models of cognitive development. *Cognition*, *120*, 302-321. DOI: http://dx.doi.org/10.1016/j.cognition.2010.11.015.

Pitt, M. A., & Myung, I. J. (2002). When a good fit can be bad. *Trends in Cognitive Sciences*, *6*, 421-425.

Plunkett, K., & Elman, J. L. (1997). *Exercises in rethinking innateness: A handbook for connectionist simulations*. Cambridge, MA: MIT Press.

Plunkett, K., & Marchman, V. (1991). U-shaped learning and frequency effects in a multilayered perception: Implications for child language acquisition. *Cognition*, *38*, 43-102.

Plunkett, K., Sinha, C., Møller, M. F., & Strandsby, O. (1992). Symbol grounding or the emergence of symbols? Vocabulary growth in children and a connectionist net. *Connection Science*, *4*, 293-312.

Regier, T. (2005). The emergence of words: Attentional learning in form and meaning. *Cognitive Science*, *29*, 819-865.

Roelofs, A. (1997). The WEAVER model of word-form encoding in speech production. *Cognition*, *64*, 249-284.

Rong, X. (2014). Word2vec parameter learning explained. *arXiv preprint* arXiv:1411.2738

Ruh, N., & Westermann, G. (2009). OXlearn: A new MATLAB-based simulation tool for connectionist models. *Behavior Research Methods*, *41*, 1138-1143.

Rumelhart, D. E., Hinton, G. E., & Williams, R. J. (1986). Learning representations by backpropagating errors. *Nature*, *323*, 533-536.

Rumelhart, D., & McClelland, J. L. (1986). On learning the past tenses of English verbs. I. L. McClelland, D. E. Rumelhart, and the PDP Research Group (Eds.), *Parallel Distributed Processing: Explorations in the microstructure of cognition. Vol. 2, Psychological and biological models* (pp. 216-271). Cambridge, MA: MIT Press.

Saffran, J. R., Aslin, R. N., & Newport, E. L. (1996). Statistical learning by 8-month-old infants. *Science*, *274*, 5294.

Schloss, B., & Li, P. (2017). Disentangling narrow and coarse semantic networks in the brain: The role of computational models of word meaning. *Behavior Research Methods*, *49*(5), 1582-1596.

Schmidhuber, J. (2015). Deep learning in neural networks: An overview. *Neural Networks*, *61*, 85-117.

Shaoul, C., & Westbury, C. (2010). Exploring lexical co-occurrence space using HiDEx. *Behavior Research Methods*, *42*, 393-413.

Silver, D., Huang, A., Maddison, C. J., Guez, A., Sifre, L., Van Den Driessche, G., Schrittwieser, J. et al. (2016). Mastering the game of Go with deep neural networks and tree search. *Nature*, *529* (7587), 484-489.

Smith, L., & Yu, C. (2008). Infants rapidly learn word-referent mappings via cross-situational statistics. *Cognition*, *106*, 1558-1568. DOI: http://dx.doi.org/10.1016/j.cognition.2007.06.010.

Vosse, T., & Kempen, G. (2000). Syntactic structure assembly in human parsing: A computational model based on competitive inhibition and a lexicalist grammar. *Cognition*, *75*, 105-143.

Xu, F., & Tenenbaum, J. B. (2007). Word learning as Bayesian inference. *Psychological Review*, *114*, 245-272. DOI:10.1037/0033-295X.114.2.245.

Yu, C., & Smith, L. B. (2012). Modeling cross-situational word-referent learning: Prior questions. *Psychological Review*, *119*, 21-39.

Yu, C., & Ballard, D. H. (2007). A unified model of early word learning: Integrating statistical and social cues. *Neurocomputing*, *70*, 2149-2165. DOI:http://dx.doi.org/10.1016/j.neucom.2006.01.034.

Zhao, X., & Li, P. (2009). An online database of phonological representations for Mandarin Chinese. *Behavior Research Methods*, *41*, 575-583.

Zhao, X., & Li, P. (2010). Bilingual lexical interactions in an unsupervised neural network model. *International Journal of Bilingual Education and Bilingualism*, *13*, 505-524.

Zhao, X., & Li, P. (2013). Simulating cross-language priming with a dynamic computational model of the lexicon. *Bilingualism: Language and Cognition*, *16*, 288-303.

Zhao, X., Li, P., & Kohonen, T. (2011). Contextual self-organizing map: Software for constructing semantic representations. *Behavior Research Methods*, *43*, 77-88.

扩 展 阅 读

CHILDES 数据库：http://childes.talkbank.org/.

这个网站提供了丰富的儿童与儿童之间，以及儿童与成人之间语音互动的在线数据信息，已被用作许多计算模型的输入。

Elman, J. L., Bates, E. A., Johnson, M. H., & Karmiloff-Smith, A. (1996). *Rethinking innateness: A connectionist perspective on development*. Cambridge, MA, US: The MIT Press.

本书介绍了认知和语言发展的联结主义观点，主张在不同层次上明确定义内在本质的必要性，并从模块化、领域特异性和本土化上做了区分。

Griffiths, T. L., Kemp, C., & Tenenbaum, J. B. (2008). Bayesian models of cognition. In R. Sun (Ed.), *The Cambridge handbook of computational psychology* (pp. 59-100). New York, NY: Cambridge University Press.

本文对贝叶斯统计及其在认知建模中的应用做了简要介绍，还讨论了如何使用贝叶斯推理从大量文本中推论主题 compre。

Jones, M. N., Willits, J., & Dennis, S. (2015). Models of semantic memory. In J. R. Busemeyer & J. T. Townsend (Eds.), *Oxford handbook of mathematical and computational psychology* (pp. 232-254). New York, NY: Oxford University Press.
本文是对语义的概率模型和联结主义模型的全面综述。

Li, P., & Zhao, X. (2012). Connectionism. In M. Aronoff (Ed.), *Oxford bibliographies online: Linguistics*. New York, NY: Oxford University Press. http://www.oxfordbibliographies.com/view/document/obo-9780199772810/obo-9780199772810-0010.xml
介绍了联结主义的重要概念和资料的在线参考书目。

第十二章
语料库语言学

Marc Brysbaert, Paweł Mandera, & Emmanuel Keuleers

语料库语言学（corpus linguistics）通过对自然产生的语言的大型数据库（即语料库）进行实证分析来研究语言。心理语言学家大多熟悉语料库语言学，因为他们使用的词频常模（word frequency norm）即来自语料库语言学。词频常模如果包含了单词的词性（part-of-speech，PoS；例如，"跳舞"用作动词或名词），则信息更为丰富。这需要对语料库进行句法分析（syntactic parsing）——目前是自动完成的。一项令人兴奋的新发展是基于词语共现性的语义向量计算得出的。在这一分析中，目标词的语义是通过考察目标词周围的词推导出来的。这使得计算两个目标词之间的语义相似度成为可能。当语料库语言学提供的测量方法能够结合对大量单词的加工时间（通过大型研究得到）和对许多单词的主观评分（通过众包研究得到）时，这种测量方法是最强大的。本章将举例介绍相应的研究。

引 言

语料库语言学通过对自然产生的语言的大型数据库进行实证分析来研究语言。在语言学领域，语料库语言学长期以来一直是重视语言学家个人的理论洞察力和可接受性直觉的研究方法的竞争对手。近年来，这些研究方法之间出现协作和交叉，部分原因是语料库语言学中使用的工具变得更加"用户友好"。每个人在互联网搜索引擎上查找特定短语的使用方式时，本质上就是在进行语料库语言学研究——通过搜索大量的网页来寻找特定单词或共现词（word co-occurrence）。与此同时，理论学家的观点对语料库语言学家很重要，因为语料库搜索在处理特定的、理论驱动的预测时特别有用。

心理语言学家大多熟悉语料库语言学,因为他们在研究中需要使用词频测量。众所周知,高频词比低频词的加工效率高。刺激材料的词频常模来自语料库语言学。特别是 Kucera 和 Francis(1967)编制了一个平衡的、包含 100 万个单词的语料库,并基于该语料库进行了单词计数,这对迄今为止的英语词汇识别研究产生了巨大影响。语料库分析也影响了句子加工研究:首先找出哪些结构被证实了而哪些没有,然后找出各种结构的相对频率,现在越来越多地用于训练句子加工的计算模型。语料库分析的另一个令人兴奋的应用是基于单词共现计算语义相似度。

假设和理论基础

语料库语言学的基本假设在不同研究中略有不同,这取决于研究者的研究兴趣是语言产生还是语言感知。对于关注语言产生的研究者,语料库是待分析的语言输出,理想的情况是有尽可能多的自发生成的内容。这些可以是书面文本,但大多数时候是由口语段落组成,因为与书写相比,研究者对言语输出更感兴趣——书面文本在发布前通常经过编辑和润色(尽管也有例外,如电视节目的即时字幕或聊天互动)。该研究方法背后的基本假设是,语料库形成了一个代表性的语言产生样本,因此,通过对其进行分析可以揭示潜在的语言产生过程。这类研究的典型例子是对语言错误的分析,例如,Fromkin(1973)发现人们会在想要说"buy a dagger"的时候说成"dye a beggar",或者考察言语中声学信息的衰减(Ernestus, Baayen, & Schreuder, 2002)。

在语言感知研究中,研究者的主要假设是:语料库代表了人们在日常生活中接触到的语言类型。因此,可以使用语料库来计算人们遇到的各种单词、短语和句法结构的频率。这是所有词频研究的基础(Brysbaert & New, 2009;Monsell, Doyle, & Haggard, 1989),也是所有考察人们在遇到句法歧义时是否更有可能采用最高频的分析方法的研究基础(Reali & Christiansen, 2007)。

对于在感知研究中使用频率测量的背后假设,也存在批评意见:言语生成的频率和使用的难易程度或偏好之间的相关性不一定需要被解释成"曝光频率影响感知"这一结论。对于这一批评,可以辩驳的是曝光频率并不直接影响言语理解,但二者都受制于第三个变量,而这第三个变量同时影响言语产生和知觉。例如,有研究认为语言结构的复杂性与工作记忆负荷之间的差异同时推动了句法产生和感知：一方面人们会倾向于产生记忆负荷最少的语言结构，另一方面人们倾向于使用最简单的结构消除歧义。同样，关于言语产生中的词频效应，Hayes（1988）想知道，口语话语中包含的低频词少于书面文本中的这一观察结果，是否可能是由于人们在口语话语中避免使用低频词，以保持言语流畅性。Hayes（1988）认为，产生一个单词的难度决定了它出现的频率（而不是反过来）。记住这些反对意见是有益的：语言产生和感知之间存在相关性并不意味着像语言加工的经验模型（experience-based model）所假设的那样——接触到的语言的频率差异会直接影响感知。更积极的一种解读是，感知和语料库数据之间的相关性可以用来预测两者之间的关系，而不依赖于潜在的因果结构。

仪器和设备

由于计算能力的不断增强，语料库语言学的研究工具正变得越来越简单。如今，大多数台式计算机和便携式计算机都能完成几十年前使用超级计算机才能完成的分析工作。进行语料库语言学研究时，最可能遇到的障碍是所需的计算机编程技能。鉴于语料库目前包含数十亿个单词或句子，我们需要使用自动算法来处理这些数据。事实上，语料库语言学和计算机专业的自然语言处理（natural language processing，NLP）方向有很大的重叠。自然语言处理研究试图通过让计算机消化大量的信息语料库（通常是文本，尽管已有使用图像材料的报道）来提高计算机的语言智能。目前，可用的算法库和软件包越来越多，研究者不需要深入了解底层计算逻辑就可以运行程序，就像我们不需要熟悉线性代数就可以用统计软件包进行复杂的分析［Schütz(1962)称之为配方知识的使用］。本章末尾会提到一些软件包。然而，由于这些软件包更新得很快，而且依赖于特定编程语言，我们的内容可能很快就会过时，读者最好还是在网上搜索一下。目前流行的两种编程语言是 R 语言和 Python 语言。

根据实验所需的信息，在一些情况下，研究者可以在语料库中直接进行检索。这种方法适用于当研究者对特定的单词或单词序列的出现频率感兴趣时。然而，在许多情况下，人们希望获得比这种粗浅分析所能得到的更多的信息，例如，当人们对句法结构或与单词相关的部分语音信息感兴趣时。对于这类问题，有一个经过解析和标注的、可用的语料库是很重要的。句法分析是指把句子分解成语法成分,然后用句法树表示这些成分之间的句法关系。标记(tagging)涉及给单词分配词性信息,其中包括给词形变化的单词分配正确的词目(lemma;词的基本形式)。许多小型语料库已经被手工解析和标记(最有名的是 Penn Treebank)。然而,在大多数情况下,这是自动完成的,即使输出并不是 100% 无误差。常用的英文软件包有 CLAWS 和 Stanford Parser。

心理语言学家偶尔(而且很少)可以从计算机语言学家或 NLP 科学家提供的衍生数据中获益。如上所述,广为人知的例子是词频常模列表。这些列表包括单词的类型、在语料库中出现的次数、句法角色(词性)以及与这些词性信息相关的词目(见下文)。这些信息通常可以简化为一个电子表格或统计程序,或者由网站提供。近年来,一个有趣的新功能是单词序列的频率(称作 Ngrams 算法),由双字母组(词对的频率)、三字母组(三个单词的序列)等组成,谷歌搜索引擎最先上线了这一功能。另一个有趣的英语单词 Ngrams 网站是"当代美国英语语料库"(Corpus of Contemporary American English)。

刺激材料和数据的性质

原始数据和衍生数据

刺激材料的性质取决于你使用的是语料库本身还是衍生的数据。如果你想使用一个语料库,显然你必须能够访问它。其中包括文本,有时还有其他额外的、更丰富的信息,例如,单词的词性或语料库中包含的句子的解析结构(口语材料通常是转录的,因为目前还不可能对语音信号进行语料库式的分析)。

语料库研究的一个主要限制是,语料库的材料大多有版权的限制,因为是由其他人制作的,而制作者没有将版权转让给语料库构建者(考虑到涉及的人员和组织的绝对数量,这通常是不可能的)。由于可能存在的侵权问题,研究者在与同事共享语料库时非常犹豫,这意味着许多语料库必须由研究组重新构建,这一点阻碍了信息的积累和研究结果的重复。

这种情况对于数据库的衍生数据要好得多,因为这些数据用于研究时通常是免费的,且更易于处理。由于衍生数据不会损害作者的商业权利,不侵犯知识产权,不违反"合理使用受版权保护的作品"的规则。在最简单的形式中,导出的数据可以作为电子表格(例如,Excel 表格),任何具备基本计算机技能的人都可以使用。有时,当列表太长的时候,你可能需要使用(稍微)更高级的软件。

语料库不必局限于口语和书面语,也可以由手势语(gesture language)组成,既可以替代言语(对于听障人士),也可以伴随言语。

词频数据

对于从语料库语言学中所得到的测量指标,最常用到的是词频。表 12.1 展示了一段节选自 SUBTLEX-US 数据库(Brysbaert, New, & Keuleers, 2012)的数据,这个数据库中的词频计算基于 5100 万个单词,这些单词取自 9388 部电影的字幕。这个表格中的数据描述了"appalled"(震惊)这一单词的信息。从第 1 行可以看出,这个词在语料库中出现了 59 次。第 2 行表示在 53 部电影中观察到了这个词(这一变量被称为"语境多样性")。第 3 行和第 4 行是标准化的频率测量:每百万单词频率(59/51=1.16)和齐普夫值(Zipf 值)。Zipf 值是一个标准化对数值,在本例中为 $\lg[(59+1)/51]+3 \approx 3.07$,是比每百万单词频率更好的测量标准,因为它考虑到单词频率效应是一个对数函数,并且超过一半的单词频率低于百万分之一的单词。Zipf 值取值范围为 1~7,其中低频词为 1~3,高频词为 4~7。更多信息请参见 van Heuven, Mandera, Keuleers 和 Brysbaert(2014)。表 12.1 的第 5~11 行显示,"appalled"被用作形容词(49 次)和动词(10 次)形式。所以,"appalled"的主要词目是"appalled"(用作形容词),另一个词目是动词"appall"。

因为现在词频的计算很容易,所以很重要的一点是要确保使用一个好的词频测量方法(请参阅下一部分)。需要考虑的重要变量是:① 语料库的规模,② 语料库所抓取的语言域,以及③ 分析的质量。

就语料库的大小而言,良好的词频测量要求语料库的字数为 2000 万~5000 万字。这是因为词频效应*在很大程度上是由词频低于百万分之一(也就是 Zipf 值在 1~3 之间)的单词所引发的(Keuleers, Diependaele, & Brysbaert, 2010)。如果语料库太小,就不可能正确地测量这些单词的词频。此外,如果需要词性或 Ngrams 的信息,则需要更大的语料库。

---

* 词频效应(word frequency effect)指的是高频词比低频词加工效率更高的现象。——译者

表 12.1　SUBTLEX-US 数据库中单词"appalled"的信息摘录

单词信息	"appalled"
FREQcount	59
CDcount	53
SUBTLEX pm	1.16
Zipf-value	3.07
Dom_PoS SUBTLEX	Adjective
Freg_dom_PoS SUBTLEX	49
Percentage_dom PoS	0.83
All POS SUBTLEX	Adjective;Verb
All_freqs_SUBTLEX	49;10
Dom_Lemma_SUBTLEX	appalled
All_Lemma_SUBTLEX	appalled;appall

注：单词信息一栏显示的是 SUBTLEX-US 数据库中的变量名称，具体意义请见正文描述。

与此同时，大语料库并不总是比小语料库好，原因是大语料库经常会触及心理学实验被试（通常是大学生）并不熟悉的语言领域。例如，百科全书这种语料库。Wikipedia 是 NLP 研究中一个非常流行的来源，因为它包含近 20 亿个单词，而且是免费的，还有许多语言的版本。然而，这并不是大学生经常阅读的语言类型。谷歌图书也是如此，它是一个包括数十亿单词的语料库，涵盖了数百万本小说和其他类型的书籍，同样不太可能是大学生经常阅读的。当检验词频测量的质量时，当语料库包含电影字幕（Brysbaert，Keuleers，& New，2011）、微博文字和博客（Gimenes & New，2016）或社交媒体消息（Herdağdelen & Marelli，2017）时，可以获得更好的结果，我们将在下一节中讨论。

最后，词频测量的质量也取决于分析的质量，这涉及几个因素，其中一个是源的叠加。由于电子材料很容易复制，大多数语料库都包含对同一信息的多个样本（例如，字幕库中同一部电影的字幕）。检测和删除这种重复信息是很重要的。对于（邮件或社交媒体中的）交流也是如此，人们回复时会复制此前的消息。通常还必须对文本质量进行检查，以确保语料符合预期并且质量达到了标准。另一个问题是，文件通常包含与源文件相关的元信息（metainformation），这些元信息也必须删掉。例如，带有电影字幕的文件通常包括关于电影的信息、制作字幕的人等，要删掉这些信息。此外，研究者如果对词性信息感兴趣，使用高质量的解析器是很重要的。

以下是覆盖多种语言的有用的资源。第一个称作 SUBTLEX 词频库,该词频库基于电影字幕,可用于汉语(普通话)、荷兰语、英语、法语、德语、希腊语、波兰语、葡萄牙语和西班牙语等。另一个有用的资源是 Gimenes 和 New(2016)创建的 Worldlex,该词频基于微博和博客,可用于 66 种语言。有些数据库是针对儿童的,最著名的是 CHILDES,可用于多种语言,本书第三章做了深入讨论。

语义向量

语料库研究传统上侧重于词频数据和句法分析,在过去的 20 多年里,一项令人兴奋的发展是基于词语共现性的语义信息计算。这一研究方法的基本理念是:具有相似语义的词语往往出现在相似的语境中(Harris,1954)。Lund 和 Burgess(1996),以及 Landauer 和 Dumais(1997)的两篇经典论文将这一研究方法引入心理学。研究者采用操作性定义,通过观察单词在语境中共同出现的次数来定义单词之间的语义相似度。对于 Lund 和 Burgess 来说,语境是一个在语料库中移动的小窗口(最多 10 个单词);对 Landauer 和 Dumais 来说,语境是一段简短的文字。

Lund 和 Burgess(1996)从网络新闻中编译了一个包含 1.6 亿个单词的语料库。在分析时,他们挑出了语料库中出现至少 50 次的所有单词。最后得到总共 70 000 个单词和 70 000×70 000 个条目的共现性矩阵。矩阵的每个单元格都包含单词在此移动窗口中同时出现的次数。在这个矩阵的基础上,每个单词都有一个由 70 000 个数字组成的语义向量。通过比较语义向量值,可以计算出单词之间的语义相似度:在同一语境中同时出现的单词具有非常相似的语义向量;很少同时出现在同一语境中的单词有不同的语义向量。Lund 和 Burgess 观察到,利用向量的相似性可以清晰地区分动物、身体部位和地理位置这些类别的单词。同类别单词的语义向量的相似性高于不同类别单词。研究者证实,在此前发表的语义启动实验中,目标刺激和相关启动刺激之间的语义相似性比目标刺激和无关条件对照启动刺激之间的语义相似性大。Lund 和 Burgess 称他们的方法为 HAL(参见本书第十一章)。

Landauer 和 Dumais(1997)从相同的基本原理出发,但使用了略有不同的方式。首先,他们使用了一个由 460 万字、面向年轻学生的百科全书构建的语料库,其中包括 30 473 个条目（后来落实这个项目时，作者使用了更大的、由教科书组成的语料库，更接近儿童的学习过程）。作者从每个条目中抽取了不超过 2000 个字符（约 151 个单词）的文本样本。矩阵的一个维度是百科全书的条目，另一个维度是研究者感兴趣的 60 768 个单词。矩阵中的单元格包含特定单词在特定文本样本中出现的频率。接下来，作者对矩阵进行了降维（即奇异值分解），将 30 473 个条目减少到 300 个维度。同样，每个单词在这 300 个维度上的值被用作向量来计算与其他单词的相似度。为了测试语义向量的有效性，Landauer 和 Dumais 使用它们来完成一个词汇测试的多项选择题（取自托福考试的同义词测验部分）。这个测试包括 80 个题目，每个题目有四个备选答案。当计算得到的目标词（题干词）与正确选项之间的语义距离小于与其他三个选项之间的语义距离时，这一题作答正确。结果显示，64% 的题目作答正确，这与非英语母语学生申请美国大学的大量样本中所得到的分数是一致的。Landauer 和 Dumais 将他们的方法称作 LSA（参见本书第十一章）。

　　从实际应用的角度来看，Lund 和 Burgess（1996），以及 Landauer 和 Dumais（1997）的语料库测验之间的一个重要区别是，后者不仅发表了论文，而且还开发了一个网站，访问者可以在该网站上计算单词之间的 LSA 相似性。例如，这个网站显示，"apple"和"pear"之间的语义相似度是 0.29，而"apple"和"tear"之间的语义相似度是 0.18。该网站还显示，其他词汇与"apple"关系更密切，其中一些是按降序排列的："cherry"（0.43）、"peel"（0.42）和"tree"（0.40）。令人意外的是，该列表还包括"chicle"（树胶；0.41）、"nonalphabetic"（非字母的；0.40）、"uppercase"（大写体；0.39）和"chapman"（商人；0.38）。由此可见，这个测量还需进一步改进。由于 LSA 衍生的测量方式在使用中对于用户界面友好，因此其对心理语言学研究的影响比 HAL 要大得多。事实上，我们经常会遇到语义启动实验中，使用 LSA 的值对不同实验条件进行对比或匹配。

　　在 Lund 和 Burgess（1996），以及 Landauer 和 Dumais（1997）的研究发表之后的几年里，研究者试图提升这些测量的性能。他们采取了几种方法。首先，研究者使用了更大的语料库。其次，他们试图优化应用于原始语境计数矩阵的转换步骤，并搜索可能的最佳参数集合。其中一个测试标准就是 Landauer 和 Dumais 使用的托福考试。正确作答的项目越来越多，直到在 Bullinaria 和 Levy（2012）的测试中达到100%。这是通过使用从网络（包括 Wikipedia 网页）上抓取的由超过20亿个单词组成的语料库实现的。研究者基于 HAL 的算法，以目标单词左右各一个单词作为计算窗口，计算语义相似度的余弦值，并对向量分量进行加权。如果语料库足够大，在运行分析之前对文本进行词形还原（lemmatization；即用单词的词目替换所有的屈折形式，如去掉词缀）并不能提高模型的性能。

除了完善已有的模型，研究者还提出了全新的研究方法。一种方法是研究者开始使用联结主义网络而不是计数矩阵（Mikolov, Chen, Corrado, & Dean, 2013）。这类模型不再明确地计算词语共现的次数并将其简化为主成分（principal component）。取而代之的是，所有目标词都被表征为位于三层网络中的输入和输出节点。输入层使用背景词作为预测词，而输出层必须激活相应的目标词。输入层和输出层通过几百个单元的隐藏层相连。这个模型通过调整节点之间的权重值优化网络的性能，最终权重值用于形成语义向量（参见本书第十一章，了解联结主义模型的详细信息）。一些研究已经证实，这种方法通常比传统的分布式模型（如 HAL 或 LSA）更优秀、更稳健（Baroni, Dinu, & Kruszewski, 2014; Mandera, Keuleers, & Brysbaert, 2017；另一种观点见 Levy, Goldberg, & Dagan, 2015）。此外，已有研究表明，联结主义模型和一些特定类型的传统模型在数学上可以是等价的（Levy & Goldberg, 2014）。与此同时，有研究者认为更好的托福成绩可能不是预测人们表现的最佳指标，因为"最佳托福成绩"需要百科全书式的语料输入，而基于电影字幕等日常语言的语义向量可以更好地预测人类的语义启动数据（Mandera et al., 2017）。

很遗憾，许多心理语言学研究者并不具备独立训练与使用最先进的语义向量模型所需的知识和技能。由于版权限制，用于计算的新的测量方法的语料库不能免费使用，并且实现算法需要具备专业知识（更不用说计算时间）。因此，心理语言学家别无选择，只能继续使用容易获取但已经过时的 LSA 方法。为了解决这个问题，我们编写了一个可供下载的脚本，它可以根据最新的研究进展来计算单词之间的语义距离（http://crr.ugent.be/snaut/）。目前，这个脚本可以计算英语和荷兰语的语义距离值。其他语言的版本正在陆续开发。

数 据 收 集

大多数时候,语料库是从网上下载的。事实上,大量的数字化形式的语言资料是语料库语言学背后的驱动力。研究人员倾向于寻找最容易获得的材料。如上所述,许多语料库包含 Wikipedia 网页,因为它很容易下载。Wikipedia 网页是一个很好的百科知识语料库,但不太适合作为人们接触到的典型言语或文本的代表。其他一些流行的文本语料库是基于网络爬虫*浏览万维网并下载各种站点的内容。这些语料库包含各种各样的来源——这是很好的,但通常需要对语料进行大量的清理(副本、其他语言的页面、重复相同信息的页面等)。最后,可以从之前的研究中获得一些语料库(但可能存在版权问题),这样做的好处是大部分的清理工作已经完成了。

一个好的语料库所需的单词量大小取决于其使用目标。如果目标是获得单个单词的频率,那么包含 2000 万~5000 万个单词的语料库就足够了(Brysbaert & New, 2009)。如果需要低频词的可靠的词性信息,则需要一个更大的语料库。如果研究人员想要获得词语共现性的信息,那么也需要更大的语料库,因为根据定义,词语同时出现的频率较低。与此同时,最好记住,一名大学生(心理语言学实验的典型被试)在他们的生活中不太可能遇到 20 亿个单词(Brysbaert, Stevens, Mandera, & Keuleers, 2016a)。因此,大于这个量级的语料库也不具有代表性。

除了语料库的大小,语料库所覆盖的语言范围至关重要,尤其是如果研究者想要预测被试在心理语言学实验中的表现。总的来说,基于参与者所接触到的语言类型的测量要比基于科学性的或非虚构来源的测量更为有效。如上所述,格外有效的来源是电影字幕和社交媒体信息。此外,学校使用的书籍也是一个很好的语料库来源,因为本科生日常有很大一部分时间在阅读和学习这些书籍。小学时期用到的书籍有一个额外的优势,它是人们最初习得的语言,似乎比后来习得的单词对语言处理的影响更大(Brysbaert & Ellis, 2016)。一种需要特殊考虑的情况是以老年人为被试的研究,因为老年人较少接触网络语言和近年来新出现的语言。一些研究报告称,对于这些被试,一段时间之前的语料库可能更具有代表性(参见

---

* 网络爬虫(web crawler)是一种用来自动浏览万维网的网络程序,可用来抓取网络信息。其一般目的是编纂网络索引供用户检索。——译者

Brysbaert & Ellis, 2016)。

当研究者想要比较各种类型的单词加工时,语料库的覆盖面是一个尤为相关的因素。其中一个问题是,情绪词(与积极和消极的感觉相关)是否比中性词更快地被识别。要回答这个问题,必须确保各种单词的频率得以正确评估(Kuperman, Estes, Brysbaert, & Warriner, 2014)。例如,如果单词的频率评估是基于非虚构语料库,那么情绪词的频率就会被低估,因为非虚构文本很少处理情感负载(emotion-laden)的情况,而且情绪词的加工速度似乎快于根据其频率做出的预期。或者,如果语料库是基于歌词的,那么情绪词加工似乎会慢于根据其频率所做出的预期。

研究示例

有两种方法可以展示计算语言学所提供的各种测量方法的效用:可以通过开展一个新的研究来解决一个特定的理论问题,或者重新分析一个已有的研究。我们采用后一种方法,考察在一个随机抽选的语义启动效应中使用的刺激材料(de Mornay Davies, 1998;实验1)。该实验结果基于20个目标词,在目标词之前会呈现语义相关和不相关的启动词,见表12.2的前三列。

关于刺激材料,首先我们想要知道的是词频。由于实验是在英国进行的,我们需要英式英语的词频。一个很好的资源是SUBTLEX-UK语料库(Van Heuven et al., 2014)。表12.2的第四列显示了目标词的词频结果。平均Zipf值是4.54($SD = 0.67$),这个值相当高(相当于每百万单词出现28次的频率)。值得进一步关注的是,目标词包括名词、动词和副词。此外,还有两个词主要用作专有名词("cup""lance"),在一个好的实验设计中,我们可能要避免这类刺激材料。对启动词进行类似分析,结果显示其平均Zipf值为4.84($SD=0.50$),除名词之外,启动词还包括一个主要用作专有名词的词("cable")和四个主要用作形容词的词("clean""dark""key""slow")。语义无关启动词的词频是4.85($SD=0.67$),和语义相关条件相匹配。无关条件除名词之外,还包括两个动词("claim""think")和两个形容词("small""sweet")。

表 12.2　de Mornay Davies(1998)语义启动实验中使用的刺激

目标词	语义相关启动词	语义无关启动词	$Zipf_{target}$	$DomPoS_{target}$
bird	wing	shirt	4.85	名词
bottle	glass	claim	4.65	名词
boy	girl	land	5.28	名词
chase	run	town	4.31	动词
cup	plate	pitch	5.09	专有名词
drop	fall	club	4.90	动词
fast	slow	goal	5.09	副词
gammon	bacon	spade	2.85	名词
glove	hand	think	3.81	名词
house	home	small	5.83	名词
lance	sword	canoe	3.74	专有名词
light	dark	view	5.28	名词
lock	key	add	4.42	名词
mail	letter	effort	4.63	名词
moon	sun	shot	4.74	名词
string	rope	clue	4.25	名词
tail	feather	parent	4.45	名词
wash	clean	sweet	4.54	动词
wig	hair	food	3.82	名词
wire	cable	tiger	4.29	名词

资料来源:de Mornay Davies,1998。

注:前三列为刺激,第四列为目标词的 SUBTLEX-UK 词频(即 Zipf 值),第五列为该词的主要词性分类。

更有意思的是,比较语义相关和语义无关启动词在语义距离上有多大的差异。我们使用 Mandera 等人(2017)的语义向量测量。结果显示在一个"0 完全相关"到"1 完全无关"的量表上,目标词与语义相关启动词之间的语义距离为 0.50 ($SD=0.12$)。目标词与语义无关启动词之间的距离为 0.84($SD=0.09$),这一语义距离明显高于前者。

除了上述方式,我们还可以检查刺激材料是否在其他已知的影响视觉单词再认的变量上相匹配,如单词长度、习得年龄(age-of-acquisition,AoA),以及与其他单词正字法或语音的相似度。对于英语来说,与其他单词的相似度信息可以在 Balota 等人(2007)的数据库中查询或使用 vwr 软件包进行计算(Keuleers,2015)。关于单词习得年龄的信息可以在 Kuperman、Stadthagen-Gonzalez 和

Brysbaert(2012)提供的数据库中找到。对于表 12.2 的数据,使用 Balota 等人(2007)的 OLD20 可得到这些单词和其他单词的正字法相似度。目标词的相似度为 $1.40(SD=0.26$;单词"gammon"不在数据库中),语义相关启动词的相似度为 $1.49(SD=0.29)$,语义无关启动词的相似度为 $1.71(SD=0.29)$。语义无关启动词的数值偏差表明,在该条件下,可以选择更好的启动词。目标词的习得年龄为 $4.96(SD=3.09)$,语义相关启动词的习得年龄为 $4.27(SD=1.66)$,语义无关启动词的习得年龄为 $5.58(SD=1.64)$,这再次表明启动刺激之间可能存在更好的匹配。

综上所述,de Mornay Davies(1998,实验 1)使用的实验刺激没有问题,但可以进一步改进:刺激材料都由名词组成,并在正字法相似度和习得年龄等变量上完全匹配。从以上提到的数据库中获取信息,可以让我们在心理语言学研究中更好地开展控制严格的实验。这些信息还可用于回归分析,以找出各种变量对成千上万个单词的加工时间的相对影响(Keuleers & Balota, 2015; Brysbaert, Stevens, Mandera, & Keuleers, 2016b)。

验证的局限性与可能性

语料库语言学为心理学家研究语言加工提供了有价值的工具。如果没有基于语料库分析的词频信息、词形信息和相似度指数,就不可能进行词汇加工的研究。

目前,一个新的研究方向是在语义向量的基础上,观察具体的单词特征可以精确推算到何种程度。例如,从语义上相近的词的情感效价推导出一个词的情感效价似乎是合理的。如果一个人知道"美丽"这个词有积极的意义,那么他可以相当肯定,其所有同义词也有积极的意义,比如"可爱的""有吸引力的""好看的""华丽的""令人惊叹的""引人注目的"和"英俊的"。因此,通过使用有限数量的种子词和语义相似向量,有可能估量语言中所有词的情感效价,甚至整个文本。研究表明,这种方法可能是有效的,尽管需要更多的工作来验证和优化它(例如,Mandera, Keuleers, & Brysbaert, 2015; Hollis, Westbury, & Lefsrud, 2016)。如果该方法确实有效,那么就有可能在小规模评分研究的基础上获得所有现有单词的情感效价。这对于那些还没有大规模人类评分数据库的语言来说尤其有价值。

事实上,目前制约语料库语言学贡献的首要限制是,我们讨论的方法仅适用于现存约 7000 种语言中的少数语言，这对语言多样性和偏见研究是不公平的。另一个限制是，可用的信息仅限于可分析的语言领域（特别是书面语）。越来越多的人认识到语言本质上是多模态的，而语料库却不是（至少尚未达成）。这就造成了与语言用户的实际输入相关的有效性问题。一个解决方案可能是创建多模态语料库，如马克斯·普朗克心理语言学研究所的语言档案馆。

即使对于已经存在于计算语言学中的语言，还有一个很大的限制是，并非所有可用的测量手段都是好的，甚至有用的。碰巧的是，在互联网上可以找到很多无用的信息。使用计算机算法来计算和比较单词特征，可以保证得到一列数字作为结果，但不能保证这些数字是有效的。很多事情都可能出错。首先，分析大数据集很容易出错，需要定期进行计算检查。其次，并非所有算法都具有相同的质量（如对语义向量的研究）。再次，这在很大程度上取决于所使用的语料库的质量（在这一方面，最好记住"垃圾输入，垃圾输出"这句话）。最后，可能出于理论上的原因，目前使用的算法是次优的。例如，目前计算的语义向量的限制之一是反义词往往在词共现的基础上语义接近。这意味着黑色被认为是白色的"同义词"，丑陋被认为是美丽的"同义词"。

避免从语料库分析中得出错误度量的最佳方法是根据人类数据验证它们。在理想情况下，这是基于与来自语料库的观察结果相匹配的数量。原则上，可以通过将一个新的词频测量值与大约 100 个单词的处理时间相关联来检查其有用性，看看它是否比主流测量值与处理时间的相关性更大，但这是一个相当冒险的策略，因为当频率列表包含大约 10 万个单词时，100 个观察值是一个很小的数字。如果有一个包含大约 2 万个单词的单词加工时间的数据库就更好了。事实上，在 Balota 及其同事（2007）发表的一项关于词汇判断（"这个字母串是不是单词？"）时间和 4 万个英语单词的命名延迟的大型研究（megastudy）之后，对词频测量的质量和改进方法的研究才开始兴起。同样，在一个只有 20 个目标词、之前呈现相关和无关启动词的实验（如上所述）的基础上，比较两个语义相似度度量的质量是有风险的。人们可以使用大型研究，比如 Hutchison 等人（2013）的研究，包含了 1661 个单词的数据，以及四种类型的启动刺激。

由广泛使用的心理语言学任务（词汇判断、命名、语义分类、眼动数据）中的单词加工时间组成的大型研究是验证研究的数据来源之一。另一个有趣的数据来源是人类评分。测试基于算法的情感评价是否有效的最好方法是将其与人类评分进行比较。应注意,数据库的大小至关重要,因此应该收集数千个单词的评分。不幸的是,到目前为止,如此庞大的人类评分数据库仅适用于少数几种语言(英语、荷兰语、西班牙语)。大型人类评分数据库的另一个用途是,可以作为其他算法的输入,例如,那些估计文本情感色彩的算法(Hills, Proto, & Sgroi, 2015)。

此外,还有词集(wordnet),这是一本人工制作的词典,可用于几种语言,其中的同义词集(synset)分组呈现,每个同义词集表达一个不同的概念,并通过少量概念关系与其他同义词集相关联。在英语数据库中,有11.7万个同义词集的信息。该数据库还包含有关单词的不同意义和理解的信息。例如,"second"可用作名词(有10种不同的意义)、动词(2种意义)、形容词(2种意义)和副词(1种意义)。

人类信息数据库是一个有效的标准语料库,由词汇关联数据组成。在词汇联想研究中,被试写下看到或听到目标单词时想到的一个或多个单词。一项正在进行的众包研究包含了超过 400 万名被试对 12 000 个目标词的反应数据(De Deyne, Navarro, & Storms, 2012)。

现在对心理语言学数据的需求是如此巨大,以至于语料库语言学和自然语言处理研究产生了越来越好的词汇特征测量方法(并且可能很快取代大型人类评分研究)。这一事实说明了离线语料库分析与在线研究都有助于领域研究的发展。

关 键 术 语

语料库(corpus, corpora):人类的语言(口语、书面语、手语等)集合,用于计算单词特征,如词频、与其他单词的相似度和主要词性;语料库的两个重要特征是语料库的大小和自然语言的代表性。

语料库语言学(corpus linguistics):通过对自然发生语言的大型数据库进行实证分析来研究语言。

语言域(language register):在特定环境中使用的语言的多样性(例如,科普书与博客);对心理语言学来说很重要,因为研究表明,如果单词特征是基于参与者可能在生活中使用过的语言,那么其更能预测实验结果。

大型研究(megastudy):大规模文字处理研究,收集对数千个单词的数据或样本非常大的被试的反应;用于检查影响文字处理效率的变量,并验证计算语言学中计算的单词特征。

自然语言处理(natural language processing,NLP):专注于计算机语言处理的学科,旨在通过大量基于语料库分析的技术,增进计算机与人类之间的交互。

句法分析(syntactic parsing):对句子结构和功能的分析。

语义向量(semantic vector):由 200～300 个数字组成的字符串,描述基于单词共现性的含义。

标记(tagging):确定词在句子中的词性。

词频常模(word frequency norm):通过统计单词在具有代表性的语料库中的出现次数来估计单词的出现频率。

词集(wordnet):一个包含多种语言的大型词汇数据库,其中的单词被分组为一系列同义词集,每一组表达一个不同的概念。

参 考 文 献

Balota, D. A., Yap, M. J., Hutchison, K. A., Cortese, M. J., Kessler, B., Loftis, B., ... & Treiman, R. (2007). The English lexicon project. *Behavior Research Methods*, 39, 445-459.

Baroni, M., Dinu, G., & Kruszewski, G. (2014). Don't count, predict! A systematic comparison of context-counting vs. context-predicting semantic vectors. In *Proceedings of the 52nd Annual Meeting of the Association for Computational Linguistics (Vol. 1)*. Retrieved from http://clic.cimec.unitn.it/marco/publications/acl2014/baroni-etal-countpredict-acl2014.pdf.

Brysbaert, M., & Ellis, A. W. (2016). Aphasia and age-of-acquisition: Are early-learned words more resilient? *Aphasiology*, 30, 1240-1263.

Brysbaert, M., Keuleers, E., & New, B. (2011). Assessing the usefulness of Google Books' word frequencies for psycholinguistic research on word processing. *Frontiers in Psychology*, 2, 27.

Brysbaert, M., & New, B. (2009). Moving beyond Kucera and Francis: A critical evaluation of current word frequency norms and the introduction of a new and improved word frequency measure for American English. *Behavior Research Methods*, 41, 977-990.

Brysbaert, M., New, B., & Keuleers, E. (2012). Adding Part-of-Speech information to the SUBTLEX-US word frequencies. *Behavior Research Methods*, 44, 991-997.

Brysbaert, M., Stevens, M., Mandera, P., & Keuleers, E. (2016a). The impact of word prevalence on lexical decision times: Evidence from the Dutch Lexicon Project 2. *Journal of Experimental Psychology: Human Perception and Performance*, 42, 441-458.

Brysbaert, M., Stevens, M., Mandera, P., & Keuleers, E. (2016b). How many words do we know? Practical estimates of vocabulary size dependent on word definition, the degree of language input and the participant's age. *Frontiers in Psychology*, 7, 1116. DOI: 10.3389/fpsyg.2016.01116.

Bullinaria, J. A., & Levy, J. P. (2012). Extracting semantic representations from word co-occurrence statistics: stop-lists, stemming, and SVD. *Behavior Research Methods*, 44, 890-907.

De Deyne, S., Navarro, D., & Storms, G. (2012). Better explanations of lexical and semantic cognition using networks derived from continued rather than single word associations. *Behavior Research Methods*, 45, 480-498.

de Mornay Davies, P. (1998). Automatic semantic priming: The contribution of lexical-and semantic-level processes. *European Journal of Cognitive Psychology*, 10, 389-412.

Ernestus, M., Baayen, H., & Schreuder, R. (2002). The recognition of reduced word forms. *Brain and language*, 81, 162-173.

Kucera, H., & Francis, W. N. (1967). *Computational analysis of present-day American English*. Providence, RI: Brown University Press.

Fromkin, V. A. (1973) (Ed.) *Speech errors as linguistic evidence*. The Hague: Mouton.

Gimenes, M., & New, B. (2016). Worldlex: Twitter and blog word frequencies for 66 languages. *Behavior Research Methods*, 48, 963-972.

Gries, S. T. (2010). Corpus linguistics and theoretical linguistics A love-hate relationship? Not necessarily… *International Journal of Corpus Linguistics*, 15, 327-343.

Harris, Z. (1954). Distributional structure. *Word*, 10, 146-162.

Hayes, D. P. (1988). Speaking and writing: Distinct patterns of word choice. *Journal of Memory and Language*, 27, 572-585.

Herdağdelen, A., & Marelli, M. (2017). Social media and language processing: How Facebook and Twitter provide the best frequency estimates for studying word recognition. *Cognitive Science*, 41(4), 976-995.

Hills, T. T, Proto, E., & Sgroi, D. (2015), Historical analysis of national subjective wellbeing using millions of digitized books. *IZA Discussion Paper No. 9195*. Retrieved from http://ftp.iza.org/dp9195.pdf.

Hollis, G., Westbury, C., & Lefsrud, L. (2016). Extrapolating human judgments from Skip-gram vector representations of word meaning. *The Quarterly Journal of Experimental Psychology*, 70(8), 1603-1619.

Hutchison, K. A., Balota, D. A., Neely, J. H., Cortese, M. J., Cohen-Shikora, E. R., Tse, C.-S., ... Buchanan, E. (2013). The semantic priming project. *Behavior Research Methods*, 45, 1099-1114.

Keuleers, E. (2015). Package '*vwr*'. Retrieved from https://cran.r-project.org/web/packages/vwr/vwr.pdf.

Keuleers, E., & Balota, D. A. (2015). Megastudies, crowdsourcing, and large datasets in psycholinguistics: An overview of recent developments. *The Quarterly Journal of Experimental Psychology*, *68*, 1457-1468.

Keuleers, E., Diependaele, K., & Brysbaert, M. (2010). Practice effects in large-scale visual word recognition studies: A lexical decision study on 14,000 Dutch mono- and disyllabic words and nonwords. *Frontiers in Psychology 1*, 174. DOI: 10.3389/fpsyg.2010.00174.

Kuperman, V., Estes, Z., Brysbaert, M., & Warriner, A. B. (2014). Emotion and language: Valence and arousal affect word recognition. *Journal of Experimental Psychology: General*, *143*, 1065-1081.

Kuperman, V., Stadthagen-Gonzalez, H., & Brysbaert, M. (2012). Age-of-acquisition ratings for 30 thousand English words. *Behavior Research Methods*, *44*, 978-990.

Landauer, T. K., & Dumais, S. T. (1997). A solution to Plato's problem: The latent semantic analysis theory of acquisition, induction, and representation of knowledge. *Psychological review*, *104*, 211-240.

Levy, O., & Goldberg, Y. (2014). Neural word embedding as implicit matrix factorization. In *Advances in neural information processing systems* (pp. 2177-2185). Retrieved from http://papers.nips.cc/paper/5477-neural-word-embedding-as-implicit-matrix-factorization.

Levy, O., Goldberg, Y., & Dagan, I. (2015). Improving distributional similarity with lessons learned from word embeddings. *Transactions of the Association for Computational Linguistics*, *3*. Retrieved from http://u.cs.biu.ac.il/~nlp/wp-content/uploads/Improving-Distributional-Similarity-TACL-2015.pdf.

Lund, K., & Burgess, C. (1996). Producing high-dimensional semantic spaces from lexical co-occurrence. *Behavior Research Methods, Instruments, & Computers*, *28*, 203-208.

Mandera, P., Keuleers, E., & Brysbaert, M. (2015). How useful are corpus-based methods for extrapolating psycholinguistic variables? *The Quarterly Journal of Experimental Psychology*, *68*, 1623-1642.

Mandera, P., Keuleers, E., & Brysbaert, M. (2017). Explaining human performance in psycholinguistic tasks with models of semantic similarity based on prediction and counting: A review and empirical validation. *Journal of Memory and Language*, *92*, 57-78.

Mikolov, T., Chen, K., Corrado, G., & Dean, J. (2013). Efficient estimation of word representations in vector space. *arXiv:1301.3781* [cs]. Retrieved from http://arxiv.org/abs/1301.3781.

Monsell, S., Doyle, M. C., & Haggard, P. N. (1989). Effects of frequency on visual word recognition tasks: Where are they? *Journal of Experimental Psychology: General*, *118*, 43-71.

Reali, F., & Christiansen, M. H. (2007). Processing of relative clauses is made easier by frequency of occurrence. *Journal of Memory and Language*, *57*, 1-23.

Schütz, A. (1962). Common-sense and scientific interpretation of human action. In *Collected*

Papers I (pp. 3-47). Springer Netherlands.

Van Heuven, W. J. B., Mandera, P., Keuleers, E., & Brysbaert, M. (2014). Subtlex-UK: A new and improved word frequency database for British English. *The Quarterly Journal of Experimental Psychology*, 67, 1176-1190.

扩展阅读与资源

语料库语言学的推荐教材：2008年出版的由Jurafsky D.和Martin J. H.编著的*Speech and language processing*（2nd ed.），第三版已于2019年出版。

Language Goldmine网站收录了超过230个链接，可获取多种语言的研究资源，涵盖了本文提到的大部分链接。

比利时根特大学（Ghent University）阅读研究中心（Center for Reading Research）网站：提供了根特大学收集的所有相关资源（如词频、习得年龄、具体性、词汇的情感效价和唤起度等），包括了多种格式可供下载，但主要限于英语和荷兰语。

Open Parallel Corpus OPUS：一个访问量持续增长的翻译文本网站，是一个经筛查、匹配和注释的多语言语料库。

Behavior Research Methods 是以发表多语言词汇特征为主要内容的重要期刊。

以下是用于语料库研究的一些软件包：

（1）Natural Language Toolkit：一个Python模块，提供50多个文本语料库的接口及一套文本处理库。

（2）Stanford CoreNLP：自然语言分析工具（另见斯坦福自然语言处理项目组发布的其他软件）。

（3）Gensim：一个Python模块，实现了分布式语义学中的多种模型，包括skip-gram和CBOW模型（另见谷歌公司发布的原始word2vec工具）。

此外，还可以使用R语言软件包vwr（Keuleers，2015）、下载Excel表格或可在线获取数据的网站，包括：

英语（美国）
- http://www.ugent.be/pp/experimentele-psychologie/en/research/documents/subtlex-us/overview.htm（SUBTLEX-US数据库）
- http://elexicon.wustl.edu/（David Balota，English Lexicon Project）
- http://www.wordfrequency.info/（Mark Davies，提供多来源的词频数据）
- http://crr.ugent.be/snaut/（语义向量）
- http://crr.ugent.be/archives/1423（SUBTLEX-UK）
- http://websites.psychology.uwa.edu.au/school/MRCDatabase/uwa_mrc.htm
- http://celex.mpi.nl/（含形态学信息）

- http://www.pc.rhul.ac.uk/staff/c.davis/Utilities/（N-Watch，由 Colin Davis 开发）
- http://crr.ugent.be/programs-data/lexicon-projects（British Lexicon Project，含 28 000 个词汇判断任务数据）
- http://crr.ugent.be/snaut/（语义向量）

荷兰语
- http://crr.ugent.be/isubtlex/（SUBTLEX-NL）
- http://celex.mpi.nl/（含形态学信息）
- http://crr.ugent.be/snaut/（语义向量）
- http://crr.ugent.be/programs-data/lexicon-projects（Dutch Lexicon Project 1 and 2，含 30 000 个词汇判断任务数据）

法语
- http://www.lexique.org/（Boris New 网站，包含了几乎全部有关法语词汇的信息）
- https://sites.google.com/site/frenchlexicon/（French Lexicon Project，含 30 000 个词汇判断任务数据）

德语
- http://www.dlexdb.de/query/kern/typposlem/（德语词频）
- http://celex.mpi.nl/（含形态学信息）

汉语（普通话）
- http://crr.ugent.be/programs-data/subtitle-frequencies/subtlex-ch（SUBTLEX-CH，提供汉语词汇的词频和词性信息）

西班牙语
- http://www.bcbl.eu/databases/espal/（含多种词汇特征）
- http://crr.ugent.be/archives/679（SUBTLEX-ESP 词频数据）
- http://www.pc.rhul.ac.uk/staff/c.davis/Utilities/（N-Watch 程序，适用于西班牙语）

第十三章
电生理学方法

Joost Rommers & Kara D. Federmeier

脑电活动的记录使研究人员能够以高时间分辨率追踪多个认知子过程。本章将介绍如何生成并记录脑电图（electroencephalogram，EEG），以及如何对其进行分析，包括滤波、剔除伪迹和统计检验。本章还将介绍如何使用电生理学方法研究语言，包括对实验设计、刺激和任务等方面的讨论，并以一个具体的例子加以说明。最后介绍了电生理学方法的优缺点及其应用的最新进展。总而言之，脑电活动的无创性测量提供了一些关于人类大脑语言理解、产生和习得过程的最直接证据。这些方法会继续为我们提供重要的新见解，挑战我们对认知和大脑功能的看法。

语言加工包含多个方面且加工进程迅速，这就需要研究方法能够以高时间分辨率揭示多个认知子过程的运作。其中一种通过 EEG 记录脑电活动的方法在过去几十年中对理解语言起到了关键作用。本章将讨论如何使用电生理学方法研究语言、该方法优缺点以及使用现状。

假设和理论基础

20 世纪 20 年代，研究者首次发现了 EEG。当时，Hans Berger 记录并放大了一名头部受伤患者的头皮表面电活动（Millett，2001），他观察到了 α 波，一种每秒约 10 个周期的振荡，该波在闭上眼睛时最明显。Berger 的发现最初遭到质疑，但最终其他研究也获得相同结果。现在，已有大量研究使用 EEG 探索认知的各个方面，包括感知、动作、注意、记忆和语言。

EEG 信号能直接、连续地测量大脑活动，该方法的主要优势之一在于其时间分辨率能达到毫秒级。这种高时间分辨率使其得以回答心理语言学中"何时"的问题。例如,一个词开始加工后多久才能被整合到语境中？在单词产出过程中,句法信息的提取是否先于音系信息？特定语言的音位类别会影响早期或晚期的言语感知过程吗？

大多数语言加工的脑电研究均依赖从在线数据中获得事件相关电位,即 ERP。ERP 是通过从连续的 EEG 数据中提取与感兴趣事件(如刺激或反应的开始)时间锁定的脑响应创建的。通常,来自相同或相似事件的多个试次的时间段以点对点的方式进行对齐并叠加平均,从而使 EEG 信号中的随机波动相互抵消,显露与事件相关的稳定的电位波动。图 13.1 绘制了平均电位随时间的变化(也就是 ERP),反映了一种正向和负向的偏转模式,能与特定的神经系统和功能过程联系起来。具有公认关联的波形通常被称为 ERP 成分,研究表明 ERP 成分的时间和振幅能敏锐反映特定认知过程的变化,这些认知过程与刺激的感知和评估、注意力分配、记忆编码和检索、反应选择、运动准备,以及与错误和奖励等相关的处理有关(参见 Luck & Kappenman,2011)。

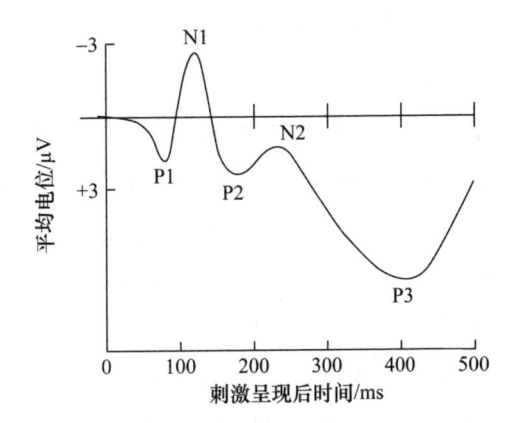

图 13.1 事件相关电位波形响应视觉刺激的理想化示例(图中标记正负波峰)
该图显示单个通道;负值向上。N1,N100;N2,N200;P1,P200;P2,P200;P3,P300。
资料来源:https://en.wikipedia.org/wiki/File:Constudevent.gif,根据 CC-BY-SA 3.0 http://creativecommons.org/licenses/by-sa/3.0/。

大多数 ERP 成分根据其极性、(典型)潜伏期或波峰位置命名。例如,P200(或 P2)是在视觉刺激开始后大约 200 ms 出现的正峰值。许多成分特有的头皮分布还有助于对其的识别。在语言研究中使用最多的 ERP 成分可能是 N400,它是一种中央-顶叶分布的负波,于潜在有意义的刺激出现后约 400 ms 达到峰值。N400 的发现最初源于对句子中意外单词的反应,在如"I drink my coffee with cream and..."之类的句子结尾处接"dog"的振幅大于"sugar"(Kutas & Hillyard,1980)。但 N400 不是"异常检测器"。随后的研究证实,N400 是对所有模态中的实词、图片和其他有意义的刺激的正常反应的一部分,其振幅随语境对刺激的支持增大而减小(综述参见 Kutas & Federmeier,2000,2011)。例如,句子中一个单词的 N400 振幅与该词的完形填空概率(cloze probability)成反比,完形填空概率指的是在离线任务中呈现缺失关键词的句子片段时,被试填写该词作为延续的比例。其他情况也会使 N400 振幅降低。比如,单词重复出现,单词呈现在语义一致的句子中,单词与列表中先前出现的词存在语义关联,甚至是单词与有预期但没有实际呈现的词存在语义关联等情况。在所有上述操纵中,N400 的潜伏期均非常稳定,而不像其他成分(如 P300),其潜伏时间取决于实验操纵的各个方面。

语言研究中第二个常用成分是 P600,这是一种持续时间较长但出现时间不太一致的正波,并不总是表现出明显的峰值。最初,研究者将其报告为对违反语法规则的响应,如"The spoilt child throw the toys on the floor"中的"throw"(Hagoort, Brown & Groothusen, 1993; Osterhout & Holcomb, 1992),该研究开辟了用事件相关电位追踪语法加工的新道路,并提出了语义(与 N400 效应相关,如前文所述)和句法之间的神经分离的可能性。然而,后来针对拼写错误的研究报告了类似的效应(Münte et al.,1998),该效应还在语义反转异常的研究中出现,如"For breakfast the eggs would only eat"(Kuperberg, Sitnikova, Caplan, & Holcomb, 2003)。与之前的观点不同的是,这些发现认为 P600 反映了修正或修复过程,但目前存在几种不同的解释,包括将 P600 与 P300 等领域一般性响应联系起来的观点(Brouwer, Fitz, & Hoeks, 2012; Coulson, King, & Kutas, 1998; Kolk & Chwilla, 2007; Kuperberg, 2007)。另一个与句法加工相关的成分是左前负波(left anterior negativity, LAN),发生在 300～500 ms,呈左额叶分布(Osterhout & Holcomb, 1992)。研究者报告 LAN 会对一致性错误产生响应,并认为该成分与形态句法加工(Friederici, 1995)和工作记忆有关(Kluender & Kutas, 1993)。最近有研究提出,一些明显的 LAN 效应也可能由 N400 和右侧 P600 起始位置处的成分重叠引起(Tanner, 2015)。

尽管一些成分往往与 ERP 的峰值有关,单个波形却通常不能让研究人员得出有关认知过程的结论。相反,与大多数方法一样,条件间的差异或者说 ERP 效应才应当是关注的重点。ERP效应是两种条件之间的ERP成分差异,在设计良好的研究中,ERP效应可以分离出感兴趣的特定子过程。

当然,句子加工文献对N400、P600和LAN的关注并不意味着在语言研究中只有这些成分至关重要。事实上,应该强调的是,语言操作经常引发并非语言特定的ERP效应,因为听、说、读的过程同时涉及非常多的认知功能。此外,一些使用ERP回答语言加工问题的设计精巧的研究,也发现了一些最初在非常不同的情景下得到的成分。例如,单侧化准备电位(lateralized readiness potential,LRP)是与反应选择相关的一个成分,已应用于研究语言产出中的时间问题(van Turennout, Hagoort, & Brown, 1997)。此外,与听觉感觉记忆相关的失匹配负波(mismatch negativity,MMN)已被用于研究语音加工(Dehaene-Lambertz,1997; Näätänen et al., 1997)。我们应该意识到,电生理反应这一完整的"工具箱"均有可能被用于心理语言学的研究(参见 Luck & Kappenman,2011)。

仪　　器

EEG中的电压变化能够直接、即时地测量神经活动。研究认为,该信号主要来自大脑皮质中大量同步放电的锥体神经元产生的突触后电位。锥体细胞可能是EEG信号的主要来源,因为锥体细胞放电发生在靠近头皮的皮质中,且有一个共同的朝向,这使得来自多个神经元的活动可以相加而不是抵消。相较动作电位,较慢的突触后电位更可能是信号的来源,因为动作电位持续时间较短,所以不太可能同步发生(参见 Nunez & Srinivasan,2006)。

使用贴在或靠近面部和头皮的银/氯化银电极或锡电极(例如,用紧密贴合的弹性电极帽固定),可以对上述电位进行非侵入性记录。一些电极类型被称为主动电极,这类电极内置放大器,在某些条件下更能抵抗噪声(对于不同记录环境下被动和主动电极的直接比较,参见 Laszlo, Ruiz-Blondet, Khalifian, Chu, & Jin, 2014)。导电凝胶用于建立电极和皮肤之间的连接,尤其是对于被动电极,使用磨砂膏轻轻地摩擦皮肤有利于降低头皮和电极间连接的阻抗,减少皮肤电位记录,从而减少数据中的噪声。电极与头皮间连接的有效性可以用阻抗计测量;相对于主动电极,被动电极通常需要更低阻抗(关于阻抗对数据质量的影响,参见 Kappenman & Luck,2010)。

选择记录多少个电极取决于研究的问题。针对 N400 和 P600 等常用成分的语言加工研究,20~32 个电极通常足够了。研究者也可以使用更高密度的配置,最多可达 256 通道,头皮地形分辨率的相应提升有利于观察更多的局部效应和/或对潜在信号来源进行建模。然而,这也需要权衡取舍,因为记录更多通道数据会导致设置电极的时间增加、不同电极之间串联的可能性增加(导致原本可分离的信号变得难以分离),以及通道在任何给定时间出现伪迹的可能性更高,从而当分析需要删除整个试次时出现更多数据损失。

另一个要点是参考电极的选择。电压表示的是两点之间的电势差,这意味着至少需要两个电极来测量电位。EEG 系统通常使用接地电极和参考电极进行双重减法(差分放大,differential amplification),来减少所有电极记录的共有噪声。理想情况下,参考电极应放置在身体电中性的位置。但实际上,没有位置完全中性。由于乳突处电极和大脑之间的骨结构较厚,大多数语言研究都相对于左侧乳突上的参考电极进行记录,并在分析过程中重新参考左、右乳突电极的平均值,但也有一些研究将参考电极放置在鼻子或耳垂上,还有一些研究将数据转换为使用所有电极位点的平均值作为参考(平均参考,average reference)。由于参考的选择会严重影响测量电信号的振幅和头皮分布,因此在比较数据集时必须特别注意参考位置,并且在设计新研究时最好遵循子领域内其他实验的惯例。

为了区分伪迹和大脑活动,研究者也会在被试脸上放置电极。眼动会造成一些伪迹,因为眼球作为电偶极子,在眼跳和眨眼过程中会引起较大的电压变化。一般而言,研究者在两眼外眦上各放置一个电极测量水平眼动,得到极性相反的两段方波。研究者通常还会在一只眼睛下方的眶下裂放置一个电极测量眨眼,眨眼在波形上表现为眼睛上方和下方极性相反的较大的波峰。对于需要被试说话的研究,电极应放置在口腔附近的口轮匝肌上以有效地监测肌肉活动,其波形表现为爆发的高频率活动。

在典型的 EEG 设置中,一台计算机向被试呈现刺激,另一台计算机采样(数字化)并存储 EEG 数据。当出现刺激或做出反应时,呈现刺激的计算机向采样计算机发送简短的事件代码(也称触发点或标记),以便稍后能够从连续 EEG 中提取事件相关数据。记录的信号很小,需要大幅放大。在数字采样之前,信号还需要使用模拟滤波器进行滤波,以避免混叠现象*。实际上,EEG 进行低通滤波的频率远低于尼奎斯特频率。

EEG 数据总是包含噪声。有些噪声来自外部世界,例如,来自被试附近电气设备的线路。通过屏蔽噪声源本身(例如,监视器、电缆)和/或屏蔽被试或记录设备[例如,让被试在法拉第室(Faraday chamber)完成实验],可以防止大多数电噪声的干扰。尽管如此,许多 EEG 记录仍包含一些 60 Hz 或 50 Hz 的线路噪声,数值取决于实验在何处进行。还有些噪声来自生理活动,如皮肤电、眨眼、眼球运动和肌肉活动。研究者可以要求被试坐着不动、放松,同时盯着屏幕中央,以最大限度地减少此类噪声。许多实验还要求被试在特定时间才能眨眼,如在每个试次后眨眼。实验人员实时监控数据记录,以便及时发现伪迹过多和其他问题,这比在分析阶段处理它们更可取。

刺激和数据的性质

目前,记录被试 EEG 的研究包含许多类型的刺激材料,如以文本和语音方式呈现的单词、句子、图片、场景、环境声音,甚至视频(例如,Sitnikova, Kuperberg, & Holcomb, 2003)。这些刺激类型使研究人员能够解决语言理解、产出和习得过程中的各种问题。然而,使用 EEG 技术也存在一些限制。为了避免眼动伪迹,大多数研究一次只呈现一个视觉刺激,刺激按比例缩放到只占据视野的一小部分。例如,书面句子通常是逐词呈现的,尽管一些研究团队已经开发了在自然阅读过程中记录注视相关电位(fixation related potential)的方法(参见 Baccino & Manunta, 2005);而听觉刺激的呈现则通常与恒定的视觉刺激(如注视"+")相结合,以帮助被试将注视点保持在屏幕的中心。此外,每种条件都需要相对大的刺激量:针对 N400 和 P600 等大的成分的研究需要 30~60 个刺激试次,针对较小成分的研究需要更多的刺激(相关讨论参见 Luck, 2005)。如果很难设计出足够的刺激,或者关注单个项目的 ERP,也可以通过测试更多的被试来进行补偿(Laszlo & Federmeier, 2011)。研究者还需要在多层面的分析中控制好实验刺激,因为 ERP 揭示了从感知、提取、评估,到响应刺激的某些层面这一系列加工过程。实验最好能够

---

* 混叠现象:由于采样率太低无法重建原始信息,导致误认频率高于采样频率一半(即尼奎斯特频率, Nyquist frequency)的活动为更低频活动的现象。——译者

完全平衡刺激,但如果这很难实现,可以尽量在相关维度上进行匹配。

任务会影响刺激的加工过程。在一些语言理解研究中,被试需要做出词汇判断反应、识别单词或回答问题。EEG 作为一种连续指标的优势在于,该方法并不需要任务就能生成数据。因此,不需要基于元语言标准的回答,可以简单地要求被试进行阅读或听力理解。这使得 EEG 实验有可能捕捉到听话人和读者在实验室外的语言加工机制。这还意味着 EEG 可用于难以进行行为测试的人群,如婴儿和某些患者群体。失匹配负波的研究是一个很好的例子,例如,探究婴儿的语音感知系统在发育过程中何时变得更适应母语而非其他语言(Cheour et al., 1998)。在语言产出研究中,经典的图片命名任务也可用于 EEG 研究(相关综述参见 Ganushchak, Christoffels, & Schiller, 2011)。然而,说话产生的肌肉伪迹很大,并且跨越很宽的频率范围(Goncharova et al., 2003)。因此,研究者在阐释脑电结果时需要更加仔细,尤其注意后期接近发音的成分。

在所有的实验设计中,采集的 EEG 数据的一个核心方面是其具有多维性。这些数据可以被视为时间样本×通道×试次的矩阵,具有正向和负向电压。值得注意的是,信号在绝对意义上取正或取负,都不能明确推断出潜在的神经生理过程。信号的极性取决于头皮电极的位置:相同电流偶极子的潜在大脑活动在一侧测量为正性,在另一侧测量为负性。此外,ERP 是相对于地面和参考通道记录的相对测量值,并相对于刺激前基线矫正得来。虽然数据的复杂性给分析带来了挑战,但这正是该技术应用的关键,因为数据不仅可以推断实验操作是否有影响,还可以更具体地推断何时以及如何产生影响。当涉及与特定认知和神经功能相关的特征明确的成分时,这种推论会特别有力。这种利用数据多维性的方法的一个例子是:在行为任务中,虽然语义和句法异常都可能导致相对于一致条件更长的反应时间,但这些条件引起的不同 ERP 效应(N400 和 P600)表明,二者涉及不同的加工过程。

数据采集和分析

ERP 分析的基本流程包括滤波、从连续数据中分割时间段、基线校正、伪迹剔除、叠加平均和统计分析。滤波或减少某些频率的信号是一个很复杂的操作,超出了本章的讨论范围。然而,ERP 研究人员至少要熟悉基本知识,这一点至关重要(参见 Handy, 2004; Luck, 2005)。滤波器包括高通滤波器(让高频通过,同时衰减低频)、低通滤波器(让低频通过,同时衰减高频)和带通滤波器(结合低通滤波器和高通滤波器,让一个频段通过)。滤波器的其他属性包括滤波器类型(例如,无限脉冲响应、有限脉冲响应,每个都有不同的子类,如 Butterworth 或 Gaussian)、衰减斜率(描述滤波器的陡度)和频率(定义为半幅截止或半功率截止)。滤波对于 ERP 来说十分有益,可以减少某些伪迹的幅度,有助于识别 ERP 的组成成分和效应。在不针对低频成分(部分占据相同频率范围)的研究中,可以使用高通滤波器来减少慢电位漂移和皮肤电位的影响。低通滤波器可以减少高频肌肉活动的影响。然而,任何滤波都会导致信息丢失,并可能使信号失真,从而损害时间分辨率。尤其是高通滤波器,应用后会在信号首尾产生边缘伪迹。因此,高通滤波器最适合在对 EEG 进行分割之前应用于连续 EEG 之中。

为了创建 ERP,需要从连续 EEG 中提取感兴趣的刺激(或响应)开始前后的时间段。通过将该时间段所有数据点减去刺激开始前时段的平均电压,对每个试次进行基线校正,有效地将刺激开始时的信号设置为零。可令研究者更容易看到信号中与事件相关的变化。句子理解范式中的基线时长通常是 100～200 ms。短基线最大限度地减少了与先前事件的重叠,而长基线增加了对基线活动估计的可靠性。有几项研究没有使用基线校正,而对信号进行了滤波,因为当截止频率相当高和/或滤波器很陡峭时,高通滤波可能具有与基线校正类似的效果。然而,正如已经提到的,陡峭的滤波器会使信号失真(相关讨论参见 Luck,2005)。在某些情况和设置下,这种滤波器甚至可以使 P600 效应看起来像 N400 效应(Tanner, Morgan-Short, & Luck, 2015)。

预处理的一个重要部分是剔除伪迹,包括眨眼、眼球运动、肌肉活动、漂移和放大器阻塞(amplifier blocking;因信号达到放大器动态范围上限而导致的信号截断及平直化)。通过减去来自眼睛上方和下方电极的信号(垂直推导,vertical derivation)识别眨眼;同样,通过计算来自眼睛左侧和右侧电极信号的水平推导识别眼跳。大多数研究剔除了包含伪迹的试次。可以使用目视检查来做决定,最好是在不考虑条件的情况下进行(尽管不太可能出现偏差,因为感兴趣的成分在单个试次中通常无法看到)。更常见的是一种半自动的程序,选择用自动伪迹检测方法选择被试校准的阈值(例如,最大幅度、峰-峰幅值或阶跃函数相关性)。除了使用伪迹剔除这一会减少总试次数量的方法之外,还可以使用伪迹校正方法:测量或模拟伪迹并剔除它们,如使用独立成分分析(independent components analysis, ICA;

Makeig, Bell, Jung, & Sejnowski, 1996）。ICA 检测到的非伪迹的独立成分也可以作为与认知加工相关的大脑动力学因素进行研究, 尽管研究人员这样做还需要彻底了解该技术的局限性, 而且将此类统计衍生成分的结果与先前研究结果进行比较将会更加困难。在下一步中, 在没有伪迹的试次中, 针对每个条件和每个被试（或者在某些研究中, 对每个项目）进行平均。最后, 创建被试的总平均值, 以实现可视化。

接下来便可以对被试的平均值进行统计分析。许多 ERP 研究使用的是相对简单、直接的统计方法, 并通过重复实验进行验证。研究问题通常为"某成分在不同条件下振幅是否不同", 其中该成分的时间和头皮分布是已知的。这使得在成分通常发生的时间点上平均, 以及在效应趋于最大的电极上平均成为可能。数据可以采用传统的方法进行分析, 如方差分析。为了从头皮分布的角度来描述 ERP 效应, 可以将电极或电极组在头皮上的位置作为因素。尽管与其他神经成像技术相比, ERP 的空间分辨率相对较差, 但头皮分布之间的稳定差异表明, 实验操作能够影响大脑功能, 要么通过动用部分位置不同的神经活动发生部位, 要么通过改变共享的神经活动发生部位处产生的振幅。如果研究问题不是这种类型, 而是"某成分的时间在不同的条件下是否不同", 则可以计算峰值潜伏期分数或面积潜伏期分数指标。面积潜伏期分数是计算一个时间窗口内曲线下的面积, 找到将面积划分为特定分数（如 50%）的时间点（Hansen & Hillyard, 1980）。峰值潜伏期分数是计算得到峰值之前的某一时间点, 使信号达到了峰值的特定分数。由于噪声使识别单个被试的峰值变得困难, 因此这两种测量方法均可使用留一法（leave-one-out）计算总体平均值, 可采用 Jackknife 程序（Miller, Patterson, & Ulrich, 1998; 有关设置推荐, 参见 Kiesel et al., 2008）, 或者至少可以通过测量低通滤波数据中的峰值提升质量。

在其他类型的实验设计中, 事先不知道感兴趣效应的性质、时间和分布, 研究问题是"大脑是否意识到这些条件之间的差异？如果是, 有多迅速？"为了处理这种情况, 已有研究者开发了数据驱动的大规模单变量（mass univariate）分析方法, 这种分析方法在免费软件中可以实现或兼容（Delorme & Makeig, 2004; Groppe, Urbach, & Kutas, 2011; Lopez-Calderon & Luck, 2014; Maris & Oostenveld, 2007; Oostenveld, Fries, Maris, & Schoffelen, 2011）。具体分析方法有很多, 但都有一个共同的优点, 即研究人员无须先验地指定时间窗口和一组电极位点。大规模单变量方法的第一步是对于每个时间点和每个电极以某种统计量（如 t 值）的形式量化感兴趣的差异。第二步，对多重比较进行校正，通常使用置换法（或错误发现率；Benjamini & Hochberg, 1995）。置换过程涉及随机交换条件标签并重新运行统计检验，此过程需重复多次。所有置换结果构成检验统计量的零分布，作为量化效应为偶然事件的效应量的基准。最后，将实际（非置换）结果的统计数据与零分布进行比较。如果它们在随机置换中相对"特殊"（即位于分布的尾部），则条件之间的差异被认为在统计上显著。这一方法的主要缺点是，相比直接在时间窗口上运行 ANOVA 或 t 检验，其统计效力较弱。因此，为避免遗漏真实效应，研究者应使用所有可用的先验信息来限制分析的过程并增加统计效力。例如，如果研究者知道预期效应的头皮分布但不知道其时间，则可以选择感兴趣的电极位点，逐点测试所有的时间，反之亦然。研究人员可通过检验结果发现不同条件在哪些时间点和电极上出现差异，但这个时间段在多大程度上可以解释为效应的起始和偏移时间取决于多重比较校正的结果。例如，聚类置换法（cluster-based permutation）只测试条件之间没有差异的一般零假设（条件是可交换的）；不在集群的起始和偏移时间层面上控制误报率（Maris, 2012）。总而言之，大多数设计和先验知识，都能找到合适的统计方法。

研 究 示 例

为了使上述文字更加具象化，我们以 Van Petten、Coulson、Rubin、Plante 和 Parks（1999）的研究为例加以讨论。该实验使用 ERP 研究句子语境中的口语单词理解，实验材料为语音刺激，这种实验材料在 ERP 研究中的使用频率低于书面文字（因为视觉刺激更容易锁时），该实验设计抓住了 ERP 方法的几个优点。

口语输入是随时间展开的，缺乏明确的词汇边界线索，不像字母书写的文本，词之间有空格。听者会基于不完整的输入，以渐进方式激活多个候选单词（如听到"catalog"时会激活"cat""a"和"log"；Marslen-Wilson & Welsh, 1978）。Van Petten 等人研究了这些候选单词意义被激活的程度，及其何时、如何与句子语境产生联系。

在脱离语境的情况下，只要声音输入仅对应一个单词时，就可以识别出该单词，这个时间点被称为语音识别点（isolation point），可以通过使用门控任务（gating task；Grosjean，1980）来识别。这个任务给听话人呈现依次加长的单词片段，要求其猜测这个单词是什么或会是什么。随着片段变长，听话人的反应也会越来越集中。在支持性句子语境中，会更早出现反应集中，也就是无须很多声音输入即可出现反应集中现象（Grosjean，1980）。一些研究使用跨模态启动范式，让被试在听语境中的单词时对视觉呈现的单词做出词汇判断，以研究候选单词的语义激活（Chwilla，1996；Moss & Marslen-Wilson，1993；Zwitserlood，1989）。例如，当被试在支持单词为"generous"（慷慨的）、不支持单词为"general"（将军）的语境中听到逐渐变长的单词片段后，研究者使用一些单词进行探测，比如"gift"（礼物，与语境支持的单词相关）和"army"（军队，用于评估语境不支持的单词"general"的激活，但"general"的初始语音与语境支持的单词"generous"重叠；Zwitserlood，1989）。然而，研究结果是混淆的，因为听到单词片段、看到目标和做出反应，这三类加工的性质和时间进程尚不清楚。

Van Petten等人（1999）使用N400效应来研究语义加工相对于语音识别点的开始时间，直接聚焦于口语本身的加工过程。如果只在完全识别单词之后才开始对其进行依赖于语境的语义加工，那么句子中的与语境一致和不一致单词的N400应该只在语音识别点之后才开始不同。然而，如果在输入还不完整的时候就进行语义加工，那么在语音识别点之前，只要语音输入偏离了听话人持有的任何语境预期，就可能会出现N400效应。比如，被试听到的句子语境是"It is a nice surprise to find that the car repair bill was only seventeen..."，句子结尾单词有以下几种条件：与语境的语义关系一致的一致条件，如"dollars"；与一致单词尾韵相同但语义不一致，如"scholars"；与一致单词头韵相同但语义不一致，如"dolphins"。

结果如图13.2所示*，在锁定到单词起始点的ERP中，两种不一致条件引起的N400振幅都比一致条件大得多。这重复了之前的研究，表明语境支持可以降低N400的振幅。然而，在两种不一致条件下，N400的起始时间有很大的差异。与初始音素不同的词（押尾韵条件）相比，具有相同初始音素的语义不一致词（押头韵条件）产生的N400延迟了约200 ms。这些结果表明，语音识别点可能不是影响N400出现时间的关键决定因素。但是，为了校正单个单词语音识别点的差异，该研究还对语音识别点的ERP进行锁时处理。当不一致词与一致词共享初始音素时，N400出现在语音识别点的位置。但当不一致词具有不同的初始音素时，N400

---

* 图13.2仅呈现Van Petten等人（1999）实验三中连续语音材料的结果，未包含实验一的门控任务和在最后一个词前进行了停顿的实验二。——译者

出现在语音识别点之前约 200 ms。这有力地证明了，语境驱动的语义加工不需要等到通过声学信号能完全分辨出单词时才开始。研究结果支持了从声音输入到语义表征的连续映射。注意，这些结果得以解释为语义相关加工，是因为发现语音识别点前出现的 ERP 效应是 N400 效应，而不是其他 ERP 成分（关于音系不匹配成分的讨论，参见 Connolly & Phillips, 1994; van den Brink, Brown, & Hagoort, 2001)。Van Petten 等人基于该效应的波形特征和功能敏感性提出了这一论点，并指出没有证据表明存在其他成分——被试个体的 ERP 没有额外的峰值，头皮分布也没有随时间发生变化。

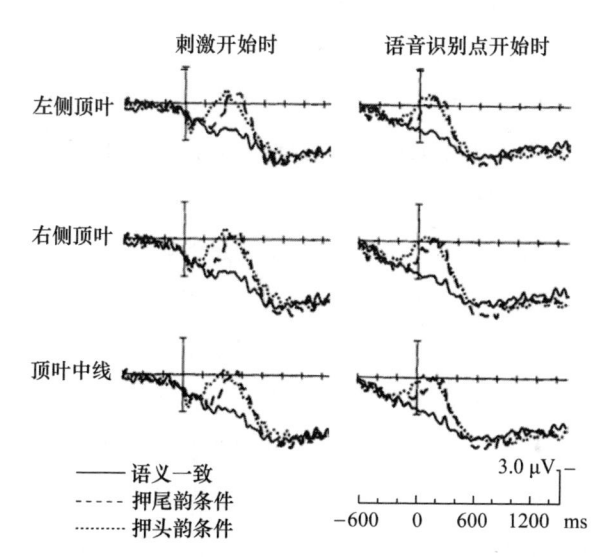

图 13.2　三种条件下，最后一个词在三个顶叶通道处引发的总平均 ERP
在左列中，零时刻是单词的起始时间。在右列中，零时刻是语音识别点。
（资料来源：Van Petten et al., 1999)

在该研究中，ERP 的优势是显而易见的。该实验设计利用了 EEG 信号能够即时且连续地反映语音信号的加工过程的特点，避免了根据因果关系和元语言判断进行推断的需要。该研究还举例说明了 ERP 锁时到语音信号的不同部分的作用，从而使研究者能够在任何完全独立于语境的词汇识别过程于消除歧义之前和之后的不同时间点分别研究语境效应。

优势和局限

本节将讨论 ERP 面临的挑战，以及如何解决其中的一些问题。我们已经提到过,EEG 的噪声水平很高,因此需要使用一些手段来提取稳定的感兴趣信号——最常见的技术是平均。然而,平均的一个缺点是,与其他平均值一样,平均 ERP 可能无法准确反映单个被试或单个试次的加工模式。例如,一种情况下的振幅相对于另一种情况下的振幅降低可能由多个原因导致,有的可能是因为所有试次或一部分试次中该成分的振幅减小,有的甚至是由潜伏期变化导致的,比如某个成分的时间在一种条件下比在另一种条件下更多变,导致平均振幅降低（Spencer,2004）。此外,有些研究的 ERP 平均后可能出现 N400-P600 双相效应模式,但原则上,这可能由一些试次的合并导致（或由被试总体平均导致）,其中一部分只有 N400 波形,另一部分只有 P600 波形。此外,ERP 数据集在试次数量和平均每个条件的项目数量方面很难平衡,因为在一些设计中,伪迹是基于被试的行为反应模式剔除的。这种不平衡在某些实验中影响较小,如相同感知刺激在各条件中轮换,并且只有 5%～10% 的随机试次被剔除。但有时,一些要解决的问题需要对比不同的项目,如研究单词再认中各种心理语言学变量的影响。

为了解决这些问题,ERP 研究人员使用了替代统计方法,如混合效应模型（Baayen, Davidson, & Bates, 2008）,这些方法在行为和眼动追踪文献中也很流行。混合效应（或分层）模型直接拟合试次数据,而不是平均值。这允许同时将被试和项目作为随机因素纳入,从而可以包括任何测量到的被试特征（如工作记忆容量）和项目特征（如单词频率）,并在整个试验中检查练习或疲劳的影响。原则上,在单个试次水平上运行回归模型来估计 ERP 与平均值的方法并没有什么不同。然而,由于不平衡的数据缺失会以不可预测的方式扭曲平均值,混合效应模型可以根据相应规则处理缺失数据,因为在单个试次水平上,它知道哪个被试和哪个项目能诱发（大脑）响应。尽管该领域尚未就多种可能的电极和时间点/窗口建模方法达成共识,但在 ERP 的试次分析中有着很好的应用前景。比如,研究句子中单词位置等连续预测因子对 ERP 的影响（Payne, Lee, & Federmeier, 2015）,或者预测因子和 ERP 之间的非线性关系（Tremblay & Newman, 2015）,以及处理不同事件存在重叠的脑电反应（Smith & Kutas, 2015）。

平均的另一个缺点是不能捕获某些方面的 EEG 信号。要使相关活动显示在平均 ERP 中,不仅需要将信号与对应事件锁时,而且要对其进行锁相处理（phase-locked）;也就是说,波形中的波峰和波谷需要在不同的试次中对齐。这种诱发（e-voked）活动可以与引发（induced）活动形成对比,后者是时间锁定而不是相位锁定的。即使非锁相活动的幅度很大，也不太可能在 ERP 中变得可见，因为峰值相对于刺激具有可变的潜伏期，并且在很大程度上相互抵消。ERP 成功描绘核心认知过程这一点表明，锁相活动捕捉到了一些关于认知和大脑功能的基本信息。此外，目前对大脑功能的看法也强调了振荡活动（通常不是锁相）在认知加工关键方面的作用，其中就包括了语言相关的研究（就振荡活动作为神经元网络耦合和解耦的 EEG 特征的讨论，参见 Bastiaansen，Mazaheri，& Jensen，2008；Buzsáki，2006）。

因此，越来越多的语言加工研究采用时频分析方法，该方法不仅使锁相活动可见，而且使非锁相活动可见，正如在其他领域的应用一样。时频分析涉及将 EEG 信号分解为多个频率，并随时间量化每个频率的能量（振幅平方），将分析应用于单个试次，然后取各试次的平均值，识别并标记对认知操作做出不同反应的不同频段：δ（1～3 Hz）、θ（4～7 Hz）、α（8～12 Hz）、β（13～30 Hz）和 γ（>30 Hz）。频段不是固定的，仅作为方便交流的准则。例如，α 频段的频率峰值实际上在被试之间以及在同一被试完成不同任务之间有所不同（Haegens，Cousijn，Wallis，Harrison，& Nobre，2014；Klimesch，1999）。

此外，还有各种常用的时频分析方法，比如快速傅里叶变换（fast Fourier transform，FFT）、莫莱小波分析（Morlet wavelet analysis）和结合希尔伯特变换（Hilbert transform）的滤波（相关讨论参见 Cohen，2014）。每种方法都有各自的参数，但当参数设置匹配时，结果看起来相似；事实上，这三种方法在数学上是等价的（Bruns，2004）。如图 13.3 所示，这种分析的结果可制作成频谱图，其中 x 轴为时间，y 轴为频率，颜色表示不同频率下能量随时间的增加或减少。需要注意的是，这些频谱图没有 ERP 所具有的时间分辨率，大部分的时间和频率变得"模糊"了。在信号处理中，频率精度和时间精度之间存在反比关系，这种权衡取决于分析参数（如小波周期数、使用希尔伯特滤波器方法时的滤波器设置或 FFT 窗口长度和锥度属性）。例如，当使用 FFT 方法中 400 ms 的移动窗口时，频谱图中的每个像素（pixel）都是使用像素之前 200 ms 和之后 200 ms 的数据计算的[尽管接近 −200 ms 和 +200 ms 的数据点的影响会逐渐减小，这取决于所用加窗函数（taper）的形状]。使用较大的时间窗会以牺牲时间精度为代价来提高频率精度，而使用较小的时间窗会以牺牲频率精度为代价来提高时间精度。通常，跨时间窗将信号分解为其成分频率会牺牲一些时间精度。

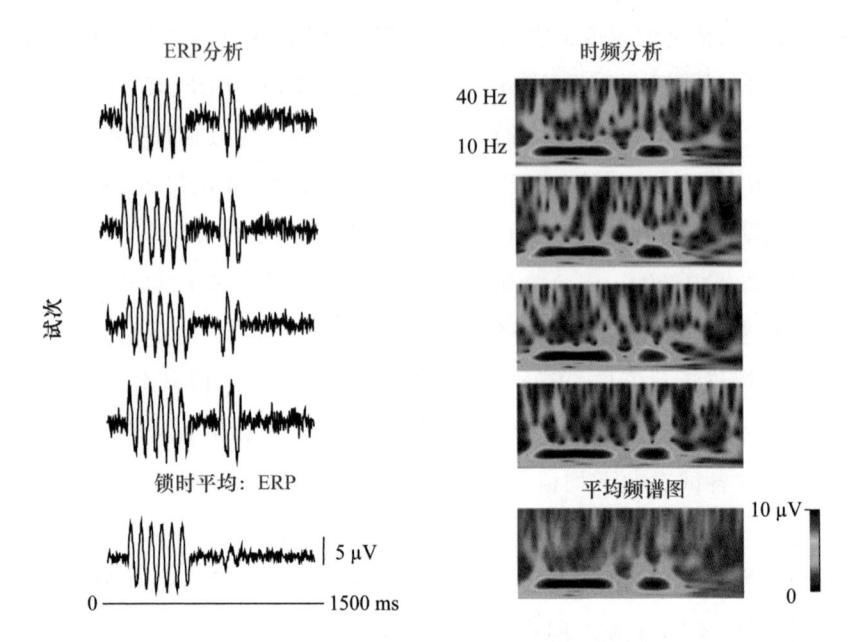

图 13.3　模拟的 EEG 数据（又见书后彩插）

ERP 和时频分析在其对锁相（诱发）和非锁相（引发）活动的敏感性方面的差异。第一个响应是锁时的，并且锁相到零时刻处；第二个响应是锁时的，而不是锁相的。第一个响应在 ERP 平均（作为振荡）和能量的时频分析（10Hz 左右能量增加）之后均有出现。第二个响应在 ERP 平均后被抵消，但在能量的时频分析中被保留。（引自 Bastiaansen, Mazaheri, & Jensen, 2008）

与丰富且成熟的 ERP 文献相比，目前对非锁相活动在语言加工中的作用的了解不多。这可能会在未来几年发生变化，但它对统计分析具有重要影响。ERP 可以针对已知潜伏期和头皮分布的特定成分进行分析，数据量可以相应减少。使用时频方法，通常情况下，在检验数据之前不知道受影响效应出现的潜伏期、头皮分布和频段。因此，在这种情况下，考虑使用数据驱动的统计方法来处理多重比较问题变得尤为重要，如在"数据采集和分析"一节中讨论的那些方法，它可以直接将频率作为时间和空间之外的维度（Maris & Oostenveld, 2007）。

ERP 和 EEG 的另一个挑战是，仅根据成分或效应的头皮分布很难推断出哪些大脑区域被激活。对于大多数心理语言学问题，大脑活动的时间可能比其来源位置更重要。当定位活动很重要，并且不想牺牲时间分辨率时（如功能性磁共振成像；见第十四章），可以使用脑磁图（magnetoencephalography，MEG）。

MEG 在许多方面与 EEG 相似（有关该方法的详细介绍，参见 Hämäläinen et al., 1993）。会在 EEG 中诱发电活动的神经过程，同样也会在 MEG 中诱发可见的脑磁活动。研究者可以针对能量变化和事件相关场（event-related field，ERF；即ERP 的脑磁对应物）进行分析。许多 ERP 成分具有对应的脑磁相关物。在这些情况下，相应的 MEG 成分通常与 ERP 成分一样命名，并在其后附加"m"。例如，N400m 是反映与 N400 共享活动的 MEG 响应（Halgren et al.，2002；Simos，Basile，& Papanicolaou，1997）。与 EEG 一样，时间分辨率是 MEG 的一个主要优势。

尽管存在相似之处，但 EEG 和 MEG 之间仍有重要差异。MEG 信号是使用超导量子干涉器件（superconducting quantum interference device，SQUID）记录的，这些设备是高度敏感的磁力仪，需要在温度非常低（4 K）的液氦中冷却。梯度计测量两个或多个相邻线圈之间的差异，对来自附近大脑的信号特别敏感，而弱化更远的噪声源（包括心脏）的影响。目前，大多数 MEG 系统包含数百个梯度计，以头盔状排列。由于大脑信号比来自无线电、行驶的汽车和电梯等的磁噪声弱得多，MEG 系统通常放置在磁屏蔽室中。购买 MEG 系统和必要的液氦供应使该方法的成本远高于 EEG。

MEG 的主要优点之一在于，与电信号相比，大脑和传感器之间的颅骨对磁信号的干扰更少（Hämäläinen et al.，1993）。此外，混淆 EEG 低频数据的皮肤电位，在 MEG 中也无法观察到。此外，EEG 中广泛存在的特定肌肉伪迹可能会在 MEG 中减少，这对语音产出研究十分有益（Hari & Salmelin, 2012；例子参见 Levelt, Praamstra, Meyer, Helenius, & Salmelin, 1998；Salmelin, Hari, Lounasmaa, & Sams, 1994）。因此，与 EEG 相比，某些类型的失真和噪声对脑电来说更成问题。与此同时，MEG 对不同的脑信号类型很敏感：虽然 EEG 和 MEG 都能看到与头骨相切的电流（在皮质沟壁中），但指向头骨的电流（在脑回上，大约包含大脑皮质表面三分之一的电位变化）只能通过 EEG 看到。与电信号相比，磁信号也随着距离的增加而急剧下降，使得 MEG 对浅表脑源的选择性相对更高。因此，使用 MEG 进行源定位更容易，因为这一手段对限定范围更小的大脑活动进行建模。

可以使用各种方法模拟源位置，包括等效电流偶极子（equivalent current dipole）、多偶极子（multiple dipoles）或波束成形（beamforming）技术（相关讨论参见 Hari & Salmelin, 2012）。在每种情况下，都需要一些必要的假设，因为"逆问题"没有唯一的解决方案（多个神经源配置可以生成相同的头皮分布）。将 MRI 结构项扫描纳入分析可以进一步缩小源建模的解决空间（这对于使用 EEG 进行源建模也是如此）。当前的一些 MEG 研究不仅可以定位脑区，还可以在源层面使用复杂的连接方法来研究不同大脑区域之间的交流（参见 Bressler & Seth, 2011; David et al., 2006; Schoffelen & Gross, 2009）。

总体而言，这两种方法的一个基本特征是，MEG 看到的通常比 EEG 看到的少，但看得更清楚（Cohen & Halgren, 2009）。然而，更有效的办法是将这两种方法互补使用，事实上，有些人认为最好的源定位来自 EEG 和 MEG 的结合（Cohen & Halgren, 2009; Sharon, Hämäläinen, Tootell, Halgren, & Belliveau, 2007）。

综上，本章讨论了如何用脑电活动的无创性测量方法提供一些关于大脑中语言理解、产出和习得过程的最直接证据。现有的方法，辅以当前的发展，可能会继续提供重要的新见解，不断挑战我们对认知和大脑功能的看法。

关 键 术 语

EEG（electroencephalogram）：脑电图，大脑电位的记录。

ERP 成分（ERP component）：ERP 波形的组波之一。

ERP 效应（ERP effect）：不同实验条件之间的差异，通常是一种 ERP 成分的变化。

ERP（event-related potentials）：事件相关电位，多个试次的平均波形在时间上锁定到一个事件。

MEG（magnetoencephalogram）：脑磁图，脑磁电位的记录。

参 考 文 献

Baayen, R. H., Davidson, D. J., & Bates, D. M. (2008). Mixed-effects modeling with crossed random effects for subjects and items. *Journal of Memory and Language*, 59, 390-412.

Baccino, T., & Manunta, Y. (2005). Eye-fixation-related potentials: Insight into parafoveal processing. *Journal of Psychophysiology*, 19, 204-215.

Bastiaansen, M. C. M., Mazaheri, A., & Jensen, O. (2008). Beyond ERPs: Oscillatory neuronal dynamics. In S. Luck & E. Kappenman (Eds.), *Oxford handbook of event-related potential components*. New York: Oxford University Press.

Benjamini, Y., & Hochberg, Y. (1995). Controlling the false discovery rate: A practical and powerful approach to multiple testing. *Journal of the Royal Statistical Society. Series B (Methodological)*, 57, 289-300.

Bressler, S. L. , & Seth, A. K. (2011). Wiener—Granger causality: A well established methodology. *Neuroimage*, *58*, 323-329.

Brouwer, H. , Fitz, H. , & Hoeks, J. (2012). Getting real about semantic illusions: Rethinking the functional role of the P600 in language comprehension. *Brain Research*, *1446*, 127-143.

Bruns, A. (2004). Fourier-, Hilbert- and wavelet-based signal analysis: Are they really different approaches? *Journal of Neuroscience Methods*, *137*, 321-332.

Buzsáki, G. (2006). *Rhythms of the brain*. New York: Oxford University Press.

Cheour, M. , Ceponiene, R. , Lehtokoski, A. , Luuk, A. , Allik, J. , Alho, K. , & Näätänen, R. (1998). Development of language-specific phoneme representations in the infant brain. *Nature Neuroscience*, *1*, 351-353.

Chwilla, D. J. (1996). *Electrophysiology of word processing: The lexical processing nature of the N400 priming effect*. Nijmegen University.

Cohen, M. X. (2014). *Analyzing neural time series data: Theory and practice*. Cambridge, MA/London, UK: MIT Press.

Cohen, D. , & Halgren, E. (2009). Magnetoencephalography. In L. R. Squire (Ed.), *Encyclopedia of neuroscience*, Volume 5, 615-622.

Connolly, J. F. , & Phillips, N. A. (1994). Event-related potential components reflect phonological and semantic processing of the terminal word of spoken sentences. *Journal of Cognitive Neuroscience*, *6*, 256-266.

Coulson, S. , King, J. W. , & Kutas, M. (1998). Expect the unexpected: Event-related brain response to morphosyntactic violations. *Language and Cognitive Processes*, *13*, 21-58.

David, O. , Kiebel, S. J. , Harrison, L. M. , Mattout, J. , Kilner, J. M. , & Friston, K. J. (2006). Dynamic causal modeling of evoked responses in EEG and MEG. *NeuroImage*, *30*, 1255-1272.

Dehaene-Lambertz, G. (1997). Electrophysiological correlates of categorical phoneme perception in adults. *Neuroreport*, *8*, 919-924.

Delorme, A. , & Makeig, S. (2004). EEGLAB: An open source toolbox for analysis of single-trial EEG dynamics including independent component analysis. *Journal of Neuroscience Methods*, *134*, 9-21.

Friederici, A. D. (1995). The time course of syntactic activation during language processing: A model based on neuropsychological and neurophysiological data. *Brain and Language*, *50*, 259-281.

Ganushchak, L. Y. , Christoffels, I. K. , & Schiller, N. O. (2011). The use of electroencephalography in language production research: A review. *Frontiers in Psychology*, *2*, 208.

Goncharova, I. I. , McFarland, D. J. , Vaughan, T. M. , & Wolpaw, J. R. (2003). EMG contamination of EEG: Spectral and topographical characteristics. *Clinical Neurophysiology*, *114*, 1580-1593.

Groppe, D. M., Urbach, T. P., & Kutas, M. (2011). Mass univariate analysis of event-related brain potentials/fields I: A critical tutorial review. *Psychophysiology*, *48*, 1711-1725.

Grosjean, F. (1980). Spoken word recognition processes and the gating paradigm. *Perception & Psychophysics*, *28*, 267-283.

Haegens, S., Cousijn, H., Wallis, G., Harrison, P. J., & Nobre, A. C. (2014). Inter- and intra- individual variability in alpha peak frequency. *Neuroimage*, *92*, 46-55.

Hagoort, P., Brown, C. M., & Groothusen, J. (1993). The syntactic positive shift (SPS) as an ERP measure of syntactic processing. *Language and Cognitive Processes*, *8*, 439-483.

Halgren, E., Dhond, R. P., Christensen, N., Van Petten, C., Marinkovic, K., Lewine, J. D., & Dale, A. M. (2002). N400-like magnetoencephalography responses modulated by semantic context, word frequency, and lexical class in sentences. *Neuroimage*, *17*, 1101-1116.

Hämäläinen, M., Hari, R., Ilmoniemi, R., Knuutila, J., Lounasmaa, O. (1993). Magnetoencephalography: Theory, instrumentation, and applications to noninvasive studies of the working human brain. *Reviews of Modern Physics*, *65*, 1-93.

Handy, T. C. (Ed.). (2004). *Event-related potentials: A methods handbook*. Cambridge, MA: MIT Press.

Hansen, J. C., & Hillyard, S. A. (1980). Endogeneous brain potentials associated with selective auditory attention. *Electroencephalography and Clinical Neurophysiology*, *49*, 277-290.

Hari, R., & Salmelin, R. (2012). Magnetoencephalography: From SQUIDs to neuroscience: Neuroimage 20th anniversary special edition. *Neuroimage*, *61*, 386-396.

Kappenman, E. S., & Luck, S. J. (2010). The effects of electrode impedance on data quality and statistical significance in ERP recordings. *Psychophysiology*, *47*, 888-904.

Kiesel, A., Miller, J. O., Jolicoeur, P., & Brisson, B. (2008). Measurement of ERP latency differences: A comparison of single-participant and jackknife-based scoring methods. *Psychophysiology*, *45*, 250-274.

Klimesch, W. (1999). EEG alpha and theta oscillations reflect cognitive and memory performance: A review and analysis. *Brain Research Reviews*, *29*, 169-195.

Kluender, R., & Kutas, M. (1993). Bridging the gap: Evidence from ERPs on the processing of unbounded dependencies. *Journal of Cognitive Neuroscience*, *5*, 196-214.

Kolk, H., & Chwilla, D. (2007). Late positivities in unusual situations. *Brain and Language*, *100*, 257-261.

Kuperberg, G. R. (2007). Neural mechanisms of language comprehension: Challenges to syntax. *Brain Research*, *1146*, 23-49.

Kuperberg, G. R., Sitnikova, T., Caplan, D., & Holcomb, P. J. (2003). Electrophysiological distinctions in processing conceptual relationships within simple sentences. *Cognitive Brain Research*, *17*, 117-129.

Kutas, M., & Federmeier, K. D. (2000). Electrophysiology reveals semantic memory use in language comprehension. *Trends in Cognitive Science*, *4*, 463-470.

Kutas, M., & Federmeier, K. D. (2011). Thirty years and counting: Finding meaning in the N400 component of the event-related brain potential (ERP). *Annual Review of Psychology*, *62*, 621-647.

Kutas, M., & Hillyard, S. A. (1980). Reading senseless sentences: Brain potentials reflect semantic incongruity. *Science*, *207*, 203-205.

Laszlo, S., & Federmeier, K. D. (2011). The N400 as a snapshot of interactive processing: Evidence from regression analyses of orthographic neighbor and lexical associate effects. *Psychophysiology*, *48*, 176-186.

Laszlo, S., Ruiz-Blondet, M., Khalifian, N., Chu, F., & Jin, Z. (2014). A direct comparison of active and passive amplification electrodes in the same amplifier system. *Journal of Neuroscience Methods*, *235*, 298-307.

Levelt, W. J. M., Praamstra, P., Meyer, A. S., Helenius, P., & Salmelin, R. (1998). An MEG study of picture naming. *Journal of Cognitive Neuroscience*, *10*, 553-567.

Lopez-Calderon, J., & Luck, S. J. (2014). ERPLAB: An open-source toolbox for the analysis of event-related potentials. *Frontiers in Human Neuroscience*, *8*, 1-14.

Luck, S. J. (2005). *An introduction to the event-related potential technique*. Cambridge, MA: MIT Press.

Luck, S. J., & Kappenman, E. S. (Eds.). (2011). *The Oxford handbook of event-related potential components*. New York: Oxford University Press.

Makeig, S., Bell, A. J., Jung, T.-P., & Sejnowski, T. J. (1996). Independent component analysis of electroencephalographic data. *Advances in Neural Information Processing Systems*, *8*, 145-151.

Maris, E. (2012). Statistical testing in electrophysiological studies. *Psychophysiology*, *49*, 549-565.

Maris E., & Oostenveld, R. (2007). Nonparametric statistical testing of EEG- and MEG-data. *Journal of Neuroscience Methods*, *164*, 177-190.

Marslen-Wilson, W. D., & Welsh, A. (1978). Processing interactions and lexical access during word recognition in continuous speech. *Cognitive psychology*, *10*, 29-63.

Miller, J., Patterson, T., & Ulrich, R. (1998). Jackknife-based method for measuring LRP onset latency differences. *Psychophysiology*, *35*, 99-115.

Millett, D. (2001). Hans Berger: From psychic energy to the EEG. *Perspectives in Biology and Medicine*, *44*, 522-542.

Moss, H. E., & Marslen-Wilson, W. D. (1993). Access to word meanings during spoken language comprehension: Effects of sentential semantic context. *Journal of Experimental Psychology: Learning, Memory, and Cognition*, *19*, 1254-1276.

Münte, T. F., Heinze, H.-J., Matzke, M., Wieringa, B. M., & Johannes, S. (1998).

Brain potentials and syntactic violations revisited: No evidence for specificity of the syntactic positive shift. *Neuropsychologia*, *36*, 217-226.

Näätänen, R., Lehtoskoskl, A., Lennes, M., Cheour, M., Huotilainen, M., Ilvonen, A., Vainio, M., Alku, P., Ilmoniemi, R., Luuk, A., Allik, J., Sinkkonen, J., & Alho, K. (1997). Language- specific phoneme representations revealed by electric and magnetic brain responses. *Nature*, *385*, 432-434.

Nunez, P. L., & Srinivasan, R. (2006). *The electric fields of the brain: The neurophysics of EEG*. Oxford: Oxford University Press.

Oostenveld, R., Fries, P., Maris, E., & Schoffelen, J. M. (2011). FieldTrip: Open source soft ware for advanced analysis of MEG, EEG, and invasive electrophysiological data. *Computational Intelligence and Neuroscience*, *2011*, 156869.

Osterhout, L., & Holcomb, P. J. (1992). Event-related brain potentials elicited by syntactic anomaly. *Journal of Memory and Language*, *31*, 785-806.

Payne, B. R., Lee, C. L., & Federmeier, K. D. (2015). Revisiting the incremental effects of context on word processing: Evidence from single-word event-related brain potentials. *Psychophysiology*, *52*, 1456-1469.

Salmelin, R., Hari, R., Lounasmaa, O. V., & Sams, M. (1994). Dynamics of brain activation during picture naming. *Nature*, *368*, 463-465.

Schoffelen, J. M., & Gross, J. (2009). Source connectivity analysis with MEG and EEG. *Human Brain Mapping*, *30*, 1857-1865.

Sharon, D., Hämäläinen, M. S., Tootell, R. B., Halgren, E., & Belliveau, J. W. (2007). The advantage of combining MEG and EEG: Comparison to fMRI in focally stimulated visual cortex. *NeuroImage*, *36*, 1225-1235.

Simos, P. G., Basile, L. F., & Papanicolaou, A. C. (1997). Source localization of the N400 response in a sentence-reading paradigm using evoked magnetic fields and magnetic resonance imaging. *Brain research*, *762*, 29-39.

Sitnikova, T., Kuperberg, G. R., & Holcomb P. J. (2003). Semantic integration in videos of real-world events: An electrophysiological investigation. *Psychophysiology*, *40*, 160-164.

Smith, N. J., & Kutas, M. (2015). Regression-based estimation of ERP waveforms: I. The rERP framework. *Psychophysiology*, *52*, 157-168.

Spencer, K. M. (2004). Averaging, detection and classification of single-trial ERPs. In Todd C. Handy (Ed.), *Event-related potentials. A method handbook*. Cambridge, MA: MIT Press.

Tanner, D. (2015). On the left anterior negativity (LAN) in electrophysiological studies of morphosyntactic agreement. *Cortex*, *66*, 149-155.

Tanner, D., Morgan-Short, K., & Luck, S. J. (2015). How inappropriate high-pass filters can produce artifactual effects and incorrect conclusions in ERP studies of language and cognition. *Psychophysiology*, *52*, 997-1009.

Tremblay, A., & Newman, A. J. (2015). Modeling nonlinear relationships in ERP data using mixed-effects regression with R examples. *Psychophysiology*, *52*, 124-139.

Van Den Brink, D., Brown, C., & Hagoort, P. (2001). Electrophysiological evidence for early contextual influences during spoken-word recognition: N200 versus N400 effects. *Journal of Cognitive Neuroscience*, *13*, 967-985.

Van Petten, C., Coulson, S., Rubin, S., Plante, E., & Parks, M. (1999). Time course of word identification and semantic integration in spoken language. *Journal of Experimental Psychology: Learning, Memory, and Cognition*, *25*, 394-417.

Van Turennout, M., Hagoort, P., & Brown, C. M. (1997). Electrophysiological evidence on the time course of semantic and phonological processes in speech production. *Journal of Experimental Psychology: Learning, Memory, and Cognition*, *23*, 787-806.

Zwitserlood, P. (1989). The locus of the effects of sentential-semantic context in spoken-word processing. *Cognition*, *32*, 25-64.

第十四章
血流动力学方法
功能性磁共振成像和功能性近红外光谱技术

Roel M. Willems & Alejandrina Cristia

神经活动会导致大脑的含氧量发生变化。认知神经科学有两种方法能够间接探测这些神经活动。功能性磁共振成像（functional magnetic resonance imaging, fMRI）能以相对较高的空间分辨率（毫米级）探测大脑局部区域的血氧含量，而功能性近红外光谱技术（functional near infrared spectroscopy, fNIRS）使用红外光在皮质表面的折射作为血氧含量的指标来探测大脑中的神经活动。这两种方法都能在相对精细的空间位置上在线采样大脑的活动，具有非侵入性。

假设和理论基础

由于依赖于血流相关信号，fMRI 和 fNIRS 被称为血流动力学方法（hemodynamic method；"hemo"或"haemo"源自希腊语中表示"血液"的单词）。尽管这两种方法的确切机制还不完全清楚，但很明显，它们与神经元放电时局部氧合血红蛋白和去氧血红蛋白浓度的变化有关。一种直观的方式是想象一下，当一群神经元被激活时，它们会消耗局部血液中的能量，最终需要"补给"，从而导致流向该神经元群的氧合血红蛋白量增加。fMRI 和 fNIRS 两种方法都能探测血液浓度的局部变化，因此，它们能间接、延迟地探测到大脑的神经激活。但由于这两种方法无法直接探测神经元的激活，而是探测与神经元激活相关的大脑活动，所以二者均具有间接性。延迟探测是因为血管系统的反应比神经元的放电率慢得多，因此该探测反映的是在神经激活发生后相对较长时间内持续发生的事件。这似乎表明血流动力学方法不够理想,所以人们可能想知道为什么尽管该方法存在这些缺点却还能被广泛使用。主要原因可能在于 fMRI 和 fNIRS 具有相对较高的空间精度,而且能以非侵入性的方式探测大脑中的神经活动。这也意味着该方法能通过对大脑区域的精准定位来探测大脑的神经激活。鉴于 fMRI 和 fNIRS 在方法上具有差异,我们将分别对两种方法进行介绍。

功能性磁共振成像

设备、信号和扫描序列

磁场和头部线圈

fMRI 使用磁共振成像(MRI)扫描仪(又称 MR 扫描仪)进行探测。MRI 扫描仪本质上是一个大而强的磁场。磁场在机器内部,并被液氦包围。液氦冷却能使磁场保持"在场"状态,即保持其磁场强度。因此,磁场始终处于"开启"状态。而且,当 MRI 扫描仪未运行且与机器连接的计算机硬件关闭时,磁场仍处于运行状态。清除液氦可以去除磁场,因为这会使磁体升温并使其失去作用力。但通常不会这样做,因此,我们最好假设磁场始终处于运行状态。之后我们也会谈到,由于磁场始终处于"开启"状态,我们在做 fMRI 实验时需要采取特殊的安全措施,其中,尤其需要避免将金属带入扫描室。

fMRI 的另一个重要设备是头部线圈。头部线圈放置在被试的头上,用于发射(发送)射频脉冲,以及读取(接收)来自大脑的信息。fMRI 中的"f"代表"功能性",使其与"常规"MRI 区别开来,因为 MRI 更多地用于测量人体组织中的静态属性。例如,当临床医生想要获得一张高分辨率的膝关节图像时,他们需要对膝关节进行磁共振扫描,从而获得膝关节解剖结构的清晰图像。同样,扫描头部也能获得显示头骨和大脑的解剖图像。这些就是我们通常所说的解剖图像。相比之下,fMRI 探测的是与大脑功能相关的信号,即与大脑中正在发生的神经活动相关的信号。由 fMRI 探测的信号称为血氧水平依赖信号。

血氧水平依赖信号

fMRI 的原理是磁场使大脑中的质子处于稳定状态:磁场将它们"拉"到一个方向或另一个方向上。然后,我们通过无线电脉冲使质子偏离它们的优先方向。但是，对于人体中不同类型的组织，质子想要回到它们在磁场感应中的优先方向，需要花费不同的时间。fMRI利用了氧合红血蛋白和去氧血红蛋白之间的差异。与去氧血红蛋白相比，氧合血红蛋白含有更多的氧气，并且这种差异是可以被探测到的。使用fMRI，我们能探测到与神经元激活相关的大脑活动，即BOLD信号。这一探测方法对应实际的神经激活（神经元的放电）有几秒钟的滞后，因而是一种缓慢且间接的神经激活探测方法。与未激活的脑区相比，由任务激活的脑区血液中的氧合血红蛋白量和去氧血红蛋白量之间的比例有所不同。需要注意的是，由于大脑总是活跃的，总是在消耗能量（和氧气），因此BOLD信号的增加显示了相对增强的大脑激活。总之，BOLD信号是由fMRI探测而得，而且依赖于大脑血液中氧合血红蛋白量和去氧血红蛋白量之间的差异。

扫描序列

典型的fMRI实验使用fMRI扫描设置（称为扫描序列），即按逐个切片（slice）的方式探测大脑。这是因为质子并不是一次全部激发，而是按每个虚拟切片激发的。将大脑分成这些切片意味着我们必须探测大约30个切片，且每个切片的厚度为2~3 mm，才能完全覆盖大部分脑区。我们围着被试的大脑画了一个框，这样就可以探测整个大脑[图14.1(a)]。

整个大脑探测一次所需的时间称为重复时间（time to repetition，TR），通常为2~2.5 s。因此，每2~2.5 s，我们就可以对所有脑区的激活进行采样，采样的空间分辨率通过体素（voxel）的大小反映[图14.1(b)]。体素是探测BOLD信号的小立方体，类似于屏幕像素。屏幕不是连续的图像，而是由多个小像素构成。大脑也是如此，可以被分成多个小立方体（"三维像素"）。典型的体素大小为2 mm×2 mm×2 mm到3 mm×3 mm×3 mm，这意味着我们探测的是8~27 mm^{3}的立方体中的BOLD信号。和其他用于探测大脑活动的非侵入性技术（例如，EEG）相比，fMRI具有很高的空间分辨率。同时，需要注意的是，fMRI探测到的BOLD信号是多个神经元（和其他脑细胞或静脉）的神经活动。

我们在上一段中谈到的TR和典型体素的大小通常用于那些使用认知任务来探测整个大脑活动的fMRI研究，此外，fMRI还能以更高的空间精度来探测大脑活动。例如，假设研究者只对来自顶叶皮质的信号感兴趣，切片可以定位到只探测顶叶皮质，而排除其他脑区。因为覆盖的组织更少了，研究者可以选择通过缩小切片之间的距离来提高空间精度，或者通过缩短TR来加快扫描速度。所有的扫描设置参数(形成扫描序列)都可以独立变化,取决于研究者根据具体实验确定的最佳参数。有许多参数可以改变,但是改变一个参数往往会影响另一个参数。因此,我们建议在更改序列之前最好咨询一下对 fMRI 序列有深入了解的人(例如,磁共振物理学家)。很多实验室都有可用的标准序列,这些标准序列的参数设置对于常规的 fMRI 实验通常是最优的。

应该指出的是,磁共振技术的新发展使 fMRI 能以更高的空间或时间精度来探测大脑活动。例如,所谓的多波段扫描序列能以短于 1 s 的 TR 探测整个大脑的 BOLD 信号。请注意,提高探测的时间精度与提高被探测的信号的时间精度不是一回事。换句话说,对大脑进行每秒采样并不会改变 BOLD 反应相对缓慢的性质。BOLD 反应是神经组织的一种特性,并不会受到探测速度的影响。

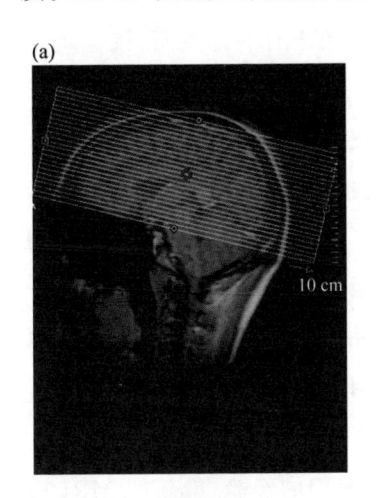

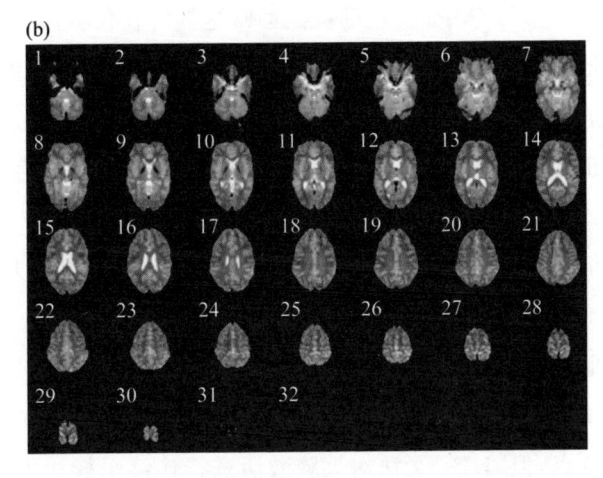

图 14.1 头部和大脑的解剖扫描和 fMRI 图像（又见书后彩插）

(a)黄线显示切片的位置。在 fMRI 中,每个 TR(如每 2 s)按逐个切片探测大脑激活。在这个例子中,切片的位置覆盖了整个大脑的激活区域,覆于大脑的解剖扫描上。(b)从大脑下部(切片 1)到大脑顶部(切片 32)的切片。灰度值表示信号强度,颜色越接近白色,信号强度越高。图像显示了一次 TR 扫描的结果：收集了 32 个切片以覆盖整个大脑。在离线预处理中,切片被组合成一个图像,从而创建大脑激活的 3D 图像。

实验刺激的性质

许多研究语言的 fMRI 实验主要采取心理语言学中的已有范式,考察与任务相关的脑区激活。这也意味着,fMRI 实验不需要使用特定类型的实验刺激。本质上,能在行为实验中使用的所有类型的实验刺激都可用于 fMRI 实验(例如,音素、单词、句子、故事；听觉刺激、触觉刺激、视觉刺激；特例见下文)。也就是说,fMRI

实验设计也会存在与(行为)心理或心理语言学的实验设计一样的问题。如果实验刺激或实验任务不恰当，或实验缺少合适的控制条件，都将令研究者很难或无法解释实验结果。虽然这并不是 fMRI 特有的问题，但我们仍要强调一点：设计不良的研究无论其因变量是什么，都不会产生有意义的结果。Binder 及其同事(2009)在以 fMRI 研究语义加工的元分析中说明了这一点。

大多数 fMRI 研究依赖于试次平均原则：实验由几个条件组成，每个条件都有适量的试次，研究者通常将每个条件下所有试次诱发的因变量，即体素中的 BOLD 反应进行平均来考察不同条件间的激活差异。

实验限制

参与 fMRI 实验的被试通常是仰卧在仪器内，眼睛上方有头部线圈，视觉刺激通过固定在头部线圈上的镜子呈现给被试。镜子里的视觉刺激通过投影仪投射形成，由于磁场强度较大，投影仪被置于扫描室外。采集图像时，磁共振机器会发出很大的噪声，因此被试需要佩戴护耳装置以免听力受损。听觉刺激可以通过入耳式耳机播放，以便最大限度地减少噪声的干扰，这对于单个实验刺激（一个词、一句话或一段文字）而言是非常有效的。但是，当实验刺激为音素时，扫描仪的噪声干扰有时会过于强烈，这时可以使用稀疏扫描序列（sparse scanning sequence）来降低噪声。稀疏扫描序列不是在实验刺激呈现时采集图像，而是在实验刺激呈现后采集图像，因此不会产生很大的噪声干扰。这一方法利用了 BOLD 反应的缓慢性特点，但弊端是无法对大脑激活进行连续采样。根据我们的经验，最新的 MRI 扫描仪硬件和实验刺激呈现设备（例如，耳机）可令大部分听觉语言实验不需要采取稀疏扫描序列。

在设计 fMRI 实验时，另一个需要注意的是被试的头动，因为过多的头动会造成数据损失。实验时，被试需要尽可能保持不动。为了减少头动，一些实验室会以某种方式固定被试头部。一种方法是在被试头部两侧和线圈之间放置小垫子，这种方法比固定头部要好。由于被试的头动会损害数据的质量，言语产出实验通常不使用 fMRI，而是采用正电子发射断层成像（positron emission tomography，PET；见下文）。尽管被试的头动对于数据质量是有损的，但有研究表明，即使被试在扫描过程中说话，也能获得可靠的 BOLD 信号（例如，Segaert, Menenti, Weber, Petersson, & Hagoort, 2012）。为了避免扫描过程中头动的干扰，研究者可以要求被试先想好说什么,再轻轻地说出来,数据分析时着重分析被试的言语计划阶段,因为这一阶段通常不会受到头动的影响(例如,Willems et al.,2010)。

在我们看来,fMRI实验设计最需要注意的是试次间隔时间(intertrial interval,ITI)。由于BOLD反应非常缓慢(图14.2),fMRI实验的ITI不能参考行为实验的ITI。假设前一个词呈现结束1 s后再呈现另一个新词(试次间隔时间为1 s),这些词的BOLD曲线会重叠,最终趋于稳定,即BOLD反应将不会发生变化。解决这一问题的一个办法是等待BOLD反应回到基线水平后再呈现下一个实验刺激。这一过程需要较长的ITI,例如,两个试次之间间隔16 s。这种方法被称为慢速事件相关方法(slow event-related approach)。虽然这一方法很容易实现,但却存在两个明显的缺点。首先,这一方法大大地增加了整个实验的时长。其次,对于被试而言,时间的延长会令被试感到无聊,甚至昏昏欲睡。一种解决办法是采用区组设计,但这种方案并不是首选的。在区组设计中,一个区组只呈现同一种实验条件的刺激材料。由于数据分析时研究者只需要关注整个区组,而不是单个试次的大脑激活,所以ITI可以设置得较短。在早期的fMRI研究中,区组设计备受欢迎(具有简单和有效的优点)。但是,这一设计的主要问题是无法随机呈现每个实验条件。所以,为了解决慢速事件相关设计长ITI的问题,更好的方法是采用快速事件相关设计(fast event-related designs)。快速事件相关设计的ITI相对较短(平均为3~4 s),但是会随试次发生变化。也就是说ITI在持续时间上不总是相同的,而是有所变化的(参见Miezin, Maccotta, Ollinger, Petersen, & Buckner, 2000)。这样做的原因是不同的ITI会导致BOLD信号发生变化。尽管BOLD曲线仍会重叠,但如果重叠中有足够的变化,研究者就可以估计给定条件下所有试次诱发的BOLD反应。这种方法能够让不同的实验条件伪随机呈现,且有几个工具箱能帮助研究者选择最佳的试次呈现顺序。但是,实验中研究者能够选择的ITI范围仍然存在争议。根据我们的经验,ITI平均设置为4 s效果很好,研究者也可以通过查阅文献来了解以往研究中的其他ITI设置。此外,虽然ITI应该是多变的,但不能是TR的倍数。也就是说,如果磁共振扫描的TR是2 s,ITI就不能设置为2 s、4 s和6 s。

最后需要注意的一点是,一些研究会向被试呈现连续语言刺激。其中一些研究对试次进行平均,利用感兴趣的实验条件的自然分离来估计与特定现象相关的BOLD反应(例如,事件切割,参见Zacks et al.,2001;另参见Nijhof & Willems,

2015)。这种情况需要快速呈现实验刺激(例如,ITI 短于 1 s),但是需要确保实验刺激的某一语言属性有足够多的变化。Yarkoni 及其同事(2008)首次把这种研究方法应用于语言研究。他们通过快速、连续地向被试呈现单词来探测与单词相关的很多心理语言学变量(例如,词频和习得年龄)诱发的神经反应。尽管单个单词的 BOLD 曲线会趋于平稳(类似方法可参考 Willems, Frank, Nijhof, Hagoort, & Bosch, 2015),但因为所有单词在诸如词频等方面均存在变异,所以仍可以估计出哪些脑区对这一特征敏感。如果读者对不进行试次平均的研究方法感兴趣,可参考 Andric 和 Small (2015)的文章。

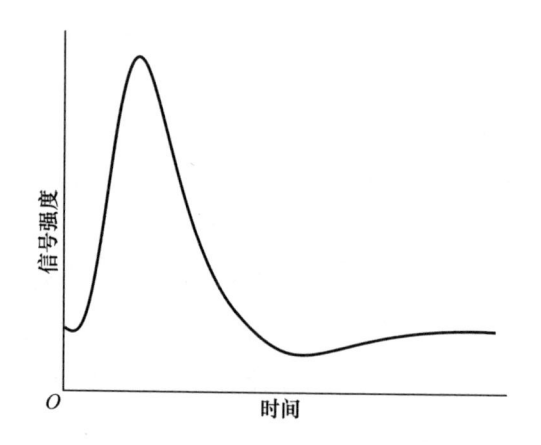

图 14.2　理想的 BOLD 曲线示意

血流动力学响应函数(hemodynamic response function,HRF)。曲线在实验刺激呈现后 6~8 s 达到峰值(实验刺激呈现时为零时刻),并且在实验刺激出现后下冲。请注意,时间轴(x 轴)以 TR 为单位,1 个 TR 为 2 s;y 轴以任意单位表示信号强度。

数据采集和分析

当扫描序列确定后,fMRI 实验的数据采集就相对容易了。填写个人信息(如年龄、体重)后,被试平躺在扫描仪里,然后扫描仪就可以进入扫描模式并开始采集数据。研究者坐在扫描室外,通过扬声器与被试交流。采集数据时,机器处于运转状态,会产生很大的噪声,研究者与被试无法进行交流,但被试可以通过警报按钮向房外的研究者发出信号。因此,数据的采集或多或少是个自动的过程。但是,在开始采集数据前,研究者需要向被试解释指导语,并确保被试理解了指导语,也要确保安全措施到位。

研究者向被试解释实验流程及其作为被试具有的权利对于任何实验都十分重要。此外，研究者还需要向被试解释 fMRI 实验可能存在的安全风险和安全流程，并告知被试实验过程中机器会产生噪声，以及被试需要尽可能保持身体不动。每个实验室都有各自的安全程序。在这里，我们只能简要概述一些安全风险以及如何将其最小化。fMRI 存在严重的安全风险，但这些风险可以得到很好的控制。fMRI 主要的风险与金属有关。任何人都不能携带磁性金属进入磁共振房间。因为磁体具有非常强的磁场，会对靠近它的任何金属产生非常强大的吸引力。如果有人将金属小物体（如硬币、钥匙、钢笔、剪刀）带入 MRI 扫描仪内，将会非常危险。由于物体会被磁体强大的力吸引过去，因此很有可能会伤害躺在扫描仪内的人。所以，任何人都不得将金属物体带入扫描室，并且研究者还需告知被试，即使在扫描仪不运转时（不采集图像时），磁体也总是处于运行状态。金属的另一个潜在威胁是由于头部线圈的射频发射，金属会慢慢升温。金属物件，如项链、耳环、女性内衣中的金属，以及包含少量金属的文身，都需要尽可能地取下来或去除。但是，有些金属无法去除，例如，手术后残留在体内的手术钢板，以及牙齿矫正时在牙内放置的金属丝。手术钢板通常没有问题，因为它的材质不具有磁性。但是，研究者必须向专家征求意见来决定此类情况应该采取什么措施才能保证实验安全。如前所述，研究者还需要注意在机器运行时保护被试的耳朵，以免受到噪声的干扰。

fMRI 实验通常没有副作用。被试不愿参加实验或退出实验的最常见原因是幽闭恐惧。fMRI 实验需要被试躺在一个相当小的空间中，并尽可能地避免头动，但是这种情况不适合有幽闭恐惧倾向的人。所以，研究者可以事先向被试解释 fMRI 实验的情况，或者让他们躺入模拟扫描仪中来熟悉 fMRI 实验的情况。fMRI 实验还有另一个副作用，即轻微的恶心或闻到金属味。如果被试很快地进入或离开磁共振磁场，就可能会感觉到，但是这些副作用很快就会消失。

数据分析

与其他神经影像技术相比，fMRI 的数据分析有时更为复杂。一个原因是核磁的数据集更大，所以数据处理是 fMRI 数据分析的难题。在 fMRI 数据分析时，可以使用一些开源的或商业性质的工具包，例如，FSL、SPM、AFNI 和 Brainvoyager。fMRI 数据最初是以厂商指定的本地文件格式进行存储的，所以在分析 fMRI 数据时，研究者需要把数据从这种本地文件格式转换为另一种能被所有软件分析

273 包读取的格式。目前最常用的格式是 NIFTI(neuroimaging informatics technology initiative),其文件扩展名为".nii"。在进行统计分析前,研究者需要对 fMRI 数据进行预处理。接下来,我们将介绍大多数研究中涉及的标准预处理步骤。

预处理的第一步通常是对被试的头动进行校正(motion correction)。为了把所有数据和第一次扫描的头像对齐,需要对数据进行转换。转换的过程是通过轻微平移和旋转随后扫描的头像来矫正轻微的头动,使其与第一次扫描的头像尽可能匹配。运动对 fMRI 数据影响很大,即使是轻微的头部运动都将导致体素的空间位置发生位移。扫描开始时体素 x 的坐标可能和扫描结束时体素 x 的坐标不一样,这种情况应该避免。此外,运动可能导致边缘伪影(edge artifact),即在大脑边缘或者脑室附近产生很强的"激活"。如果某一种实验条件的一个或多个试次呈现时存在头部运动,这种情况就会发生。靠近大脑边缘或者脑室的大脑组织(大脑以外的区域或脑室的脑脊液)在脑成像里会显示出很弱的信号,但由于从大脑组织到脑外或脑室的信号变化很大,信号会出现大幅度增强。

第二步要进行层间时间校正(slice-timing correction)。层间时间校正是通过时间插值,将每次扫描(每个 TR)获得的不同层面调整为仿佛同时获取的状态,使数据更好地符合统计模型的假设。层间时间校正是一个有争议的预处理步骤,争议点在于校正是否会使数据变得更好。接下来,研究者需要对数据进行转换,以便将数据标准化为标准的大脑空间。因为每个人的大脑形状不一,研究者在做组分析前,需要将所有被试的大脑进行标准化。其中一种标准的大脑为 MNI 模板,这一模板生成的空间被称为 MNI 空间。研究者需要首先对扫描获得的大脑解剖成像进行转换,把大脑解剖成像尽可能地与 MNI 模板进行匹配,然后再将生成的转换参数应用到 fMRI 数据中。对大脑空间进行标准化是一个相当麻烦的步骤。这就好比如果一个人试图让所有人的手转换为看起来像一只"标准手",需要对每只手的图像进行大量的拉伸,本质上会改变其原始形态。但是,标准化的优点在于能令每个被试的大脑看起来更具可比性,并且研究者汇报结果时能够提供被激活区域的坐标(MNI 坐标,或称 Talairach 坐标),以便进行跨实验的比较。

预处理的最后一个步骤是空间平滑(spatial smoothing),通过一个高斯滤波器(或核)对数据进行空间模糊化处理。因为即使进行了标准化处理,每个被试大脑的空间位置也存在差异,我们希望能通过平滑数据来减少这种差异。数据平滑通常使用大约 8 mm 半值全宽(full width at half maximum，FWHM)的过滤器。但是，这一步骤却被认为是预处理中最奇怪的一步。相比其他神经成像方法，fMRI 因为空间分辨率高，所以更有优势。但讽刺的是，通过空间平滑这一步骤，我们模糊了 fMRI 的空间分辨率，极大地削弱了这个优势。空间平滑后，需要进行组分析。但是，研究者需要尽可能地避免在空间标准化之前通过定位某一特定 ROI 在每个被试大脑中的位置先进行组分析，然后对所有被试的这一特定 ROI 的激活量进行组水平的统计分析。这一做法适合于对脑区有明确预期并且能够对这一脑区进行定位的研究。定位器(localizer)可以是解剖成像定位，也可以是功能成像定位。解剖成像定位通过参考脑图谱对大脑进行解剖定位。例如，可以确定某一布罗德曼皮质区在某一被试大脑中的位置(Eickhoff et al.，2005)。功能成像定位是通过大脑的功能定义 ROI。这种方法可以用来单独定位每个被试语言网络中的部分脑区，克服了空间标准化产生的问题(Fedorenko, Hsieh, Nieto-Castañón, Whitfield-Gabrieli & Kanwisher，2010)。之后，被定位的 ROI 可用来回答研究者感兴趣的实验问题。

　　数据的统计分析需要创建统计模型。这一模型会对每种实验条件下随时间变化的预期血流动力学信号进行建模。假设一个实验有四种实验条件(参见本章的"研究示例")，我们就需要根据每种实验刺激的起始时间和持续时间来定义四个回归量，将由实验刺激起始和持续时间组成的时间向量与血流动力学响应函数(图 14.2)进行卷积，从而解释 BOLD 反应为何会延迟。之后，这个模型需要以多元回归的方式对每个体素的时间进程分别进行模拟。这一回归类似于行为数据的多元回归方法，不同的是每个体素的时间进程都需要进行回归分析。模型最后能得出在每个体素下，每种条件的 β 值(表示每个回归变量的权重)。之后，我们需要对实验条件的差异进行统计检验。既然我们已经知道哪些体素的时间进程能更好地拟合哪种实验条件(β 权重)，我们就能知道哪些体素能更好地反映出实验条件 A 和实验条件 B 之间的加工差异。为了获得这一结果，我们可以对每个被试的每个体素做条件间的 t 检验(每个体素有一个 t 值，图 14.3)。

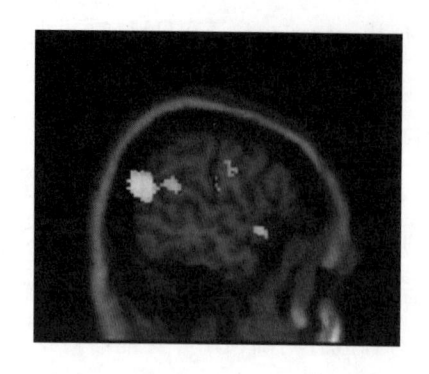

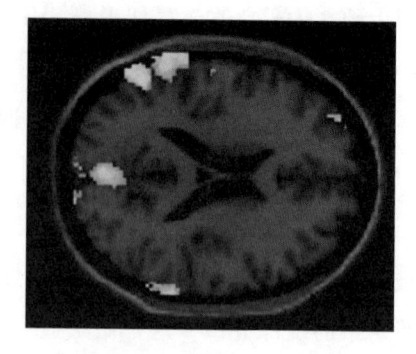

图 14.3　覆在解剖脑图上的统计图（又见书后彩插）

解剖脑图被标准化到 MNI 空间。黄色区域显示了一种条件比另一种条件具有更强的体素（或体素集，有时称为斑点）激活。黄色表示条件间对比的 t 值大小，这个 t 值在任意值处被截断（仅显示大于 2.6 的 t 值）。图中显示的是一位被试的脑区激活结果。需要注意的是图中的颜色是任意设定的（可以选择任何颜色），颜色并不反映神经激活，而是反映在每个体素上的统计检验结果。基本假设是这一统计检验反映了两种实验条件之间神经激活的差异。

之后，我们就可以进行被试的单样本 t 检验（针对零假设进行检验）来完成组统计。同样，每个体素都需要进行单样本 t 检验。由于这个检验需要做很多次，所以存在多重比较问题（multiple comparisons problem，MCP）。在统计学上，多重比较问题意味着 I 类错误（假阳性）的概率难以控制。如果不进行校正，I 类错误的发生概率就会大到令人无法接受。处理这类问题的传统方法太过保守，如 Bonferroni 校正，导致发生 II 类错误（假阴性）的概率过大。一种常用的解决方法是将体素的阈值（未校正的 p 值，通常设置为 $p<0.001$ 或 $p<0.005$）与最小脑区范围相结合，这样，只有激活量足够大的脑区才能"越过"这个阈值。所以，如何在灵敏度（避免假阴性）和可复制的结果（避免假阳性）之间实现最佳平衡是 fMRI 数据分析中的一个颇具争议的问题（一篇优秀的综述参见 Bennett et al.，2009）。

近年来，还有一些方法也常被用来分析 fMRI 数据。例如，多体素模式分析（multi-voxel pattern analysis，MVPA）和基于模型的 fMRI（model-based fMRI）。MVPA 是以体素集的多变量反应为单位进行分析，而不是对很多单体素一个个地进行分析。单体素的分析是大规模单变量分析方法，前文已提及。MVPA 能够检验条件间的差异，不依赖于各实验条件间激活强度的总体变化，而是取决于各实验条件间激活模式的差异（Kok，Jehee，& de Lange，2012）。基于模型的 fMRI 是一种对比计算模型预测出的大脑反应和实际的大脑反应（fMRI 数据）来检验模型正确率的方法。使用这种方法能够获得反映某些特征的大脑成像，例如，这一方法可用来获得被试听故事时表现出的与故事的某些特征有关的大脑成像(Wehbe et al.，2014)。

研究示例

　　一系列实验表明，理解与感觉运动相关的字面意义会产生对感觉运动的模拟。例如，相比于理解与手部动作无关的其他动作动词("傻笑")，被试理解与手部动作相关的动词("投掷")时的反应更快。隐喻性语言的使用是否也存在这样的动作模拟？如果存在，这种动作模拟是如何发生的？Samur 及其同事（2015）使用 fMRI 来研究情绪背景对隐喻具身理解的影响。在他们的实验中，被试需要先阅读简短的"故事"(大约三句话)，之后阅读目标句。故事场景使得目标句为字面义或隐喻义(自变量1)，并且包含了一定的情绪(自变量2)。例如，在目标句"他把它推开了"(He pushed it away)中，被推开的"它"既可以是一本书(字面义)也可以是一个想法(隐喻义)。这个研究采用 2×2 的实验设计，有四种实验条件。实验刺激以事件相关的方式呈现，试次之间的时间间隔，以及短故事和目标句之间的时间间隔都会发生变化。组统计采用 2×2 方差设计，并通过把体素水平的阈值和激活脑区应具有的最小体素数量相结合来解决多重比较问题。研究者还定义了几个先验的 ROI，其中有几个 ROI 是按照相同被试不同的功能成像来定义的。例如，视觉运动区是通过让被试参与运动定位任务获得的。这个定位任务是让被试观看屏幕上显示的运动的或静止的点，或者什么也不做。通过把被试观看运动点和静止点的区组进行对比，就能得到与运动感知相关的视觉区域的激活。在获得这些激活脑区之后，我们也可以在这些脑区中获得与实验任务操纵因素(情绪和隐喻)相关的激活，即可以从这些运动区提取出每种条件的 β 权重，并对它们进行方差分析。运动皮质的 ROI 是通过两种方式确定的：一种是从功能上(被试移动其手或脚)确定的，另一种是从解剖上(根据细胞结构概率图的脑区划分)确定的。

　　这项研究发现，参与视觉运动觉察的脑区(人脑中的 MT 区)对隐喻运动敏感，但只有在隐喻句嵌入情绪背景的情况下才会被激活。这一发现为隐喻和情绪之间存在特殊联系提供了证据。

　　在这个示例研究中，使用 fMRI 的一个优点是被试不需要完成与实验操纵相关的任务。另一个优点是 fMRI 的特异性。通过把观察到的激活脑区与这些脑区的功能表征联系起来，就能说明情绪是通过感觉运动模拟来对具身隐喻的理解产生影响的。

优缺点

相比于其他方法，fMRI 的空间分辨率高，可以显示出某一特定认知过程激活的脑区。但是，BOLD 反应具有延时性，即 BOLD 反应总是比神经激活晚几秒，因此 fMRI 的时间分辨度相对较低。另一种具有良好空间分辨率的方法是正电子发射断层成像，即 PET，其额外优势是运动对数据的影响较小。在认知神经成像中，fMRI 比 PET 更受欢迎的原因是，PET 需要将放射性示踪剂注入血液中，这是一个侵入性步骤，而 fMRI 则是非侵入性的（在 fMRI 研究中不会向参与者注射任何物质）。

然而，fMRI 也有缺点。首先，fMRI 数据采集和硬件维护的费用都比较高。其次，被试需要尽可能保持不动，这种方法不太适合涉及运动的研究（尽管我们谈到了言语产出的 fMRI 研究很成功）。再次，fMRI 机器会产生很大的噪声，有幽闭恐惧的人难以接受躺在一个空间如此狭小的机器内。最后，我们提到过，fMRI 存在与金属相关的安全问题。因此，在做实验时，需要有恰当的安全规定，这样 fMRI 才能成为一个相当安全的实验研究方法。

功能性近红外光谱技术

设备和信号

设备

尽管近红外和核磁探测的内在现象是相同的，但二者使用的设备不同。和 fMRI 一样，fNIRS 探测的也是局部脑区激活时的血流变化。但是，fNIRS 依赖于血液的光吸收特性。接下来，我们将简要介绍 fNIRS 的使用方法（更详细的介绍，可参见 Ferrari et al.，2004）。

不同于 fMRI，多数 fNIRS 的数据采集类似于 EEG，主要依靠放置在被试头部的帽子或装置。这个帽子上配有许多与 fNIRS 系统连接的光极。fNIRS 系统既能对感知到的光进行测量，也能控制光的传输（图 14.4）。多数 fNIRS 系统都是无声的，而且通常比较小，易于携带。例如，Hitachi ETG-4000（内置于一个带轮子的推车中)的大小约为 1 m×0.4 m×0.4 m,而 UCL-NTS 系统更小,类似于一个边长为 40 cm 的立方体。连接光极的电缆线长度可以定制,但通常约为 2 m。研究者要正确地使用设备(例如,确保光极和皮肤之间紧密接触),可以使用没有特殊照明或其他条件的正常房间。

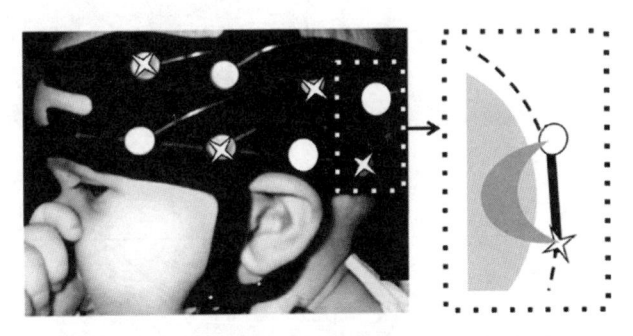

图 14.4　一个 5 个月大的婴儿戴着 fNIRS 帽子
图像中包含一个从光源(星形)到光源探测器(圆形)之间的光路示意图,这一光路穿过了头皮(虚线)和皮层组织(灰色)。

根据光吸收率测量 BOLD 信号

正如前文所述,被试需要戴上带有光极的帽子。光极有两种类型:一种是发射光的光源(通常有两个红外线的频率);另一种是光源探测器,用来接收光(通常红外线的频率更广)。从光源发出的光会扩散到所有的底层组织:头发、皮肤、骨骼、脑脊液等,以及流经大脑的血液中的血红蛋白。光源探测器接收到的光通常会以月牙形路径从附近的光源进行散射。我们把这种光源-光源探测器的组合称为通道(channel)。因为有些光会损失掉,所以我们很难用光吸收率来估计绝对的血红蛋白浓度。我们通常分析光吸收率随时间的变化(图 14.5)。只要其他组织不随刺激而改变(在下文中,我们将讲解这一问题),光吸收率随时间的相对变化就能反映出大脑中血红蛋白浓度的变化。

举一个具体的例子,假设我们对言语不同于沉默的认知加工感兴趣,在实验中向被试先呈现 20 s 言语刺激,然后呈现 15~25 s 的沉默刺激。我们推测相比于沉默,言语刺激会在大脑初级和次级听觉区诱发更强的激活。正如上文所述,这种更强的激活意味着血红蛋白的流入,这些脑区的血红蛋白浓度水平就会随时间发生改变,进而改变光吸收率,这就产生了 fNIRS 所依赖的信号。因此,我们预期,相比于沉默条件,言语条件下的光吸收率会随着时间发生更大的改变。

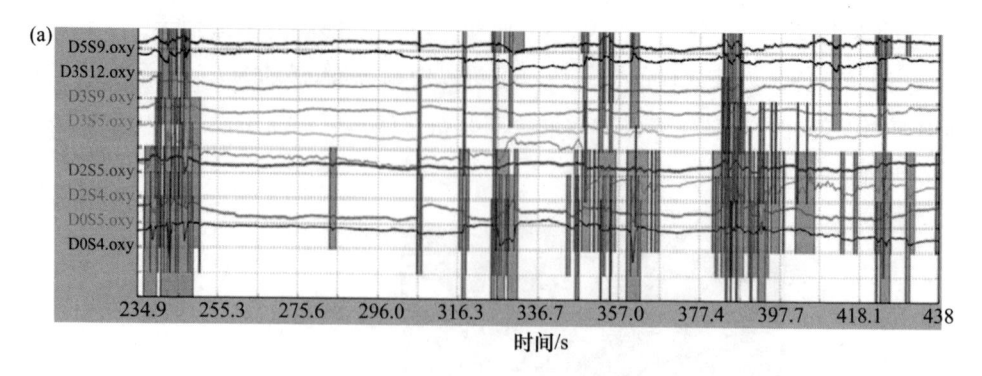

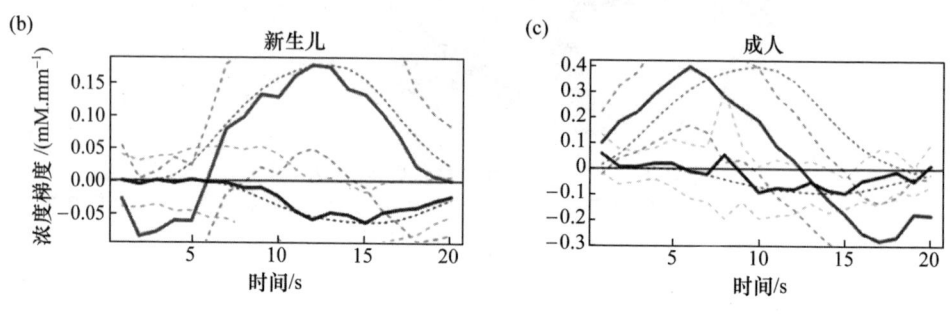

图 14.5　fNIRS 研究中的信号样本（又见书后彩插）

（a）9 个通道的估计血氧水平，每个通道都包含光源和光源探测器。高亮的区域是根据信号变化速度自动标记的"伪迹"区域。（b）和（c）分别是 40 名新生儿和 24 名成年人的氧合血红蛋白（红色）和去氧血红蛋白（蓝色）在刺激开始呈现时（10 s 的声音）的平均浓度梯度。红色和蓝色的虚线表示使用可变相位的最佳拟合；较浅的虚线表示被试的 95% 置信区间。

需要注意的是，与 fMRI 不同，fNIRS 的数据采集是连续的。fNIRS 的空间分辨率通常为 1～3 cm，取决于光极的排列方式，以及光源和光源探测器之间的距离。

实验刺激和数据的性质

大多数常见的心理语言学任务都能采用 fNIRS 方法（词汇判断、自定步速阅读、语法判断等；综述参见 Rossi, Telkemeyer, Wartenburger, & Obrig, 2012）。使用 fNIRS 同样需要考虑由 BOLD 反应延时性带来的一系列问题。因为快步速的任务也无法快速地增加血管反应，所以 fNIRS 这一方法很难对其进行探测。

如果 fNIRS 的帽子已经紧紧地固定在被试的头上，被试可以轻微地移动身体。因此，fNIRS 越发广泛地应用于言语、手势和手语产出相关的研究（Kovelman, Shalinsky, Berens, & Petitto, 2014），以及需要面对面交流的实验任务（类似于超扫描，可以同时记录多个被试的大脑活动；例子参见 Cheng, Li, & Hu,

2015)。

fNIRS 的数据是从 10～40 个通道采集的,并且由于每个光源都会发射两种波长的光,因此会生成 20～80 个时间序列。原始数据记录的是光的强度(变化),之后数据需要转换为氧合血红蛋白和去氧血红蛋白(变化)(Rossi et al.,2012)。多数情况下,还需要生成一个额外的时间序列,这个序列中包含了有关实验刺激、被试完成的定时任务和/或感兴趣事件的事后编码等信息(例如,离线编码的言语产出错误)。

数据采集和分析

在进行 fNIRS 研究时,需要思考这种技术是否适合回答所研究的问题。这需要对光极的理想位置进行准确估算,以确保 ROI 确实是处于光源和光源探测器之间的传播路径中(参见 Tsuzuki et al.,2007)。在使用商业性质的系统时,如 Hitachi ETG-4000,可以购买带有特定几何结构的现成的光电探测器垫,或者可以尝试自行创建。在这种情况下,研究者应该仔细选择光极间的距离:如果光源和光源探测器的距离很近,那么光就只会在表层组织上传播,不会深入大脑内部。事实上,一些 fMRI 研究经常使用这种表层的 fNIRS 信号,以便从 fMRI 信号中清除由全局血流模式引发的信号变化。相反,如果光源和光源探测器距离太远,那空间精度就会下降,因为在这种情况下,fNIRS 观察到的变化可能反映了许多不同脑回和脑沟的活动。

如上所示,fNIRS 是一种相对较新的技术。相比于更加成熟的技术,如 EEG,每个实验室对这种技术进行的标准化程度可能更低,而且可能需要进行更多的"修补"。甚至有可能存在这种情况,即使最有创造力的修补匠也无法设计出令一个通道到达某些脑区的帽子,也无法合理地确定哪些通道能到达大多数被试的某些脑区,而这些情况都不适合 fNIRS。例如,如果一名研究者想知道基底神经节在语言产出中的作用,最好采用 fMRI 技术,因为这些深层结构很难使用基于头皮探测的方法(如 fNIRS)精准地测量出来。

研究者最好先招募 5 名被试做预实验,并进行完整的数据分析,以确保:① 设备的运行是正常的(例如,几乎没有数据丢失,能观测到由实验刺激诱发的正常血流反应);② 做统计检验力分析来估计实验所需的试次和被试量。由于研究者进行 fNIRS 实验时几乎不可能对某些方面做出精准预测,所以预实验是十分必要的。正如我们上文所解释的那样,由于 fNIRS 不能同时收集 MRI 数据,大多数 fNIRS 使用者必须依赖表层结构(根据某些标记位置放置装置,比如耳朵)和底层大脑结构之间的映射。如果研究者仔细地放置了帽子,并且这个研究招募的被试个体差异很小,这一映射可能会非常精准(Tsuzuki et al., 2004)。但是,研究者通过估算光极在头皮上的位置获得的特定 ROI 有可能是错误的,即使是很有经验的研究者也很难把帽子放对位置。例如,如果研究者对缘上回(supramarginal gyrus)的功能感兴趣,并且想把它从颞上回后部(posterior superior temporal gyrus)分离出来,研究者很难设计出一个装置,并将其放置在恰当的位置,使得两个不同通道分别连接这两个脑区。因此,建议研究者先做统计检验力分析,得出在实际 fNIRS 实验中的效应量和方差。如果分析的结果表明实验还需要更多的被试,研究者可以对帽子进行改进,或者通过改变实验设计,以便减少非 ROI 的参与。

最后,研究者必须接受光极定位和故障排除方面的培训。例如,当一个通道接触不良时,研究者可能会尝试将被试的头发移开来确保光极与头皮正确接触,或者改变光强来减少被试头发颜色的影响。

数据分析

正如上文所述,fNIRS 数据由时间序列组成,可以像 EEG 和 fMRI 数据一样进行分析。事实上,在 fNIRS 研究中,我们发现 fNIRS 数据可以像 EEG 数据一样获得锁时信号的平均值,然后做方差分析。也可以像 fMRI 数据一样,使用一般线性模型(general linear models,GLM)来减少时间维度,并估计某一锁时事件信号水平的系统性变化。

在进行这两种分析前,研究者需要先对 fNIRS 数据进行预处理,检测伪迹(信号变化很大的脑区、过低或过高的信号)。如果研究者不采用 GLM,就需要对采集到的信号进行去趋势化处理(删除整个时间进程中慢线性漂移的数据)。当前,大多数研究者使用固定阈值进行第一次去噪。这个过程不耗时,也不需要人工注释。以这种方式检测到的包含伪迹的脑区通常不放入平均分析中,并且在 GLM 分析中被赋予零权重。有时,如果一个通道最终保留的数据量很少,那么这个通道的全部数据就会被剔除。同样,如果某个被试只有几个通道的数据,那么这个被试也会被剔除。如果被试的个体差异很大,或者实验过程中存在变数,那么就会出现数据损失现象。

接下来,研究者需要将时间序列简化为具体事件。常用的分析方法是对一个区组的实验刺激进行平均,或者通过拟合一个 GLM 来提取事件相关反应,然后绘制出从关键事件呈现开始时血红蛋白水平随时间变化的函数。还可能做一些其他分析,例如,估算通道间的相关性并将这些数据纳入网络分析。

一般来说,做完这些后,需要进行有针对性的分析。例如,研究者可能想要单独提取每个被试、每个大脑半球在阅读区组和听觉区组任务下的平均血红蛋白的变化。然后,使用推论统计(例如,方差分析或 t 检验)来检验不同任务和大脑半球之间的组水平差异。

fNIRS 的一个独特之处在于,这一方法通常既会收集氧合血红蛋白数据,也会收集去氧血红蛋白数据。因此,因变量至少有三个:氧合血红蛋白、去氧血红蛋白和总血红蛋白。关于哪一个因变量最适合或能提供最大的效应仍处于争论中(关于这一话题的不同观点,可参见 Rossi et al.,2012;以及 Lloyd-Fox, Blasi, & Elwell,2010)。

对于 fNIRS 数据的前两个预处理步骤,有许多免费的 MATLAB 脚本可用,还有一些更系统的软件包。其中,一种常用的软件包为 HomER(Huppert, Diamond, Franceschini, & Boas, 2009)。一些 fNIRS 系统自带专有软件,而且许多研究者会自己开发供实验室内部使用的分析方法。

研究示例

心理语言学研究的一个关键问题是语言习得如何改变大脑的语言网络结构。加工母语(L1)和二语(L2)是否会激活相同的大脑网络?针对这一问题,Sugiura 及其同事(2011)进行了大规模的 fNIRS 研究。他们招募了大约 400 名就读于 7 所不同学校的儿童,年龄 8~10 岁。所有儿童的母语都是日语,二语都是在学校、私人机构或者家里习得的英语。简而言之,他们发现,加工 L1 和 L2 所涉及的脑网络的拓扑结构总体上非常相似。此外,对于两种语言而言,随着词汇知识的增加,左半球逐渐显示出更大的加工优势。但是,他们也发现一些显著的差异,例如,相比 L2,L1 在颞顶区域诱发更大的脑区激活。这一区域传统上与语音加工而非词汇加工相关(有关实验任务的详细信息,参见下文)。

这些儿童被试是在一辆停在学校或学校附近的厢式车上完成实验的,车上配备了实验所需的所有设备。整个实验时间不超过 10 分钟。戴好帽子后,被试一次只听到一个单词(英语或日语),并且必须尽可能地重复这个单词(这一任务与语音相关，能对语言差异主要出现在语音相关的脑区做出解释）。为了探讨词汇知识的差异，每种语言中都有一半单词是高频词，一半单词是低频词。对于 fNIRS 实验，实验分为 6 个区组，每个区组有 5 个单词。每个区组的单词都来自相同的语言，具有相同的词频水平。读者可能想知道研究者是如何确定他们后来定位的脑区就是语音和词汇加工的脑区。事实上，一旦 fNIRS 任务完成，研究者就会使用一个 3D 电磁数字化仪器来记录光极和头皮标记的位置，之后就能虚拟配准，进而估计出每个光源和光源探测器之间涵盖的脑区。为了确保这一估计的准确性，研究者还收集了 30 名儿童的磁共振数据。研究者将根据磁共振扫描得出的脑区定位和通过虚拟配准得出的脑区定位进行了匹配，从而确保了基于虚拟配准估计的准确性。

就数据分析而言，首先，研究者通过自动阈值和视觉检查来识别伪迹。他们注意到，其中两个通道出现了系统性的伪迹。进一步检查显示，这两个通道位于颞肌上。其次，研究者通过初步测试确定了 ROI。这些 ROI 是基于至少对某一半球或任务具有显著性的通道来确定的。最后，对每个半球，任务与儿童的平均氧合血红蛋白和去氧血红蛋白浓度的变化值做方差分析，对每个 ROI 单独进行分析，并通过 Bonferroni 校正来控制 ROI 的数量。

优缺点

上文的示例研究表明，心理语言学研究中使用 fNIRS 具有一些明显的优点和缺点。首先，该研究利用了 fNIRS 的便携性，将实验室带到了学校，以方便招募被试，具有更大的潜在生态效度。同时，该研究还通过保持实验环境（厢式车）的稳定性，确保了不同学校儿童的数据具有可比性。

此外，fNIRS 可能是耗时最少的神经成像技术之一。一旦对研究者进行了培训，fNIRS 的数据采集就会非常容易和快速。因为大多数情况下，如果操作正确，帽子的放置只需要几分钟。毫无疑问，在 Sugiura 等人（2011）的研究中，被试样本量令人印象深刻，部分原因在于 fNIRS 设备的便携性，部分原因在于实验任务很简单。

fNIRS 还有一个显著的优点是它对被试的运动相对不敏感（讨论可参见 Lloyd-Fox et al.，2010）。这也是 Sugiura 及其同事选择 fNIRS 的另一个原因。因此，fNIRS 非常适合用于那些难以或无法保持完全静止的被试，例如，醒着的婴幼儿；也适用于需要被试做轻微运动的任务，例如，说话。

fNIRS还有其他优点。至少与 MEG 和 fMRI 相比，fNIRS 相对便宜（价格低至 4 万美元）。此外，它能与治疗设备（例如，人工耳蜗）和其他大多数研究方法兼容，包括 fMRI 和 EEG。但是，由于 fNIRS 和眼动追踪技术都使用红外线，想要将这两种研究方法结合的研究者需要确保他们购买或者搭建的这两个设备的频率不重叠。

如前文所述，fNIRS 的测量值是通过放置在头上的帽子测量获得的，但这一事实会产生两个明显的风险。首先，我们必须小心地比对头皮位置与底层脑区的位置。在上文谈到的示例研究中，研究者通过如下方法解决这一问题：使用 3D 数字化仪器追踪被试的帽子位置，并使用经过充分验证的脑区定位估计方法；通过结合部分被试的 MRI 数据，进一步验证这些估计。后一步骤可能不适用于所有研究者，但是如果参与研究的被试与基准研究的被试相似，这一步骤可能没有必要。尽管如此，我们还是强烈建议所有使用 fNIRS 的研究者参照 Sugiura 及其同事（2011）的研究，这样能增加观测到的神经成像效应的可靠性和精确度。

fNIRS 还有一个风险与颅骨表面相关的通道有关，因为这些通道的数据会因为肌肉造成的伪迹而被剔除。fNIRS 信号通常对手臂或头部的轻微移动不敏感，但它们对局部组织成分上与事件相关的变化极为敏感。回想一下，光从头皮光源传播到光源探测器，因此能检测到任何局部变化。例如，皮肤上血液浓度的变化（例如，被试脸红）或肌肉收缩时局部光学特性的变化（如上文提到的颞肌，或者被试因放置在前额的探测器而皱眉）。

示例研究还说明，虽然 fNIRS 和其他研究方法能测量多个因变量，也能进行多重分析，但它们都面临着一个很大的挑战，即为了更好地描述数据，使用了"研究者的自由度"，但这一做法却增加了假阳性的风险（Simmons，Nelson，& Simonsohn，2011）。

总之，在这一章中，我们介绍了认知神经科学中依赖血流动力学信号的两种研究方法：fMRI 和 fNIRS。这两种研究方法都测量大脑中氧合血红蛋白和去氧血红蛋白之比的变化，依赖于被激活的脑组织中氧气使用的变化。因此，fMRI 和 fNIRS 可以间接地、非侵入性地探测大脑的活动。这两种研究方法都具有相对较高的空间分辨率，且 fMRI 比 fNIRS 的空间分辨率高。

关 键 术 语

血氧水平依赖信号(blood oxygenation level dependent signal，BOLD)：fMRI 和 fNIRS 研究中探测到的信号。它依赖于大脑中氧合血红蛋白和去氧血红蛋白之间的相对差异。

功能性磁共振成像(functional magnetic resonance imaging，fMRI)：一种使用磁共振测量血液含氧变化，并将这一变化与认知或心理过程关联起来的技术。

功能性近红外光谱(functional near infrared spectroscopy，fNIRS)：一种利用光吸收率来测量包括大脑皮质区域在内的组织中的氧合血红蛋白和去氧血红蛋白浓度变化的技术。

参 考 文 献

Andric, M., & Small, S. L. (2015). fMRI methods for studying the neurobiology of language under naturalistic conditions. In R. M. Willems (Ed.), *Cognitive neuroscience of natural language use*. Cambridge, UK: Cambridge University Press.

Bennett, C. M., Wolford, G. L., & Miller, M. B. (2009). The principled control of false positives in neuroimaging. *Social Cognitive and Affective Neuroscience*, 4, 417-422. https://doi.org/10.1093/scan/nsp053.

Binder, J. R., Desai, R. H., Graves, W. W., & Conant, L. L. (2009). Where is the semantic system? A critical review and meta-analysis of 120 functional neuroimaging studies. *Cerebral Cortex (New York, N. Y. : 1991)*, 19, 2767-2796. https://doi.org/10.1093/cercor/bhp055.

Cheng, X., Li, X., & Hu, Y. (2015). Synchronous brain activity during cooperative exchange depends on gender of partner: A fNIRS-based hyperscanning study: Synchronous brain activities. *Human Brain Mapping*, 36, 2039-2048. http://doi.org/10.1002/hbm.22754.

Eickhoff, S. B., Stephan, K. E., Mohlberg, H., Grefkes, C., Fink, G. R., Amunts, K., & Zilles, K. (2005). A new SPM toolbox for combining probabilistic cytoarchitectonic maps and functional imaging data. *NeuroImage*, 25, 1325-1335. http://doi.org/10.1016/j.neuroimage.2004.12.034.

Fedorenko, E., Hsieh, P.-J., Nieto-Castañón, A., Whitfield-Gabrieli, S., & Kanwisher, N. (2010). New method for fMRI investigations of language: Defining ROIs functionally in individual subjects. *Journal of Neurophysiology*, 104, 1177-1194. https://doi.org/10.

1152/jn. 00032. 2010.

Ferrari, M., Mottola, L., & Quaresima, V. (2004). Principles, techniques, and limitations of near infrared spectroscopy. *Canadian Journal of Applied Physiology*, 29, 463-487. http:// doi. org/10. 1139/h04-031.

Huppert, T. J., Diamond, S. G., Franceschini, M. A., & Boas, D. A. (2009). HomER: A review of time-series analysis methods for near-infrared spectroscopy of the brain. *Applied Optics*, 48, D280-D298. http://doi. org/10. 1364/AO. 48. 00D280.

Kok, P., Jehee, J. F. M., & de Lange, F. P. (2012). Less is more: Expectation sharpens representations in the primary visual cortex. *Neuron*, 75, 265-270. http://doi. org/10. 1016/j. neuron. 2012. 04. 034.

Kovelman, I., Shalinsky, M. H., Berens, M. S., & Petitto, L.-A. (2014). Words in the bilingual brain: An fNIRS brain imaging investigation of lexical processing in sign-speech bimodal bilinguals. *Frontiers in Human Neuroscience*, 8. Retrieved from http://www. ncbi. nlm. nih. gov/pmc/articles/PMC4139656/.

Lloyd-Fox, S., Blasi, A., & Elwell, C. E. (2010). Illuminating the developing brain: The past, present and future of functional near infrared spectroscopy. *Neuroscience & Biobehavioral Reviews*, 34, 269-284. http://doi. org/10. 1016/j. neubiorev. 2009. 07. 008.

Miezin, F. M., Maccotta, L., Ollinger, J. M., Petersen, S. E., & Buckner, R. L. (2000). Characterizing the hemodynamic response: Effects of presentation rate, sampling procedure, and the possibility of ordering brain activity based on relative timing. *Neuroimage*, 11(6 Pt 1), 735-759. http://doi. org/10. 1006/nimg. 2000. 0568.

Nijhof, A. D., & Willems, R. M. (2015). Simulating Fiction: Individual differences in literature comprehension revealed with fMRI. *PLoS ONE*, 10, e0116492. http://doi. org/10. 1371/ journal. pone. 0116492.

Rossi, S., Telkemeyer, S., Wartenburger, I., & Obrig, H. (2012). Shedding light on words and sentences: Near-infrared spectroscopy in language research. *Brain and Language*, 121, 152-163. http://doi. org/10. 1016/j. bandl. 2011. 03. 008.

Samur, D., Lai, V. T., Hagoort, P., & Willems, R. M. (2015). Emotional context modulates embodied metaphor comprehension. *Neuropsychologia*, 78, 108-114. http://doi. org/ 10. 1016/j. neuropsychologia. 2015. 10. 003.

Segaert, K., Menenti, L., Weber, K., Petersson, K. M., & Hagoort, P. (2012). Shared syntax in language production and language comprehension--an FMRI study. *Cerebral Cortex*, 22, 1662-1670. http://doi. org/10. 1093/cercor/bhr249.

Simmons, J. P., Nelson, L. D., & Simonsohn, U. (2011). False-positive psychology undisclosed flexibility in data collection and analysis allows presenting anything as significant. *Psychological Science*, 22, 1359-1366. http://doi. org/10. 1177/0956797611417632.

Sugiura, L., Ojima, S., Matsuba-Kurita, H., Dan, I., Tsuzuki, D., Katura, T., & Hagiwara, H. (2011). Sound to language: Different cortical processing for first and second languages in elementary school children as revealed by a large-scale study using fNIRS. *Cerebral Cortex*, 21, 2374-2393. http://doi.org/10.1093/cercor/bhr023.

Tsuzuki, D., Jurcak, V., Singh, A. K., Okamoto, M., Watanabe, E., & Dan, I. (2007). Virtual spatial registration of stand-alone fNIRS data to MNI space. *Neuroimage*, 34, 1506-1518. http://doi.org/10.1016/j.neuroimage.2006.10.043.

Wehbe, L., Murphy, B., Talukdar, P., Fyshe, A., Ramdas, A., & Mitchell, T. (2014). Simultaneously uncovering the patterns of brain regions involved in different story reading subprocesses. PloS One, 9, e112575. http://doi.org/10.1371/journal.pone.0112575.

Willems, R. M., de Boer, M., de Ruiter, J. P., Noordzij, M. L., Hagoort, P., & Toni, I. (2010). A cerebral dissociation between linguistic and communicative abilities in humans. *Psychological Science*, 21, 8-14. http://doi.org/10.1177/0956797609355563.

Willems, R. M., Frank, S. L., Nijhof, A. D., Hagoort, P., & Bosch, A. van den. (2015). Prediction during natural language comprehension. *Cerebral Cortex*, bhv075. http://doi.org/10.1093/cercor/bhv075.

Yarkoni, T., Speer, N. K., Balota, D. A., McAvoy, M. P., & Zacks, J. M. (2008). Pictures of a thousand words: Investigating the neural mechanisms of reading with extremely rapid event-related fMRI. *NeuroImage*, 42, 973-987. http://doi.org/10.1016/j.neuroimage.2008.04.258.

Zacks, J. M., Braver, T. S., Sheridan, M. A., Donaldson, D. I., Snyder, A. Z., Ollinger, J. M., ···Raichle, M. E. (2001). Human brain activity time-locked to perceptual event boundaries. *Nature Neuroscience*, 4, 651-655. http://doi.org/10.1038/88486.

扩 展 阅 读

Boas, D. A., Elwell, C. E., Ferrari, M., & Taga, G. (2014). Twenty years of functional near-infrared spectroscopy: Introduction for the special issue. *NeuroImage*, 85, Part 1, 1-5. http://doi.org/10.1016/j.neuroimage.2013.11.033.

Huettel, S. A., Song, A. W., & McCarthy, G. (2004). *Functional magnetic resonance imaging*. Sunderland, MA: Sinauer Associates.

Rossi, S., Telkemeyer, S., Wartenburger, I., & Obrig, H. (2012). Shedding light on words and sentences: Near-infrared spectroscopy in language research. *Brain and Language*, 121, 152-163. http://doi.org/10.1016/j.bandl.2011.03.008.

第十五章
结构性神经成像

Stephanie J. Forkel & Marco Catani

语言的神经解剖学领域正在快速发展。这一进步部分得益于 MRI 的发展，尤其是基于 MRI 的弥散神经纤维追踪成像技术（MRI-based diffusion tractography），使研究者能够以非侵入性的方式研究活体大脑中的脑连接。对于语言研究领域来说，这一进步是及时而重要的，原因有两个：第一，它令研究者不再依赖于从动物研究中得出的语言神经解剖模型；第二，它允许研究者直接在人脑中测试语言模型的网络相关性。本章介绍 MRI、磁共振弥散成像（dMRI）和神经纤维追踪成像（tractography）技术的一般原理（许多技术性名词将在"关键术语"中进行解释）。"研究示例"将用来说明这种方法在语言研究领域的多功能性，同时讨论 dMRI 的优点和局限性。此方法的非侵入性和广泛应用将为我们提供新的见解，挑战我们目前对大脑语言网络的理解。

引　言

在确定语言的神经解剖学基础的过程中，计算机断层扫描（computerized tomography，CT）和 MRI 的结构成像已逐渐取代传统的尸检研究。在临床应用中，结构成像提供的信息已被用于确诊和制订个性化的治疗方案。在研究领域，神经影像学能够在个体和群体层面研究神经解剖学。获得病变的定量测量有利于改进症状的严重程度、病变负荷和病变位置之间的相关性分析。

最近，dMRI 的发展为传统成像技术的局限性提供了有效的解决方案。在脑卒中患者中，弥散成像可以显示早期变化，而这些变化在传统的结构成像中是无法检测到的，这对急性脑卒中患者的临床管理意义重大。除了对早期变化十分敏感之外，弥散神经纤维追踪成像能够可视化连接不相邻区域的独立的白质通路轨迹。以神经纤维追踪成像为基础的通路分析（pathway analysis）为神经语言学研究提供了一个新的视角。首先，它可以建立健康人群的大脑语言功能的解剖模型，并能够在不依赖任何动物模型的情况下，直接在人类群体中对模型进行测试。其次，通过定义特定白质连接损伤的确切位置，我们可以了解不同机制对语言缺陷产生的作用（例如，皮质和断开连接机制的区别）。最后，对不同语言网络的解剖变异性的更好理解有助于识别新的语言康复解剖预测指标。在本章中，我们将重点介绍弥散成像和神经纤维追踪成像，并举例说明这些方法如何帮助我们理解健康大脑的语言表现差异和患者的语言缺陷。

假设和理论基础

在过去的三十年里，结构成像领域的进步主要源于 CT 和 MRI 序列空间分辨率的逐步提高、用于群体级分析的自动化方法，以及弥散成像的发展。结构成像空间分辨率的提高使研究者能够在厚度、表面积和体积的维度上获得更精确的皮质解剖定量测量，并更好地描绘出皮质和皮质下病变。弥散成像一方面对组织损伤高度敏感，另一方面能可视化和量化活体人脑皮质脑区之间的白质连接。当与组织分类和群体级统计的自动化方法相结合时，为语言的解剖学研究带来了重要的新见解。此外，弥散成像还揭示了人脑独有的神经束，确定了特定神经束的病变与行为症状严重程度之间的相关性。

本节我们将简要讨论如何将这些方法应用于健康被试和语言障碍患者的语言研究中。

基于传统 MRI 的结构成像方法

目前结构成像分析的算法能够将神经元组织区分为灰质、白质和脑脊液（cerebrospinal fluid，CSF），并在单个被试和大量人群中提取定量测量值。这些大脑形态测量（morphometry）方法需要不同组织（灰质、白质、脑脊液）之间的显著对比度来确定灰质密度、灰质体积，以及皮质的内表面积和外表面积。随着成像序列空间分辨率的增加，组织分类得到改善。

不同的脑形态测量分析自动处理方法已经开发出来，包括基于体素的形态测量(voxel-based morphometry，VBM)、基于形变的形态测量(deformation-based morphometry，DBM)和基于表面的形态测量(surface-based morphometry，SBM)。

VBM 是一种全自动技术,旨在最小化个体之间的总体解剖差异之后,估计组织成分的局部差异(Ashburner & Friston,2000)。首先,这是通过基于 T_1 加权图像(T_1-weighted images)估计组织分类来实现的。其次,分割掩码(segmentation mask)(灰质或白质)在空间上线性归一到标准空间(standard space),以确保特定体素在不同被试之间的相同解剖位置。再次,为了减少个体间解剖变异性的影响,应用了空间平滑。在对激活强度的不均匀性进行校正后,测量体素的激活强度,并在组间进行比较或与行为测量相关联(Ashburner & Friston,2000)。最后,对多次比较的结果进行校正,以避免Ⅰ类错误(假阳性结果)。使用 VBM 可以进行全脑分析或关注特定的 ROI(Geva,Baron,Jones,Price,& Warburton,2012; Leff et al.,2009;Rowan et al.,2007)。在健康的大脑中,VBM 已被用于大型数据集以了解语言相关区域的结构特征。例如,Good 等人(2001)对 465 名健康志愿者进行了研究,发现他们在海氏回(Heschl's gyrus)、额叶岛盖、额上沟和额下沟,以及边缘叶结构中表现出显著的左偏侧不对称。与其他方法相结合时,VBM 有助于探索结构-功能对应关系。例如,Dorsaint-Pierre 等人(2006)发现,癫痫患者的语言优势[通过瓦达试验(Wada test)评估]与后部语言区域的灰质浓度不对称(通过 VBM 评估)之间没有相关性。然而,当分析额叶中更前部的语言区域时,出现了显著的相关性。

DBM 已经发展为 VBM 的补充方法,以部分克服由于潜在的错误配准造成的局限性。在 DBM 中,采用非线性标准化算法(non-linear registration algorithm)将原始图像配准到参考模板,并计算形变矩阵(deformation matrice)。然后对形变矩阵(而不是标准化的体素)进行统计分析。换句话说,DBM 分析的是图像配准到参考模板期间体素体积的变化情况,而 VBM 则侧重于其变换后的残余图像变异性。DBM 是一种研究进行性神经退行性疾病患者的纵向变化的首选方法(Brambati et al.,2015;Heim et al.,2014)。

SBM 可以单独对灰质解剖学特征进行分析,如表面积、皮质厚度、曲率和体积。厚度测量可提供潜在神经元损失、神经元胞体尺寸减小或退化的一些迹象,表面积测量可反映潜在的白质纤维(Van Essen,1997)。与 VBM 类似,SBM 需要对

高分辨率 T_1 加权图像进行组织分割。然而,在 SBM 中,白质和灰质的表面边界(皮质的内边界),以及灰质和脑脊液的边界(外表面或脑膜表面)是单独计算的。输出文件是一个以毫米为单位测量的标量值,表示每个顶点的内表面和外表面之间的距离(Fischl & Dale, 2000)。这一技术构建并分析了代表大脑内不同组织之间结构边界的表面积。因此,不同于 VBM 和 DBM,SBM 最终分析单个体素内的图像属性。SBM 被广泛应用于神经发育和神经退行性语言障碍,其中皮质和白质之间的边界被保留,可以获得可靠的皮质厚度、表面积和体积的测量(Ecker et al., 2016; Rogalski et al., 2011)。例如,在原发性进行性失语症(primary progressive aphasia, PPA)患者中,Rogalski 等人(2011)使用 DBM 研究了皮质变薄模式与语言缺陷之间的特定对应关系。当应用于脑卒中患者时,由于与组织分类和图像标准化相关的问题,尤其是当病变较大时,上述方法都存在缺陷。一些研究者试图通过开发专门的基于病变的方法来克服这些局限性。

这些基于病变的方法依赖于对病变的描绘估计受损组织和行为缺陷之间的统计关联。目前已有多种算法可用于进行脑区病变-行为缺陷分析,包括基于体素的病变症状映射(voxel-based lesion symptom mapping, VLSM; Bates et al., 2003; 详见第十六章)、非参数映射(non-parametric mapping, NPM; Rorden, Karnath, & Bonilha, 2007)和解剖-临床重叠映射(anatomo-clinical overlapping maps, AnaCOM; Kinkingnéhun et al., 2007; 也请参见 Foulon et al., 2017)。这些算法在以下方面有所不同:输入数据(例如,二分数据与连续数据)、统计分析(参数化与非参数化)、体素独立性的基本假设(例如,单个体素分析与聚类体素分析),以及对不同研究设计的需求(例如,用于比较的群体数量和人口统计数据)。尽管存在这些差异,所有的脑区病变-行为缺陷分析都需要满足先决条件,包括准确可靠的损伤解剖划定,对感兴趣的认知过程具有高诊断敏感性的神经心理学评估,以及可靠的统计方法,以便将损伤特征与行为缺陷联系起来(Medina, Kimberg, Chatterjee, & Coslett, 2010)。

弥散加权成像

基于 MRI 的弥散加权成像(diffusion-weighted imaging, DWI)最初于 20 世纪 80 年代中期应用于大脑(Le Bihan et al., 1986),人们迅速意识到其在研究脑卒中相关变化方面的潜力(Moseley et al., 1990)。后期才发展起来的神经纤维追踪成像算法(Mori et al., 1999; Conturo et al., 1999; Basser et al., 2000)让脑白质连接可视化成为可能,并可用于解答诸如语言网络从童年期到成年期是如何成熟起来的,以及神经和精神疾病对语言通路的解剖和功能的影响等问题。

研究者第一次对白质通路的神经纤维追踪成像可视化工作产生热情,部分源于在活体内重建虚拟的白质通路与经典的尸检解剖类似(Catani, Howard, Pajevic, & Jones, 2002; Lawes et al., 2008)。此外,与其他侵入性方法相比,神经纤维追踪成像具有明显的优势,并可揭示人脑独有的白质解剖新特征。例如,弓形神经束显然是一条相当复杂的通路,由经典的布罗卡区(Broca's region)和韦尼克区(Wernicke's region)之间的一段直接的长弓形神经纤维和通过顶下小叶(即格施温德区,Geschwind's region)的间接通路形成。间接通路包括布罗卡区和格施温德区之间的前束,以及韦尼克区和格施温德区之间的后束(Catani, Jones, & Ffytche, 2005)。弥散成像能够用于大量的健康被试,这样能够重复上述发现,同时识别个体间的差异。弓形神经束的三个节段存在于所有健康个体的左半球,但在右半球,弓形神经束长束表现出很大的差异性。事实上,据报道,40%的健康人群的弓形神经束长束存在于双侧;其余60%的人的弓形神经束长束是左偏侧化的,这部分人的弓形神经束长束在右半球要么没有、要么很小(Catani et al., 2007)。当将女性和男性分开分析时,这个比例会发生变化,更多的男性显示出极端左侧不对称。近年来,神经纤维追踪成像已被用于识别以前未描绘过的语言通路,如连接布罗卡区与前辅助运动皮质和内侧前额叶的额斜束(frontal aslant tract, FAT; Catani et al., 2013)。当应用于语言障碍时,神经纤维追踪成像提供了弥散指数,可用于绘制特定神经束的白质退化,并揭示神经束损伤的严重程度与语言缺陷之间的直接关联。

仪器和数据的性质

目前,MRI扫描允许在不到一小时内获得结构性T_1和T_2加权图像(T_1 and T_2-weighted images)、液体抑制反转恢复(fluid-attenuated inversion recovery, FLAIR)、灌注成像(perfusion imaging)和弥散成像数据。通常使用1.5 T或3 T的MRI系统,通过应用包含射频(radio frequency, RF)脉冲和梯度(gradient)脉冲的脉冲序列(pulse sequence)采集图像,并具有精细控制的时序。序列有各种类型,但它们都有时序值,即回波时间(echo time, TE)和重复时间(repetition time, TR),这两者都可以由操作者修改,并影响图像对特定组织的加权或敏感性。MRI 利用氢原子的自然特性(作为水或脂质的一部分),最重要的属性是质子密度(特定体积中氢原子的数量)和两个特征弛豫时间,称为纵向弛豫时间和横向弛豫时间,分别表示为 T_1 和 T_2。弛豫时间描述了射频脉冲后组织恢复平衡所需的时间。结构性 T_1 加权图像使用短 TE/TR 获得,而 T_2 加权图像使用长 TE/TR 获得(图 15.1)。在 T_2 加权图像上,脑室和皮质周围的脑脊液(即 CSF)信号呈高信号,灰质比白质更亮。这给脑卒中带来了一个问题,因为病变表现为高信号,因此可能难以与 CSF 区分开。为了克服这一限制,在临床人群中经常获取带 FLAIR 的 T_2 加权图像,其中附加的反转脉冲用于消除来自 CSF 的信号。这使得 CSF 几乎完全被抑制,显示为黑色,而病变显示为明亮的地方。

在临床情况下,T_1 和 T_2 加权图像被广泛用于表征肿瘤、创伤性脑损伤、感染、神经退行性变性疾病和慢性脑卒中引起的病变,但它们对急性缺血变化的敏感性较低。

急性脑卒中的早期变化可以通过灌注和弥散加权成像得到最好的探测(图 15.1)。灌注成像是一种测量脑血流量(cerebral blood flow, CBF)的方法。组织灌注的测量依赖于连续测量脑内示踪剂浓度的能力。这些示踪剂通常是外源性造影剂,在获取图像前注入血管。最近已经开发出使用血液磁性标记(内源性)作为示踪剂的侵入性较低的序列(如动脉自旋标记; arterial spin labelling, ASL; Alsop & Detre, 1998)。灌注成像是一种对早期缺血变化高度敏感的方法,因为它测量的 CBF,如果在某个关键时期减少,将会造成不可逆转的损伤(图 15.1)。T_1 加权图像和灌注图像中描绘的病变程度之间的不匹配通常被用来指导治疗决策,因为这种不匹配被认为是量化处于危险中的可抢救组织的依据。

dMRI 可量化生物组织中的水扩散。在神经元组织中,由于细胞膜、神经丝和细胞核等生物结构的存在,水分子的位移并不是随机的。这些结构减少了三维空间中的弥散距离。在白质中,由于轴突膜和髓鞘的存在,整体位移的减少是不均匀的(即各向异性),这限制了水在垂直于轴突纤维主要方位的方向上的弥散。因此,dMRI 可以在动脉闭塞后仅几分钟内检测到梗死组织中的弥散下降。此后,信号逐渐增加以在慢性阶段升高之前稳定(伪正常化)。对于弥散成像,扫描时间取决于各种设置,包括 b 值,反映序列所用梯度的强度和时间的因素;b 值越高,数据中的弥散效应越强(图 15.1)。在给定的 b 值下,弥散快的组织(如 CSF)会经历更多的信号损失,导致图像中的信号强度较低;而弥散慢的组织(如灰质)会在图像中显示为高强度信号(图 15.1)。其他重要参数有梯度方向的数量[对于弥散张量成像(diffusion tensor imaging,DTI)来说,理想情况下 $\geqslant 30$;高角分辨率弥散成像(high angular resolution diffusion imaging,HARDI)理想情况下 $\geqslant 60$]和非弥散加权图像的数量(Jones et al.,2002;Jones,2008;Dell'Acqua et al.,2013)。非弥散加权扫描对于更好地拟合弥散指标,以及改进涡流和运动伪影的弥散加权体积校正非常重要。这是通过对非弥散加权体积的迭代对齐来实现的,并最小化 T_1 和

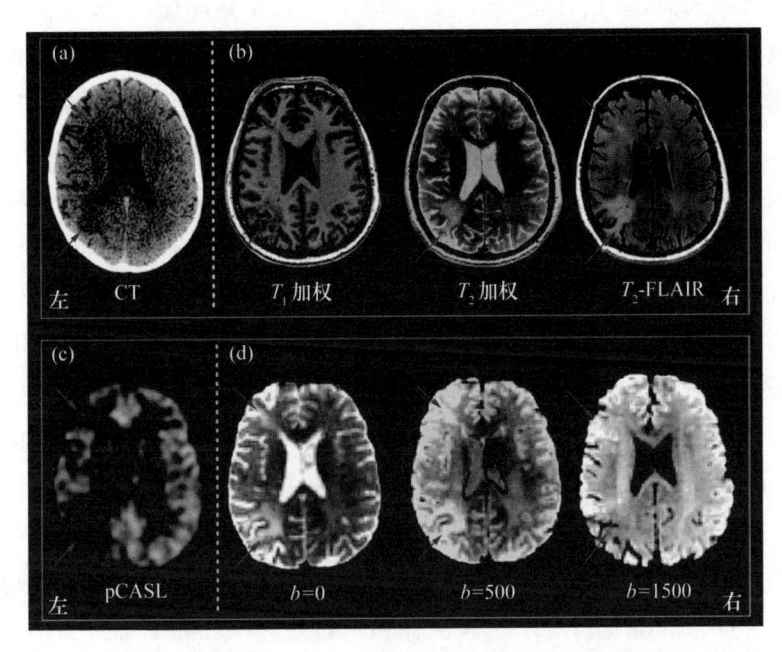

图 15.1 一名出现命名障碍的左下顶叶和额叶急性脑卒中患者的脑成像(又见书后彩插)
(a)轴向平扫 CT 显示弥漫性低密度在顶叶(红色粗箭头)和额叶(红色细箭头),主要分布在白质中。CT 的低信噪比分辨率和低白质/灰质边界对比度无法确定损伤的确切程度。(b) T_1 和 T_2 加权及 FLAIR 图像分别显示白质中低强度区域和高强度区域的结构性变化。在结构性 T_1 加权图像中,白质和灰质之间存在明显的对比,而在病理性 T_2 加权图像中,这种对比不太明显。在 T_2 加权图像中,CSF 信号是高强度的(即更亮)。灰质比白质看起来更亮。病变表现为高信号,因此可能难以与 CSF 区分开。在 FLAIR 图像中,CSF(低信号)和病变(高信号)之间的对比度更好。(c)病变的脉冲连续动脉自旋标记(pulsed continuous arterial spin labelling,pCASL)灌注加权 MRI 图像显示,CBF 在下顶叶区域的大面积减少,左侧额叶的较小区域减少。白质的低灌注程度也很明显,但与侧脑室的 CSF 比较难以区分。(d)一系列弥散图像显示了不同的病变精确扩展程度,这取决于获取它们的 b 值(非弥散加权图像:$b=0$;弥散加权图像:$b=500$,$b=1500$)。这些图像缺乏常规 MRI 序列的空间分辨率,但对几分钟内的急性病变很敏感。

T_2 透光效应(Le Bihan & Johansen-Berg, 2012)。经验法则是,以 1∶10 的比例在弥散加权体积之间进行一次非弥散加权扫描。

收集和分析数据

从仪器处收集的原始数据为医学数字成像和通信(digital imaging and communications in medicine, DICOM)文件,并转换为 4D NIFTI 格式,可以随时导入所有标准的神经成像程序进行可视化和进一步的处理。

对于弥散成像,除了 4D 图像外,还提取了一个 **B** 矩阵(其中包含在采集过程中对梯度方向进行编码的梯度表),通过将弥散加权图像重新排列到重新定向的 **B** 矩阵中来正确保存方向信息(Leemans & Jones, 2009)。**B** 矩阵通常由分析软件在初始处理步骤中给出。在建模之前,必须对原始数据进行手动质量控制(例如,检测缺失的体积和梯度表的方向错误),并对伪影(例如,鬼影、卷褶伪影和环状伪影)、头部运动伪影,以及由于扫描设备和环境造成的图像扭曲(例如,涡流、场不均匀性、回波平面成像几何失真)进行自动校正(Jones, Knösche, & Turner, 2013)。完成这些步骤后,就可以选择跟踪算法来传播流线(streamline)重建,使用张量或多光纤模型和确定性或概率性追踪。神经纤维追踪成像数据集的虚拟解剖用于获得通路的三维重建和沿神经束的神经束特异性测量,如从张量或纤维取向分布(fibre orientation distribution, FOD)计算的体积和其他弥散指数(见下文)。每个通路和每个被试的结果平均值可以用于统计分析。这样可以创建感兴趣通路的百分比覆盖图(Forkel et al., 2014b),建立对照组和患者,以及具有不同临床表现的患者的组间差异(Catani et al., 2013),检测体积左右差异(Catani et al., 2007; Catani, Forkel, & Thiebaut de Schotten, 2010; Thiebaut de Schotten et al., 2011),并将结构性白质解剖与脑卒中后失语症的恢复联系起来(Forkel et al., 2014a)。

弥散张量成像

在体素中测量的水分子的位移可以被几何描述为一个椭球体(张量),该椭球体是根据其三个主轴的弥散系数值(特征值 $\lambda_1, \lambda_2, \lambda_3$)和方向(特征向量 v_1, v_2, v_3)计算得到的。张量的详细分析不仅可以提供关于体素内平均水分子位移的精确信息[例如,平均弥散率(mean diffusivity, MD)],而且还可以提供组织各向异性的程度[例如,各向异性分数(fractional anisotropy, FA)],以及潜在白质通路的主要方向(例如,主特征向量或颜色编码图)。这些指标提供了关于脑组织微观结构组成和结构的补充信息。

MD 是描述水分子平均迁移率的旋转不变定量指标,由张量的三个特征值计算得来,即 MD=$[(\lambda_1+\lambda_2+\lambda_3)/3]$。含有灰质和白质组织的体素显示出相似的 MD(Pierpaoli, Jezzard, Basser, Barnett, & Di Chiro, 1996)。在生命的最初几年里,MD 随着年龄的增长而减少,以脱髓鞘、轴突损伤和水肿为特征的疾病会增加(Beaulieu, 2009)。

FA 指标范围从 0 到 1,代表生物组织各向异性程度的定量测量。FA 值高表明各向异性强,即弥散不相等。在健康成人的大脑中,FA 值从 0.2(如灰质)到 ≥0.8(白质)不等。FA 提供了体素内组织的结构(如强或弱各向异性)和纤维的微观结构(如平行、交叉、轻触纤维)的信息。FA 在病理组织(如脱髓鞘、水肿)中减少,因此常被用作微观结构组织的间接指标。

垂直$[(\lambda_2+\lambda_3)/2]$和平行弥散率($\lambda_1$)描述弥散主方向上的弥散率。垂直弥散率也用径向弥散率(radial diffusivity, RD)表示,通常被认为是轴突或髓鞘损伤的更敏感的指标,尽管这些指标在交叉纤维区域的变化并不总是直接的解释(Dell'Acqua & Catani, 2012)。主特征向量和颜色编码图在可视化每个体素内张量的主要方向方面特别有用(Pajevic & Pierpaoli, 1999)。

弥散神经纤维追踪成像是一系列算法,该算法能够传播从体素到体素的连续流线,可以用于生成沿通路的神经束体积和微观结构属性的间接测量。有很多文献报告了神经束体积的半球间差异,尤其是在语言通路方面(Catani et al., 2007)。

除了神经束体积,对于流线相交的每个体素,还可以提取其他弥散指标,并从这些指标中推断出总平均值。这种应用的例子包括各向异性分数、平均弥散率、平行弥散率和径向弥散率的神经束特异性测量(Catani, 2006)。这些可以提供关于流线及其组织的微观结构性质的重要信息。例如,FA 的不对称性表明轴突解剖(轴突内组成、轴突直径和膜通透性)、纤维髓鞘化(髓鞘密度、节间距离和髓鞘分布)或纤维排列和形态(轴突分散、轴突交叉和轴突分支)的差异(Beaulieu, 2002)。

其他弥散测量可能揭示更具体的流线特性。例如,轴向弥散率的变化可能与轴突内成分有关,而 RD 可能对膜通透性和髓磷脂密度的变化更敏感(Song et al., 2002)。这些体内(*in vivo*)的基于弥散的测量允许在发育中的大脑和在成人大脑中以不同的尺度定义连接性解剖学。

高级弥散模型

张量模型的主要局限之一是无法估计多种纤维走向。现已提出几种非张量模型来克服张量模型的局限性,下面简要介绍最常用的几种。

多参数方法(multiparametric method),例如,多张量(Alexander, Barker, & Arridge, 2002; Tuch et al., 2002)或球棍模型(Ball and Stick model; Behrens et al., 2003)是基于模型的方法,在这类方法中,弥散数据与选择的模型相拟合,该模型假设纤维走向的数量是离散的(例如,两个或两个以上)。

非参数、与模型无关的方法,如弥散谱成像(diffusion spectrum imaging, DSI; Wedeen, Hagmann, Tseng, Reese, & Weisskoff, 2005)、q-ball 成像(q-ball imaging; Tuch, Reese, Wiegell, & Van Wedeen, 2003)或弥散走向变换(diffusion orientation transform; Özarslan, Shepherd, Vemuri, Blackband, & Mareci, 2006)已被开发出来,通过使用球形函数或弥散走向分布函数(diffusion orientation distribution function, dODF)更好地表征水的位移。虽然基于张量的模型只可视化每个体素的一个弥散方向,但 dODF 的多瓣形状提供了关于纤维走向的数量、纤维走向和体素内每个纤维成分的权重的信息。

还有一类方法利用了以上两种方法的优势,通过使用白质纤维的特定弥散模型,直接提取潜在的纤维走向(即纤维-弥散走向分布函数,fiber-ODF)通常被描述为球形反卷积方法(spherical deconvolution method; Dell'acqua, Simmons, Williams, & Catani, 2013),与基于 dODF 的方法相比,该方法通常有更高的角分辨率(即以更小的角度分辨交叉纤维的能力)(Seunarine et al., 2009; Catani et al., 2012)。球形反卷积方法被越来越多的研究列为首选方法,因为它们所需的采集协议与临床神经纤维束成像协议非常接近(例如,在大多数临床扫描仪器上可访问的少量弥散梯度方向和 b 值)。

神经纤维追踪成像重建

确定性和概率性神经纤维追踪成像代表了使用弥散数据进行白质轨迹三维重建的最常用的方法。在确定性方法中,估计纤维走向(例如,张量模型的最大弥散率方向)被假定为表示传播流线的最佳估计。与该方法相比,概率性方法生成多个解决方案,也反映了估计纤维取向的可变性或不确定性(Jbabdi & Johansen-Berg,

2011)。因此,这些方法通过映射单个弥散数据集的内在不确定性,提供了关于每个神经纤维追踪成像重建的可重复性的额外信息。概率性神经纤维追踪成像所量化的不确定性主要是由磁共振噪声、部分体积效应和所选弥散模型的不准确性引起的。因此,不应该将个体图谱的概率视为对神经束解剖概率的直接衡量。的确,在某些情况下,人造轨迹可能具有类似于真实解剖通路的高概率。最终,在没有噪声的数据集中,基于相同弥散模型的确定性方法和概率性方法都将生成相同的神经纤维追踪成像图谱。理解这些概率性神经纤维追踪成像背后的基本假设对于正确解释所获得的结果非常重要(Dell'Acqua & Catani,2012)。

高级弥散模型能够在单个体素内处理多个白质轨迹,该方法可以描述那些使用现有的弥散张量方法不可见的神经束。这为神经束的可视化和描述提供了可能,但由于方法上的限制,到目前为止还无法确定这一点(Thiebaut de Schotten et al.,2011;Catani et al.,2012;Parlatini et al.,2017)。虽然对这些纤维的确切了解代表着我们对人体解剖学的理解向前迈出了重要的一步,但重要的是要意识到,与张量模型相比,基于高级弥散方法的纤维束追踪成像容易产生更多的假阳性结果。因此,在将这些解剖模型广泛应用于临床人群之前,必须使用补充方法对这些神经束进行验证,如术中刺激研究和尸检染色(Elias,Zheng,Domer,Quigg,& Pouratian,2012)。

图谱

直到纤维追踪成像出现之前,我们对白质解剖的认识都是基于 19 世纪和 20 世纪初少数有影响力的尸检解剖图谱(Burdach,1819;Déjerine,1895;Sachs,1892;Forkel et al.,2015)。与同时代的研究者一样(Talairach & Tournoux,1988),这些图谱强调有代表性的被试的平均解剖,以牺牲被试之间的差异为代价。近年来,一些研究小组使用神经纤维追踪成像制作了主要白质神经束的一组图谱(Catani & Thiebaut de Schotten,2012;Hua et al.,2008;Mori et al.,2005;Rojkova et al.,2016;Wakana et al.,2007)。通过从多个被试中提取每条通路的解剖位置,这些图谱提供了每条通路的概率图,并量化了其解剖差异。这些图谱帮助临床医生建立局灶性病变与附近神经束的关系,改善临床解剖相关性(图 15.2;Thiebaut de Schotten et al.,2014)。然而,这种变化在多大程度上是由真正的潜在解剖差异或方法限制造成的仍需更多研究确定。

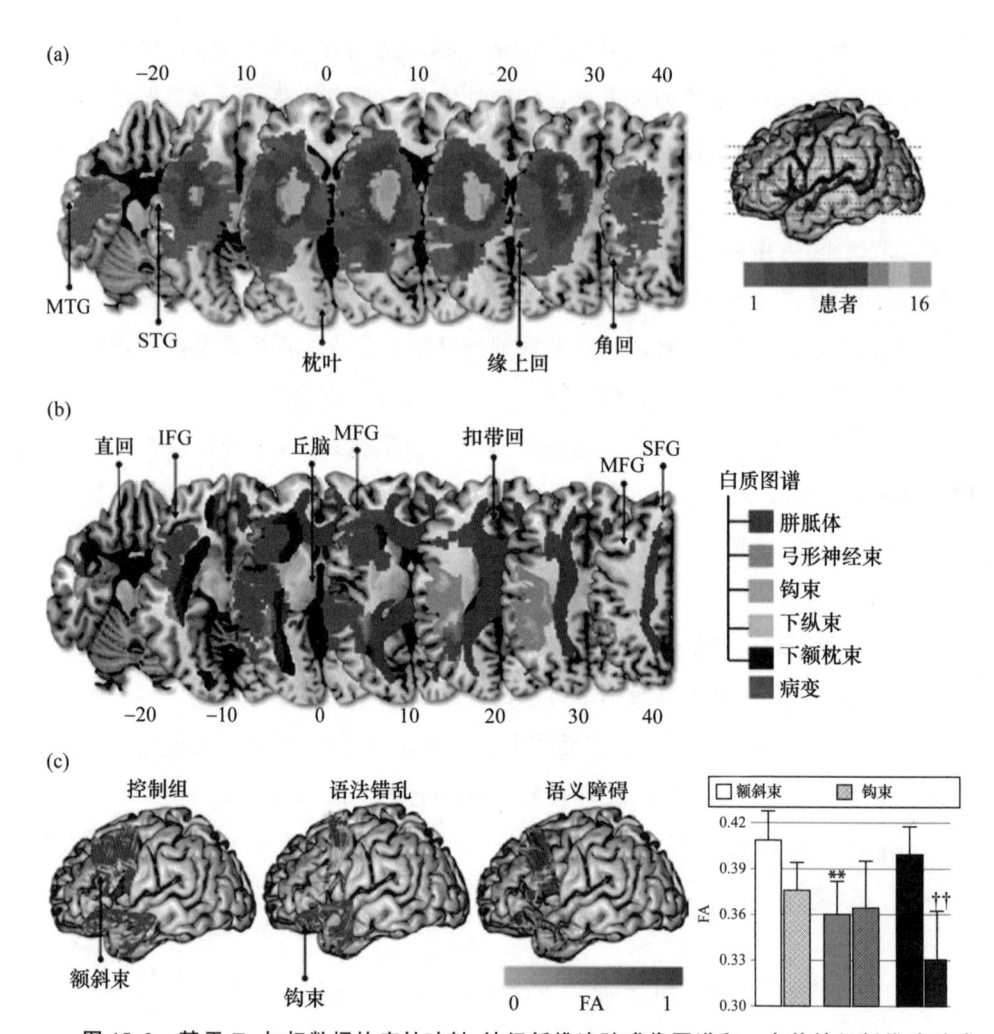

图15.2 基于T_1加权数据的病灶映射、神经纤维追踪成像图谱和一个从神经纤维追踪成像中提取的基于神经束测量值的示例（又见书后彩插）

(a) 在颅脑轴向模板上重建并投射到左外侧皮质表面的失语症脑卒中患者队列（$n=16$）的群体水平病变覆盖百分比图。该方法确定了一组患者中最常受病变影响的区域。(b) 某一脑卒中患者的病变掩码（紫色）叠加到基于神经纤维追踪成像的白质图谱上，以提取受病变影响通路上的病变负荷。(c) 对照组与PPA患者在额斜束和钩束的神经束特异性测量上的差异。神经纤维追踪成像重建显示了映射到一名对照组被试和两名具有语法不流利或语法错乱和语义障碍的PPA代表性患者的额斜束和钩束流线上的各向异性分数值。报告了额斜束（实心条）和钩束（图纹条）的各向异性分数的典型测量结果。** 与语义组的差异具有统计学意义（$P<0.05$），†† 与对照组的差异具有统计学意义（$P<0.001$）。IFG，额下回；MFG，额中回；SFG，额上回；MTG，颞中回；STG，颞上回。

资料来源：改编自 Forkel et al., 2014 和 Catani et al., 2013。

纤维束特异性测量

除了可视化白质通路外,神经纤维追踪成像还通过提取被解剖神经束的弥散指数来进行定量分析。这可以表征正常和病理大脑组织的微观结构特性,并为组间比较或个别病例研究提供定量测量(图 15.2;Catani,2006)。

然而,对这些指标的解释并不总是直截了当的,尤其是在包含多种纤维的区域。说明这一问题复杂性的一个例子是,各向异性分数的增加常见于远离损伤区的正常白质区。在将这些变化解释为"可塑性或重塑"之前,应考虑其他解释。事实上,在同时包含退化纤维和健康纤维的体素中,各向异性分数的增加更可能是由于垂直纤维的轴突退化(Wheeler-Kingshott & Cercignani,2009;Dell'Acqua et al.,2013)。当前弥散指数缺乏特异性(即弥散变化取决于许多生物、生化和微观结构因素),以及从当前指数中导出的固有的体素特异性信息而非纤维特异性信息激发了研究者对新方法和新的弥散指数的研究。最近,人们提出了基于球形反卷积的真正的神经束特异性指数,该指数可以更好地描述同一体素内单个交叉纤维的微观结构弥散变化。例如,方向各向异性受阻调制(hindrance modulated orientation anisotropy,HMOA)的变化(Dell'Acqua et al.,2013)比传统的分数各向异性值具有更大的灵敏度,可以探测仅在一组纤维中发生的退化,而其他交叉纤维保持完整。未来,神经纤维追踪成像结合多模态成像方法将可提取更具体的组织微结构指标。

研究示例

在本节中,我们讨论 Forkel 等人(2014a)如何使用常规 MRI 结合弥散神经纤维追踪成像来识别脑卒中后语言恢复的解剖预测因子。这项研究前瞻性地招募了 18 例单侧首发左半球脑卒中患者,伴由修订版西方失语成套测验(Western Aphasia Battery,WAB-R;Kertesz,2007)确诊的语言障碍。在症状出现后两周内进行语言和神经影像学评估,6 个月后再次进行评估。

45 min 的 MRI 扫描包括用于病变分析的高分辨率结构 T_1 加权体积,以及 60 个弥散加权方向($b=1500 \text{ mm}^2/\text{s}$)和 7 个交错进行的非弥散加权体积的弥散成像数据。矩阵大小为 128×128×60,体素大小为 2.4 mm×2.4 mm×2.4 mm。采用周围门控技术避免脑部波动伪影。使用 ExploreDTI 对 7 个非弥散加权体积进行迭代校正,对弥散张量成像数据进行预处理并校正涡流和运动伪影。对各向异性分数大于 0.2 的所有脑体素进行全脑纤维追踪成像。流线以 1 mm 的步长传播,使用弥散张量场的欧拉积分和 B 样条插值(Basser et al. , 2000)。当各向异性分数小于 0.2 或当两个连续的纤维追踪成像步骤之间的角度大于 45°时,流线传播停止。

弓形神经束三个节段的神经纤维追踪成像分离是通过使用如前所述的三个 ROI 的方法获得的(Catani et al. , 2005)。ROI 在患者大脑的个体空间的各向异性分数图像上定义,包括额下区、顶叶下区和颞后区。所有通过额叶和颞叶 ROI 的流线都被认为属于弓形神经束长束。所有在颞叶和顶叶 ROI 之间的流线被归类为弓形神经束后束,而那些在顶叶和额叶 ROI 之间的流线被标记为弓形神经束前束。每个节段的体积通过计算每个节段的流线相交体素的数量获得。为了控制半球大小对弓形神经束节段体积可能产生的影响(即较大的半球意味着较大的弓形神经束),神经束体积由半球体积(节段体积/半球体积)归一化。使用 FMRIB 软件包(FSL)获得半球体积。然后将归一化的节段体积进行进一步分析。

在 T_1 加权图像上手动勾画脑卒中病变,并将这些勾画区域保存为病变掩码。使用 FSL 提取它们的体积(体素的数量),然后对病变掩码进行二值化(即为每个体素分配 0 或 1 的值),并归一化到标准空间。叠加病变掩码以创建百分比地图来计算常见的受损体素。该组患者的平均病变大小为 21.62 cm³(标准差=32.43 cm³)。该数值可以通过提取病变掩码内体素的数量,并将其与基础成像扫描中的体素体积相乘得到。标准的神经成像软件会自动提供这个值,不需要进行计算。患者归一化病变的叠加图如图 15.2(a)所示。

失语症商(aphasia quotient,AQ)被用来衡量患者急性期和随访时在 WAB-R 上的整体表现。然后将该测量值与人口统计学数据(年龄、性别、教育程度)、病变体积和弓形神经束三个节段的体积一起进行分层回归分析。该分析在左右半球上分别进行。在左半球上,在分析中加入神经纤维追踪成像并不能显著提高纵向失语严重程度的预测强度。相比之下,在右半球上,将弓形神经束长束归一化后的大小添加到基于年龄、性别和病变大小的模型中,6 个月时的方差预测能力从近 30% 提高到 57%(图 15.3)。在四个预测因子中,只有年龄和右侧弓形神经束长束是独立的预测因子。性别和病变大小是边缘显著的预测因子。

这些结果表明,使用基于病变映射和纤维束追踪成像的结构性神经成像可以帮助临床医生确定脑卒中后语言恢复的轨迹。

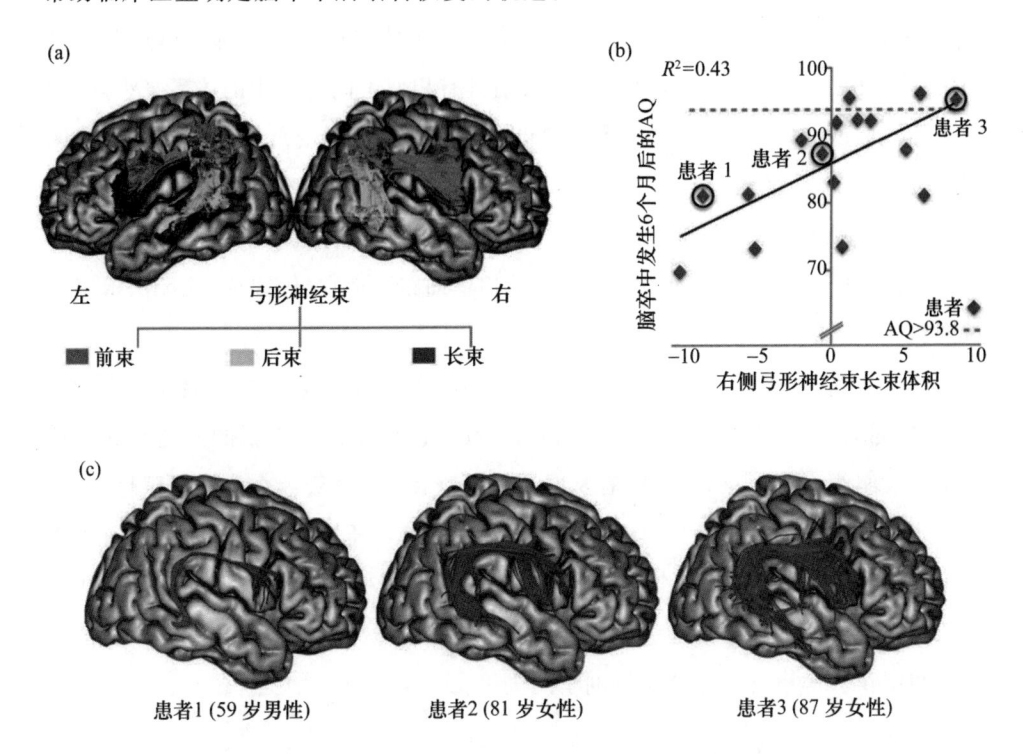

图 15.3　外侧裂白质解剖结构的变异性及其与脑卒中后语言恢复的关系(又见书后彩插)
　　(a)从组平均值中获得的左半球和右半球弓形神经束的三个节段。(b)右侧弓形神经束长束体积与 6 个月后的 AQ(根据年龄、性别和病变大小进行校正)的回归图。(c) 6 个月时出现不同程度语言恢复的三名患者[见(b)]的右侧弓形神经束长束。(引自 Forkel et al.,2014)

弥散性神经纤维追踪成像的优缺点

　　在活体人脑中追踪连接的能力可以超越基于非人灵长类动物追踪和少量人类尸检研究的网络模型。这推动了对新神经束的描述,其中一些神经束对语言至关重要。此外,现在可以使用快速采集序列从容易出现运动伪影的患者那里获得高质量的数据。当将神经纤维追踪成像与细致的语言评估相结合时,可以直接证实或证伪语言的神经生物学模型。然而,尽管弥散数据集的空间分辨率逐步提高,但与经典轴突追踪研究相比,神经纤维追踪成像仍然无法识别最小的神经束并区分顺行和逆行连接。弥散数据中的噪声水平和固有的 MRI 伪影也是影响测量的精度和准确性的重要因素,并因此影响神经纤维追踪成像重建的质量(Basser, Pajevic, Pierpaoli, Duda, & Aldroubi, 2000; Le Bihan, Poupon, Amadon, & Lethimonnier, 2006)。最后,弥散张量成像假设每个体素中的纤维都可以用单一走向估计得到很好的描述,这对于仅包含一组具有相似走向的纤维的体素来说,是一个有效的假设。然而,大多数白质体素包含具有多个走向的纤维种群。在这些区域中,纤维存在交叉、轻触、合并或分叉,张量模型不足以捕捉这种解剖复杂性。最近基于 HARDI 方法和适当处理技术的神经纤维追踪成像技术的发展能够部分解决纤维交叉问题。所有这些限制可能导致追踪通路不存在(假阳性)或无法追踪现有通路(假阴性)。

综上所述,可以明显看出,解读神经纤维追踪成像的结果需要经验和扎实的神经解剖学知识。对于受损大脑尤其如此,受损大脑由于病变产生的改变和解剖扭曲会造成组织变化,很可能导致需要更多的手动重建。尽管存在这些局限性,但神经纤维追踪成像是唯一一种可以定量评估活体人脑白质神经束的技术。具有更强梯度和多波段采集序列的 MRI 扫描仪的最新发展代表了弥散神经纤维追踪成像方法显著改善的众多步骤之一。将神经纤维追踪成像与其他成像方式相结合的可能性将提供人类语言通路功能解剖学的全貌。

关 键 术 语

大脑形态测量(brain morphometry):基于 MRI 数据测量大脑结构。技术包括基于体素的、基于表面和基于形变的形态测量。

脑血流量(cerebral blood flow, CBF):给定时间内大脑的血液供应。成人的脑血流量一般为每分钟 750 mL 或心输出量的 15%。这相当于每 100 g 脑组织每分钟平均灌注 50~54 mL 血液。

脑脊液(cerebrospinal flow, CSF):环绕大脑和脊髓并填充大脑内部空腔的液体。在脑室内产生,为神经系统提供基本的机械和免疫保护。

计算机断层扫描(computerized tomography, CT):一种使用特殊 X 线设备进行解剖扫描的成像程序。

对比度(contrast):在磁共振图像上,不同的组织有不同的信号强度或亮度。这些差异被描述为图像、组织或信号对比度,并允许定义组织之间的边界,如灰质和白质。

弥散加权成像(diffusion-weighted imaging,DWI):一种先进的 MRI 脉冲序列,基于测量包含在体素(3D 体积)中生物组织内水分子的随机布朗运动。

回波时间(echo time,TE):射频脉冲与磁共振信号采样之间的时间,对应回波最大值。

各向异性分数(fractional anisotropy,FA):一种基于弥散加权成像的测量方法,描述来自各向同性(各个方向上的均等弥散)的偏差,并在 0(各向同性)和 1(各向异性)之间测量。高各向异性分数存在于具有少量交叉纤维的脑体素中。

高角分辨率弥散成像(high angular resolution diffusion imaging,HARDI):一组高级弥散建模方法,试图通过分辨多种纤维方向来克服弥散张量成像的局限性。HARDI 的主要特征是沿大量弥散方向(≥60)收集弥散数据,以更好地表征微观结构的某些特征,如角度复杂度。

方向各向异性受阻调制(hindrance modulated orientation anisotropy,HMOA):由球形反卷积分析导出的特定纤维弥散指数,提供了白质各向异性和微观组织的信息。与更常见的基于体素的指标(如 FA)不同的是,HMOA 可以有多个值,一个用于通过球形反卷积来解决每个不同的纤维取向的方法。

磁共振成像(magnetic resonance imaging,MRI):基于氢原子的磁性获得解剖图像的非侵入性成像技术。

平均弥散率(mean diffusivity,MD):一种基于弥散加权成像的测量方法,描述分子的平均运动,与组织的方向性无关。

髓鞘(myelin):一种以螺旋缠绕的形式包裹在神经轴突上的脂质膜,具有绝缘作用,中枢神经髓鞘由少突胶质细胞组成。

脉冲序列(pulse sequence):一组核磁共振成像序列,其中应用多个射频脉冲以产生大范围的对比。最频繁的脉冲序列是自旋回波、梯度回波、反转恢复、磁化率加权成像和弥散。

径向弥散率(radial diffusivity,RD):一种基于 DWI 的测量方法,描述垂直于轴突纤维的弥散率,它是由沿两个垂直方向的平均弥散强度计算的,这两个方向与整体最大弥散方向正交。

配准/归一化(registration/normalization):一种神经成像配准方法,用于对来自被试内或被试间的图像体积的一系列图像进行空间对齐,属于预处理的步骤之一。

重复时间(repetition time，TR)：在 MRI 采集过程中，两个激发脉冲之间的时间。

分割掩码(segmentation mask)：将图像分割成一组组成图像的组织，包括灰质和白质、脑脊液和受损组织的掩码。

空间平滑(spatial smoothing)：一种需要用核平滑对数据进行卷积的过程，以增加相对于噪声的信号，使数据符合高斯场模型，并改善被试间平均。

空间分辨率(spatial resolution)：图像的空间分辨率是由体素的大小决定的。体素越小，分辨率越高，更高的分辨率可以更好地分割组织和识别病变。

标准空间(standard space)：为了比较大脑扫描结果，图像必须在一个独立于患者取向的空间中对齐。这常通过使用大脑参考模板来实现的，大脑参考模板是坐标空间中具有解剖特征的代表性图像，它提供了一个靶点来对齐各个图像。

流线(streamlines)：神经纤维追踪成像可视化水分子首选走向的 3D 重建，表明了潜在的轴突结构。鉴于该推论，当提及神经纤维追踪成像结果时，应该优先使用流线一词，而不是轴突或纤维。

T_1 加权图像(T_1-weighted images)：一种基本脉冲序列（短 TE/TR），依赖于自旋被射频脉冲翻转到横向平面后的纵向弛豫。

T_2 加权图像(T_2-weighted images)：一种基本脉冲序列（长 TE/TR），依赖于净磁化矢量的横向弛豫。

神经纤维追踪成像(tractography)：一种用于通过弥散数据重建白质通路 3D 轨迹的方法。

体素(voxel)：一种 3D 体积（体积像素），与大脑中特定的 x-y-z 坐标相关联，用于分析 3D 脑成像数据。

参 考 文 献

Alexander, D. C., Barker, G. J., & Arridge, S. R. (2002). Detection and modeling of non-Gaussian apparent diffusion coefficient profiles in human brain data. Magnetic Resonance in Medicine, 48, 331-340. http://doi.org/10.1002/mrm.10209.

Alsop, D. C., & Detre, J. A. (1998). Multisection cerebral blood flow MR imaging with continuous arterial spin labeling. Radiology, 208, 410-416.

Ashburner, J., & Friston, K. J. (2000). Voxel-based morphometry—the methods. NeuroImage, 11, 805-821.

Basser, P. J., Pajevic, S., Pierpaoli, C., Duda, J., & Aldroubi, A. (2000). In vivo fiber tractography using DT-MRI data. Magnetic Resonance in Medicine, 44, 625-632.

Bates, E., Wilson, S. M., Saygin, A. P., Dick, F., Sereno, M. I., Knight, R. T., & Dronkers, N. F. (2003). Voxel-based lesion-symptom mapping. Nature Neuroscience, 6, 448-450.

Beaulieu, C. (2002). The basis of anisotropic water diffusion in the nervous system - a technical review. NMR in Biomedicine, 15, 435-455. http://doi.org/10.1002/nbm.782.

Behrens, T. E. J., Woolrich, M. W., Jenkinson, M., Johansen-Berg, H., Nunes, R. G., Clare, S., et al. (2003). Characterization and propagation of uncertainty in diffusion-weighted MR imaging. Magnetic Resonance in Medicine, 50, 1077-1088. http://doi.org/10.1002/mrm.10609.

Brambati, S. M., Amici, S., Racine, C. A., Neuhaus, J., Miller, Z., Ogar, J., et al. (2015). Longitudinal gray matter contraction in three variants of primary progressive aphasia: A tenser-based morphometry study. NeuroImage Clinical, 8, 345-355. http://doi.org/10.1016/j.nicl.2015.01.011.

Burdach, C. F. (1819). Vom Baue und Leben des Gehirns. Leipzig: Dyk.

Catani, M. (2006). Diffusion tensor magnetic resonance imaging tractography in cognitive disorders. Current Opinion in Neurology, 19, 599-606.

Catani, M., Allin, M. P. G., Husain, M., Pugliese, L., Mesulam, M. M., Murray, R. M., & Jones, D. (2007). Symmetries in human brain language pathways correlate with verbal recall. Proceedings of the National Academy of Sciences of the United States of America, 104, 17163-17168. http://doi.org/10.1073/pnas.0702116104.

Catani, M., Dell'Acqua, F., Vergani, F., Malik, F., Hodge, H., Roy, P., et al. (2012). Short frontal lobe connections of the human brain. Cortex, 48, 273-291. http://doi.org/10.1016/j.cortex.2011.12.001.

Catani, M., Forkel, S. J., & Thiebaut de Schotten, M. (2010). Asymmetry of the white matter pathways in the brain. In K. Hugdahl & R. Westerhausen (Eds.), The two halves of the brain (pp. 1-34). Cambridge (MA): MIT Press.

Catani, M., Howard, R. J., Pajevic, S., & Jones, D. (2002). Virtual in vivo interactive dissection of white matter fasciculi in the human brain. NeuroImage, 17, 77-94. http://doi.org/10.1006/nimg.2002.1136.

Catani, M., Jones, D., & Ffytche, D. H. (2005). Perisylvian language networks of the human brain. Annals of Neurology, 57, 8-16. http://doi.org/10.1002/ana.20319.

Catani, M., Mesulam, M. M., Jakobsen, E., Malik, F., Martersteck, A., Wieneke, C., et al. (2013). A novel frontal pathway underlies verbal fluency in primary progressive aphasia. Brain, 136, 2619-2628. http://doi.org/10.1093/brain/awt163.

Catani, M., & Thiebaut de Schotten, M. (2008). A diffusion tensor imaging tractography atlas for virtual in vivo dissections. Cortex, 44, 1105-1132. http://doi.org/10.1016/j.cortex.2008.05.004.

Catani, M., & Thiebaut de Schotten, M. (2012). Atlas of human brain connections. Oxford: OUP Oxford.

Conturo, T. E., Lori, N. F., Cull, T. S., Akbudak, E., Snyder, A. Z., Shimony, J. S., et al. (1999). Tracking neuronal fiber pathways in the living human brain. Proceedings of the National Academy of Sciences, 96, 10422-10427.

Déjerine, J. J. (1895). Anatomie des centres nerveux. Paris: Rueff at Cie.

Dell'Acqua, F., & Catani, M. (2012). Structural human brain networks: Hot topics in diffusion tractography. Current Opinion in Neurology, 25, 375-383. http://doi.org/10.1097/WCO.0b013e328355d544.

Dell'Acqua, F., Simmons, A., Williams, S. C. R., & Catani, M. (2013). Can spherical deconvolution provide more information than fiber orientations? Hindrance modulated orientational anisotropy, a true-tract specific index to characterize white matter diffusion. Human Brain Mapping, 34, 2464-2483. http://doi.org/10.1002/hbm.22080.

Dorsaint-Pierre, R., Penhune, V. B., Watkins, K. E., Neelin, P., Lerch, J. P., Bouffard, M., & Zatorre, R. J. (2006). Asymmetries of the planum temporale and Heschl's gyrus: Relationship to language lateralization. Brain, 129, 1164-1176. http://doi.org/10.1093/brain/awl055.

Ecker, C., Andrews, D., Dell'Acqua, F., Daly, E., Murphy, C., Catani, M., et al.; MRC AIMS Consortium. Murphy D. G. (2016). Relationship between cortical gyrification, white matter connectivity, and autism spectrum disorder. Cerebral Cortex, 26, 3297-3309. DOI:10.1093/cercor/bhw098.

Elias, W. J., Zheng, Z. A., Domer, P., Quigg, M., & Pouratian, N. (2012). Validation of connectivity-based thalamic segmentation with direct electrophysiologic recordings from human sensory thalamus. NeuroImage, 59, 2025-2034. http://doi.org/10.1016/j.neuroimage.2011.10.049.

Fischl, B., & Dale, A. M. (2000). Measuring the thickness of the human cerebral cortex from magnetic resonance images. Proceedings of the National Academy of Sciences of the United States of America, 97, 11050-11055. http://doi.org/10.1073/pnas.200033797.

Forkel, S. J., Mahmood, S., Vergani, F., & Catani, M. (2015). The white matter of the human cerebrum: part I The occipital lobe by Heinrich Sachs. Cortex, 62, 182-202.

Forkel, S. J., Thiebaut de Schotten, M., Dell'Acqua, F., Kalra, L., Murphy, D. G. M., Williams, S. C. R., & Catani, M. (2014a). Anatomical predictors of aphasia recovery: A tractography study of bilateral perisylvian language networks. Brain, 137(Pt 7), 2027-2039. http://doi.org/10.1093/brain/awu113.

Forkel, S. J., Thiebaut de Schotten, M., Kawadler, J. M., Dell'Acqua, F., Danek, A., &

Catani, M. (2014b). The anatomy of fronto-occipital connections from early blunt dissections to contemporary tractography. Cortex, 56, 73-84. http://doi.org/10.1016/j.cortex.2012.09.005.

Foulon, C., Cerliani, L., Kinkingnéhun, S., Levy, R., Rosso, C., Urbanski, M., et al. (2017). Advanced lesion symptom mapping analyses and implementation as BCBtoolkit. http://dx.doi.org/10.1101/133314.

Geva, S., Baron, J.-C., Jones, P. S., Price, C. J., & Warburton, E. A. (2012). A comparison of VLSM and VBM in a cohort of patients with post-stroke aphasia. NeuroImage Clinical, 1, 37-47. http://doi.org/10.1016/j.nicl.2012.08.003.

Good, C. D., Johnsrude, I. S., Ashburner, J., Henson, R. N. A., Friston, K. J., & Frackowiak, R. S. J. (2001). A voxel-based morphometric study of ageing in 465 normal adult human brains. NeuroImage, 14, 21-36. http://doi.org/10.1006/nimg.2001.0786.

Heim, S., Pieperhoff, P., Grande, M., Kuijsten, W., Wellner, B., Sáez, L. E., et al. (2014). Longitudinal changes in brains of patients with fluent primary progressive aphasia. Brain and Language, 131, 11-19. http://doi.org/10.1016/j.bandl.2013.05.012.

Hua, K., Zhang, J., Wakana, S., Jiang, H., Li, X., Reich, D. S., et al. (2008). Tract probability maps in stereotaxic spaces: Analysis of white matter anatomy and tract-specific quantification. NeuroImage, 39(1), 336-347.

Jbabdi, S., & Johansen-Berg, H. (2011). Tractography: Where do we go from here? Brain Connectivity, 1, 169-183. http://doi.org/10.1089/brain.2011.0033.

Jones, D. (2008). Studying connections in the living human brain with diffusion MRI. Cortex, 44, 936-952.

Jones, D., Knösche, T. R., & Turner, R. (2013). White matter integrity, fiber count, and other fallacies: The do's and don'ts of diffusion MRI. NeuroImage, 73, 239-254. http://doi.org/10.1016/j.neuroimage.2012.06.081.

Jones, D. K., Williams, S. C. R., Gasston, D., Horsfield, M. A., Simmons, A., & Howard, R. (2002). Isotropic resolution diffusion tensor imaging with whole brain acquisition in a clinically acceptable time. Human Brain Mapping, 15, 216-230.

Kertesz, A. (2007). Western Aphasia Battery - Revised. San Antonio: PsychCorp.

Kinkingnéhun, S., Volle, E., Pélégrini-Issac, M., Golmard, J.-L., Lehéricy, S., Boisgueheneuc, Du, F., et al. (2007). A novel approach to clinical-radiological correlations: Anatomo-Clinical Overlapping Maps (AnaCOM): Method and validation. NeuroImage, 37, 1237-1249. http://doi.org/10.1016/j.neuroimage.2007.06.027.

Lawes, N., Barrick, T. R., Murugam, V., Spierings, N., Evans, D. R., Song, M., & Clark, C. A. (2008). Atlas-based segmentation of white matter tracts of the human brain using diffusion tensor tractography and comparison with classical dissection. NeuroImage, 39, 62-79. http://doi.org/10.1016/j.neuroimage.2007.06.041.

Le Bihan, D., & Johansen-Berg, H. (2012). Diffusion MRI at 25: Exploring brain tissue structure and function. NeuroImage, 61, 324-341. http://doi.org/10.1016/j.neuroimage. 2011.11.006.

Le Bihan, D., Breton, E., Lallemand, D., Grenier, P., Cabanis, E., & Laval-Jeantet, M. (1986). MR imaging of intravoxel incoherent motions: Application to diffusion and perfusion in neurologic disorders. Radiology, 161, 401-407. http://doi.org/10.1148/radiology.161.2.3763909.

Le Bihan, D., Poupon, C., Amadon, A., & Lethimonnier, F. (2006). Artifacts and pitfalls in diffusion MRI. Journal of Magnetic Resonance Imaging, 24, 478-488. http://doi.org/10.1002/jmri.20683.

Leemans, A., & Jones, D. (2009). The B-matrix must be rotated when correcting for subject motion in DTI data. Magnetic Resonance in Medicine, 61, 1336-1349. http://doi.org/10.1002/mrm.21890.

Leff, A. P., Schofield, T. M., Crinion, J. T., Seghier, M. L., Grogan, A., Green, D. W., & Price, C. J. (2009). The left superior temporal gyrus is a shared substrate for auditory short-term memory and speech comprehension: Evidence from 210 patients with stroke. Brain, 132, 3401-3410. http://doi.org/10.1093/brain/awp273.

Medina, J., Kimberg, D. Y., Chatterjee, A., & Coslett, H. B. (2010). Inappropriate usage of the Brunner-Munzel test in recent voxel-based lesion-symptom mapping studies. Neuropsychologia, 48, 341-343. http://doi.org/10.1016/j.neuropsychologia.2009.09.016.

Mori, S., Crain, B. J., Chacko, V. P., & Van Zijl, P. C. (1999). Three-dimensional tracking of axonal projections in the brain by magnetic resonance imaging. Ann Neurol, 45, 265-269.

Mori, S., Wakana, S., van Zijl, P. C. M., & Nagae-Poetscher, L. M. (2005). MRI Atlas of Human White Matter. Amsterdam, The Netherlands: Elsevier.

Moseley, M. E., Kucharczyk, J., Mintorovitch, J., Cohen, Y., Kurhanewicz, J., Derugin, N., et al. (1990). Diffusion-weighted MR imaging of acute stroke: correlation with T2-weighted and magnetic susceptibility-enhanced MR imaging in cats. American Journal of Neuroradiology, 11, 423-429.

Özarslan, E., Shepherd, T. M., Vemuri, B. C., Blackband, S. J., & Mareci, T. H. (2006). Resolution of complex tissue microarchitecture using the diffusion orientation transform (DOT). NeuroImage, 31, 1086-1103. http://doi.org/10.1016/j.neuroimage.2006.01.024.

Pajevic, S., & Pierpaoli, C. (1999). Color schemes to represent the orientation of anisotropic tissues from diffusion tensor data: Application to white matter fiber tract mapping in the human brain. Magnetic Resonance in Medicine, 42, 526-540.

Pierpaoli, C., Jezzard, P., Basser, P. J., Barnett, A., & Di Chiro, G. (1996). Diffusion tensor MR imaging of the human brain. Radiology, 201, 637-648. http://doi.org/10.1148/radiology.201.3.8939209.

Rogalski, E., Cobia, D., Harrison, T. M., Wieneke, C., Thompson, C. K., Weintraub, S., & Mesulam, M.-M. (2011). Anatomy of language impairments in primary progressive aphasia. The Journal of Neuroscience, 31, 3344-3350. http://doi.org/10.1523/JNEUROSCI.5544-10.2011.

Rojkova, K., Volle, E., Urbanski, M., Humbert, F., Dell'Acqua, F., & Thiebaut de Schotten, M. (2016). Atlasing the frontal lobe connections and their variability due to age and education: A spherical deconvolution tractography study. Brain Structure & Function, 221, 1751-1766. http://doi.org/10.1007/s00429-015-1001-3.

Rorden, C., Karnath, H.-O., & Bonilha, L. (2007). Improving lesion-symptom mapping. Journal of Cognitive Neuroscience, 19, 1081-1088.

Rowan, A., Vargha-Khadem, F., Calamante, F., Tournier, J.-D., Kirkham, F. J., Chong, W. K., et al. (2007). Cortical abnormalities and language function in young patients with basal ganglia stroke. NeuroImage, 36, 431-440. http://doi.org/10.1016/j.neuroimage.2007.02.051.

Sachs, H. (1892). Das Hemisphaerenmark des menschlichen Grosshirns. I. Der Hinterhauptlappen. Leipzig: Georg Thieme Verlag.

Song, S. K., Sun, S. W., Ramsbottom, M. J., Chang, C., Russell, J., & Cross, A. H. (2002). Dysmyelination revealed through MRI as increased radial (but unchanged axial) diffusion of water. Neuroimage, 17, 1429-1436.

Seunarine, K. K. & Alexander, D. C. (2009). Multiple Fibers: Beyond the Diffusion Tensor. In H. Johansen-Berg & TEJ Behrens (Eds.), Diffusion MRI: From quantitative measurement to in-vivo neuroanatomy (pp. 55-72). Oxford: Academic Press, 2009.

Talairach, J., & Tournoux, P. (1988). Co-planar stereotaxic atlas of the human brain. Stuttgart: Georg Thieme Verlag.

Thiebaut de Schotten, M., ffytche, D. H., Bizzi, A., Dell'Acqua, F., Allin, M., Walshe, M., et al. (2011). Atlasing location, asymmetry and inter-subject variability of white matter tracts in the human brain with MR diffusion tractography. NeuroImage, 54, 49-59. http://doi.org/10.1016/j.neuroimage.2010.07.055.

Thiebaut de Schotten, M., Tomaiuolo, F., Aiello, M., Merola, S., Silvetti, M., Lecce, F., et al. (2014). Damage to white matter pathways in subacute and chronic spatial neglect: A group study and 2 single-case studies with complete virtual "in vivo" tractography dissection. Cerebral Cortex, 24, 691-706. http://doi.org/10.1093/cercor/bhs351.

Tuch, D. S., Reese, T. G., Wiegell, M. R., & Van J Wedeen. (2003). Diffusion MRI of complex neural architecture. Neuron, 40, 885-895. http://doi.org/10.1016/S0896-6273(03)00758-X.

Tuch, D. S., Reese, T. G., Wiegell, M. R., Makris, N., Belliveau, J. W., & Wedeen, V. J. (2002). High angular resolution diffusion imaging reveals intravoxel white matter fiber heterogeneity. Magnetic Resonance in Medicine, 48, 577-582. http://doi.org/10.1002/

mrm. 10268.

Van Essen, D. C. (1997). A tension-based theory of morphogenesis and compact wiring in the central nervous system. Nature, 385, 313-318. http://doi.org/10.1038/385313a0.

Wakana, S., Caprihan, A., Panzenboeck, M. M., Fallon, J. H., Perry, M., Gollub, R. L., et al. (2007). Reproducibility of quantitative tractography methods applied to cerebral white matter. NeuroImage, 36, 630-644.

Wedeen, V. J., Hagmann, P., Tseng, W.-Y. I., Reese, T. G., & Weisskoff, R. M. (2005). Mapping complex tissue architecture with diffusion spectrum magnetic resonance imaging. Magnetic Resonance in Medicine, 54, 1377-1386. http://doi.org/10.1002/mrm.20642.

Wheeler-Kingshott, C. A. M., & Cercignani, M. (2009). About "axial" and "radial" diffusivities. Magnetic Resonance in Medicine, 61, 1255-1260. http://doi.org/10.1002/mrm.21965.

扩 展 阅 读

Catani, M., & Thiebaut de Schotten, M. (2012). Atlas of human brain connections. Oxford: Oxford University Press.

Damasio, H., & Damasio, A. (1989). Lesion analysis in neuropsychology. New York: Oxford University Press.

Johansen-Berg, H., & Behrens, T. E. J. (Eds.) (2013). Diffusion MRI: From quantitative measurement to in vivo neuroanatomy, 2nd ed. Academic Press: Elsevier.

Jones, D. (Ed.) (2010). Diffusion MRI. Oxford: Oxford University Press.

Stemme, B., & Whitacker, H. (Eds.) (2008). Handbook of the neuroscience of language. London: Elsevier Academic Press.

Toga, A. (Ed.) (2015). Brain mapping: An encyclopedic reference, 1st ed. Academic Press: Elsevier.

第十六章
脑损伤研究

Juliana V. Baldo & Nina F. Dronkers

  脑损伤研究用于推断健康群体的大脑如何参与心理语言学加工。从传统上来说，这类研究通常涉及测试具有特定脑损伤部位的患者，以确定损伤脑区在所测试的特定语言过程中的作用。使用基于体素的新方法，利用脑成像技术的进步，对每个体素逐一分析，以确定特定灰质和白质区域在心理语言学加工过程中的作用。所有脑损伤研究方法均基于一些关于大脑的假设，同时在患者招募、刺激选择，以及数据分析和解释方面面临许多挑战。在本章中，我们将讨论以上问题，并提供一项研究示例，分析在大量患者样本中听觉词汇识别的神经相关物。最后，我们描述了损伤研究的优缺点及其替代方法。

引 言

  脑损伤研究在言语和语言领域有着悠久而传奇的历史。18世纪末到19世纪初，许多神经病学的病例研究使科学家推断出，语言的加工可以定位于大脑左半球的某一特定区域。这种推论与先前的主流观念背道而驰，即大脑的语言与认知功能统一而不可分割。根据Bouillaud, Lallemand, Broca和Wernicke等人对解剖学报告的详细描述，到19世纪末，人们清楚地了解到，大脑左半球确实存在特定的脑区负责言语和语言加工，而且这些脑区还可以被划分为负责某些特定功能的子区域，如言语产出和听觉理解（相关综述参见Whitaker, 1998）。

  早期的脑损伤研究不得不依赖尸体解剖数据来定位损伤组织，而20世纪后期现代神经成像技术的出现使得研究者能够在活体大脑中识别对言语和语言过程至关重要的区域。而且，随着计算和建模领域的最新发展，分析技术越来越先进，研究者可以基于逐个体素的分析方法得出大脑与行为之间的映射关系。在本章中，首先，讨论了心理语言学领域脑损伤研究的原理和假设。其次，对与数据采集和分析有关的问题，以及对使用现代分析技术进行的脑损伤的示例研究做一讨论。最后，介绍脑损伤分析技术的优缺点，以及其他的替代研究方法。

假设和理论基础

脑损伤研究背后的基本原理是，如果一个脑区受损，且伴随着某一特定的行为障碍，那么该脑区对正常且健康的大脑中的这一特定行为便起着关键作用。因此，研究者常提出的问题是："如果某个患者或一组患者表现出特定的语言障碍，他们的大脑特定区域是否遭受了损伤？"

有时我们假设，大脑损伤部位和行为障碍之间存在简单的一一对应关系。我们现在知道，若灰质或白质中的某一区域受损，那么连接多个大脑区域的通路或网络会被中断（所谓的"断连综合征"，disconnection syndrome；Catani, 2005；Geschwind, 1974）。这样，某一特定脑区的局灶性损伤可能会导致特定的行为障碍。但是，实际上，这一特定行为障碍内在的核心过程可能受更远脑区或更大的脑网络影响。一些用来探测全脑和脑网络活动的新成像方法，如静息态脑功能磁共振成像（resting-state fMRI, rs-fMRI），表明多个脑区会协同作用，一起促进某种特定行为，包括言语和语言加工（Turken & Dronkers, 2011）。

脑损伤研究的另一个常见假设是，所有个体的大脑区域具有相同的加工过程。虽然在解剖和行为上都存在显著的病前个体差异，但这些差异很难被量化和控制。例如，由于混淆的脑损伤和病前数据的不足，脑卒中患者的病前行为差异，如智商和语言能力很难被确定。很多有趣的研究开始采用新的 MRI 和数据处理技术来研究这种个体间的差异，并将这种差异与灰质和白质的不同结构模式联系起来（相关综述参见 Kanai & Rees, 2011）。

脑损伤研究的最后一个常见假设是，脑卒中后几个月可以实现最大程度的恢复。这样，我们就可以研究大脑与行为之间的固定关系。但是，个体在解剖层面（例如，轴突分支）和生理层面（例如，神经元效率）上会发生持续多年的变化。而更新的技术，如 DTI 和 rs-fMRI，开始用于追踪这些变化，从而让我们进一步了解这些变化如何与言语和语言的持续发展相关联（Thompson & den Ouden, 2008）。

此外,灌注加权成像(perfusion weighted imaging)等技术正在被用于早期急性脑卒中患者,从而在任何可能的大脑重组之前将言语和语言功能映射到具体脑区上(例子参见 Davis et al.,2008;Hillis et al.,2001)。

患者招募,实验设计,实验刺激和设备

患者招募和筛选

言语和语言的脑损伤研究通常招募那些突然受伤的患者。例如,脑卒中(缺血性或出血性)或脑外伤。此外,还会招募那些有进行性障碍的患者。例如,阿尔茨海默病(Alzheimer disease)或原发性进行性失语症患者。脑损伤研究最关键,也最具挑战的一点在于如何识别并招募一批具有良好特征的患者样本。为了对大脑和行为之间的关系做出可靠的推论,研究者通常会以一定的入组标准,以及可能混淆数据的排除标准对潜在的被试进行筛选。根据这些标准,患者样本通常是那些只经历过一次大脑损伤事故、没有既往神经病学或精神病学病史、没有发展性言语语言障碍病史(例如,阅读障碍、口吃),且具有一定的教育背景和母语熟练的患者。此外,入组标准可能仅限于右利手患者,因为据称惯用手会影响大脑偏侧化和功能组织(Borod et al.,1984;Goodglass & Quadfasel,1954;Pujol et al.,1999)。

实验设计

脑损伤研究在实验设计方面差异很大,具体取决于患者样本的类型和研究问题。一些研究侧重于评估某一行为障碍,以便将其与特定的损伤脑区联系起来。研究通常需要一组在年龄和教育程度上与患者匹配的健康被试作为对照组,以进行比较。例如,我们的一项研究表明(Baldo et al.,2004),与年龄匹配的对照组相比,额叶受损的患者很难问出有效的是/否问题来识别未知的物体(即 20 个问题游戏,20 questions game)。脑损伤研究还可针对损伤不同脑区的两组病人进行对比,这是因为他们在特定的心理语言学任务上表现不同。一个示例研究是相比于大脑左半球损伤的患者,右半球损伤的患者在自发言语任务中会产出较少的惯用表达法(Van Lancker Sidtis & Postman,2006)。

此外,脑损伤研究还会对比在两种实验条件或刺激类型下患者的表现,进一步

解释某一特定脑区的具体作用。例如，Warrington（1982）的一项研究表明，一名左顶叶损伤的患者很难提取算术规则，但能理解数量和算术运算。这一在两种不同实验条件下的表现差异有时被称为"单分离"。更复杂的实验设计是在两个不同的实验条件或任务下，对比两组脑损伤部位不同的患者的任务表现。此类研究的一个例子是，两名左侧前/中颞叶皮质损伤的患者虽然能正常检索动词，但是存在名词检索困难，而另一名左侧前运动皮质损伤的患者则表现出相反的行为模式（Damasio & Tranel, 1993）。这种"双分离"的证据能够强有力地说明被观察到的行为障碍与受损伤影响的这一特定脑区的相关性（Baddeley, 2003）。

最近的脑损伤分析方法涉及基于体素的研究（对方法的详细描述见下文）。这种研究通常涉及大型、异质的患者样本，因为这些患者在某一特定的心理语言学测量方法上表现不一样（Baldo et al., 2012; Bates et al., 2013）。患者的行为得分和其损伤脑区的重建一起被输入基于体素的病变症状映射（即VLSM）程序中。不同于上面谈到的实验设计，VLSM分析不需要将患者按损伤脑区或临床诊断进行分组（例如，右半球损伤患者与左半球损伤患者，或布罗卡失语症患者与对照组）。相反，这种分析可以根据患者各自的损伤脑区，同时分析各种患者类型和患者表现。这类研究的一个例子是，研究者在对96名左半球脑卒中患者的图片命名分析中发现，词汇语义检索严重依赖于左后颞中和颞上皮质，以及里面的白质（Baldo et al., 2013）。

行为刺激和反应测量

探讨语言功能的脑损伤研究和言语及语言研究一样，研究对象涉及语言学领域的所有分支（即音系学、形态学、语义学和语用学等），以及不同输入（即听觉材料、书面材料等）和输出（即口头回答、书面回答等）模态下的语言研究。因变量通常包括反应的准确率和反应时间（例如，患者大声命名图片的速度和准确率）。在一些研究中，因变量可能涉及对言语-语言样本做更多的定性分析。例如，测量病人话语的平均长度、类型-标记比例、正确的信息单位数量、产出的形态是否正确或是否能被理解。

基于研究的问题，脑损伤研究还包括把言语和语言评估方法进行标准化。标准的评估方法能使被发表的数据规范化，因此基于健康群体的表现，便可评估单个患者的言语和语言表现。此外，基于标准化的评估方法获得的数据能被直接用于那些使用相同标准化测试的临床情况中。基于标准化的语言评估测试［例如，WAB-R、亚琛失语症测试（Aachen Aphasia Test）、波士顿诊断性失语症检查（Boston Diagnostic Aphasia Examination）］，一系列言语和语言加工过程，如口语流利度、听觉-语言理解、重复、命名和阅读/写作等都能被评估出来。其他更具敏感性的标准化评估方法被用来量化特定障碍，例如，命名（如波士顿命名测验，Boston Naming Test）、语义（如金字塔和棕榈树测试，Pyramids and Palm Trees Test）和听觉理解（如皮博迪图片词汇测验）。

但是，标准化的评估方法不能解决具体的、新颖的研究问题。针对此类问题，脑损伤研究通常采用实验方法，如新型纸笔测试或基于反应时间的计算机化测试。后者可以毫秒级的速度记录患者的表现，被试个人和任务条件间的细微差异也能捕捉到。计算机化测试还能让研究者对时间和实验刺激的呈现做细微操纵，如启动任务、自适应学习范式和有语音合成的任务。

数据采集和分析

在心理语言学的脑损伤研究中，数据采集是双管齐下的，即同时采集心理语言学数据和神经影像学数据（例如，MRI 或 CT）。在理想情况下，两组数据同时采集，因此行为表现可以直接归因于观察到的脑损伤数据（即随后的大脑事件可能会影响行为表现）。我们将首先讨论行为数据采集的相关问题，然后讨论 MRI 或 CT 的数据采集。

根据研究目的，研究者将对处于不同恢复阶段的患者进行心理语言学评估：急性期（0~4 周）、急性后期（4~12 周）或慢性期（12 周后）。由于许多因素的影响，如不太理想的测验环境（例如，在嘈杂的住院部病床旁做测试）、病人的一致性或合作程度，以及与脑损伤本身无关、却起作用的潜在混淆因素（例如，新药、睡眠不足、反应性抑郁症），急性期和急性后期的数据采集也存在一定的难度。在恢复阶段，研究者必须注意确保患者能够理解指导语，并按任务要求完成。为此，患者需要接受充分的练习，并且任务应尽可能简单（例如，只用一个按键做"是"判断，而不是分开的按键做"是"和"否"判断）。这种简单操作能最大限度地提高脑损伤患者完成任务的可能性，并且他们的表现能反映出研究者关注的特定变量，而不是与任务需求相关的干扰变量（例如，工作记忆负荷）。

行为数据分析

脑损伤研究中的心理语言学数据分析通常采用标准的推论统计,但有许多注意事项。首先,组群损伤研究会先把一组患者的数据平均,然后再进行分析,但是这些数据通常不服从正态分布。为了解决这一问题,可以在分析数据前以多种方式对数据进行调整。例如,对数据进行对数转换、分析中位数而不是平均值,从而减少数据的偏度。这些调整有助于数据模式更加明显,并且对于使用推论统计来分析数据也是必要的。非正态分布的数据还能使用非参数检验,但非参数检验的假设与参数检验不同。

与组群损伤研究相比,个案研究的数据难以用传统的统计方法进行分析(Crawford & Garthwaite, 2004, 2005)。当患者的行为表现和脑损伤有着明显的分离时,仅对数据进行视觉观察即可作为证据。如果数据呈正态分布,单个患者的数据可以简单地表示为 Z 分数,从而反映出该患者的表现与健康对照组平均数相差多少个标准差。但是,这些方法存在很多问题。现在,越来越严格的方法被用于个案研究的数据分析,包括多元回归、贝叶斯方法和模拟模型。

神经成像数据采集

患者脑损伤的急性影响(例如,脑水肿)需要至少 3 个月才能消退,在这之后,研究者可以使用 CT 或 MRI 获得患者的脑成像数据。如果研究者使用磁共振灌注加权成像等紧急方案,则能尽可能地在接近脑损伤时就采集到脑成像数据。MRI 具有高空间分辨率,并且能为不同脑损伤参数的视觉化提供多种选择,但是它不能用于有心脏起搏器、有某些金属植入物和其他 MRI 禁忌的患者(参见 Kanal,1992)。CT 便宜得多,禁忌也少,但是空间分辨率相对较低,而且患者会暴露于电离辐射中。CT 通常是医院急诊的首选,MRI 则常用于实验研究,可为研究者提供更详细的大脑损伤图像。

MRI 扫描通常会对脑损伤患者采集多个序列,包括 T_1、T_2 和 FLAIR。通过这些成像,研究者能看到患者损伤部位出现明显的信号增强。具体而言,T_1 和 T_2 是指质子在受到射频脉冲扰动后恢复平衡的弛豫时间的参数。这些弛豫时间的差异在大脑成像上反映出信号的强弱变化(例如,液体在 T_1 成像上显示为暗,在 T_2 成像上显示为亮)。FLAIR 通过抑制来自脑脊液的信号使其对小病灶的检测更加敏感,避免其被忽略。

当对患者的损伤脑区进行检查和重建时,可以使用专门的成像软件(例如,MRICron;Rorden & Brett,2000)同时连接和查看这些不同的成像序列,以便最精确地估计损伤脑区的完整范围。在已发表的患者个案研究或小样本组群研究中,原始 CT 或 MRI 可用于识别和显示患者脑损伤的部位,以便将该大脑区域与已识别的行为表现联系起来。

脑损伤重建

在样本更大的患者组群研究中,很多技术已经被开发出来对患者脑损伤部位进行"重建",以便将它们聚合起来进行可视化和数据分析(Bates et al.,2003;Damasio & Damasio,1989;Rudrauf et al.,2008)。在 20 世纪 70～80 年代,神经影像变得越来越容易获得,通常将患者的脑损伤部位重建到标准化模板上,这样可以明确损伤脑区,也便于与其他患者的损伤脑区进行比较(例子参见 Damasio & Damasio,1989)。早期,这些技术需要经验丰富的放射科医生、神经科医生或其他训练有素的专家一起对打印出来的患者 CT 或 MRI 影像进行解释,然后将观察到的损伤部位绘制到从脑图谱中打印出来的切片上。使用共同的大脑模板,可以更系统地比较一组患者的损伤部位。

脑损伤重建的方法是将大脑模板数字化,以便将多个患者的损伤重建进行数字化组合,并在同一个模板上进行可视化,从而显示出所有患者脑损伤区域的重叠程度。这种计算机化的损伤重建可被用于多处。当患者有共同的语言和临床障碍时,可以根据患者损伤的重叠区域来确定他们是否有共同的脑损伤区域。例如,这个技术可以用来确定言语失用症(apraxia of speech)的神经基础(Dronkers,1996):脑损伤叠加图确定了岛叶左上中央前回是所有 25 名慢性言语失用症患者共有的损伤区域。更重要的是,19 名匹配了言语语言,但言语失用症患者的脑损伤叠加图显示,这些患者的岛叶左上中央前回是完好的。

近年来,损伤重建可以由训练有素的研究者使用专门的软件(参见 Rorden & Brett,2000)直接在数字化的 MRI 成像上(通常是 T_1 或 T_2 成像)画出病人脑损伤区域的边界,并保存为一个脑损伤文件,然后与整个大脑一起标准化(即扭曲、旋转),使其与标准大脑模板对齐(Brett et al.,2001)。这种空间标准化的过程能让某一个患者的脑损伤数据和其他患者的脑损伤数据进行数字组合,也能和使用相同大脑模板的解剖图谱和功能成像研究进行直接比较(Friston et al.,1995)。

对患者脑成像标准化的过程涉及很多程序，而且还在不断地更新，所以目前对于设置参数的最优化还没有达到共识(Andersen et al.，2010；Ashburner & Friston，2005；Brett et al.，2001；Crinion et al.，2007)。例如，研究者有时会在标准化之前追踪脑损伤区域(在最原始的 MRI 成像上)，而在其他研究中，研究者则会在整个大脑标准化之后追踪脑损伤区域。另一个重要问题是，脑室扩大是由脑卒中导致的组织损失的常见后果，但是在损伤重建过程中不同的研究者会采取不同的方法来解决这种组织损失问题(Andersen et al.，2010)。

损伤重建的另一种新方法是使用自动化软件来检测损伤脑区的边界，而无须对损伤区域进行手动追踪(Griffis et al.，2016；Guo et al.，2015；Pustina et al.，2016)。当研究者需要追踪的脑损伤患者的样本量很大时，这些自动化方法可以极大地减少工作量，并且可以提供更客观、更一致的损伤重建。目前，学术界仍在评估此类自动重建技术是否能与训练有素的研究者手动跟踪的精度相匹配。

无论是训练有素的研究者还是自动化软件，确定损伤的真正边界，以及组织区域是否真正受损是很难的。此外，即使与损伤相邻的脑区看起来正常，研究者也无法根据结构化成像(即 T_1 或 T_2)知道该脑区的功能是否正常。将来，损伤重建技术可能需要和 fMRI 技术相结合，以便更好地识别功能性组织与损伤性组织的真实边界。

基于体素的脑损伤分析

上文谈到的最新的损伤数字重建技术为 VLSM 方法奠定了基础。这一方法是基于单个体素对脑区和语言行为之间的关系进行统计分析(综述参见 Baldo et al.，2012；Bates et al.，2003；Tyler et al.，2005)。VLSM 对每个体素进行统计检验(例如，广义线性模型、t 检验)，便于对比在特定体素中有脑损伤的患者和没有脑损伤的患者的行为表现(图 16.1)。之后，会生成一张反映统计结果，并将其用颜色编码的脑图(例如，t-map)。这个脑图可以通过使用免费的软件(例如，MRI-Cron；Rorden & Brett，2000)在标准的大脑模板上进行可视化。通过把脑图谱模板(例如，AAL 或布罗德曼皮质区)和 VLSM 的结果相结合，研究者就能根据 VLSM 识别出的体素位置辨认出这个体素位置的解剖称谓。

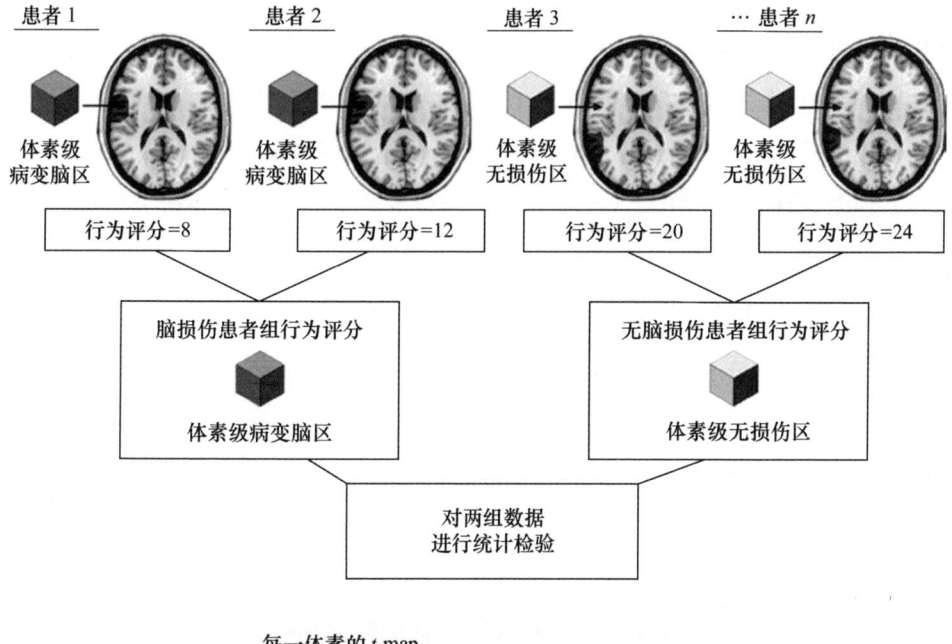

图 16.1　VLSM 的分析步骤示意（又见书后彩插）

首先，将重建到标准化模板上的患者损伤脑区纳入分析。其次，对每个体素进行统计检验，以便比较在该体素中有损伤的患者和没有损伤的患者的行为得分（例如，理解力和流畅度）。如图所示，每个体素的统计检验结果（例如，t 值）会用不同的颜色进行可视化。最后，因为经过了多次重复比较，数据需要进行统计校正（例如，置换检验），最终只呈现那些满足预先设定的显著水平的体素（图中未显示）。

资料来源：Baldo et al.，2012。

由于在 VLSM 分析中数据会进行多次统计检验，为了避免产生虚假结果，数据需要进行统计校正或采用其他统计方法。其中，我们推荐使用置换检验。作为一种相对保守的方法，置换检验是把患者的行为得分按多次随机的方式（例如，1000 次迭代）重新分配给所有存在损伤的体素上。这个方法会预先设定一个 α 水平（例如，0.05），然后计算对应的最小 t 值阈限，检验所获得的 t 值高于这个阈限的偶发概率是否≤5%（Kimberg et al.，2007；Rorden et al.，2007）。此外，还可以使用体素群阈值（cluster-size threshold）。置换检验将基于体素群设定一个关键的统计阈值，只有在统计分析时超过这个阈值的体素群才能纳入结果解释。以往文献还采用了其他统计校正方法，如 Bonferroni 和错误发现率（false discovery rate，FDR），但是这些校正方法对于数据所做的假设并不适用于脑损伤研究的数据（参见 Baldo et al.，2012；Rorden et al.，2007）。

在 VLSM 分析中，研究者还需要将分析中所包含的体素调整为仅包含最少患者的体素。否则，基于体素的统计分析检验的是某一个患者和其他患者的行为表现差异。我们建议最少包含 5%～10% 的患者样本。例如，对 100 名患者进行 VLSM 分析，统计检验应仅限于至少 5～10 名患者有脑损伤的体素。另外，在理想的情况下，研究应该包括一个病灶覆盖图。这个图是按相同的最少患者样本获得的，是患者脑损伤的叠加图，显示了统计分析中哪些体素被包含在内。

同样，为了使某一 VLSM 分析的结果具有稳健性和可复制性，我们强烈建议生成一个有阈限的损伤重叠差异图或统计检验力分析图（Kimberg et al.，2007；Rudrauf et al.，2008）。需要注意的是，无足够统计检验力或者损伤覆盖的脑区将不会被纳入 VLSM 研究的预测或结果解释中。例如，多数语言脑损伤研究主要涉及大脑中动脉卒中的患者，其额极的损伤覆盖范围很小。但是，额极脑区统计不显著的结果并不能表明这个脑区不参与被测量的某一特定行为。为了获得具有足够检验力的稳健结果，VLSM 分析通常使用相对较大的患者样本。如果患者样本较小，最好不做 VLSM 分析，而是采用另一种技术，如损伤覆盖图。

研 究 示 例

接下来，我们将描述一项典型的 VLSM 研究。这是一项回溯性研究，数据来源于一个包含 500 名脑卒中患者的数据库。在这个研究中，按照严格的纳入和排除标准，我们选取了 109 名左半球卒中患者作为研究对象，并分析了他们在听觉词汇再认任务中的数据。在这个研究中，VLSM 分析的重点在于辨认出与听觉词汇再认能力相关的灰质和白质区域。言语理解的经典模型（主要基于个案和小样本的患者群体研究)通常将这种能力与韦尼克区相关联。韦尼克区主要包括左侧颞上回后部,有时还包括顶下叶皮质(inferior parietal cortex)。但是,最近的研究表明,听觉词汇再认也和颞中回后部及潜在的白质紧密相关(Baldo et al.,2013; Dronkers et al.,2004)。因此,通过使用 VLSM 分析,我们可以在左半球有损伤的大样本患者群体中检验这些脑区在听觉词汇再认中是否具有重要作用。

被试

在这项研究中,我们基于下列标准从患者数据库中选取了 109 名患者(其中 10 名女性):左半球卒中一次;脑卒中至少已过 3 个月(为了确保相对稳定的急性期脑损伤效应和行为表现;母语为英语(5 岁前习得);右利手;无神经病学或严重精神病学病史(例如,帕金森病、创伤性脑损伤、精神分裂症、双相情感障碍);教育程度为至少上过八年级(以确保接受过基本教育);有可用的神经影像学脑成像数据。患者样本的平均年龄是 60.3 岁($SD=11.3$,年龄范围为 31~86 岁),平均受教育年限为 14.8 年($SD=2.69$,范围为 8~20 年),脑卒中后的平均月份为 49.8 个月($SD=50.4$,范围为 11~271 个月)。

根据 WAB 评分系统,患者样本包括 25 名布罗卡失语症(Broca's aphasia)患者、2 名完全性失语症(global aphasia)患者、1 名经皮质感觉性失语症(transcortical sensory aphasia)患者、12 名韦尼克失语症(Wernicke's aphasia)患者、5 名传导性失语症(conduction aphasia)患者、35 名命名性失语症(anomic aphasia)患者和 29 名得分在正常范围内的患者(WNL;大于 93.7 分,满分为 100 分)。WNL 还包含一部分症状轻微或没有言语-语言障碍的患者。

实验刺激和流程

每名患者将在语言病理学家或者训练有素的研究者的指导下独自进行 WAB 测验。WAB 测验包含一系列检测不同言语-语言加工的子测试。在当前的研究中,我们采用了听觉词汇再认的子测试检测患者的这一能力。这一子测试和另外两个子测试一起用来评估患者的听觉语言理解能力。在听觉词汇再认子测试中,患者被要求指向由观察人员大声说出的物体和图片(例如,指向杯子)。患者在听觉词汇再认测试中的总得分被当作主要的因变量，之后将纳入 VLSM 分析。

脑损伤重建

大多数患者的脑损伤重建是在脑卒中发生至少 3 个月后，在损伤区域稳定的情况下，由具有高分辨率的 3 T MRI 扫描获得。对于那些有 MRI 禁忌证的患者，使用 3D CT 扫描重建其损伤区域。患者的损伤区域平均大小为 $102.1\,cm^3$ ($SD = 85.6$)。

图 16.2 显示在标准大脑模板上，被标准化的患者脑损伤区域的重叠，表明患者左半球脑损伤的范围。图中仅显示至少 5 名患者有损伤的体素，以便通过损伤图反映接下来在 VLSM 分析中将纳入哪些体素。可以看出，在左半球大脑中动脉分布的大部分区域存在大量损伤覆盖，且在左侧额岛皮质区域的重叠程度最大（约三分之一的患者）。需要注意的是，这个共同的损伤重叠区域与下文 VLSM 分析中确定的与听觉词汇再认相关的区域不同。

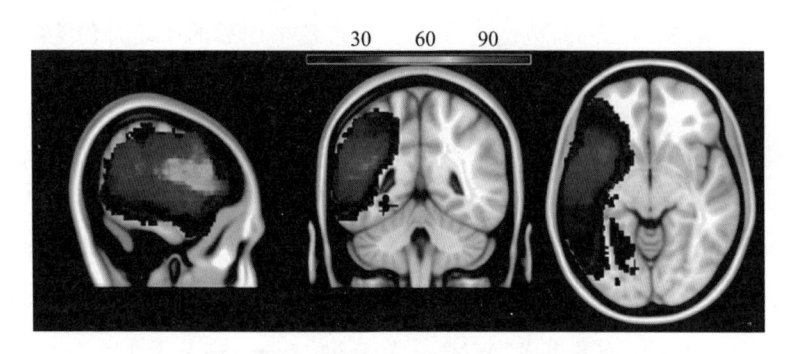

图 16.2　患者脑损伤重叠（又见书后彩插）
此处仅包括每个体素至少有 5 名患者病变，与 VLSM 分析中所包含的数据一致。颜色条表示损伤区域的重叠程度，从紫色（5～10 名患者的损伤区域重叠）到浅绿色（约 50 名患者的损伤区域重叠），再到红色（约 100 名患者的损伤区域重叠）。

VLSM 分析

使用免费的 VLSM 程序（Baldo et al., 2012; Bates et al., 2003），研究者可以对患者在 WAB 听觉词汇再认测试中的表现，及其脑损伤重建结果进行分析，以便找到与听觉词汇再认相关的神经基础。为了证明不同校正方法的结果差异，我们做了有和没有置换检验的 VLSM 分析,以及有和没有协变量(年龄、教育程度和损伤体积)的 VLSM 分析(见下文结果)。

图 16.3 展示了一个统计检验力分析结果,提供了一个有中等效应量(Cohen's $d=0.5$)和 α 水平为 0.05 的 VLSM 分析中可能会出现的统计检验力。从图中可以看出,左半球大部分区域的检验力水平相对较高(以红色显示),但左半球最上端和最下端,以及最前部、后部和中部区域(没有颜色的区域)的检验力水平较低。重要的是,当前分析中所关注的脑区,即左侧颞中和颞上后部两个脑区的检验力水平也很高。

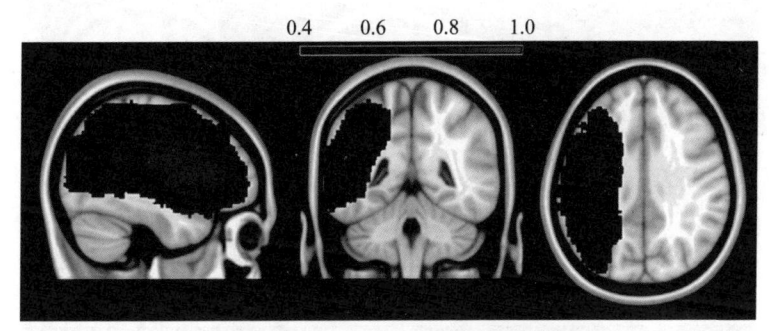

图 16.3　统计检验力分析(又见书后彩插)
颜色条表示从 0.4(黑色)到 1.0(红色)的统计检验力范围。

结果:基于 VLSM 分析得出的听觉词汇再认的神经基础

图 16.4 显示了在不同统计校正水平下,基于 VLSM 分析得出的与听觉词汇再认相关的神经基础。

其中,(a)图为未加协变量和未校正的原始 t-map 的 VLSM 分析结果。左半球侧面很大一部分区域都被激活,但颞中回的 t 值最高(以红色显示)。

(b)图为未加协变量,体素校正为 $p<0.001$,但未对重复性 t 检验的数据做校正的 VLSM 分析结果。图中显示的被激活的脑区虽然不多,但大部分区域在左侧颞叶,并延伸到额下和顶下皮质。经过校正的具有显著性的最小 t 值是 3.17,最大 t 值是 10.94,中心区域在颞中回内侧的白质(MNI 的 x,y,z 坐标分别为 -40, -16, -8)。

(c)图为加了协变量,体素校正为 $p<0.001$ 的 VLSM 分析结果。在校正后,

与听觉词汇再认相关的脑区仅限于颞叶,具有显著性的最小 t 值为 3.17,最大 t 值为 7.51,位于左侧颞中回后部(坐标分别为 $-40, -70, 8$)。

(d)图为与听觉词汇再认相关,且最严格的 VLSM 分析结果。因为在这个分析中,加入了协变量,并使用了置换检验来确定 t 值阈限(5.08)。和(c)的结果一样,具有显著性的最大 t 值仍为 7.51,同样位于左侧颞中回后部(坐标分别为 $-40, -70, 8$)。但是,该图结果中的最小 t 值比(c)的结果要高得多(5.08 vs. 3.17)。基于这个严格的阈值,分析结果只发现了颞中回的中后部与听觉词汇再认相关。

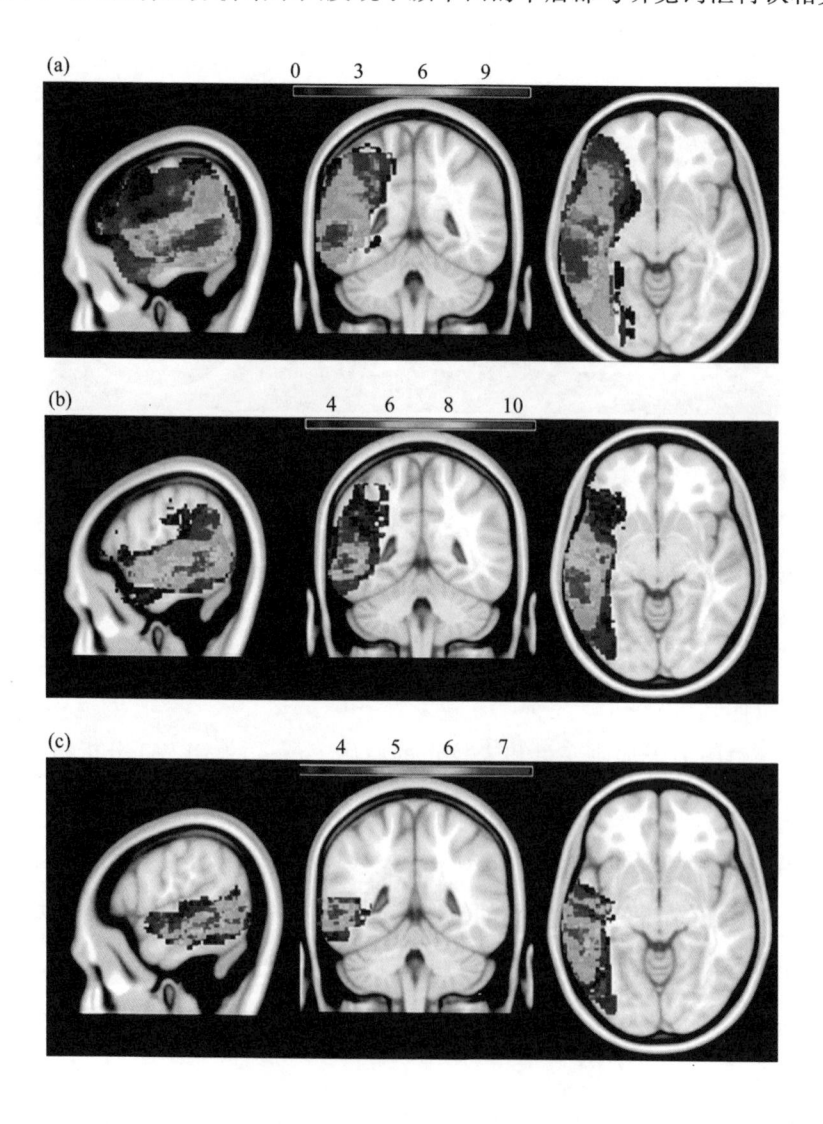

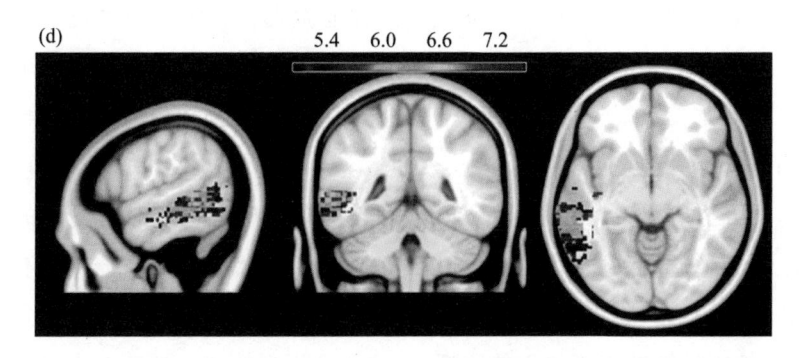

图 16.4 在不同校正水平下,基于 VLSM 分析得出的与听觉词汇再认相关的神经基础(又见书后彩插)

(a) 未经校正、没有置换检验和协变量的原始 t-map;(b) 没有置换检验和协变量,但经过体素校正的 t-map($p<0.001$);(c) 没有置换检验,但把损伤体积、教育程度和年龄作为协变量,经过体素校正后的 t-map($p<0.001$);(d) 把损伤体积、教育程度和年龄作为协变量,经过置换检验所得的 t-map。彩色条表示每个分析所获得的具有显著性的 t 值范围。紫色表示较低的 t 值,红色表示较高的 t 值。

VLSM 分析总结

基于 VLSM 分析,我们获得了与 109 名被试听觉词汇再认相关的神经基础。研究结果表明,与听觉词汇再认加工相关的核心脑区位于左侧颞中回皮质中后部。尽管传统的语言模型认为颞上回皮质后部(即韦尼克区)对听觉理解至关重要,但最近的研究与我们当前的研究结果一样,也发现听觉词汇再认的加工位于左侧颞中回皮质中后部(Bates et al.,2003;Binder et al.,1997;Hickok & Poeppel,2007;Rodd et al.,2005)。之前的研究表明,颞中回皮质后部是左半球与语言处理密切相关的核心脑区(Turken & Dronkers,2011)。在句子理解(Dronkers et al.,2004)和命名(Baldo et al.,2013)中,这个脑区负责将词汇与概念联系起来。该研究结果与我们早期的损伤叠加研究发现一致。早期的损伤叠加研究表明,颞中回后部是慢性持续性韦尼克失语症患者的常见梗死区域,这些患者表现出严重的词汇语义加工障碍,特别是在听觉领域(Dronkers & Baldo,2009)。

优缺点和其他替代方法

与其他方法相比,脑损伤分析最明显的优势是该方法能够评估哪些脑区对某些功能最重要。基于健康被试,功能成像研究能发现在特定行为表现下哪些脑区中的体素能被激活。但是,不同于功能成像研究,脑损伤研究能证明哪些脑区对于某种行为表现尤其重要。因此,不同于其他技术方法,脑损伤研究能从独特的视角探究大脑与行为表现之间的关系。

脑损伤分析的研究对象很灵活,既可以分析单个患者(例如,将受损的大脑区域与特定行为障碍相关联),也可以分析一小组同质性患者(例如,分析具有相同行为障碍的患者的脑损伤重叠区域)和一大组异质性患者(例如,可以不预先确定患者群体,而使用稳健的基于体素的分析)。这些分析都能成功地确定大脑和行为表现之间的关系,而且每种分析都有助于回答不同类型的研究问题。此外,脑损伤研究的结果也有助于临床诊断,使得患者诊断、预后判断和治疗方案更准确。

所有技术方法的分析和结果呈现都使用同一个大脑模板,所以基于体素的脑损伤分析方法的一个优势是能够直接把脑损伤的分析结果与 fMRI 和 PET 扫描获得的健康被试的结果进行对比。当把两种方法的结果置于同一个立体空间中,就能对这两种方法所获得的大脑图谱做对比。不同于早期的双分离脑损伤研究(例如,对有或没有某一特定行为障碍、有或没有某一脑区损伤的患者做对比),基于体素的损伤分析方法(如 VLSM 方法)的另一个优势是能够用来分析具有不同程度行为障碍的不同患者的脑损伤情况。但是,VLSM 的缺点是需要大量的患者样本,以便在很多脑区中获得足够的统计检验力。患者样本损伤的脑区覆盖范围越广,可以用来分析检验的脑区就越大。

研究者需要注意一点,一些言语和语言的脑损伤分析研究试图将由多个脑区决定的复杂行为表现定位于一个单独的脑区,而事实上这些行为表现有可能是由脑区网络协调作用的结果,且每个脑区都在这个行为表现的不同方面具有特殊作用。例如,句子理解任务涉及很多加工过程,包括听觉加工、言语感知、语法加工、言语工作记忆(取决于句子长度和复杂度)、视觉感知(当需要把句子与不同图片进行匹配时)、反应产出和监控。对于这种涉及很多加工过程的语言任务,脑损伤研究既能分析出哪些脑区对于完整且成功地完成某一语言任务至关重要,也能分析出每个具体的加工过程分别依赖哪些脑区,以及这些不同脑区如何协作以实现更高层次的语言任务(参见 Dronkers et al.,2004)。

对于没有明显脑损伤的进行性神经系统疾病(progressive neurologic disease,如阿尔茨海默病)患者而言,研究者可以采用另一种分析技术,即 VBM(参见 Ashburner & Friston, 2000)。VBM 比较不同组被试(例如,患者组和在年龄上匹配的健康被试组)之间体素强度的变化来测量皮质变薄情况。之后,可以得出组织的损失与行为表现变化的相关性。这个方法可以用来测量原发性进行性失语症患者的语言表现变化,例如,不同的行为障碍有着不一样的损伤区域(Gorno-Tempini et al., 2004)。VBM 也被用于分析发展性或遗传性的言语和语言障碍(例如,Watkins et al., 2002),以及健康群体在技能学习时的大脑变化,如二语习得(Mechelli et al., 2004)。

还有一种通过暂时性脑损伤来模拟认知功能障碍的分析技术,即经颅磁刺激(transcranial magnetic stimulation,TMS)。这种技术通过在被试的头部表面放置一个刺激线圈,经由电流产生一个磁场。这个磁场能穿透被试的头骨,并在受刺激的脑区产生电场。因此,当接受电流刺激后,被试的认知功能会被暂时中断,即虚拟损伤(Pascual-Leone et al., 1999),导致被试反应延长、错误率增加(详情参见 Hartwigsen,2015)。虽然这种技术能导致认知功能的中断,但这种中断不同于神经系统疾病患者所表现出来的长期障碍缺陷。与真实的脑损伤相比,虚拟损伤研究的优势在于虽然功能重组可能不会在刺激发生的短时间内发生,然而,在相同的刺激条件下,认知功能也有改善,表明其他变量可能影响这些效应,需要进一步研究。

TMS、经颅直流电刺激(transcranial direct cortical stimulation,tDCS)以及其他非侵入性脑刺激(non-invasive brain stimulation,NIBS)技术已用于增强健康群体的语言和认知功能,并作为失语症和其他神经系统疾病的辅助治疗工具。因为每个研究所使用的刺激参数不一样(例如,电流刺激时长、强度、方向和时间),所以研究结果也不一样。研究者还需要权衡这种干预措施的潜在益处,以及罕见且可能存在的风险,包括被试昏厥或诱发癫痫发作。当前,这种治疗对个别障碍的疗效仍在研究中。

随着计算机技术的不断进步,新的神经成像技术同样在快速发展中,特别是弥散成像已成为检测脑损伤患者白质变化的重要手段(Breier et al., 2008;Schlaug et al., 2009)。这一技术利用了沿轴突的水分子的受限扩散。在预处理后,这个技术能展示出与已知纤维通路一致的纤维状结构,从而揭示脑损伤对这些纤维束的影响,及其是否对应于观察到的行为障碍。弥散成像还可以识别哪些皮质区域已经断开。另一种技术,rs-fMRI 也越来越普遍地用于探测脑损伤后的脑网络变化

(Van Den Heuvel et al. ,2010;Van Hees et al. ,2014)。在自发恢复开始之前,使用 MRI 的组织灌注方法可以用来确定受早期脑卒中影响的大脑区域(例如,Hillis et al. ,2001)。结合这些技术,我们能够发现语言网络的复杂性,以及言语和语言加工的不同神经基础。

关 键 术 语

布罗德曼皮质区(cortical areas of Brodmann):20 世纪初由 K. Brodmann 提出的细胞结构图,将大脑划分为不同的子区域,现在仍被用于脑成像研究中。

计算机断层扫描(CT):一种成像技术,通过 X 线生成能反映底层解剖结构的成像。例如,大脑的解剖结构成像。

弥散张量成像(diffusion tensor imaging, DTI):一种通过 MRI 扫描,利用分子扩散(如水或代谢产物)测量进行组织评估的诊断技术。

磁共振成像(magnetic resonance imaging, MRI):一种用于展示内部解剖结构的非侵入性方法。其原理是在强磁场下,原子核吸收射频能量脉冲,并将其作为无线电波发射,以便重建计算机图像。使用 T_1 和 T_2 加权磁共振结构扫描可以提供详细的解剖成像,但是其他序列,包括 fMRI 和灌注成像,能反映更多的生理过程,如血流。

功能性磁共振成像(functional magnetic resonance imaging, fMRI):一种使用 MRI 技术,通过检测与血流相关的变化来探测大脑活动的功能性神经成像。

MNI 模板(MNI template):由蒙特利尔神经病学研究所开发的大脑模板,与 Talairach 大脑图谱大致匹配。

灌注加权成像(perfusion-weighted imaging):一种 MRI 技术,可以生成能反映整个组织血液灌注程度的图像。

脑卒中(stroke):一组病理状况,其特征是由脑缺血或颅内出血而导致神经功能突然、非惊厥性丧失。

经颅磁刺激(transcranial magnetic stimulation, TMS),**经颅直流电刺激**(transcranial direct current stimulation, tDCS):一种使用磁场(TMS)或电流(tDCS)刺激大脑特定部位的非侵入性技术。磁场由放置在头皮上的线圈产生。这一技术可用于脑损伤患者的临床干预或改变健康群体大脑的功能,以研究大脑与行为之间的关系。

体素(voxel)：一种 3D 体积（体积像素）。与大脑中特定的 x-y-z 坐标相关联，用于分析 3D 大脑成像的结果。

基于体素的病变症状映射(voxel-based lesion symptom mapping，VLSM)：一种神经成像分析方法。类似于功能性神经成像的方法，这一方法能基于逐个体素来分析脑卒中患者脑损伤的数据，以便发现不同脑区对某一认知或语言功能的不同作用。

基于体素的形态测量(voxel-based morphometry，VBM)：一种神经影像学分析，用于分析患有进行性大脑病变的个体在体素水平上的脑结构性变化。

参 考 文 献

Andersen, S. M., Rapcsak, S. Z., & Beeson, P. M. (2010). Cost function masking during normalization of brains with focal lesions: Still a necessity? *Neuroimage*, 53, 78-84.

Ashburner, J., & Friston, K. J. (2005). Unified segmentation. *Neuroimage*, 26, 839-851.

Ashburner, J., & Friston, K. J. (2000). Voxel-based morphometry—the methods. *Neuroimage*, 11, 805-821.

Baddeley, A. (2003). Double dissociations: Not magic, but still useful. *Cortex*, 39, 129-131.

Baldo, J. V., Delis, D. C., Wilkins, D. P., & Shimamura, A. P. (2004). Is it bigger than a breadbox? Performance of patients with prefrontal lesions on a new executive function test. *Archives of Clinical Neuropsychology*, 19, 407-419.

Baldo, J. V., Wilson, S. M., & Dronkers, N. F. (2012). Uncovering the neural substrates of language: A voxel-based lesion symptom mapping approach. M. Faust (Ed.), *Advances in the neural substrates of language: Toward a synthesis of basic science and clinical research* (pp. 582-594). Oxford: Wiley-Blackwell.

Baldo, J. V., Arévalo, A., Patterson, J. P., & Dronkers, N. F. (2013). Grey and white matter correlates of picture naming: Evidence from a voxel-based lesion analysis of the Boston Naming Test. *Cortex*, 49, 658-667.

Bates, E., Wilson, S. M., Saygin, A. P., Dick, F., Sereno, M. I., Knight, R. T., & Dronkers, N. F. (2003). Voxel-based lesion-symptom mapping. *Nature Neuroscience*, 6, 448-450.

Binder, J. R., Frost, J. A., Hammeke, T. A., Cox, R. W., Rao, S. M., & Prieto, T. (1997). Human brain language areas identified by functional magnetic resonance imaging. *The Journal of Neuroscience*, 17, 353-362.

Borod, J. C., Caron, H. S., & Koff, E. (1984). Left-handers and right-handers compared on performance and preference measures of lateral dominance. *British Journal of Psychology*, *75*, 177-186.

Breier, J. I., Hasan, K. M., Zhang, W., Men, D., & Papanicolaou, A. C. (2008). Language dysfunction after stroke and damage to white matter tracts evaluated using diffusion tensor imaging. *American Journal of Neuroradiology*, *29*, 483-487.

Brett, M., Leff, A. P., Rorden, C., & Ashburner, J. (2001). Spatial normalization of brain images with focal lesions using cost function masking. *Neuroimage*, *14*, 486-500.

Catani, M. (2005). The rises and falls of disconnection syndromes. *Brain*, *128*, 2224-2239.

Crawford, J. R., & Garthwaite, P. H. (2004). Statistical methods for single-case studies in neuropsychology: Comparing the slope of a patient's regression line with those of a control sample. *Cortex*, *40*, 533-548.

Crawford, J. R., & Garthwaite, P. H. (2005). Testing for suspected impairments and dissociations in single-case studies in neuropsychology: Evaluation of alternatives using Monte Carlo simulations and revised tests for dissociations. *Neuropsychology*, *19*, 318.

Crinion, J., Ashburner, J., Leff, A., Brett, M., Price, C., & Friston, K. (2007). Spatial normalization of lesioned brains: Performance evaluation and impact on fMRI analyses. *Neuroimage*, *37*, 866-875.

Damasio, H., & Damasio, A. R. (1989). *Lesion analysis in neuropsychology*. New York, NY: Oxford University Press.

Damasio, A. R., & Tranel, D. (1993). Nouns and verbs are retrieved with differently distributed neural systems. *Proceedings of the National Academy of Sciences*, *90*, 4957-4960.

Davis, C., Kleinman, J. T., Newhart, M., Gingis, L., Pawlak, M., & Hillis, A. E. (2008). Speech and language functions that require a functioning Broca's area. *Brain and Language*, *105*, 50-58.

Dronkers, N. F. (1996). A new brain region for coordinating speech articulation. *Nature*, *384*, 159-161.

Dronkers, N. F., & Baldo, J. V. (2009). Language: Aphasia. In L. R. Squire (Ed.), *The new encyclopedia of neuroscience* (pp. 343-348). Oxford: Elsevier.

Dronkers, N. F., Wilkins, D. P., Van Valin, R. D., Redfern, B. B., & Jaeger, J. J. (2004). Lesion analysis of the brain areas involved in language comprehension. *Cognition*, *92*, 145-177.

Friston, K., Ashburner, J., Frith, C. D., Poline, J. B., Heather, J. D., & Frackowiak, R. S. (1995). Spatial registration and normalization of images. *Human Brain Mapping*, *3*, 165-189.

Geschwind, N. (1974). Disconnexion syndromes in animals and man (pp. 105-236). Springer Netherlands.

Goodglass, H., & Quadfasel, F. A. (1954). Language laterality in left-handed aphasics. *Brain*, *77*, 521-548.

Gorno-Tempini, M. L., Dronkers, N. F., Rankin, K. P., Ogar, J. M., Phengrasamy, L., Rosen, H. J., ⋯ & Miller, B. L. (2004). Cognition and anatomy in three variants of primary progressive aphasia. *Annals of Neurology*, 55, 335-346.

Griffis, J. C., Allendorfer, J. B., & Szaflarski, J. P. (2016). Voxel-based Gaussian naïve Bayes classification of ischemic stroke lesions in individual T1-weighted MRI scans. *Journal of Neuroscience Methods*, 257, 97-108.

Guo, D., Fridriksson, J., Fillmore, P., Rorden, C., Yu, H., Zheng, K., & Wang, S. (2015). Automated lesion detection on MRI scans using combined unsupervised and supervised methods. *BMC Medical Imaging*, 15, 1.

Hartwigsen, G. (2015). The neurophysiology of language: Insights from non-invasive brain stimulation in the healthy human brain. *Brain and Language*, 148, 81-94.

Hickok, G., & Poeppel, D. (2007). The cortical organization of speech processing. *Nature Reviews Neuroscience*, 8, 393-402.

Hillis, A. E., Kane, A., Tuffiash, E., Ulatowski, J. A., Barker, P. B., Beauchamp, N. J., & Wityk, R. J. (2001). Reperfusion of specific brain regions by raising blood pressure restores selective language functions in subacute stroke. *Brain and Language*, 79, 495-510.

Kanai, R., & Rees, G. (2011). The structural basis of inter-individual differences in human behaviour and cognition. *Nature Reviews Neuroscience*, 12, 231-242.

Kanal, E. (1992). An overview of electromagnetic safety considerations associated with magnetic resonance imaging. *Annals of the New York Academy of Sciences*, 649, 204-224.

Kimberg, D. Y., Coslett, H., & Schwartz, M. F. (2007). Power in voxel-based lesion-symptom mapping. *Journal of Cognitive Neuroscience*, 19, 1067-1080.

Mechelli, A., Crinion, J. T., Noppeney, U., O'Doherty, J., Ashburner, J., Frackowiak, R. S., & Price, C. J. (2004). Neurolinguistics: Structural plasticity in the bilingual brain. *Nature*, 431, 757-757.

Pascual-Leone, A. (1999). Transcranial magnetic stimulation: Studying the brain-behaviour relationship by induction of 'virtual lesions'. *Philosophical Transactions of the Royal Society of London B: Biological Sciences*, 354, 1229-1238.

Pujol, J., Deus, J., Losilla, J. M., & Capdevila, A. (1999). Cerebral lateralization of language in normal left-handed people studied by functional MRI. *Neurology*, 52, 1038-1038.

Pustina, D., Coslett, H., Turkeltaub, P. E., Tustison, N., Schwartz, M. F., & Avants, B. (2016). Automated segmentation of chronic stroke lesions using LINDA: Lesion identification with neighborhood data analysis. *Human Brain Mapping*, 37, 1405-1421.

Rodd, J. M., Davis, M. H., & Johnsrude, I. S. (2005). The neural mechanisms of speech comprehension: fMRI studies of semantic ambiguity. *Cerebral Cortex*, 15, 1261-1269.

Rorden, C., & Brett, M. (2000). Stereotaxic display of brain lesions. *Behavioural Neurology*, 12, 191-200.

Rorden, C., Karnath, H. O., & Bonilha, L. (2007). Improving lesion-symptom mapping. *Journal of Cognitive Neuroscience*, *19*, 1081-1088.

Rudrauf, D., Mehta, S., & Grabowski, T. J. (2008). Disconnection's renaissance takes shape: Formal incorporation in group-level lesion studies. *Cortex*, *44*, 1084-1096.

Schlaug, G., Marchina, S., & Norton, A. (2009). Evidence for plasticity in white-matter tracts of patients with chronic Broca's aphasia undergoing intense intonation-based speech therapy. *Annals of the New York Academy of Sciences*, *1169*, 385-394.

Thompson, C. K., & den Ouden, D. B. (2008). Neuroimaging and recovery of language in aphasia. *Current Neurology and Neuroscience Reports*, *8*, 475-483.

Turken, A., & Dronkers, N. F. (2011). The neural architecture of the language comprehension network: Converging evidence from lesion and connectivity analyses. *Frontiers in Systems Neuroscience*, *5*, 1.

Tyler, L. K., Marslen-Wilson, W., & Stamatakis, E. A. (2005). Dissociating neuro-cognitive component processes: Voxel-based correlational methodology. *Neuropsychologia*, *43*, 771-778.

Van Den Heuvel, M. P., & Pol, H. E. H. (2010). Exploring the brain network: A review on resting-state fMRI functional connectivity. *European Neuropsychopharmacology*, *20*, 519-534.

Van Hees, S., McMahon, K., Angwin, A., de Zubicaray, G., Read, S., & Copland, D. A. (2014). A functional MRI study of the relationship between naming treatment outcomes and resting state functional connectivity in post-stroke aphasia. *Human Brain Mapping*, *35*, 3919-3931.

Van Lancker Sidtis, D., & Postman, W. A. (2006). Formulaic expressions in spontaneous speech of left- and right-hemisphere-damaged subjects. *Aphasiology*, *20*, 411-426.

Warrington, E. K. (1982). The fractionation of arithmetical skills: A single case study. *The Quarterly Journal of Experimental Psychology*, *34*, 31-51.

Watkins, K. E., Vargha-Khadem, F., Ashburner, J., Passingham, R. E., Connelly, A., Friston, K. J., … & Gadian, D. G. (2002). MRI analysis of an inherited speech and language disorder: Structural brain abnormalities. *Brain*, *125*, 465-478.

Whitaker, H. A. (1998). Neurolinguistics from the middle ages to the pre-modern era: Historical vignettes. In Whitaker, H. & Stemmer, B. (Eds.): *Handbook of neurolinguistics* (pp. 27-54). Academic Press: San Diego, CA.

扩 展 阅 读

Kemmerer, D. (2014). *Cognitive neuroscience of language*. New York, NY: Psychology Press.

麦康奈尔脑成像中心(McConnell Brain Imaging Centre)脑图谱模板：http://www.bic.mni.mcgill.ca/ServicesAtlases/ICBM152NLin2009.

Menn, L. & Dronkers, N. (2015). *Psycholinguistics: Introduction and Applications*, 2nd Edition. San Diego, CA: Plural Publishing, Inc.

Rorden, C. MRIcron 及其他脑成像相关链接：http://www.mccauslandcenter.sc.edu/mricro/.

Rorden, C., & Karnath, H. (2004). Using human brain lesions to infer function: A relic from a past era in the fMRI age? *Nature Reviews Neuroscience*, 5, 812-819.

Sliwinska, M. W., Vitello, S., & Devlin, J. T. (2014). Transcranial magnetic stimulation for investigating causal brain-behavioral relationships and their time course. *Journal of Visualized Experiments*, 89, e51735.

Wilson, S. VLSM 及其他脑成像软件：http://www.neuroling.arizona.edu/resources.html.

第十七章
分子遗传学方法

Carolien G. F. de Kovel & Simon E. Fisher

寻找导致个体间语言技能差异的基因变异是破解这一迷人现象的生物学本质的重要途径。近年来,用于识别影响人类特质的基因变异的技术取得了巨大的进步,它们不仅可以识别疾病,还可以识别正常范围内的变异。选择哪种方法取决于所研究性状的遗传结构。如果个体差异是由于基因的单一变化造成的,一个有效的策略是通过多代家系的连锁分析来进行研究。或者,如性状的变异性依赖于许多基因变异小效应的积累,那么最好是进行一项有数千人参与的全基因组关联研究。本章介绍了这些方法背后的原理,以及如何使用它们来研究与语言相关的性状,并探讨了面临的问题和陷阱。

引　言

分子遗传学是遗传学研究的一个分支,是基于分子(DNA/RNA)水平来研究基因结构和功能的学科。这类研究的一个重要部分是识别与某一性状相关的基因变异。在这一章中,我们将解释寻找影响一个人的语言技能的基因变异的实际方法。基因研究的另一个分支(本章不涉及)旨在破译影响基因变异的生物学途径,追踪分子、细胞、组织和有机体之间的中间过程。

背景知识

毫无疑问,我们理解和运用语言的能力受到环境和经验的影响,但是某些语言技能的个体差异是环境和经验解释不了的。至少,其中的部分差异是由于基因组成成分的差别造成的。几十年来，人们对家族和双生子的研究得到了有力的证据：遗传因素能显著影响言语、语言和阅读能力（参见 Bishop，2001；Kovas et al.，2005）。本章将介绍背景知识和检测与语言特性相关的基因及基因变异的一般方法。找到关键的因子，能为理解语言特性形成的生物学过程提供一个分子层面的观察窗口(Fisher & Schart，2009)。例如，我们需要确定相关的基因改变影响大脑的什么部位和发展阶段。我们先聚焦能找到基因和语言特性的联系的（遗传学）技术手段。

在解释关键技术之前，我们简要概述一下基因（遗传）学的基础知识。人类的所有细胞都含有 DNA。DNA 是由四种脱氧核糖核苷酸（dAMP、dGMP、dCMP 和 dTMP）按一定的顺序，通过 3′,5′-磷酸二酯键连接而成的一类核酸。一个脱氧核糖核苷酸分子由磷酸、脱氧核糖和碱基构成。其中，碱基共四种，分别为腺嘌呤（A）、鸟嘌呤（G）、胞嘧啶（C）和胸腺嘧啶（T）。因此，DNA 通常表示为由这四个字母组成的序列。DNA 的总和就是基因组，分布在 23 对染色体中。对于人类来说，我们的每对染色体中的其中一条来自母亲、另一条则来自父亲。DNA 的排列顺序是氨基酸合成蛋白质的指令，而合成的蛋白质则构成了令我们的身体发挥不同功能的分子机制。例如，催化生物化学反应（酶）、传递和接收信号、定义细胞结构。编码蛋白质等具有特定功能产物的 DNA 序列被称为基因。然而，我们的基因组中仅有一小部分基因（小于 1.5%）编码蛋白质。其余的基因指导蛋白质在什么时间和什么地方形成，以及有多少合成量。显然，基因组中的非编码 DNA 链的大多数潜在功能意义仍未完全确定。

配子（卵子或者精子）诞生时，就从每一染色体对中随机选择一个拷贝。当来自父母的卵子和精子相结合，形成的胚胎的每一染色单体也有两份拷贝。除性染色体 X 和 Y 外，其余的染色体对都用一个数字命名（1~22）。理解遗传图谱（遗传学图）的一个关键点是，在减数分裂过程中，同源染色体因断裂和重接产生遗传物质间的局部互换，这一现象被称为交换（crossing over；图 17.1）。这样，生成的卵子中的每一条母系染色体是母系祖先的 DNA 片段的有效组合。同理，每个精子携带的是父系祖先的 DNA 片段的组合。这样，每一世代都有遗传信息的混编。

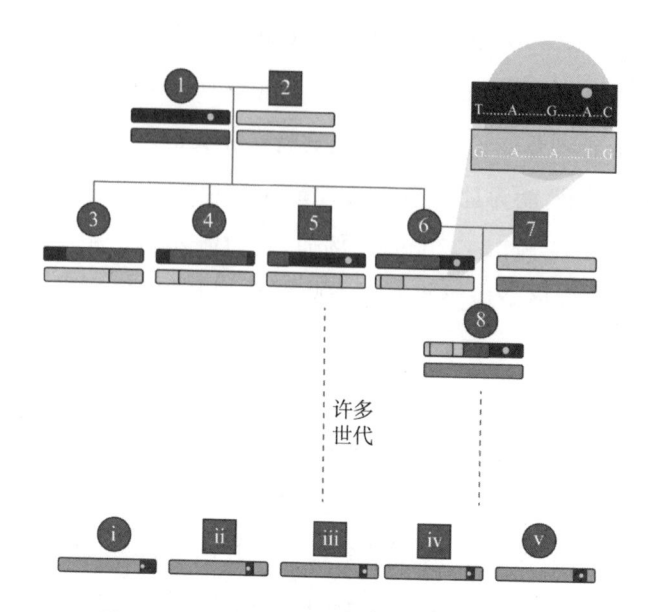

图 17.1　世代间的基因遗传（又见书后彩插）

　　方块代表男性，圆圈代表女性。在遗传图中，每一个体的下面显示的是 23 对染色体中的某一染色体对。祖母（标注 1）的红色染色体携带了黄色的基因变异，这对性状 X 产生影响。该染色体传给其子代（标注为 3，4，5，6）。由于卵子产生过程中的交换现象，每一个子代得到了不同的染色体组合。其中一半的孩子遗传了影响 X 性状的变异。

　　上图右侧是放大的 DNA 片段，每一染色单体可用一串字母表示。大多数位置（由点表示出）的染色体与人类参照基因组是相同的。在某些位置（由字母表示），至少有一对染色体与人类参照基因组不同。这些差异间平均相距几百个碱基。带有黄色点的 A 对 X 性状产生影响。

　　数代以后，祖先 1 的部分子代仍然携带黄色的基因变异。在此变异基因周围的红色染色体发生收缩，但每一代的收缩方式不一样。后代 ⅰ，ⅱ，ⅳ 和 ⅴ 仍然是 C 在黄色 A 的右边，而后代 ⅲ 和 ⅴ 是 G 在黄色 A 的左边。在全基因组关联分析（GWAS）中，这两种变异会显示出与 X 性状的联系。

理解基因变异

　　两个血缘不相关的人，其 99% 以上长度的基因是等同的。但因为人类基因组有 $3.1×10^9$ 个碱基（乘以 2），即使 1‰ 的差异也意味着他们之间有约 $3.6×10^6$ 个碱基差异（The 1000 Genomes Project Consortium，2015）。一个人携带的大多数 DNA 变异来自父母的遗传。此外，在配子的产生过程中，也发生少量 DNA 的复制错误。结果，每一个人会携带 50 个新的不属于父母基因组的 DNA 变异。由于我们的大多数基因不参与蛋白质编码，故大多数 DNA 变异（不管是遗传的，还是新产生的)几乎没有影响。即使变异发生在一个编码基因的序列范围内,也并不总是导致被编码的蛋白质的改变。这是因为读取指导蛋白质合成的 DNA 序列信息的编码系统具有冗余性,不同的三联体可以编码成同一种氨基酸(例如,GCA、GCG、GCT 和 GCC 都对应丙氨酸)。

与标准化的参照基因组相比,平均来说,每一个人携带的能产生蛋白质序列差异的 DNA 变异约 10 000 个。正如前面指出的那样,几乎所有的 DNA 变异均来自父亲或者母亲的遗传,仅仅其中的一个或者两个蛋白质编码差异是新的(Veltman & Brunner, 2012)。大多数蛋白质编码变异是相对无害的,导致我们与邻居在外貌和行为上的差异。同时,在某种程度上我们与亲人共享一些遗传变异,导致家族内的相同性。然而,某些 DNA 变异会导致疾病或者增加对疾病的易感性。除一个 DNA 碱基的简单变化外,片段的丢失(缺失)、额外片段(重复)、倒转 180°(倒位),或者在某个区域多次拷贝同一段 DNA 等,均会造成一个人与另一个人的基因组的差别。要了解所有类型的 DNA 变异及其效应,可参考 The 1000 Genomes Project Consortium (2015)。为简便起见,本章主要考虑单一碱基改变。

近年来,基因多样性得到了深入研究,我们现在对不同类型的变化有了很多了解。许多 DNA 变异在普通人群中相当常见。举一个例子,在一特定的染色体位置,人类 80% 的基因组携带 A 碱基,余下的 20% 携带 C 碱基。在同一位置出现可替代的碱基,称为等位基因。在此例中,称为等位基因 A 和等位基因 C。常见的变异,也就是说,在一个特定的群体中,超过 1% 的染色体拥有更罕见的等位基因——被称为基因多态性(polymorphism)。因为每个个体的 DNA 片段都是双拷贝(一份是母系,一份是父系),对于这个例子,一个人可能有两个 A(纯合子 A)、A + C (杂合子)或两个 C(纯合子 C)。一对等位基因在某一特定位置上的组合称为基因型。大多数基因多态性对健康的影响接近中性。如果它们是有害的,那么每一代携带这种有害等位基因的孩子存活下来的数量就会减少,最终这种变异会消失。另外,如果一个等位基因在某一特定位置上比另一个等位基因具有优势,那么其在每一代的发生就变得更加频繁,直到固定下来,这意味着另一个等位基因的消失。这一过程被称为选择。在没有选择的情况下,基因多态性的发生频率在一个种群中随着时间的推移大致保持不变。

遗传结构

不同的特征或疾病的遗传结构的性质不同。在这里,我们提供两个研究较为深入的例子。人与人之间在某些特征上的差异可能是由一个具有巨大影响的单一基因变化引起的,这种基因结构称为单基因。许多严重的疾病是单基因病,如耳聋、失明、智力障碍,或其他影响一个或多个身体组织的严重疾病。具有严重影响的有害 DNA 变异在普通人群中通常是罕见的,因为它们会被选择过程淘汰。单基因性状通常在家族内表现出很强的聚集性,并可以通过其遗传模式确定。除了疾病之外,在普通人群中,一个经常被引用的明显单基因遗传的例子是尝出苦味化合物苯硫脲(PTC)的能力,该能力在很大程度上是由 TAS2R38 受体的变异决定的,涉及两个可选的共同等位基因(在这个基因上的一点是一个 G 而不是一个 A)。然而,近年来人们发现,PTC 味觉感知是一个连续的变化,并不是单纯由单基因导致的(Bufe et al.,2005)。人们怀疑,其他基因以及环境因素,也会影响一个人的这一能力。

这将我们引向遗传结构的另一个例子。有些性状不是单基因的,而是受到发生在许多不同基因上的大量 DNA 变异的共同作用的影响,其中,每个 DNA 变异对性状的影响微小。身高就是这种多基因性状的一个很好的例子。许多相关的 DNA 变异本身对生存或繁殖的影响非常小,即使它们产生的性状是有害的,也不会被选择淘汰掉,因此在一般人群中仍然保持多态性。虽然身高是一个连续分布的数量性状,但多基因模型也适用于二分类性状和疾病。可以用跷跷板类比。一个小质量的东西放在较高一侧的座位上不会导致它下落,但如果不断增加质量,在某个时刻,跷跷板就会突然掉下来。同样地,一旦一个人拥有大量的有害 DNA 变异,他可能会患一种特定的疾病,而那些有害 DNA 变异较少的人则没有问题。具有多基因基础的二分类性状在家庭中的聚集性不如单基因性状强,因为考虑到它们可能位于基因组的许多不同位置,一个人将全部有害 DNA 变异传递给孩子的概率很低。基于多基因性状的普遍经验告诉我们,个子高或矮在某种程度上与家庭有关,个子特别高的父母的孩子往往不高,而身高普通的父母的孩子可能特别高或特别矮。这就是大多数多基因变异的特点。

在单基因和多基因两种类型的遗传结构中,环境因素也可能起作用。此外,例如,通过基于较少基因的中等效应的基因变异的相互作用,一种性状仍有可能介于单基因和多基因结构的这两个极端之间。人们对这种中间模型目前所知甚少。

一般方法介绍

如果我们想要识别引起语言能力变化的相关基因，研究策略取决于对基因结构的假设。尽管如此，大多数研究方法都假设，影响语言性状的 DNA 变异起源于某个时间点，并与周围的 DNA 片段一起传递给子代（图 17.1）。由于连续的交叉互换事件，与该变异共同传递的 DNA 片段（与感兴趣的变异相关，因此也与性状相关）变得越来越短，经过的子代数越来越多（图 17.1）。因此，表现出相同性状的人很可能共享这种假定 DNA 变异以及周围的片段。这些人的血缘关系越远，共享的 DNA 片段就越短。在一个家庭中，一个因果变异周围的共享 DNA 区域可能长达染色体的四分之一。如果我们从普通人群中收集看似不相关但共享一个特定的特征的人群，他们围绕一个因果变异的共享 DNA 的范围可能小到只有一两个基因。这些人看起来似乎不相关，但他们都从同一个遥远的祖先那里继承了特定的 DNA 片段。共享同一段 DNA 的人不仅共享感兴趣的变异，还共享许多可能的中性邻近多态性的变异（图 17.1）。通过确定人群中的常见多态性的基因型，我们可以绘制出共享部分的 DNA 的位置。这是确定因果变异的位置的重要一步。

单基因的性状通常是在具有多个受性状影响的成员的家族中开展研究的。目的是找到受影响的亲属，但不包括未受影响的家庭成员，彼此共享的 DNA 的位置，即在一个染色体区域，所有的变异都显示出与性状的联系。

相比之下，多基因研究涉及分析一组不相关的人（实验组）受到一种性状或疾病的影响，并将其基因型与未受影响的人（对照组）进行比较。在这样的研究设计中，我们预期促成该特征的变异以及周围 DNA 的变异在实验组中比对照组更常见。然而，并不是所有的个案都会携带同一组与性状相关的 DNA 变异。此外，在一个多基因的框架内，对照组也可携带与性状相关的变异，因为它最终是多个基因中风险变异的总体负载，决定了性状是否发展（正如跷跷板的类比）。因此，在多基因研究中，我们是比较个案和对照组之间等位基因的频率是否不同，而不是在多态标记上检测某一特定等位基因的存在或缺失。有时，感兴趣的性状可以通过在群体中连续变化的变量定量测量（生物学领域的例子，如身高和血压），而不是简单地标记存在或不存在。对于这些特征，我们既可以考虑位于极端位置的人，也可以从具有一系列不同值的正态分布中随机收集样本。后文将讨论如何选择研究的性状、性状组合（表型），以及研究定量性状的最优方法，特别涉及言语、语言和阅读能力。

由于实验室或计算能力的技术限制，我们可能会首先尝试在基因组中确定疑似引起 DNA 变异的大致位置，然后才会寻找特定的 DNA 变异。过去，这是家庭研究的常规方法，但是技术进步使得通过二代测序（next-generation sequencing，NGS）直接寻找引起 DNA 变异的原因成为可能（Metzker，2010）。然而，出于实际原因或成本考虑，传统方法仍然在使用。在研究多基因性状时，除非有关于特定基因的明确先验假设，否则需要从数十万个多态性中对基因组进行系统搜索。这被称为全基因组关联分析（genome-wide association scan，GWAS；McCarthy et al.，2008）。GWAS 需要数千名被试以获得足够的统计检验力。对于大多数实验室来说，获得和分析整个基因组的序列数据，而不仅仅是一组多态性位点，目前尚不可行，因此基因芯片技术被用来读取每一个体在许多常见多态性位点的基因型。

无论我们选择哪种方法，统计都是至关重要的。当我们考察受影响和未受影响个体之间的遗传差异时，需要进行严格的统计分析，以确定它是否可以用随机抽样误差来解释。事实上，适合基因分析的统计学方法是一个被广泛研究的领域。除了对一项发现提供强有力的统计支持和独立的同行研究的确认，我们经常想要收集证据，以证明特定基因的功能与我们感兴趣的性状相关，或者证明它们可能会被我们观察到的基因变化所改变。这可以通过各种各样的实验来实现，例如，使用在实验室中生长的细胞或动物模型。然而，大量关于基因的知识，它们的作用，它们在身体的什么地方和什么时候被激活，以及其他知识已经被概括出来。因此，遗传学家通常会花费大量时间从公共（在线）数据库中挖掘其基因图谱研究中所强调的各种候选基因的可用信息。

遗传变异特征鉴定技术

为了初步了解基因研究所涉及的实验室工作，以下我们介绍一些常见的技术。

为了分析被试的基因，我们必须首先分离其 DNA。因为人类体细胞的基因组序列基本相同，所以我们最好使用易取样和易处理的组织。传统上，血液一直是首选，尤其是它能提供大量高质量的 DNA。在抽血困难的情况下（如，被试害怕针头),我们可以从其他组织,如口腔侧壁,用口腔拭子或唾液取样,非侵入性地收集DNA。唾液采样甚至可以通过邮寄一个准备好的容器来完成,被试往容器中吐一口唾液,然后将容器寄回实验室。一旦血液或唾液样本进入实验室,提取和纯化DNA就可以用试剂盒完成。

有几种替代技术被用于读取被试的 DNA 样本中的碱基序列。我们可以从一整段连续的 DNA 序列中读出单个碱基,DNA 片段的大小可能因技术的不同而不同。这种方法被称为 DNA 测序。出于速度、成本和计算方便的原因,在某些研究设计中,我们可能只选择评估一个人在一组预先设定的已知多态性中携带的是哪一(几)个碱基。在这种情况下,我们不读完整的"句子",而只读一个"字母"。在目前可用的方法下,研究的多态性数量可以从单一的变异到成百上千的已知多态性。这通常被称为基因分型。以下我们将更详细地描述测序和基因分型。

测序

测序的目的是一个字母一个字母地读取给定 DNA 片段的碱基序列。主要有两种技术:传统的 Sanger 测序,以及近期的高通量大规模平行测序技术(即 NGS)。这些技术的输出通常不是单个细胞中单个 DNA 分子的碱基序列,而是多个细胞中多个分子序列的平均值。如果在 DNA 的某个特定位置,你从父亲那里遗传的碱基序列与你从母亲那里遗传的不同(杂合子),那么测序的分子中的一半在这个位置上有父系碱基,而另一半在相同的位置上有母系碱基。例如,对于某一段特定的 DNA 序列,一个人的编码可能被解读为"GTGCAAGA(C/T)GAGA-CAGGTAAA",这表明一半的分子是"GTGCAAGACGAGACAGGTAAA",另一半是"GTGCAAGATGAGACAGGTAAA"(图 17.2)。除非父母的对应序列也已经确定,否则结果不会告诉你哪个字母(如 C 或 T)是从父母中的谁那里继承的。

传统的 Sanger 测序技术仍被认为比 NGS 技术的质量好,具有更高的敏感性和特异性,但 NGS 正在迅速追赶。要进行 Sanger 测序,必须首先从 DNA 长链中分离出感兴趣的那一段。使用聚合酶链式反应(PCR)技术,选择性地从原始 DNA 样本中成倍扩增基因组的一个特定区域,产生这个目标区域的大量拷贝。然后将扩增的物质作为测序反应的模板。一个这样的反应通常要读取多达 800 个碱基。大多数蛋白质编码基因比这个数字大得多,因此,要覆盖整个基因长度,需要开展多个反应。这种技术的通量相对较低,如果每个人只对几段 DNA 进行测序,则首选这种技术，它比 NGS 更快、更便宜。包括 PCR 在内的材料成本为每个反应 2 美元左右（2016 年估计数据）。在 Sanger 测序过程中，由 PCR 产生的 DNA 分子被测序机读取。读到的每个"字母"都会产生荧光信号，不同的颜色表示不同的"字母"（通常是 A＝绿色，C＝蓝色，G＝黑色，T＝红色）。一系列不同颜色的荧光信号揭示的 DNA 语句被机器读取。图 17.2 显示了 Sanger 测序的可视化结果。

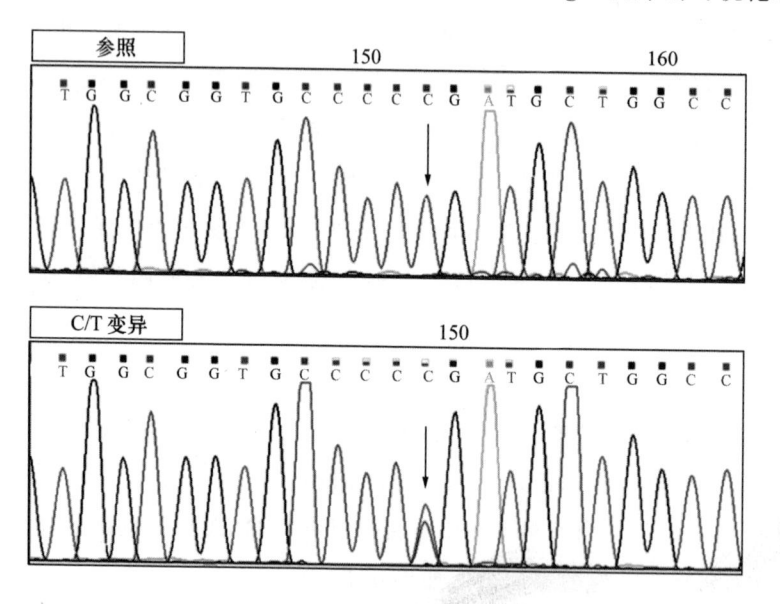

图 17.2　Sanger 测序结果（又见书后彩插）

两个人的同一段 DNA 的 Sanger 测序结果。x 轴，沿 DNA 序列片段的位置；y 轴为四种不同颜色的荧光强度。每一种碱基对应不同的颜色：A＝绿色，C＝蓝色，G＝黑色，T＝红色。在 C/T 变异箭头所指向的位置，两种不同的颜色在同一处亮起，因为此人从他的父亲和母亲那里继承了不同的碱基序列。

当需要读取每个人的大量 DNA 碱基序列时，NGS 是首选。使用 NGS 可以在一次实验中读取一个人基因组的所有 $3.1×10^9$ 个碱基序列（又称全基因组测序，即 WGS）。或者，一种被称为富集（enrichment）的方法可以用来分离最初所有已知的蛋白质编码部分（约 $5.5×10^7$ 个碱基序列，称为外显子组），然后只对这些部分进行测序（全外显子组测序，即 WES）。NGS 每次读取 50～300 个碱基序列，这取决于所使用的平台和设备（Goodwin, McPherson, & McCombie, 2016）。实验结束时，测序机上的数据库包含了数百万条简短的 DNA"句子"，以及它们的可靠性信息。要理解所有数据，需要进行密集的分析。通常，这涉及将每个 DNA"句子"与人类基因组的完整"文本"（人类参照基因组，human reference genome）相匹配的部分进行比对，这有点像组装一个巨大的拼图（尽管是线性的）。在"文本"的每个位置会有多个"句子"的重叠，这意味着每个"字母"都被读了几次，增加了序列信息准确性的置信度（图 17.3）。然后，数据中偏离参照基因组的位置可以被识别和列出来。处理 NGS 数据对计算机的功率和存储容量等的要求很高。

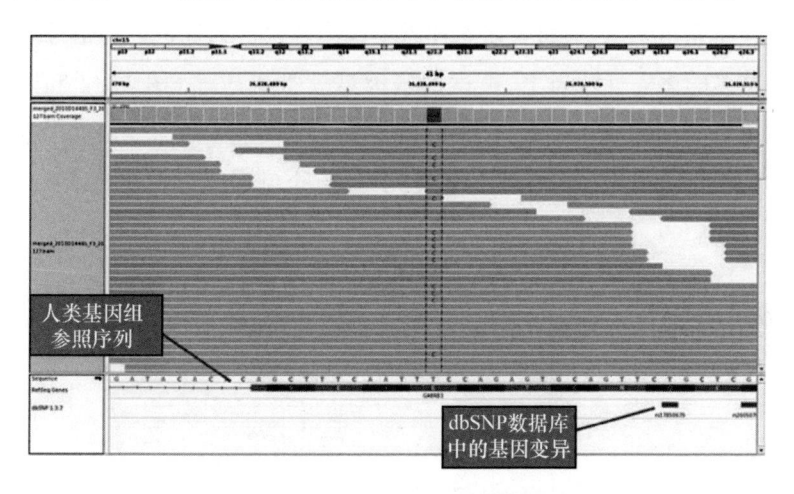

图 17.3　二代测序（又见书后彩插）

某一个体的 *GABRB3* 基因的一小段 DNA 的二代测序数据。每一条（蓝色或红色）代表一个已排序的分子。测序序列已与人类基因组参照序列对齐。如果序列与参照序列不同，将被指出，参见中间的蓝色 C。大约一半的分子携带 C，其他分子携带 T（参照序列中指出）。个体在这一点上是杂合的。要么 C 存在于其父母一方的 DNA 中，而 T 存在于另一方的 DNA 中，要么 C 是在卵子或精子产生过程中的新生突变。

根据测序质量，WGS 的成本约为每个 1200 美元（2016 年的估计数据）。WES 的价格较低（约 500 美元）。设备和计算机的投资成本相当可观，这使得外包成为大多数实验室的常见解决方案。虽然学生可以进行 Sanger 测序，但 NGS 通常需要专门的技术人员和生物信息学专家。

基因分型

已有的实验表明，对于人类基因组中的大量位点，人们携带不同的碱基，这被称为多态性，正如前文所述。对于大多数已知的多态性，在一般人群中，组成 DNA 的四个碱基中只有两个常见（即有两个替代等位基因）。公开的在线数据库整理了关于这些多态性的信息，包括它们在世界各地不同种族人口中的等位基因频率。dbSNP 数据库是使用最广泛的数据库之一，收录了超 1.5 亿种不同的单核苷酸变异（截至 2016 年 7 月）。早期的分子遗传学是在被试的 DNA 样本中，逐一对基因变异进行分型。20世纪90年代末,随着SNP芯片的发展,基因分型方法发生了革命性的变化。一个SNP芯片的玻片上可以放置数十万个位点的单核苷酸多态性(single nucleotide polymorphism,SNP)。一旦给SNP芯片添加了被研究对象的DNA,每一次检测能检测到所研究的多态性的一个已知等位基因的存在,并用荧光标记将其高亮出来,这样每个多态性需要检测两次。计算机处理信号后,在这几十万个或更多的多态性位点上,被试的基因型就被确定了(图17.4和表17.1)。现在有几家公司(如 Affymetrix 和 Illumina)生产标准化的商用SNP芯片,能够以低成本(例如,每个样本100~200美元)进行全基因组基因分型。

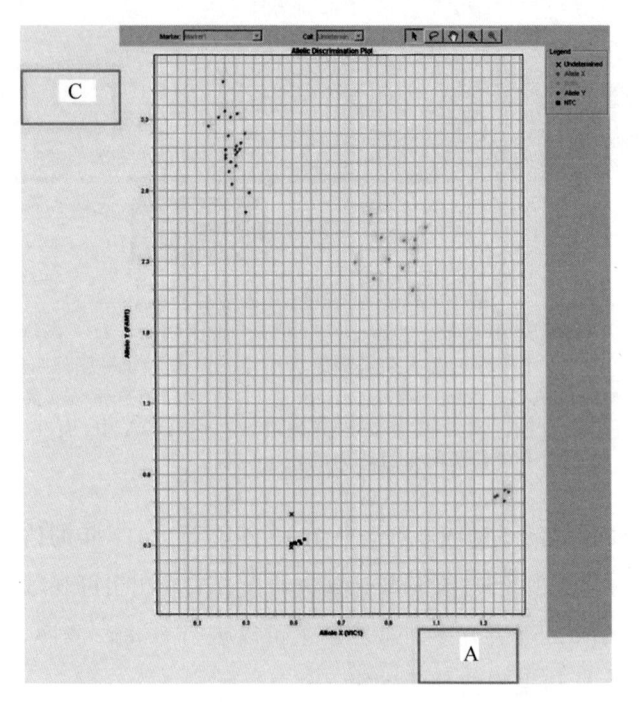

图17.4　SNP芯片结果可视化(又见书后彩插)
单一多态性SNP芯片检测结果。每个点代表一个个体。x轴:多态性的一个等位基因(如A)的荧光标记强度。y轴:另一个等位基因(如C)的荧光标记强度。软件识别三个集群,并分配一个基因型(如A/A,红色;A/C,绿色;C/C,蓝色)给每一个体。黑点表示没有信号的样本:含有水而不是DNA的对照样本。

如表17.1所示,每个个体在每个多态性位点上都有两个碱基:从双亲处各遗传一个碱基。在基因分型的这一阶段,由于不知道哪个碱基来自哪个亲本,所以通常按碱基顺序排列(C/T、A/G等)。许多实验室自己进行这类实验,但也有商业服务。

表 17.1　4 名被试、5 个多态性基因分型芯片结果示例

多态性	染色体	位置	被试 1	被试 2	被试 3	被试 4
rs6051856	20	41499	A/A	A/A	A/G	A/G
rs6038013	20	56187	A/A	A/A	A/G	A/G
rs5038037	20	57272	G/G	G/G	C/G	C/G
rs2298108	20	82476	C/C	C/C	C/T	C/T
rs2298109	20	86125	G/T	T/T	G/T	G/T

SNP 芯片是一种快速且简单的方法，可以在一次实验中对大量人群做大量的多态性基因分型。然而，在其他实验中，类似的 SNP 芯片检测，可以逐一对几十到几千人的单个多态性（或少数多态性）进行基因分型。许多公司出售这种试剂盒，也有一些公司直接提供类似服务。

收集表型并定义被试群体

本章介绍的方法主要包括揭示被试群体的基因型的变异与性状或性状组合（表型）变异之间的相关性。如上所述，标准化技术可用于从任何被试群体中获得关于 DNA 碱基的可靠信息。为了得到可靠的结果，获得被试的特征和特征的可靠表征同样重要。在这一方面，与语言相关的技能遇到了相当大的挑战。

一种有价值的策略是针对发育障碍，即在智力和感知觉敏锐度正常的背景下，在成长环境中充分接触了口语或书面语言而发生的无法解释的言语、语言或阅读障碍（Bishop, 2001; Fisher & DeFries, 2002; Fisher, Lai, & Monaco, 2003）。这一领域的研究可能会利用一些不同测试的表现，以及临床报告和病史（如来自言语或语言治疗师），对被试进行正式诊断。被试被分为受发育障碍影响组和不受影响组，然后由遗传学家研究基因型数据与两组被试之间的相关性。用该方法定义性状的特别有效的例子包括儿童言语失用症（childhood apraxia of speech, CAS；又称发展性口语失用症，developmental verbal dyspraxia）的研究。这是一种罕见的疾病，患者在控制流利言语的快速协调的口面部运动序列方面存在问题，导致随着话语的复杂性和长度的增加二者更不一致的错误（见本章研究示例）。类似地，在一些关于发展性阅读障碍（特定阅读或拼写障碍）的研究中，也已经使用了该方法来定位候选基因，如 *DYX1C1* 和 *ROBO1*（Carrion-Castill et al., 2013）。

语言相关障碍的"全或无"的定性方法有一定的局限性(详细讨论见 Fisher & DeFries, 2002; Fisher et al., 2003)。一个明确的诊断结论可能是基于孩子在一个或多个衡量语言或阅读表现的测验得分显著低于其年龄预期水平而得出的。通常,一般人群的评估结果呈现连续的变化,阈值的精确选择可能有些武断。有时,这些障碍的正式定义还需要语言或阅读与一般认知之间的差异,通过非语言智商测试评估,而最适当的差异程度仍然存在争议(Fisher & DeFries, 2002)。另一个困难是,不同类型的语言障碍可能在同一个人身上同时发生,这有可能反映了同时影响多种技能的生物学途径。传统的诊断方案依赖于排除标准,不能很好地处理共病的情况。例如,特殊语言障碍这个术语被用来描述在语言接受和/或表达方面有问题,却没有任何言语运动功能缺陷,从而推出错误结论,即不存在同时患有特殊语言障碍和儿童言语失用症的患者。此外,言语、语言和阅读技能是儿童发展水平的标志,不同年龄的儿童的表现不一样(即使遗传物质不变)。例如,一个孩子在开始接受阅读指导之前就被诊断为有特殊语言障碍,最终可能会获得足够的语言技能,但当他在学习阅读方面有问题时,就会被认为有阅读障碍。总之,单一的语言相关障碍的定性诊断可能包含了不同原因的异质混合,这可能会阻碍对表型或障碍与基因型之间的相关性的发现。

研究语言障碍的另一种遗传学方法是放弃分类诊断,直接使用相关测验的定量得分进行基因分析。这种方法允许研究者研究我们的言语、语言和阅读能力的不同方面,使用假设的任务来挖掘不同的组成部分。通常研究的特征包括:识别和操作口语单词中的发声的能力(音素辨认),在没有预演的情况下保留新的语音信息的能力(音素短期记忆),理解标记时态、数字、性别的规则(语法形态),识别书面单词形式的能力(正字法加工),以及对非常熟悉的视觉符号的快速命名(快速自动化命名)(Carrion-Castillo et al., 2003; Fisher & DeFries, 2002; Fisher et al., 2003)。关注定量的受多因素影响的表型,不仅可以研究语言障碍(疾病)的分子学基础,还可以研究一般人群中语言技能正常变异的遗传基础(如, Gialluisi et al., 2014; Luciano et al., 2013)。我们将在本章的研究示例中讨论这一方法。

研究设计的另一个关键因素涉及被试类型。对于一个单基因性状,如罕见的语言相关疾病,通常的研究方法是找出患者人数多并显示出明显的简单遗传模式的多代家庭。正如在"数据分析"一节中讨论的那样,家庭的结构和规模,尤其是不同世代受影响的人数是十分重要的。这不仅表明其有可能是单基因性状,而且也给出了一个大致的范围,即追踪相关的基因改变需要多大的统计量。此外,对疾病的准确评估也是至关重要的,因为误诊可能会使寻找相关基因的努力付诸东流。

对基于"小影响-多变异"假设的多基因遗传的研究,通常需要收集数千人的被试群体。如上所述,如果所研究的性状在一般人群中表现出连续性变化,并且可以通过可靠的定量测量指标进行索引,就可以做在一般人群中随机收集的被试队列研究。比如出生队列,如埃文亲子纵向研究(Avon Longitudinal Study of Parents and Children,ALSPAC)和鹿特丹世代研究(Generation Rotterdam,GenR)。

数据分析

遗传学数据(基因型或序列)收集完毕,便可进行分析,找出所研究性状可能涉及的 DNA 变异,并确定在变异和性状之间是否存在统计学上显著的关系。以下,我们简要描述研究单基因和多基因性状的分析方法。

单基因性状:大家族中的关联

假设在一个家庭中有一个可疑的单基因病集群,则每名患者显然从其父母一方遗传了这种疾病。我们想确定是否可用单基因变异解释这一家族疾病。传统的方法包括两个步骤,现在仍然经常使用。第一步,搜索在家族中受影响的个体基因组中的共享 DNA 变异的部分(即多态性上的相同碱基);也就是说,我们想要确定与这种疾病相关的基因组区域。目前,实现这一步骤的一种经济有效的方式就是使用 SNP 芯片(如前所述,用于基因分型的 DNA 阵列)对所有可用的家族成员的基因组中的 DNA 变异进行基因分型。由于我们正在寻找的共享 DNA 片段相当大,大约 10 000 个分布良好的常见多态性的基因型数据就足够了(图 17.1)。使用软件系统性考察每一多态性的遗传模式,我们可以检测到基因组中显示与该疾病有显著关联(即与该疾病一起遗传)的位点。再对结果进行严密的统计检验,以确定所得结果在统计上是否显著。如果结果显著,则意味着导致疾病的多态性和 DNA 变异很可能位于 DNA 分子上相对接近的位置。这种多态性的 DNA 片段周围就是我们要寻找的具有因果 DNA 变异的地方。调查若干相邻的多态性位点,并检查其与性状的联系,就能得到我们所感兴趣的位置范围的信息。

在找到一段基因组中与疾病相关的连锁区域后,假设在这段基因组的某个地方存在一种罕见的变体(甚至可能是该家族独有的),该变体是导致疾病的原因。第二步的目的是识别致病变异,通常通过读取(测序)家族基因组中所有关联片段的 DNA。由于第一步涉及的区域通常包含数十到数百个不同的基因,因此第二步可能非常耗时,除非该区域存在一个明显的候选基因。大多数单基因病是由改变蛋白质的 DNA 变异引起的,因此研究主要集中在对关联区间的蛋白质编码部分进行测序。有时,寻找与同一区域有类似疾病关联的其他家庭,或发现该区域因大规模染色体重排而被打乱的独立病例,可帮助研究者追踪相关基因。

如今,作为上述方法的替代,我们可使用全基因组测序或外显子组测序。在理想情况下,我们希望获得该家族所有成员的序列数据,但由于 NGS 相当昂贵,我们可能只负担得起两三名家庭成员的测序费用。在这种情况下,一种方法是从家族中选择两个关系不太密切的受疾病影响的人,比如表兄弟。如果经费充足,我们可能会选择其中一名未受疾病影响的兄弟或姐妹作为对照。在这三个人身上,我们可以测序 DNA 中所有编码蛋白质的部分,甚至整个基因组。然后,我们可以寻找任何改变蛋白质的变体,这些变体是受疾病影响的两个人共有的,但在作为对照的兄弟或者姐妹中却没有。如果该变异引起一种罕见的容易识别的疾病,那么在健康的个体中不太可能存在致病的 DNA 变异。在网络上,我们可以获得数千名健康个体的序列数据,研究者可以剔除这些数据库中已知的常见变异。通常,这样操作后只留下少量的候选变异。使用 Sanger 测序,我们可以在整个家族中检查这些变异。剩余的变异就成为怀疑的对象,它们在所有受疾病影响的亲属中都存在,但在未受疾病影响的家庭成员中不存在,其改变蛋白质序列的方式会实质性地改变蛋白质功能,且其从未在任何研究中的健康个体中出现。如果使用全基因组测序或外显子组测序,研究者可以在筛选出候选变异后再进行连锁分析,而不是以连锁图谱分析作为研究的起点。即使有令人信服的证据表明已经发现了因果变异,也需要进一步的研究来增加这一结果的可信度,如在不相关的家庭或案例中识别同一基因的其他致病变异,或在细胞培养或动物模型中操纵基因的结果来进一步证明结论的可靠性。

以上介绍的是理想情况。实际上,测序或 SNP 芯片的一些数据可能质量较低,一个或多个家庭成员可能已经死亡或不愿合作,这种疾病可能表现出变异,很难确定某人是否存在该疾病,等等。为了增加传统方法的可行性,我们需要一个家族中至少三代人的 DNA 和匹配性状数据,而且第三代至少有两个人受该疾病的影响。我们需要 10～12 名受疾病影响的亲属才能找到一种主要疾病的显著结果，这取决于若干因素。一个大家庭对于这样的研究是足够的，但是如果同一基因遭到破坏（除非表型特别独特，否则很难建立先验），那么也可以使用多个家庭的组合。对于全基因组测序或外显子组测序等方法，可以采用不同的统计方法，其中一些标准还可以放宽。追踪遗传模式并不一定需要全部家庭成员，因为真正罕见的 DNA 变异不太可能在一个家庭中多次出现，而不通过遗传传递。到目前为止，我们讨论了所谓的显性单基因遗传，即一种疾病可能是由每个基因的两个拷贝中的一个的 DNA 改变引起的。有些疾病只会在相关基因的父系和母系基因拷贝都被破坏时才发生，称为隐性遗传。对于隐性遗传疾病，通过适当的调整，类似的方法仍然可使用，我们不再讨论。

多基因遗传：用 GWAS 鉴定常见效应

当怀疑某一性状具有多基因遗传结构时，就涉及若干不同的常见多态性的组合效应，每一个多态性都具有较小的效应量，典型的研究将收集一个大的个体队列，并测试基因变异和该性状之间的关联（例如，测试或诊断疾病的得分）。如果我们认为一个基因很可能与该性状相关（一个候选基因），可以选择关注该基因和周围的多态性，如下所述。对于那些我们知之甚少的性状，比如与语言相关的表型，很难挑选出合适的候选基因，并提出合理的假设来进行测试。技术的发展令遗传学家可依靠无假设研究（hypothesis-free；关于基因选择）来克服这个问题，即筛查整个基因组的多态性位点，以检测其与特定性状的关联。

对于单基因病来说，一个因果变异通常足以解释一个家庭中的患病风险，而对于多基因遗传来说，一个风险变异可能使一个人患病的概率增加小于 1%。为了有足够的统计检验力来检测这些变异的微妙作用，有必要从大的队列中收集 DNA 和匹配表型性状的信息。对于某些性状来说，一个由数千名无关个体组成的队列足以支持一项 GWAS 研究，但现在由数万名参与者组成的队列越来越常见（有时只能使用元分析）。使用 SNP 芯片，在队列的每个个体中有数十万个多态性基因分型。关联测试所涉及的统计分析在概念上很简单。如果研究的是二分性状，我们可以将被试分为两组（例如，病例与对照组），并使用卡方检验来测试每个多态性的一个等位基因在一组被试中的频率是否明显高于另一组。如果我们研究的是定量性状，我们可以用线性回归等方法来检验每个多态性，看其携带的等位基因和性状之间是否有关系。例如，对于 C/T 多态性，我们可以检验该多态性的 C 等位基因数目（0、1 或 2）是否与定量得分相关。由于同一条染色体上相距很近的 DNA 变异往往会在许多代之间一起传递，它们往往会在同一条 DNA 上同时出现，即使在看似不相关的人身上也是如此。因此，我们在一个染色体上经常看到有许多相邻多态性的关联证据。一个 GWAS 需要执行数十万个不同的统计测试。在多态性和性状之间没有关联的零假设下，5% 的测试将产生小于 0.05 的 p 值。因此，标准阈值显然是不合适的，因为它提供了大量不可接受的虚假发现。该领域的共识是，在 GWAS 中，只有当 p 值小于 5×10^{-8} 时，多态性和性状之间的关联才被认为是显著的。即便如此，也要使用另一个独立队列再现令人信服的结果。

由于研究对象之间的亲缘关系非常远，这种关联分析涉及的 DNA 片段比通过家族连锁分析确定的片段要小得多（图 17.1）。这是因为，由于患者拥有共同的祖先，所以他们的后代要比一个家族的后代多得多。在 GWAS 中，与性状或疾病显著相关的多态性可能指向单个基因，或最多指向五六个基因：其周围区域有平均约 30 万个碱基。由于基因只占我们基因组的一小部分，这些显著的多态性也可能发生在基因的邻近区域之外。尽管所涉及的区域相对较小，但要确定哪一种变异对性状有影响仍是非常困难的。在大多数单基因病中，这种因果变异明显干扰了蛋白质编码的过程。在多基因性状中，相关变异更有可能以一种微妙的方式改变蛋白质编码的产生水平或时间。我们不太擅长识别和描述这样的变异，尽管有许多基因组计划正在寻求改善这种情况。因此，GWAS 的研究目的通常只是识别可能与疾病或感兴趣的性状有关的基因，而非关注具体的变异或相关机制。因为每一项重大研究都将识别出多个基因，随后的分析可以评估这些基因是否在一个共享的生物过程中起作用，是否在类似组织中转化为蛋白质，等等。即使 GWAS 不能确定满足全基因组意义标准的个体多态性，也可以提供有用的信息，以确定关联信号是否在某些类型的基因或生物学过程中富集。研究与一种性状相关的变异是否与另一种性状相关也很流行，这样我们就能更多地了解它们之间的相似性和差异性（Cross-Disorder Group of the Psychiatric Genomics Consortium，2013）。

研 究 示 例

为了说明以上方法，我们介绍两个与语言相关的研究，一个涉及单基因病，另一个研究多基因性状。

言语和语言缺陷中的连锁分析：FOXP2 基因

1998 年，Fisher 等人对一个三代家族（称为 KE 家族）进行了连锁分析，该家族存在罕见的严重言语和语言障碍，并以一种很容易被识别的显性遗传的模式传播。该障碍影响了 15 人（约占家庭成员的一半），涉及儿童言语失用症，伴广泛性口语和书面语言技能障碍，而认知的其他方面受影响较小。研究人员使用传统的基因分型多态性设计来检测受影响人群共享的 DNA 片段。7 号染色体上的一个区域被发现与该疾病有高度显著的联系。以我们目前对基因组的了解，可以看到该区域包含约 13×10^6 个 DNA 碱基，约 40 个蛋白质编码基因。然而，在那时，第一个完整的人类基因组序列还没有确定，对于在感兴趣的区间里有哪些基因及其序列是什么，我们的知识非常有限。

研究者从当时已知的数据片段中拼凑出尽可能多的信息，并使用 Sanger 测序筛选可用的基因，以寻找引起 KE 家族成员致病的基因变异（Lai et al., 2000）。幸运的是，他们找到了一个与 KE 家族无亲缘关系且患病类型与 KE 家族非常相似的孩子。在与 KE 家族相同的基因组区域，这个孩子的一个染色体发生了重排。在这次重排（易位）中，7 号染色体的一部分与 5 号染色体的一部分发生了交换，但遗传物质没有损失。注意：重排影响每条染色体的两个拷贝中的一个；7 号和 5 号染色体的其他部分是正常的。孩子的父母没有任何语言障碍，也没有这种基因组重排：这表明该重排发生在卵子或精子形成的过程中。当染色体片段以这种方式交换时，意味着某个地方发生了断裂。如果这样的断点直接越过一个基因，这个基因的功能就会受到干扰。因为 KE 家族和这个无亲缘关系的孩子有着相似的染色体区段，他们的语言问题可能是由同一个基因的故障引起的。当时的知识和技术远不如现在先进，因此需要进行一系列复杂的实验，找到这个孩子身上被破坏的基因，并在 KE 家族中进行研究。最后，在该家族受影响的成员中发现了一种明显的致病 DNA 变异，破坏了现在被称为 FOXP2 的基因（Lai et al., 2001）。KE 家族健康成员在该位点均有 G/G，而所有存在语言障碍的 KE 家族成员在该位点均有 G/A，即他们在该位点上杂合携带了一个不常见的 A 等位基因。A 导致 FOXP2 编码的蛋白质发生改变；在该蛋白质的一个关键点，精氨酸被组氨酸所取代。培养细胞和动物模型的实验表明，这种变化会阻止蛋白质正常工作（参见 Fisher &

Scharff，2009）。随后的筛选研究在其他无亲缘关系的家庭和病例中发现了 *FOXP2* 基因罕见的破坏性变异（见 Graham & Fisher，2015）。尽管 *FOXP2* 基因破坏很罕见，且它只能解释一小部分语言障碍病例，但该基因的发现引发了一系列关于其在细胞、神经元、大脑和行为中的作用的大信息量的研究，并为重要的进化问题提供了新的见解。这一内容不属于本章的讨论范围，感兴趣的读者可以参考 Fisher 和 Vernes（2015）的详细描述。

GWAS 揭示了 *ROBO2* 基因对早期表达性词汇的影响

儿童的语言表达和理解存在相当大的个体差异。双生子研究表明，这是环境和遗传因素共同作用的结果（例子参见 Kovas et al.，2005）。在年轻的时候，环境差异（目前还不确定）似乎可以解释大部分的变化，但显然不是全部。St Pourcain 及其同事对普通人群中无血缘关系的欧洲裔儿童的表达性词汇评分做了 GWAS，分析了早期（15～18 个月，"单字词阶段"）和晚期（24～30 个月，"双字词阶段"）两个语言习得阶段（St Pourcain et al.，2014）。该研究利用了从出生开始纵向追踪的普通人群的大队列，并使用全基因组 SNP 芯片进行了基因分型。研究感兴趣的表型（性状/性状组合）由父母报告的交际发展问卷得出，即儿童早期语言多个领域发展能力的信息（见本书第三章）。GWAS 首先在一个队列中对大于 2×10^6 的性状多态性关联进行了分析。这项研究涉及 6851 名平均月龄为 15 个月的"单字词阶段"幼儿和 6299 名平均月龄为 24 个月的"双字词阶段"幼儿。对于第一组幼儿，在 *ROBO2* 基因附近的多态性关联最高，p 值为 9.5×10^{-7}；对第二组幼儿，在 *CAMK4* 基因内的多态性关联的 p 值为 3.5×10^{-7}。如上所述，GWAS 显著性的可接受阈值为 $p<5\times10^{-8}$，因此这些多态性仅与所研究的性状有"提示性"关联。

研究者继续在来自英国、荷兰和澳大利亚的三个独立队列中进一步评估他们的发现，利用这些队列中已经收集的一些有效方法和全基因组基因分型数据。在这项后续研究中，包含另外 2038 名"单字词阶段"幼儿和 4520 名"双字词阶段"幼儿，研究人员没有进行完整的 GWAS 分析，只关注了其检测组的最有趣的多态性。在检测组和验证组的联合数据中，发现 *ROBO2* 附近的多态性与婴儿早期特质显著相关（$p=1.3\times10^{-8}$）。研究队列中大约 35% 的幼儿至少有一个 G 等位基因；其他的幼儿在这个位置只有 A 等位基因。拥有一个 G 等位基因会使"单字词阶段"的表达性词汇得分降低 0.098 个标准差，这说明多基因性状的影响非常小。需要提醒的是，这种 DNA 变异本身并不一定引起词汇分数的变化，但它的确位于假定变异的 DNA 片段上（图 17.1）。奇怪的是，在这项研究中，*ROBO2* 的发现似乎只针对 15～18 个月的幼儿样本——没有在 24～30 个月的幼儿中发现关联，也没有对后期的言语、语言或阅读技能的结果产生影响。*ROBO2* 是与语言有关的一个令人信服的候选基因，因为该基因对大脑发育很重要（特别是与轴突导向有关），而且之前的研究发现，语言/阅读相关的表型与一个非常相似的 *ROBO1* 基因有关（Mascheretti et al., 2014）。总的来说，这项研究表明，即使获得了总数超 10 000 名被试的数据，确定影响多基因性状的共同遗传因素仍是一个挑战。

问题和陷阱

与其他领域一样，遗传学研究者在收集、分析或解释数据时会遇到困难。这里我们讨论一些常见的问题。

不存在适用于所有研究问题的最佳研究方法。基于实验室研究的遗传学数据很容易受到伪影的影响。对于像 GWAS 这样的研究，以及涉及数千到数百万量级数据点的连锁分析研究，无法逐一进行人工检查。因此，在分析的每个阶段，必须遵循严格的质量控制步骤并仔细检查。连锁或关联分析的重要证据的结果至少应通过整体数据模式的可视化来检查，和/或使用第二种技术再次检测。然而，这并不能防止假阴性结果。还需要注意的是，基因图谱中使用的统计分析只能告诉我们偶然发现的零假设的概率，而不是给出所研究性状中存在变异的绝对证据。我们在本章中描述的步骤应该被视为产生新假设和新问题的起点，从而进一步评估特定基因和遗传变异对语言表型的贡献。

单基因遗传病的研究依赖于追踪合适的家族，在这些家族中，发展性语言缺陷影响大量亲属，并且以简单的模式遗传。合适的家庭往往很少，很难找到，需要一些机缘巧合。即使是最仔细的连锁筛查也可能无法找到任何重要的结果，要么是因为该家族太小而不能产生足够多的样本，要么是因为潜在的遗传结构更复杂（即实际上不是单基因的），要么是因为一些关键家庭成员的误诊。即使在一个家族中发现了显著的联系,尽管进行了深入的探索,也可能无法成功地确定因果变异。通常,独立家族/病例揭示出同一基因对于确定因果变异是至关重要的,正如我们对 FOXP2 的描述所显示的那样。此外,在细胞培养、动物模型和其他研究途径得到的支持性实验证据的价值是极高的。

我们讨论了 NGS 如何成为传统方法的替代方案。立即进行全基因组测序或外显子组测序的优点是:更直接,更快获得答案,迅速找出潜在的候选变体。此外,与传统连锁分析相比,在家系中缺失一些个体可能问题较小。然而,全基因组测序或外显子组测序方法可能会漏掉一些真正的因果变异,这些变异不改变蛋白质,但却位于 DNA 的某些调控区域。在 NGS 结果中很难检测到大的缺失(即缺失的 DNA 片段)。值得注意的是,传统方法可以精确定位基因组的一个关联区域,无论引起疾病的变异类型是什么。

当涉及 GWAS 和多基因性状时,一个主要的限制是,多基因性状变异的影响非常小,你可能需要非常多的参与者来确保足够的统计检验力(通常为 10 000～100 000 人)。这就需要建立多中心研究团队,包括多个不同团体甚至不同国家之间的合作。显然,各团队必须在测量方法上达成共识,必须使用相同的定义和筛选标准。对于语言科学来说,数据可能需要以特性不同的多种语言进行汇总,增加了复杂程度。由于涉及的队列规模很大,那些不需要花费太多时间和金钱就能可靠测量的性状最适合 GWAS 研究。未来,这一领域可以通过开发适合于网络或应用程序的测试组合而改变,以考察语言技能的个体间差异。因此,已经用全基因组芯片进行基因分型的普通人群的现有研究队列,可以作为"远程表型测定"的目标,从而使语言性状的大规模 GWAS 研究变得可行。

如果 GWAS 的研究设计涉及患者与健康对照组的比较,则需要注意对健康被试的筛选。在这类研究中,要充分比较不同群体的个体,必须匹配年龄、性别等。在这种情况下,同样重要的是,患者组和对照组在基因上是匹配的,因为不同种族有时在某些多态性位点上具有不同的等位基因频率。此外,当我们研究一个定量性状时,整个群体在基因上必须尽可能同质,不能将不同种族的被试混合在一起。

GWAS 的一种替代方法是测试较少的多态性,可用于较小的队列。只选择一个我们特别感兴趣的基因子集,只测试这些基因内部及其周围的多态性,可将多重检验的统计学问题限制在一定范围内。

最后,我们注意到,由于系统性的全基因组筛查避免了对候选基因的选择,它们可能看起来不如根据现有的生物学知识设定先验假设那么优雅。然而,对于许多基因,我们所知甚少,对于语言相关技能的生物学基础同样如此。在人类生物学中,事实一次又一次地证明,我们对一种性状或疾病的发生机制的最初设想是错误的,而分子遗传学研究从根本上改变了我们对这些机制的看法,并为我们提供了通向关键过程的新的切入点。近年来,技术的快速发展令系统性筛查方法有可能用于越来越多的研究问题,甚至将解开人类独有的言语和语言能力的终极奥秘。

关 键 术 语

氨基酸(amino acid):蛋白质的基本结构单位。在人类生物学中,参与蛋白质组成的常见的氨基酸有 20 种。

表型(phenotype):由构成基因型的等位基因的优势关系以及与环境相互作用使机体所产生的、可观察或测定的特征。

单基因性状(monogenic character):由一对等位基因控制的性状。

蛋白质(protein):机体中广泛存在的一类生物大分子。通常由 20 种常见的氨基酸按照一定顺序通过肽键相互连接产生多肽链,这一顺序是由组成 DNA 的碱基序列决定的。

等位基因(allele):位于一对同源染色体的同一基因座上的两个不同形式的基因,具有相同或者相似的功能。

多态性(polymorphism):同种生物的个体或同种物质中出现两种或两种以上明显不同的形态或形式等的现象。

多基因遗传(polygenic inheritance):又称"多因子遗传"。一种涉及多个基因的遗传病的遗传模式。人类的一些遗传病不是取决于一对主效基因,而是由两对以上等位基因控制的累加效应引起的。多基因控制的性状除受多对微效基因的影响外,还受环境因素的影响。

二代测序(next-generation sequencing, NGS):又称"大规模平行测序"。对传统 Sanger 测序(一代测序)革命性的改变,核心思想是边合成边测序。一次可以对几十万至数亿条 DNA 模板同时进行序列测定。

分子遗传学(molecular genetics):利用遗传学与分子生物学技术,在分子水平研究基因结构、复制、表达及其调控的遗传学分支学科。

基因(gene):编码蛋白质等具有特定功能产物的遗传信息基本单位,是染色体或基因组的一段DNA序列。

基因型(genotype):决定生命体特定表型的遗传信息组成。在有性繁殖的机体中,个体的基因型包括从父母双方遗传的整个基因复合物。

基因组(genome):生物体或细胞中一套完整单体具有的遗传信息的总和。

交换(crossing over):在减数分裂过程中,同源染色体的非姐妹染色单体间形成交叉,因断裂和重组导致遗传物质间的局部互换。

显性基因(dominant gene):决定显性性状的等位基因。

外显子组(exome):基因组内所有的外显子序列。与基因组的生物学功能密切相关。最可能产生明显的表型。约占人类基因组的1%。

全基因组关联分析(genome wide association study, GWAS):运用DNA芯片或测序等技术,对大规模的群体DNA样本,在全基因组层面上筛查与特定性状或疾病相关的高密度分子标记[如单核苷酸多态性(SNP)、基因拷贝数变异(CNV)或基因]的研究。是检测特定物种中不同个体间的全部或大部分基因,从而了解不同个体间的基因及变化差异,并寻找与复杂疾病相关的遗传因素的一种方法。

连锁分析(linkage analysis):研究某一基因与其他基因排列和连锁关系的方法。

染色体(chromosome):遗传信息的载体,由DNA、蛋白质和少量RNA构成,形态和数目具有种系的特性。人类有23对染色体。

易位(translocation):染色体的一个片段插入同一或不同染色体中,导致基因重排的过程。

隐性(recessive):在杂合状态下,隐性等位基因支配的性状不表现的现象。

全外显子组测序(whole exome sequencing, WES):利用序列捕获技术将全基因组中所有外显子区域DNA序列捕获,富集后进行高通量测序的方法。可用于研究已知基因的单核苷酸多态性位点、插入缺失位点等,不适合用于研究基因组结构的变异。

全基因组测序(whole-genome sequencing, WGS):利用高通量测序平台对一

种生物的基因组中的全部基因进行测序,测定其 DNA 碱基序列的方法。

参 考 文 献

Bishop, D. V. M. (2001). Genetic and environmental risks for specific language impairment in children. *Philosophical Transactions of the Royal Society B Biological Sciences*, 356, 369-380.

Bufe, B., Breslin, P. A., Kuhn, C., Reed, D. R., Tharp, C. D., Slack, J. P., ⋯ Meyerhof, W. (2005). The molecular basis of individual differences in phenylthiocarbamide and propylthiouracil bitterness perception. *Current Biology*, 15, 322-327.

Carrion-Castillo, A., Franke, B., & Fisher, S. E. (2013). Molecular genetics of dyslexia: An overview. *Dyslexia*, 19, 214-240. DOI: 10.1002/dys.1464.

Cross-Disorder Group of the Psychiatric Genomics Consortium. (2013). Genetic relationship between five psychiatric disorders estimated from genome-wide SNPs. *Nature Genetics*, 45, 984-994.

Fisher, S. E., & DeFries, J. C. (2002). Developmental dyslexia: Genetic dissection of a complex cognitive trait. *Nature Reviews Neuroscience*, 3, 767-780. DOI: 10.1038/nrn936.

Fisher, S. E., Lai, C. S., & Monaco, A. P. (2003). Deciphering the genetic basis of speech and language disorders. *Annual Review of Neuroscience*, 26, 57-80. DOI: 10.1146/annurev.neuro.26.041002.131144.

Fisher, S. E., & Scharff, C. (2009). FOXP2 as a molecular window into speech and language. *Trends in Genetics*, 25, 166-177. DOI: 10.1016/j.tig.2009.03.002.

Fisher, S. E., Vargha-Khadem, F., Watkins, K. E., Monaco, A. P., & Pembrey, M. E. (1998). Localisation of a gene implicated in a severe speech and language disorder. *Nature Genetics*, 18, 168-170. DOI: 10.1038/ng0298-168.

Fisher, S. E., & Vernes, S. C. (2015). Genetics and the Language Sciences. *Annual Review of Linguistics*, 1, 289-310. DOI: 10.1146/annurev-linguist-030514-125024.

Gialluisi, A., Newbury, D. F., Wilcutt, E. G., Olson, R. K., DeFries, J. C., Brandler, W. M., ⋯ Fisher, S. E. (2014). Genome-wide screening for DNA variants associated with reading and language traits. *Genes, Brain and Behavior*, 13, 686-701. DOI: 10.1111/gbb.12158.

Goodwin, S., McPherson, J. D., & McCombie, W. R. (2016). Coming of age: Ten years of next-generation sequencing technologies. *Nature Reviews Genetics*, 17, 333-351.

Graham, S. A., & Fisher, S. E. (2015). Understanding language from a genomic perspective. *Annual Review of Genetics*, 49, 131-160. DOI: 10.1146/annurev-genet-120213-092236.

Kovas, Y., Hayiou-Thomas, M. E., Oliver, B., Dale, P. S., Bishop, D. V., & Plomin, R. (2005). Genetic influences in different aspects of language development: The etiology of language skills in 4. 5-year-old twins. *Child Development*, *76*, 632-651.

Lai, C. S. L., Fisher, S. E., Hurst, J. A., Levy, E. R., Hodgson, S., Fox, M., ... Monaco, A. P. (2000). The SPCH1 region on human 7q31: Genomic characterization of the critical interval and localization of translocations associated with speech and language disorder. *American Journal of Human Genetics*, *67*, 357-368. DOI: 10.1086/303011.

Lai, C. S. L., Fisher, S. E., Hurst, J. A., Vargha-Khadem, F., & Monaco, A. P. (2001). A forkhead-domain gene is mutated in a severe speech and language disorder. *Nature*, *413*, 519-523. DOI: 10.1038/35097076.

Luciano, M., Evans, D. M., Hansell, N. K., Medland, S. E., Montgomery, G. W., Martin, N. G., ... Bates, T. C. (2013). A genome-wide association study for reading and language abilities in two population cohorts. *Genes, Brain and Behavior*, *12*, 645-652. DOI: 10.1111/ gbb.12053.

Mascheretti, S., Riva, V., Giorda, R., Beri, S., Lanzoni, L. F., Cellino, M. R., & Marino, C. (2014). KIAA0319 and ROBO1: Evidence on association with reading and pleiotropic effects on language and mathematics abilities in developmental dyslexia. *Journal of Human Genetics*, *59*, 189-197.

McCarthy, M. I., Abecasis, G. R., Cardon, L. R., Goldstein, D. B., Little, J., Ioannidis, J. P., & Hirschhorn, J. N (2008). Genome-wide association studies for complex traits: Consensus, uncertainty and challenges. *Nature Reviews Genetics*, *9*, 356-369. DOI: 10.1038/nrg2344.

Metzker, M. L. (2010). Sequencing technologies-the next generation. *Nature Reviews Genetics*, *11*, 31-46. DOI: 10.1038/nrg2626.

St Pourcain, B., Cents, R. A. M., Whitehouse, A. J. O., Haworth, C. M. A., Davis, O. S. P., O'Reilly, P. F., ... Davey Smith, G. (2014). Common variation near ROBO2 is associated with expressive vocabulary in infancy. *Nature Communications*, *5*, 4831, DOI: 10.1038/ ncomms5831.

The 1000 Genomes Project Consortium. (2015). A global reference for human genetic variation, *Nature*, *526*, 68-74. DOI: 10.1038/nature15393.

Veltman, J. A., & Brunner, H. G. (2012). De novo mutations in human genetic disease. *Nature Reviews Genetics*, *13*(8), 565-575. DOI: 10.1038/nrg3241.

扩展阅读

Fisher, S. E. (2016). A molecular genetic perspective on speech and language. In G. Hickok, & S. Small (Eds.), *Neurobiology of Language* (pp. 13-24). Amsterdam: Elsevier. DOI: 10.1016/B978-0-12-407794-2.00002-X.

Fisher, S. E., & Vernes, S. C. (2015). Genetics and the Language Sciences. *Annual Review of Linguistics*, *1*, 289-310. DOI: 10.1146/annurev-linguist-030514-125024.

Neale, B. M., Ferreira, M. A. R., & Medland, S. E. (Eds.). (2008). *Statistical genetics: Gene mapping through linkage and association*. Abingdon: Taylor & Francis.

Strachan, T. & Read A. (2010). *Human Molecular Genetics* (4th ed.). New York, NY: Garland Science.

索 引

说明：索引中的页码为英文原著页码，即本书中的边码。

阿尔茨海默病(Alzheimer disease),312,324
埃文亲子纵向研究(Avon Longitudinal Study of Parents and Children, ALSPAC, UK), 343
氨基酸(amino acids),331,333,351

Bingo-game 范式(Bingo-game paradigm), 141
Bonferroni 校正(Bonferroni methods),318
半值全宽(full width at half maximum, FWHM),274
贝叶斯模型(Bayesian models),209,211, 214,225—226
边界(Rayner)范式,眼动追踪(boundary/Rayner paradigm, eyemovement tracking), 68,73—74,85
边看边听范式(looking-while-listening paradigm,LWL)
    视听同步研究,13,28—29
    编码(coding),29
    研究示例(exemplary study),29—30
    方法和数据分析(method/data analysis), 29
边缘伪影(edge artifacts),274
编码(coding)
    会话分析(conversation analysis,CA),167
    交互式跨通道优先注视范式(interactive intermodal preferential looking paradigm,IIPLP),26
    编码员(器)间的信度检验(inter-coder reliability checks),142
    边看边听范式(looking-while-listening paradigm,LWL),29
    结构启动(structural priming),142

视觉情景范式(visual world paradigm, VWP),99
标记(tagging),233,243
标准化测验(standardized tests),234,341
    损伤研究(lesion studies),313,314
    词汇评估(vocabulary assessment),49, 57—61,62
标准化模板(standardized template),315—316,317
标准化评估手册(standardized assessment manuals),60
标准空间(standard space),274,290,301,304
表达性词汇文本(expressive vocabulary text, EVT),58
表面电极,眼动追踪(surface electrodes, eye-movement tracking),70
表型(phenotypes),335,345
    表型收集(phenotype collection),341—342
丙氨酸(alanine),333
并行分布加工(parallel distributed processing,PDP),209,215,225

参考电极(reference electrodes),251
测序,遗传学方法(sequencing,genetic methods),337—339
层间时间校正(slice-timing correction),274
超导量子干涉器件(superconducting quantum interference devices,SQUID),261
沉浸式虚拟现实(immersive virtual reality, iVR),174—176,182—187
触摸屏技术(touch screen technology),59
词汇边界,眼动追踪(word boundaries, eye-movement tracking),73,79—80
词汇启动和干扰范式(word priming and in-

terference paradigms),111—129
词汇联想研究(word-association studies),242
词汇判断任务(lexical decision task),122
 眼动追踪(eye-movement tracking),83—84
 潜伏期(latency),121,122
 词汇启动和干扰范式(word priming and interference paradigms),121,122,124
词汇知识,管理(word knowledge, managing),42—43
词频(word frequency),51,234—235,243
词性(part-of-speech, PoS),233
磁共振成像(magnetic resonance imaging, MRI),289,304,326
 传统的(conventional),290—291
 损伤研究(lesion studies),313,315
 基于MRI的弥散神经纤维追踪成像技术(MRI-based diffusion tractography),288,289
 脉冲序列(pulse sequence),292
 T_1加权图像(T1-weighted images),290,292,293,294,305
 T_2加权图像(T2-weighted images),292,293,294,305
刺激呈现不同步(stimulus-onset asynchrony, SOA),114,120,125
刺激呈现时间(stimulus timing),单词启动(word priming),119—120
错误发现率(false discovery rate, FDR),318

DevLex-Ⅱ,计算模型(DevLex-Ⅱ model, computational modeling),220—223,225
 模型结构(model architecture),220—221
 模型拟合和数据分析(model simulation and data analysis),222—223
 刺激材料表征(stimulus representation),221—222
DNA变异(DNA variation),330,331,332,333—334,344,346
 特征鉴定技术(techniques for characterizing),336—341
DNA测序(DNA sequencing),337
DNA重复(duplications, DNA),333
DNA倒位(inversions,DNA),333
DNA缺失(deletions, DNA),333
DNA阵列(DNA arrays),343
*DYX1C1*基因,341

大脑(brain),210,211,276
 见损伤研究;结构性神经成像(see also lesion studies; structural neuroimaging)310—329,288—309
 布罗卡区(Broca's area),292
 布罗德曼皮质区(Brodmann Area),275
 额斜束(frontal aslant tract, FAT),292
 灰质和白质(gray and white matter),290,291,292
 岛叶(insula),316
 内侧前额叶(medial prefrontal cortex),292
 颞中回(middle temporal gyrus, MTG),319
 前辅助运动皮质(pre-supplementary motor cortex),292
 右半球损伤(right hemisphere lesions),312
 颞上回(superior temporal gyrus, STG),319
 韦尼克区(Wernicke's area),292,319
大脑形态测量(brain morphometry),290,303
大型研究(megastudies),241—242,243
单侧化准备电位(lateralized readiness potential, LRP),250
单词的类别符号比(type-token ratio of words, TTR),49
单词-物体联想技能(word-object associative skills),5,10,11
单核苷酸多态性(single nucleotide polymorphisms, SNP),339,340
 SNP芯片(SNP chips),341,343,344,345,348
单基因疾病(monogenic diseases),334
单基因特质(monogenic traits),343—345
单语素词(monomorphemic words),41,44
单一注视时间(single-fixation duration, SFD),80—81
等位基因(alleles),333,334,335,351
低附着表达(low-attached/LA expressions),133,137
低通滤波(low-pass filtering),22
电极(electrodes),250—251
电生理学方法(electrophysiological methods)247—265
电子计算机断层扫描(computerized tomo-

graphy,CT），289，293，303
　损伤研究(lesion studies)，313，315
动物研究,习惯化技术(animal studies, habituation techniques)，2
洞穴式自动虚拟环境(cave automatic virtual environments, CAVE)，177
队列(cohorts)
　同组竞争项,视觉情景范式(cohort competitor, visual world paradigm)，92
　分子遗传学方法(molecular genetic methods)，342—343
对话(talk)
　重叠(overlapping)，152
　作为行动的载体(as vehicle for action)，153
对数注视概率比(log gaze probability ratio)，137
多参数方法(multiparametric methods)，297
多态性(polymorphisms)，333，339
多体素模式分析(multi-voxel pattern analysis, MVPA)，275
多元统计(multivariate statistics)，78，83
多重比较问题(multiple comparisons problem, MCP)，275
多重比较校正(multiple comparisons correction procedure)，255
多重共线性(multicollinearity)，51

儿童言语失用症(childhood apraxia of speech,CAS)，341，347
儿童语言数据交换系统(Child Language Data Exchange System, CHILDES)，48，49，55，218
二代测序(next-generation sequencing, NGS)，336—339，344，349

反馈学习算法(backpropagation algorithm)，212
方向各向异性受阻调制(hindrance modulated orientation anisotropy, HMOA)，300，304
非编码 DNA(non-coding DNA)，331
非参数映射(non-parametric mapping, NPM)，291
非侵入性脑刺激(non-invasive brain stimulation, NIBS)，325
非实验室环境(non-laboratory setting)190—207
分布式语义模型(distributional semantic models)，210，226
分割掩码(segmentation mask)，290，304
分子遗传学方法(molecular genetic method)330—353
封闭词类(closed-class words)，41，62
辅音,婴儿的辨别能力(consonants, infants' discrimination of)，3
复合词(compounds)，44

干扰项,视觉情景范式(distractors, visual world paradigm,VWP)，98，107
感兴趣区(regions of interest, ROI)，136
　血流动力学方法(hemodynamic methods)，277，281，283
　结构性神经成像(structural neuroimaging)，290，300
　视觉情景范式(visual world paradigm, VWP)，92，93，99，101
高附着表达(high-attached/HA expressions)，133，137
高角分辨率弥散成像(high angular resolution diffusion imaging, HARDI)，294，303，304
高斯滤波器(Gaussian kernel)，274
高维空间类比(hyperspace analogue to language,HAL)，210，212，215，216，224，226，236，237
各向异性分数(fractional anisotropy, FA)，295，296，304
功能性磁共振成像(functional magnetic resonance imaging, fMRI)，266，267—268，326
功能性近红外光谱技术(functional near infrared spectroscopy,fNIRS)，12，266—284
共现性统计数据(co-occurrence statistics)，209，210，215，216
　跨情景共现性(cross-situational co-occurrence)，218
构成,会话分析(composition, conversation analysis)，160—161，164，170
关系从句省略(reduced relative clause, RR)，133，136，139
灌注加权成像(perfusion-weighted imaging)，312，326

光学传感器(optical sensors),93
光学眼动追踪仪(optical eye trackers),93

赫布型学习(Hebbian learning),214,221,226
红外线角膜反射法,眼动追踪(infrared corneal reflections,eye-movement tracking),70
红外线双浦肯野影像追踪(infrared dual-Purkinje image tracking),70,90
后验概率(posterior probability),210,211—212
互动现象(interactional phenomenon),152,170
互动协同模型(interactive alignment model,IAM),182,184
滑视,眼跳后摆动(glissade, post-saccadic wobble),75
化身(avatars),179—180,187
画像分析(profile analysis),58
话轮初始助词(turn-initial particles),161
话轮结构单元(turn-constructional units,TCU),153
话轮设计,会话分析(turn design, conversation analysis),153,164
话轮转换程序(turn-taking procedures),153
回波时间(echo time,TE),292,304
会话分析(conversation analysis,CA),151—173
会话分析的定量研究方法(quantitative research methods, conversation analysis),167—168

基因(gene),331,334,341
　候选基因(candidate gene),345
　FOXP2(FOXP2, implicated in speech and language deficits),347—348,349
　ROBO2(ROBO2, uncovering effects in early expressive vocabulary),348—349
基因多样性(genomic diversity),333
基因型,DNA 碱基(genotype, DNA letters),331,333,336,339,340,369
　基因分型(genotyping),337,339,340,340,341,343,347,348
基因组(genome),331,333
　全外显子组测序(whole exome sequencing,WES),338—339,350

全基因组测序(whole genome sequencing,WGS),338,350
基于表面的形态测量(surface-based morphometry,SBM),290,291
基于反应的分析(response-contingent analyses),94
基于模型的 fMRI(model-based fMRI),275
基于视频的眼动追踪(video-based eye tracking),70,71,85
基于体素的病变症状映射(voxel-based lesion symptom mapping, VLSM),291,313,317—318,326
基于体素的脑损伤分析(voxel-based lesion analyses),317—318
基于体素的形态测量(voxel-based morphometry,VBM),290,291,324,326
基于形变的形态测量(deformation-based morphometry,DBM),290—291
集成的开发环境(integrated development environment, IDE),178
计算机化理解任务(computerized comprehension task,CCT),59
计算机化语言分析(computerized language analysis,CLAN),49
计算建模(computational modeling),208—229
计算建模的概率法(probabilistic approach, computational modeling),209—210,215,218—220
　算法(algorithms),211—212
记忆再认任务(recognition memory tasks),140
家长报告的词汇评估(vocabulary assessment by parent report)50—57
家长发展词汇评估(Developmental Vocabulary Assessment for Parents, DVAP),51
监督学习(supervised learning),212,226
简单反馈网络(simple recurrent network,SRN),213,214,226
交互式跨通道优先注视范式(interactive intermodal preferential looking paradigm,IIPLP)26—28
交换,DNA 片段(crossingover, stretches of DNA),331,351
交际发展量表(communicative development inventories,CDI),54,57,59

CDI：单词和手势语（CDI：Words & Gestures，CDI：WG），52，53，55，56
CDI：单词和句子（CDI：Words & Sentences，CDI：WS），52，55，56
评分程序（scoring program），55
脚本式的互动（scripted interactions），154
校准（calibration），74，85
接受性和表达性单字词汇测试（Receptive and Expressive One Word Vocabulary Test, ROWPVT/EOWPVT），58
结构启动（structural priming）130—150
结构性神经成像（structural neuroimaging）288—309
解剖-临床重叠映射（anatomo-clinical overlapping maps，AnaCOM），291
经颅磁刺激（transcranial magnetic stimulation，TMS），324，325，326
经颅直流电刺激（transcranial direct current stimulation，tDCS），325，326
经验模型（experience-based models），232
径向弥散率（radial diffusivity，RD），296，304
竞争项，视觉情景范式（competitors, visual world paradigm），92，107
"隐蔽竞争项"设计（"hidden competitor" designs），106
静息态脑功能磁共振成像（resting-state functional magnetic resonance imaging，rs-fMRI），325
局部表征（localist representation），216
句法（syntax），43，96，161，193，215，249
疑问词（interrogative），161
结构启动（structural priming），131，132，133，134，146
句法分析（syntactic parsing），230
句法结构（syntactic structure），131—132
句法启动（syntactic priming），148
聚合酶链式反应（polymerase chain reaction，PCR），337

可视化（visualization），100—101
空间分辨率（spatial resolution），93，254—255，279，284，304
优点（good quality），268，277，284，315
高的（high），266，274
低的（low），92，315
神经成像（neuroimaging），289，290，293，301
空间平滑（spatial smoothing），274，290，304
恐怖谷，虚拟现实（uncanny valley，virtual reality），186，187
跨情境单词学习模型（cross-situational word learning models），225
跨通道优先注视范式（Intermodal Preferential Looking Paradigm，IPLP），18，21—25
跨文化田野研究（cross-cultural field studies），192—195
快速傅里叶变换（fast Fourier transform，FFT），259
快速交互式语言筛选器（Quick Interactive Language Screener，QUILS），35，59
快速序列视觉呈现（rapid serial visual presentation，RSVP），84，85，138
快速自动化命名（rapid automatized naming），342
扩展性问题（scaling problem），200

理解启动（comprehension priming），133，146，148
联结主义，计算模型（connectionism, computational modeling），209，210—211，215，220—223，225
算法（algorithms），212—214
语料库语言学（corpus linguistics），237
邻接对（adjacency pair），会话分析（conversation analysis），153
流线（streamlines），295—297，299，300，305

MNI空间（MNI space），274
MNI模板（MNI template），326
麦克阿瑟/麦克阿瑟-贝茨交际发展量表（MacArthur/MacArthur-Bates Communicative Developmental Inventory，MCDI），23，51，52，55，221
脉冲序列（pulse sequence），292，304
门控任务（gating task），256
蒙特卡罗模型（Monte Carlo modeling），7
弥散加权成像（diffusion-weighted imaging，DWI），291—292，303
弥散张量成像（diffusion tensor imaging，DTI），295—296，312，326
弥散走向分布函数（diffusion orientation distribution function，dODF），297

密集数据库(dense databases, DDB), 48
命名任务, 眼动追踪(naming task, eye-movement tracking), 83—84
目标语言游戏(targeted language games), 105, 106

Ngrams 算法(Ngrams), 233
NIFTI, 4D (Neuroimaging Informatics Technology Initiative, 4D), 295
脑磁图(magnetoencephalography, MEG), 261, 262
脑电图(electroencephalogram, EEG), 262
 差分放大(differential amplification), 251
 电生理学方法(electrophysiological methods), 247, 248, 250—254, 258, 262
 血流动力学方法(hemodynamic methods), 278, 281, 282, 284
 噪声(noise), 251—252
 非实验室环境(non-laboratory settings), 193, 202
 起源(origins), 248
 信号(signal), 248, 259
 模拟(simulated), 259, 260
 优势(strength), 252
脑脊液(cerebrospinal fluid, CSF), 290, 292, 294, 303
脑损伤叠加图(lesion overlay maps), 316
脑血流量(cerebral blood flow, CBF), 293, 303
凝视(gaze)
 首次凝视时间(first-gaze duration), 137
 凝视时间(gaze durations), 77
 对数注视概率比(log gaze probability ratio), 137

Proteus 效应, 179
p 值篡改(p-hacking), 102
配子(gametes), 331
皮博迪图片词汇测验(Peabody Picture Vocabulary Test, PPVT), 58
偏离案例, 会话分析(deviant cases, conversation analysis), 165, 170
频谱图(spectrogram), 259
平均话语长度(mean length of utterances, MLU), 49
平均弥散率(mean diffusivity, MD), 295—296, 304
浦肯野像(Purkinje images), 71

齐普夫值(Zipf-value), 234, 235, 239
奇异值分解(singular value decomposition, SVD), 212, 236
歧义消解点, 视觉情景范式(point-of-disambiguation, POD; visual world paradigm), 92, 107
前辅助运动皮质(pre-supplementary motor cortex), 292
潜语义分析(latent semantic analysis, LSA), 210, 212, 216, 226, 236, 237
情绪与语言处理(emotions, and language processing), 180, 185
区组范式(blocking paradigms), 120, 124
去习惯化(dishabituation), 2, 3, 7
全基因组测序(whole genome sequencing, WGS), 338, 350
全基因组关联分析(genome-wide association scan, GWAS) 332, 336, 350
全外显子组测序(whole exome sequencing, WES), 338—339, 350

ROBO1 基因(ROBO1 gene), 341
ROBO2 基因对早期表达性词汇的影响(ROBO2 gene, uncovering effects in early expressive vocabulary), 348—349
染色体(chromosomes), 331, 333, 351
 染色体重排(chromosomal rearrangement), 344
人工神经网络(artificial neural networks), 209
人类参照基因组(human reference genome), 338

Sanger 测序(Sanger sequencing techniques), 337, 338, 344, 347
Snap 范式(Snap paradigm), 141
SUBTLEX 词频(SUBTLEX frequencies), 235, 239
噪音起始时间, 竞争项(voice-onset time, VOT; competitors), 92
扫视路径分析(scan-path analysis), 79
射频(radio frequency, RF), 292
深度学习神经网络(deep learning neural net-

works),214
神经成像数据采集,损伤研究(neuroimaging data acquisition, lesion studies),315
神经递质(neurotransmitters),210
神经网络模拟器(neural network simulators),215
神经纤维追踪成像(tractography),297—298,305
生成联合模型,词汇学习(emergentist coalition model,ECM;word learning),26
生态效度(ecological validity),168,203
声带振动(vocal cord vibrations),3
失匹配负波(mismatch negativity,MMN),250,252
失语症商(aphasia quotient,AQ),301
时间序列分析(time series analysis),282
时频分析(time-frequency analysis),259
时序学习网络(temporal sequence learning networks),220
事件相关场(event-related fields,ERF),261
事件相关电位(event-related potentials,ERP)
 ERP成分(ERP components),248—249,262
 ERP效应(ERP effect),250,262
 N400,249,250,251,252,254,256,257,258
 P200,249
 P600,249,250,251,252,254,258
 创建(creation of),248,254
 阅读中的眼动追踪(eye-movement tracking, during reading),84
 滤波(filtering),253
习惯化研究方法(habituation techniques),3,12
 信号(signal),248
 结构启动(structural priming),132,135,138,139
试次间隔时间(intertrial interval,ITI),271
视觉偏好法(visual preference method)18—39
视觉情景范式(visual world paradigm,VWP)89—110
视觉习惯化(visual habitation),2
视觉注视时间(visual fixation time),22—23,27

视听同步研究(look-and-listen studies)
 视觉情景范式(visual world paradigm,VWP),90,94,95,107
输入设备,运动捕捉(input devices, motion capture),176—177
熟悉效应或偏好(familiarity effect/preference),14,15
熟悉化(familiarization),13
 熟悉化研究(familiarization study),13—14,15
 习惯化技术(habituation techniques),13—14
 视觉偏好法(visual preference methods),23,30
双分离(double dissociations),313
双语(bilingualism),5,10,11,14
算法(algorithms)
 计算模型(computational modeling),211—212
 语料库语言学(corpus linguistics),241
 库(libraries of),232
 结构性神经成像(structural neuroimaging),290
髓鞘(myelin),294,296,304
损伤研究(lesion studies),310—329
锁时眼动(time-locking eye movements),95—96

TAS2R38受体(TAS2R38 receptor),334
T_1加权图像(T_1-weighted images),290,292,293,294,305
T_2加权图像(T_2-weighted images),292,293,294,305
他人启动的修复(other-initiation of repair,OIR),160,167,168
 他人启动的自修复(other-initiated self-repair),153
特定词汇意义(word-referent links),1
特殊语言障碍(specific language impairment),342
梯度计(gradiometers),261
替换任务(switch procedure),5,10,15
条件关联性,会话分析(conditional relevance, conversation analysis),153
条件化头部转向法(conditioned head turn procedure),13,34

瞳孔-角膜反射向量（pupil-corneal reflection vector），74
头戴式显示器（head mounted displays, HMD），177，185，186，187
突触（synapses），210，211
突显（salience）
　特征的（feature-based），97
　知觉的（perceptual），28
　试次（trials），23，27，30
　视觉偏好法（visual preference methods），23，27，30
　视觉情景范式（visual world paradigm, VWP），96，97
图片词汇测验（picture vocabulary test），59
图片-词汇干扰范式（picture-word interference paradigm），125
图片命名（picture naming）113—114，120
图形编辑（graphic editing），181

外部效度（external validity），190，204
韦尼克区（Wernicke's area），292，319
伪正常化（pseudonormalization），293
无监督学习（unsupervised learning），226
无语言的优先注视范式（preferential looking paradigm without language, PLP）30—31

西方失语成套测验（Western Aphasia Battery, WAB-R），300，319
希尔伯特变换（Hilbert transform），259
习惯化技术（habituation techniques）1—34
习惯化曲线（habituation curve），2，7，15
下一话轮验证程序（next-turn proof procedure），156，170
先验概率的假设（prior probability of the hypothesis），210，212
显性单基因遗传（dominant monogenic inheritance），345
线圈搜索法，眼动追踪（search coils, eye-movement tracking），70
线性混合模型（linear mixed models, LMM），78—79
　基于两种数值型协变量的交互作用示例（exemplary interaction, based on two numeric covariates），80—82
相同和替换试次，习惯化（same and switch trials, habituation），11

小句（small clause sentences），143，144，145
效度（validity）
　生态的（ecological），168，203
　外部的（external），190，204
心理生理性反应（psychophysiological responses），2
新异刺激偏好（novelty preference），14，15，35
行为数据分析（behavioral data analysis），损伤研究（lesion studies），314—315
修复行为，会话分析（repair practices, conversation analysis），153—154，159
　他人启动的修复（other-initiation of repair, OIR），160，167，168
　自我启动的自修复（self-initiated self-repair），153，159
虚拟现实（virtual reality, VR）174—189
序列组织，会话分析（sequence organization, conversation analysis），153
选择，遗传学（selection, in genetics），333—334
学习（learning）
　联结的（associative），214
　跨情景单词学习模型（cross-situational word learning models），225
　深度学习神经网络（deep learning neural networks），214
　赫布型（Hebbian），214，221，226
　有监督的（supervised），226
　时序学习网络（temporal sequence learning networks），220
　无监督的（unsupervised），226
血红蛋白（hemoglobin），266，279，282
血流动力学方法（hemodynamic methods），266—287
血氧水平依赖信号（blood level oxygenation dependent signal, BOLD），285
　功能性磁共振成像（functional magnetic resonance imaging, fMRI），267，268，270—272，275，277
　功能性近红外光谱技术（functional near infrared spectroscopy, fNIRS），279
　根据光吸收率测量（measured via light absorption），279
　血液的光吸收率（blood light absorption properties），278—279

Yu 和 Ballard 模型,计算模型(Yu and Ballard model,computational modeling),218—220
掩蔽启动范式(masked priming paradigm),115,125
眼动(eye movements)
　行为和现象经验(behavior and phenomenal experience),69
　视觉拥挤(crowding),69
　注视,自然任务中的眼动(fixations see fixations, eye movements in natural tasks),96—97
　锁时(time-locking),95—96
眼跳(saccades)
　阅读中的眼动追踪(eye-movement tracking,during reading),69,70,71,75,79,85
　眼跳后摆动(滑视)(post-saccadic wobble, glissade),75
　视觉情景范式(visual world paradigm, VWP),102,103,106,107
眼跳检测(saccade detection),75,85
眼音距(eye-voice span, EVS),79—82
液体抑制反转恢复(fluid-attenuated inverse recovery,FLAIR),292,293,315
医学数字成像和通信(digital imaging and communications in medicine, DICOM),295
移动窗口范式(McConkie 范式),眼动追踪[moving window (McConkie) paradigm, eye-moving tracking],68,72—73,85
移动式眼动仪(mobile trackers),71
遗传结构(genetic architecture),334
遗传图谱(genetic mapping),331
疑问句的隐性评价(assessment-implicative interrogative),156,167
易位(translocation),347,351
音素(phonemes)
　意识(awareness),342
　联结主义算法(connectionist algorithms),212
　习惯化技术(habituation techniques),2,13
　监测(monitoring),125
　言语和口语(speech and spoken language),96
音素短期记忆(phonological short-term memory),342

隐性单基因遗传(recessive monogenic inheritance),345
婴儿的音系发展(phonetic development, infants),4
婴儿的语音发展(phonological development, infants),4,12
语法形态(grammatical morphology),342
语境自组织映射包(contextual self-organizing map package),215
语料库分析(corpus analysis),85
语料库语言学(corpus linguistics),230—246
语素(morphemes),41
语言取样,词汇评估(language sampling, vocabulary assessment by),44—50
　仪器(apparatus),46—47
　假设和理论基础(assumptions/rationale),44—46
　基于计算机的分析系统(computer-based analysis systems),49
　概念和描述(concepts/description),62
　数据的性质(data,nature of),47
　数据收集(data collection),47—49
　密集采样(dense sampling),48
　研究示例(exemplary study),49
　问题和缺点(problems and pitfalls),49—50
语言发展调查(Language Development Survey,LDS),52
语言日记(language diaries),44—45
语言产出,结构启动(language production, structural priming),139—143
　非行为反应(non-behavioral responses),143
　外显反应(overt responses)
　　结构选择(structure choice),139—142
　　时间测量指标(temporal measures),142—143
(语言)产出启动(production priming),142—143,146,148
(语言)生成研究(production studies)
　电生理学方法(electrophysiological methods),252—253
　血流动力学方法(hemodynamic methods),271
　结构启动(structural priming),135
　视觉情景范式(visual world paradigm, VWP),92,98,99,102

语言誊写文本的系统分析（Systematic Analysis of Language Transcripts，SALT），48
语言学田野调查（linguistic fieldwork），193，204
语义结构（semantic structure），192
语义启动（semantic priming），199
语义向量（semantic vectors），235—237，243
语音识别软件（speech-recognition software），46—47
原发性进行性失语症（primary progressive aphasia，PPA），291，299，312
原型（prototypes），43
运动捕捉，输入技术（motion-capture (mocap)，input technology），176—177

真值判断任务（truth-value judgment task），137，138
正电子发射断层成像（positron emission tomography，PET），271，277
支持向量聚类（support vector clustering，SVC），219
知觉广度，眼动追踪（perceptual span，eye-movement tracking），68，69，72，73，83，85
知觉线索（perceptual cues），26
直接评估，词汇评估（direct assessment，vocabulary assessment by）58—61
质子密度（proton density），292
智能体（agents），虚拟（virtual），178，183—187
置换过程（permutation procedures），255
中性抽象标示模式（"etic" grid），195
众包（crowdsourcing），196，197，203，230
重复时间（repetition time，TR），268，292，304
逐帧分析（frame-by-frame analysis），8
主句（main clause，MC），133，136，139
主位视角（"emic" perspective），195
注视偏好（preferential looking），13
注视时间（looking time，LT），1，4，6，8
注视，眼动（fixations，eye movements），69，70，71

平均注视比例（analyses of mean fixation proportions），102
第一次注视（first fixations），76
注视时间或位置（fixation durations/locations），69，76—78，97，106
语言介导的（language-mediated），94
注视比例图（proportion-of-fixations plots），100，101，102，104，107
单一注视时间（single-fixation duration，SFD），80—81
视觉注视时间（visual fixation time），22—23，27
视觉情景范式（visual world paradigm，VWP），90，100，101，102，107
转换-关联位置（transition-relevance place，TRP），153
转录（transcription）
　　惯例（conventions），155，157—158
　　会话分析（conversation analysis，CA），155
　　语言取样（language sampling），48，49—50
转头偏好法（head turn preference procedure，HPP），13，18，20，32—34
自定步速阅读（self-paced reading），84，85，136
自然发生的互动（naturally occurring interaction），170
自然观察（naturalistic observation），50
自然语言处理（natural language processing，NLP），209，232，242，243
自我启动的自修复（self-initiated self-repair），153，159
自组织映射（self-organizing map，SOM），213，214，226
　　DevLex-II模型，220
　　SOMToolbox，MATLAB，215
纵向研究（longitudinal research），46，47
总概念词汇量（total conceptual vocabulary），53，62
左前负波（left anterior negativity，LAN），249

译者后记

随着大语言模型的突破性进展,我们不得不重新审视:人类语言的独特性究竟何在?语言的科学探索如何帮助我们理解人类的本质?这些问题不仅成为语言学和心理语言学研究者的关注焦点,也深刻影响着每一位语言使用者对语言的认识。

语言的复杂性远非单纯模仿生成与理解,更是源于大脑在多重认知图式与社会文化因素的动态交互中进行的深层加工。因此,相较于当前的大语言模型,心理语言学与语言的神经生物学研究显示了不可替代的独特价值——帮助我们深入理解语言的复杂性和人类认知的独特性,揭开人类语言加工的神秘面纱。

与这本书的结缘始于 2017 年。承蒙导师 Peter Hagoort 教授推介,我有幸接触到这部杰出的学术著作。本书汇集了心理语言学领域的重要成果,各章作者均为领域内的顶尖学者。书中全面、系统地介绍了从语言习得到神经生物学、从行为学到遗传学等多个维度的研究方法。作者通过对这些方法和技术的对比与分析,展示了多种研究手段的应用场景,深入讨论了每一种技术的操作细节和潜在局限,在理论深度与实践指导之间找到平衡点,为研究者提供细致的指导。回国工作后,在我的导师周晓林老师的鼓励下,我萌生了将其介绍给更多学者的想法,期望为大家提供更便捷的研究工具,推动心理语言学的学术交流与发展。

翻译过程于我而言是一次深入的学术对话。为确保准确传达原著主旨,我与主编及各章作者进行了细致讨论,这不仅帮助我厘清了研究方法中的关键概念,而且让我妥善处理了许多专业术语的翻译难题。我希望能消除语言隔阂,让思想以其最本真的样貌呈现给读者。在全球学术交流日益密切的今天,翻译工作始终是连接不同学术体系的重要纽带。正如本书所呈现的,语言不仅是沟通的工具,更是我们打开人类认知世界之门的一把钥匙。

最后,我要特别感谢实验室的学生张然、熊艺宇、占珍妮、李缘、高梦婷、李靓靓和史亚娇等在初译阶段的帮助,让这部译作得以顺利完成。同时,感谢北京大学出版社张黎明老师、陈小红老师和本书的责任编辑赵晴雪在出版过程中的悉心指导和大力支持。特别感谢本书主编及各章作者无私的学术分享精神，他们的热情一直激励着我。

本书的翻译工作得到了上海市浦江人才计划（项目编号：2021PJC103）的资助，以及上海外国语大学"志远学者"计划的支持，在此一并致谢。

译文不妥之处，敬请读者批评指正。

谭滢滢

2025 年 5 月于上海

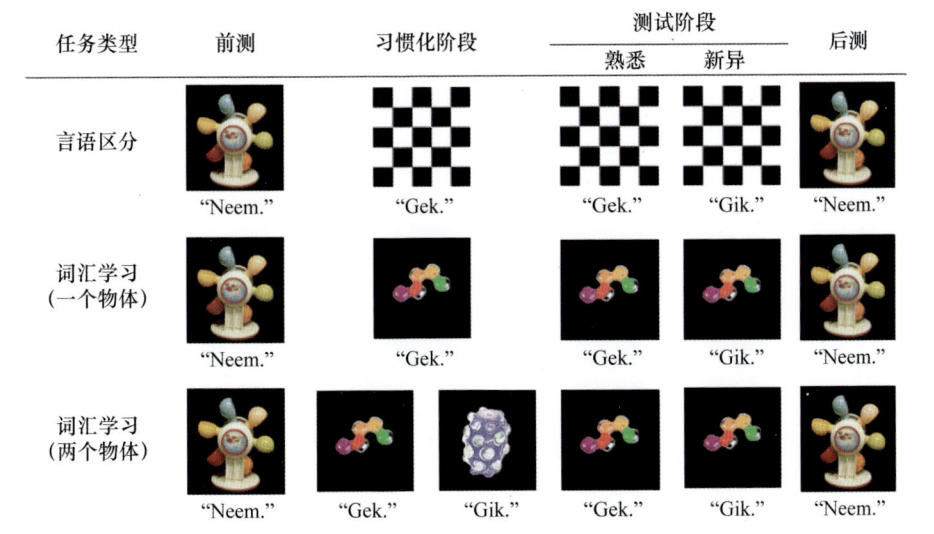

任务类型	前测	习惯化阶段	测试阶段 熟悉	测试阶段 新异	后测
言语区分	"Neem."	"Gek."	"Gek."	"Gik."	"Neem."
词汇学习（一个物体）	"Neem."	"Gek."	"Gek."	"Gik."	"Neem."
词汇学习（两个物体）	"Neem."	"Gek." / "Gik."	"Gek."	"Gik."	"Neem."

图 1.1　婴儿语言习惯化任务示例

涉及两个物体的任务是替换任务（即要求被试在两个任务间转换注意力）。

图 2.1　跨通道优先注视范式

图 2.5 转头偏好法示意

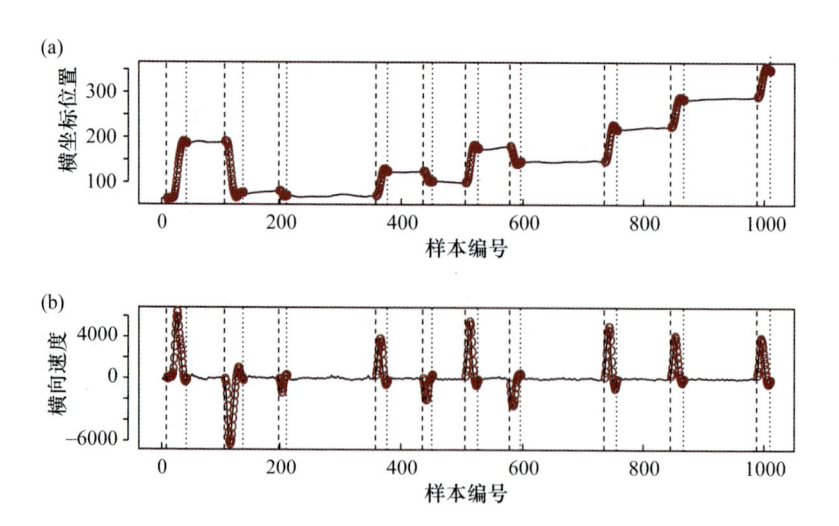

图 4.3 基于速度的眼跳识别

(a)为阅读单句时的注视点横坐标,采样率为 500 Hz,(b)为平滑的眼跳速度。红点表示被事件探测算法划分为眼跳的数据点(Engbert & Kliegl, 2003),纵向的线表示对应的眼跳和注视间隔的开始和结束。

	用刀切开胡萝卜	用手掌劈开胡萝卜	用双手掰断
琼塔尔语(Chontal)	te-k'e		tyofñi-
印地语(Hindi)	kaaT	toD|	
亚隆克语(Jalonke)	i-xaba	i-sɛgɛ	gira

图 10.1　三种语言中动词"切开"和"掰断"的比较

（改编自 Majid et al.，2007）

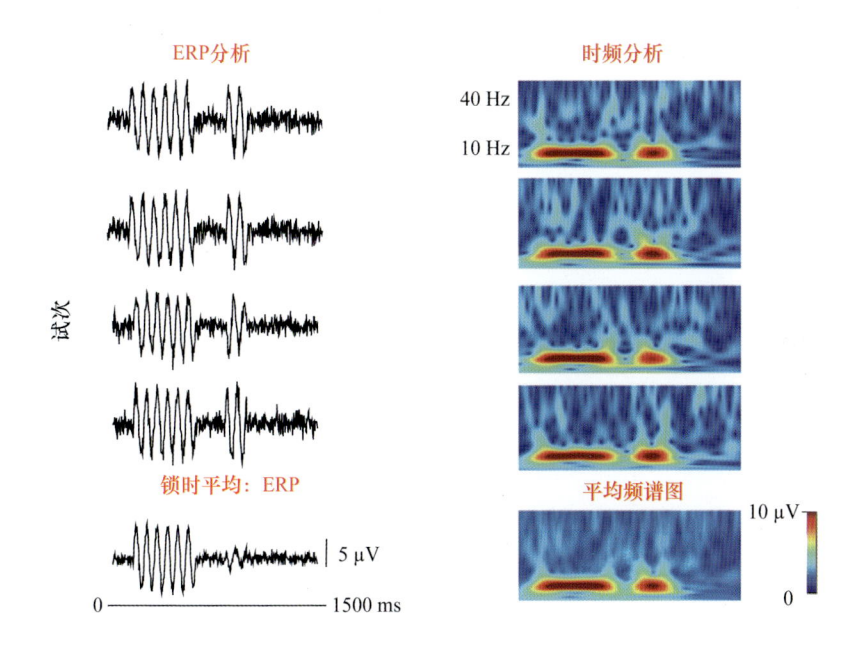

图 13.3　模拟的 EEG 数据

　　ERP 和时频分析在其对锁相（诱发）和非锁相（引发）活动的敏感性方面的差异。第一个响应是锁时的，并且锁相到零时刻处；第二个响应是锁时的，而不是锁相的。第一个响应在 ERP 平均（作为振荡）和能量的时频分析（10Hz 左右能量增加）之后均有出现。第二个响应在 ERP 平均后被抵消，但在能量的时频分析中被保留。（引自 Bastiaansen, Mazaheri, & Jensen,2008）

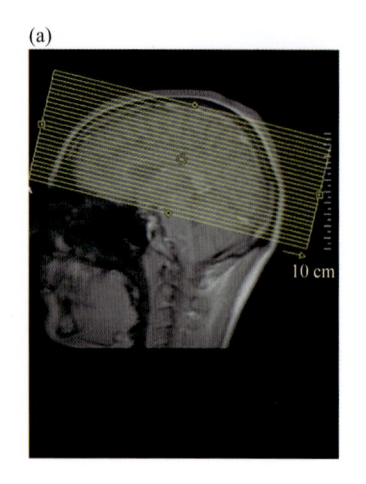

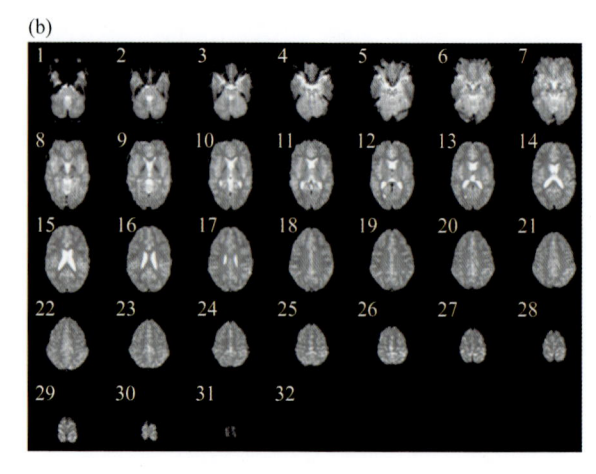

图 14.1　头部和大脑的解剖扫描和 fMRI 图像

(a)黄色显示切片的位置。在 fMRI 中，每个 TR(如每 2 s)按逐个切片探测大脑激活。在这个例子中，切片的位置覆盖了整个大脑的激活区域，覆于大脑的解剖扫描上。(b)从大脑下部(切片 1)到大脑顶部(切片 32)的切片。灰度值表示信号强度，颜色越接近白色，信号强度越高。图像显示了一次 TR 扫描的结果：收集了 32 个切片以覆盖整个大脑。在离线预处理中，切片被组合成一个图像，从而创建大脑激活的 3D 图像。

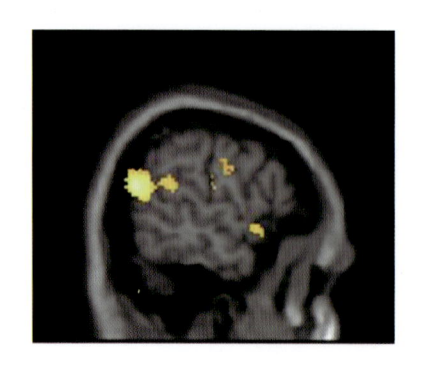

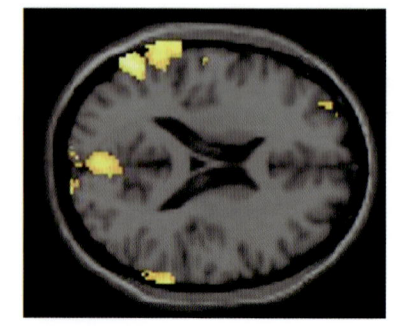

图 14.3　覆在解剖脑图上的统计图

解剖脑图被标准化到 MNI 空间。黄色区域显示了一种条件比另一种条件具有更强的体素(或体素集，有时称为斑点)激活。黄色表示条件间对比的 t 值大小，这个 t 值在任意值处被截断(仅显示大于 2.6 的 t 值)。图中显示的是一位被试的脑区激活结果。需要注意的是图中的颜色是任意设定的(可以选择任何颜色)，颜色并不反映神经激活，而是反映在每个体素上的统计检验结果。基本假设是这一统计检验反映了两种实验条件之间神经激活的差异。

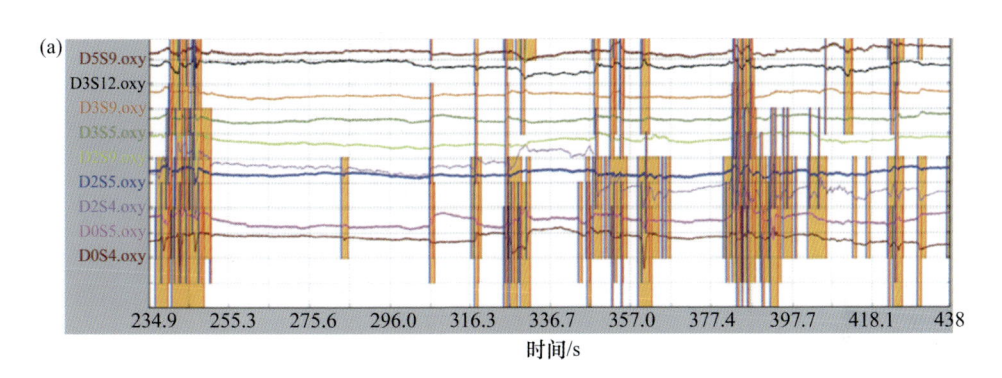

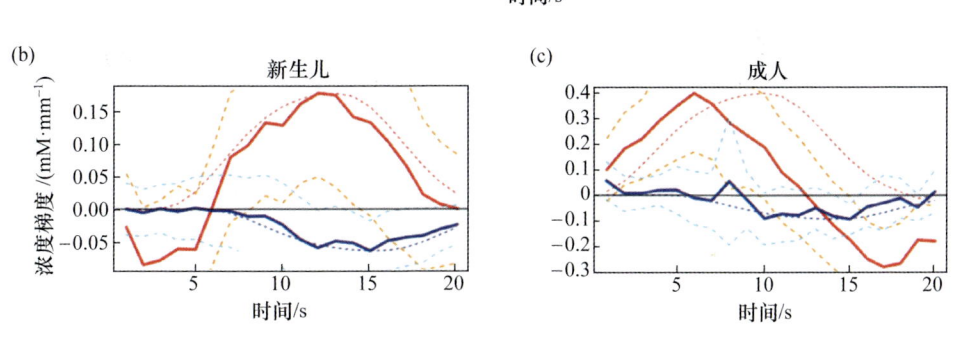

图 14.5　fNIRS 研究中的信号样本

（a）9 个通道的估计血氧水平，每个通道都包含光源和光源探测器。高亮的区域是根据信号变化速度自动标记的"伪迹"区域。(b) 和 (c) 分别是 40 名新生儿和 24 名成年人的氧合血红蛋白（红色）和去氧血红蛋白（蓝色）在刺激开始呈现时（10 s 的声音）的平均浓度梯度。红色和蓝色的虚线表示使用可变相位的最佳拟合；较浅的虚线表示被试的 95% 置信区间。

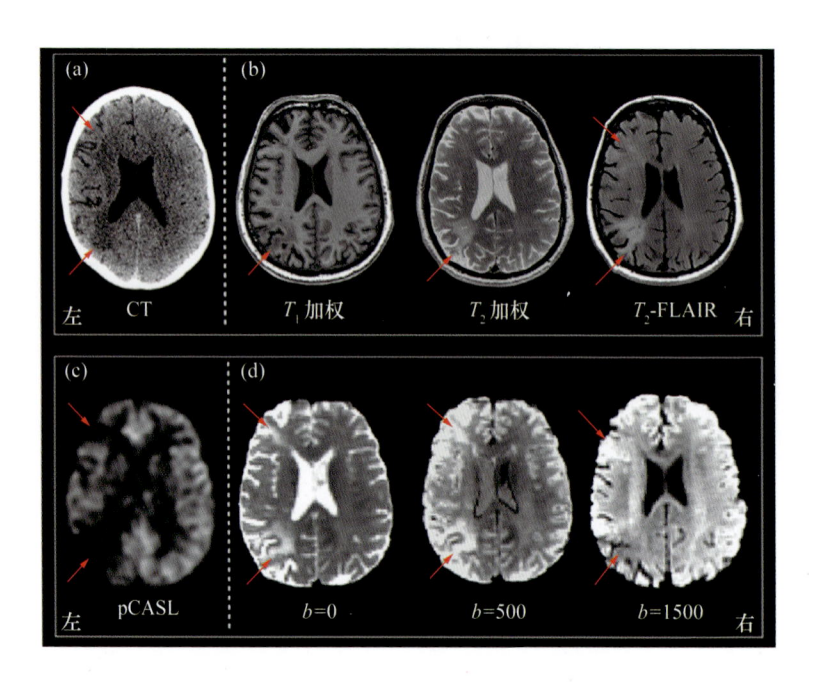

图 15.1　一名出现命名障碍的左下顶叶和额叶急性脑卒中患者的脑成像

（a）轴向平扫 CT 显示弥漫性低密度在顶叶（红色粗箭头）和额叶（红色细箭头），主要分布在白质中。CT 的低信噪比分辨率和低白质/灰质边界对比度无法确定损伤的确切程度。（b）T_1 和 T_2 加权及 FLAIR 图像分别显示白质中低强度区域和高强度区域的结构性变化。在结构性 T_1 加权图像中，白质和灰质之间存在明显的对比，而在病理性 T_2 加权图像中，这种对比不太明显。在 T_2 加权图像中，CSF 信号是高强度的（即更亮）。灰质比白质看起来更亮。病变表现为高信号，因此可能难以与 CSF 区分开。在 FLAIR 图像中，CSF（低信号）和病变（高信号）之间的对比度更好。（c）病变的脉冲连续动脉自旋标记（pulsed continuous arterial spin labelling，pCASL）灌注加权 MRI 图像显示，CBF 在下顶叶区域的大面积减少，左侧额叶的较小区域减少。白质的低灌注程度也很明显，但与侧脑室的 CSF 比较难以区分。（d）一系列弥散图像显示了不同的病变精确扩展程度，这取决于获取它们的 b 值（非弥散加权图像：$b=0$；弥散加权图像：$b=500$，$b=1500$）。这些图像缺乏常规 MRI 序列的空间分辨率，但对几分钟内的急性病变很敏感。

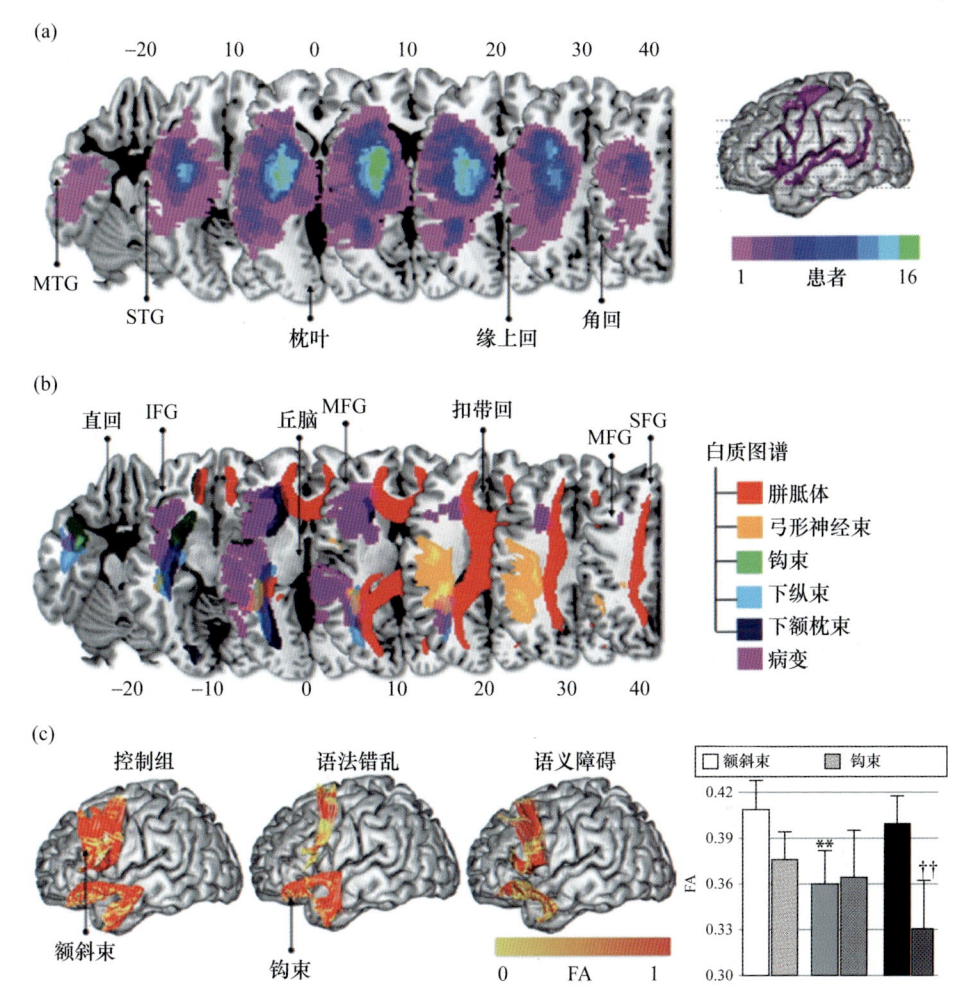

图 15.2 基于 T_1 加权数据的病灶映射、神经纤维追踪成像图谱和一个从神经纤维追踪成像中提取的基于神经束测量值的示例

(a) 在颅脑轴向模板上重建并投射到左外侧皮质表面的失语症脑卒中患者队列($n=16$)的群体水平病变覆盖百分比图。该方法确定了一组患者中最常受病变影响的区域。(b) 某一脑卒中患者的病变掩码(紫色)叠加到基于神经纤维追踪成像的白质图谱上,以提取受病变影响通路上的病变负荷。(c) 对照组与 PPA 患者在额斜束和钩束的神经束特异性测量上的差异。神经纤维追踪成像重建显示了映射到一名对照组被试和两名具有语法不流利或语法错乱和语义障碍的 PPA 代表性患者的额斜束和钩束流线上的各向异性分数值。报告了额斜束(实心条)和钩束(图纹条)的各向异性分数的典型测量结果。**与语义组的差异具有统计学意义($P<0.05$),††与对照组的差异具有统计学意义($P<0.001$)。IFG,额下回;MFG,额中回;SFG,额上回;MTG,颞中回;STG,颞上回。

资料来源:改编自 Forkel et al.,2014 和 Catani et al.,2013。

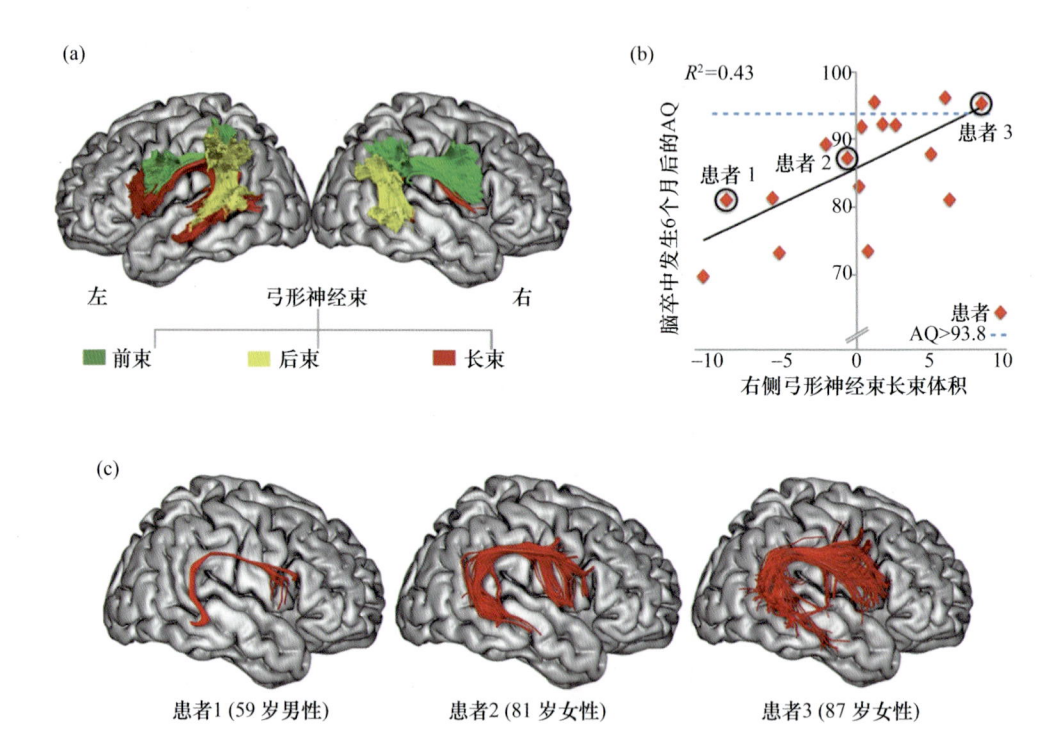

图 15.3 外侧裂白质解剖结构的变异性及其与脑卒中后语言恢复的关系

(a) 从组平均值中获得的左半球和右半球弓形神经束的三个节段。(b) 右侧弓形神经束长束体积与 6 个月后的 AQ（根据年龄、性别和病变大小进行校正）的回归图。(c) 6 个月时出现不同程度语言恢复的三名患者[见(b)]的右侧弓形神经束长束。（引自 Forkel et al.，2014）

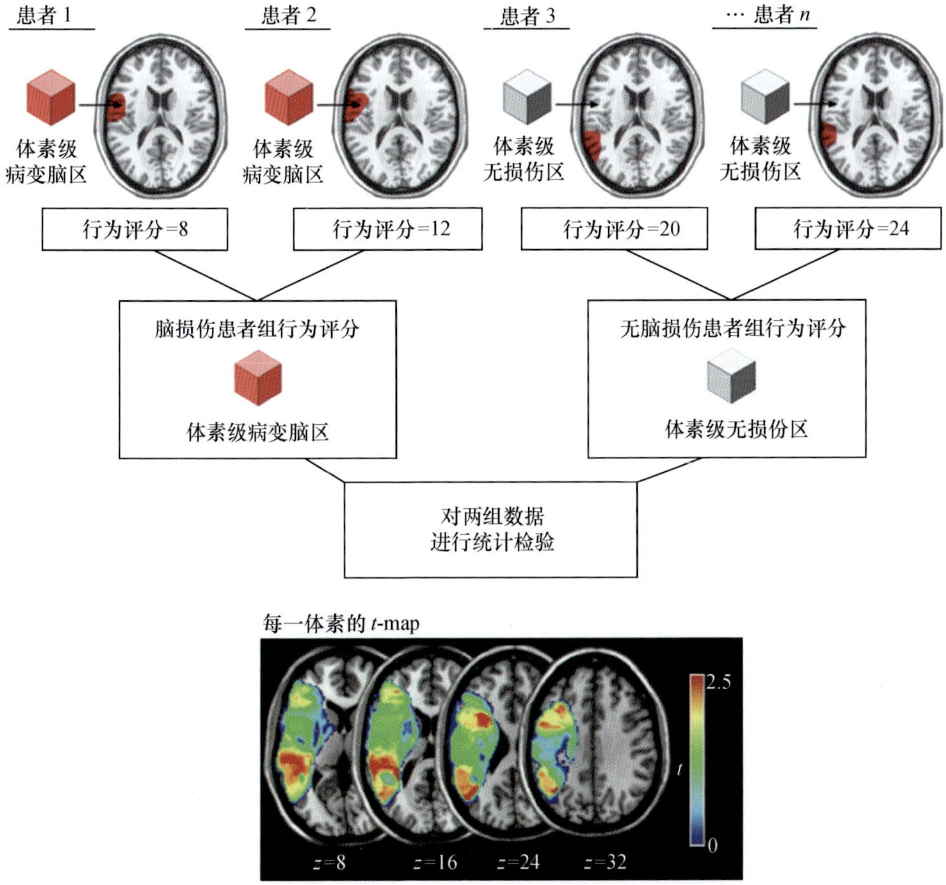

图 16.1 VLSM 的分析步骤示意

首先，将重建到标准化模板上的患者损伤脑区纳入分析。其次，对每个体素进行统计检验，以便比较在该体素中有损伤的患者和没有损伤的患者的行为得分（例如，理解力和流畅度）。如图所示，每个体素的统计检验结果（例如，t 值）会用不同的颜色进行可视化。最后，因为经过了多次重复比较，数据需要进行统计校正（例如，置换检验），最终只呈现那些满足预先设定的显著水平的体素（图中未显示）。

资料来源：Baldo et al.，2012。

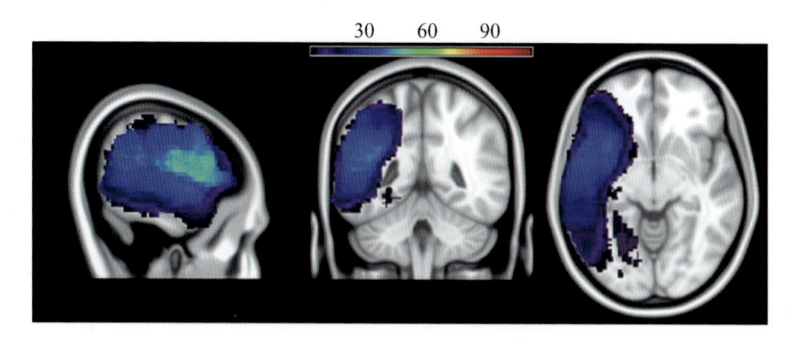

图 16.2　患者脑损伤重叠

此处仅包括每个体素至少有 5 名患者病变，与 VLSM 分析中所包含的数据一致。颜色条表示损伤区域的重叠程度，从紫色(5～10 名患者的损伤区域重叠)到浅绿色(约 50 名患者的损伤区域重叠)，再到红色(约 100 名患者的损伤区域重叠)。

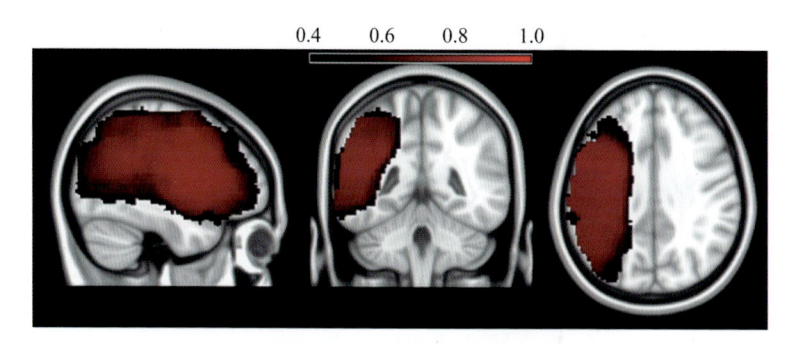

图 16.3　统计检验力分析

颜色条表示从 0.4(黑色)到 1.0(红色)的统计检验力范围。

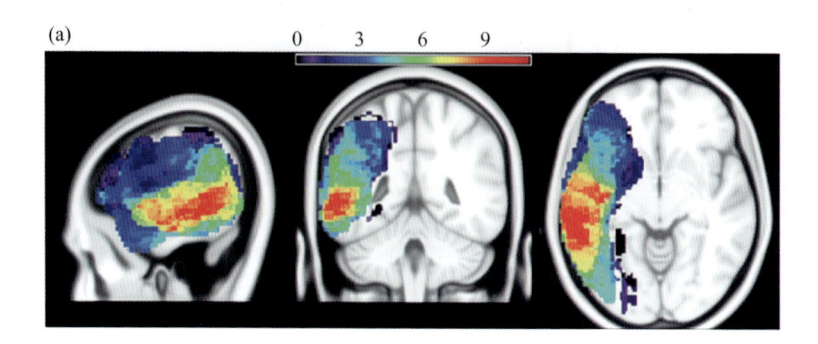

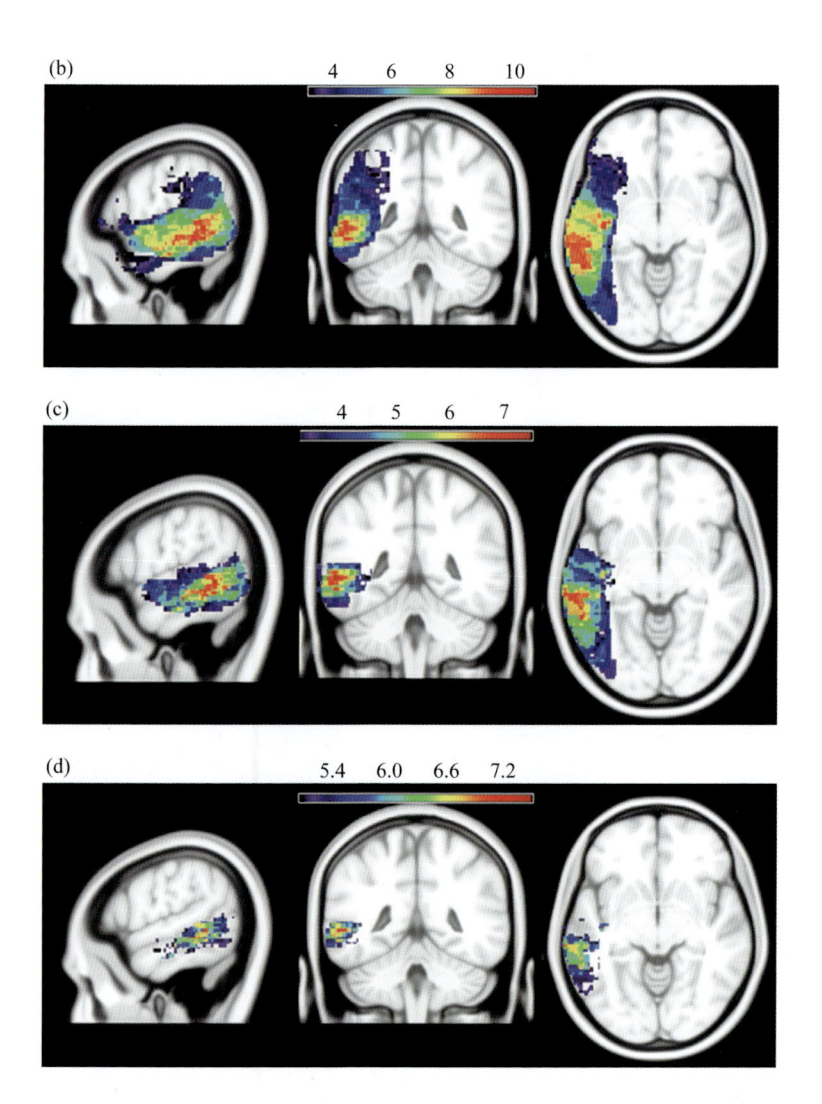

图 16.4 在不同校正水平下，基于 VLSM 分析得出的与听觉词汇再认相关的神经基础

（a）未经校正、没有置换检验和协变量的原始 t-map；（b）没有置换检验和协变量，但经过体素校正的 t-map（$p<0.001$）；（c）没有置换检验，但把损伤体积、教育程度和年龄作为协变量，经过体素校正后的 t-map（$p<0.001$）；（d）把损伤体积、教育程度和年龄作为协变量，经过置换检验所得的 t-map。彩色条表示每个分析所获得的具有显著性的 t 值范围。紫色表示较低的 t 值，红色表示较高的 t 值。

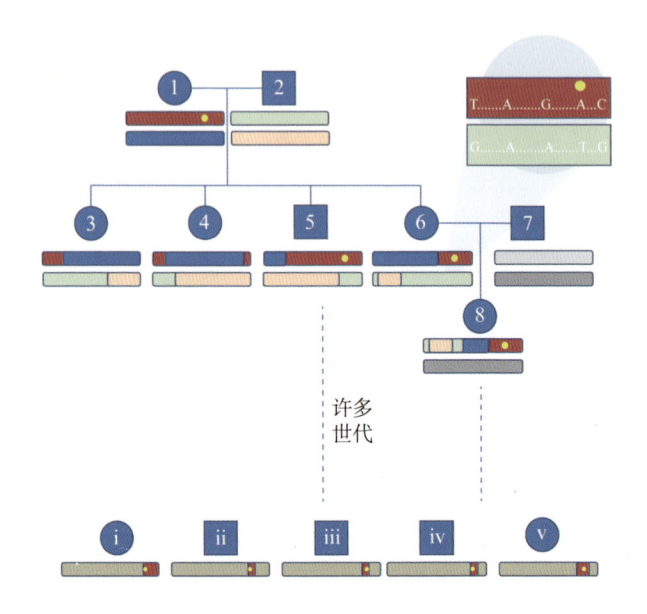

图 17.1 世代间的基因遗传

方块代表男性,圆圈代表女性。在遗传图中,每一个体的下面显示的是 23 对染色体中的某一染色体对。祖母(标注 1)的红色染色体携带了黄色的基因变异,这对性状 X 产生影响。该染色体传给其子代(标注为 3,4,5,6)。由于卵子产生过程中的交换现象,每一个子代得到了不同的染色体组合。其中一半的孩子遗传了影响 X 性状的变异。

上图右侧是放大的 DNA 片段,每一染色单体可用一串字母表示。大多数位置(由点表示出)的染色体与人类参照基因组是相同的。在某些位置(由字母表示),至少有一对染色体与人类参照基因组不同。这些差异间平均相距几百个碱基。带有黄色点的 A 对 X 性状产生影响。

数代以后,祖先 1 的部分子代仍然携带黄色的基因变异。在此变异基因周围的红色染色体发生收缩,但每一代的收缩方式不一样。后代 i、ii、iv 和 v 仍然是 C 在黄色 A 的右边,而后代 iii 和 v 是 G 在黄色 A 的左边。在全基因组关联分析(GWAS)中,这两种变异会显示出与 X 性状的联系。

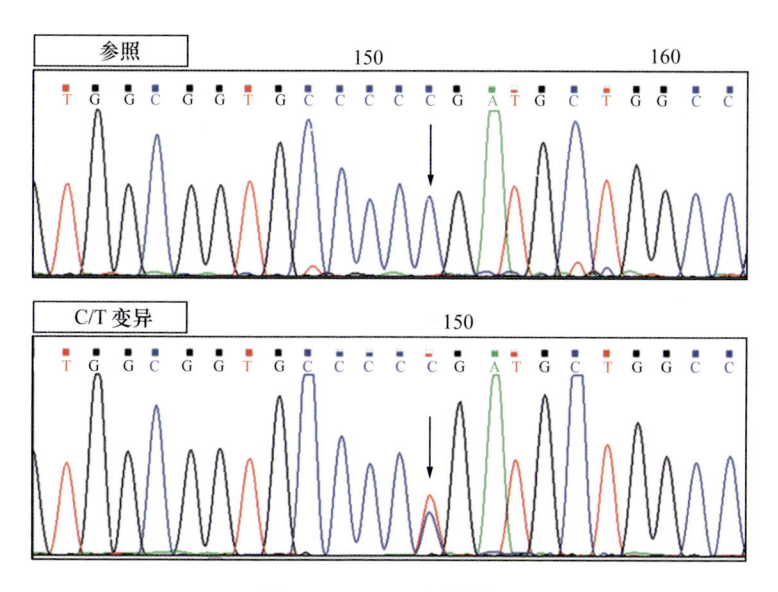

图 17.2　Sanger 测序结果

两个人的同一段 DNA 的 Sanger 测序结果。x 轴, 沿 DNA 序列片段的位置; y 轴为四种不同颜色的荧光强度。每一种碱基对应不同的颜色: A＝绿色, C＝蓝色, G＝黑色, T＝红色。在 C/T 变异箭头所指向的位置, 两种不同的颜色在同一处亮起, 因为此人从他的父亲和母亲那里继承了不同的碱基序列。

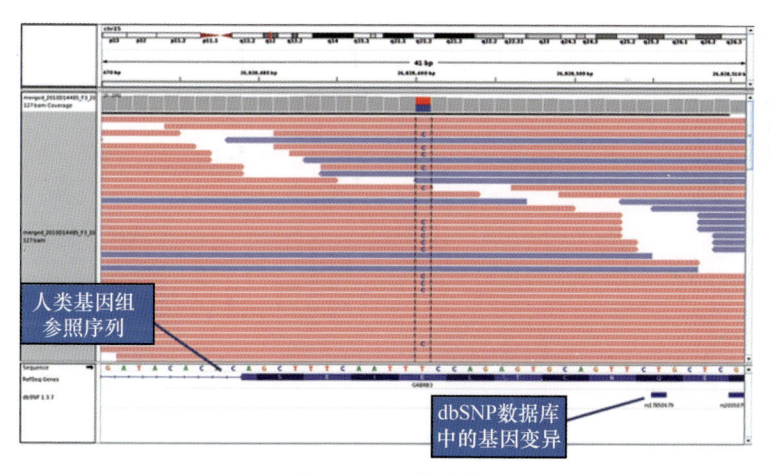

图 17.3　二代测序

某一个体的 *GABRB3* 基因的一小段 DNA 的二代测序数据。每一条(蓝色或红色)代表一个已排序的分子。测序序列已与人类基因组参照序列对齐。如果序列与参照序列不同, 将被指出, 参见中间的蓝色 C。大约一半的分子携带 C, 其他分子携带 T (参照序列中指出)。个体在这一点上是杂合的。要么 C 存在于其父母一方的 DNA 中, 而 T 存在于另一方的 DNA 中, 要么 C 是在卵子或精子产生过程中的新生突变。

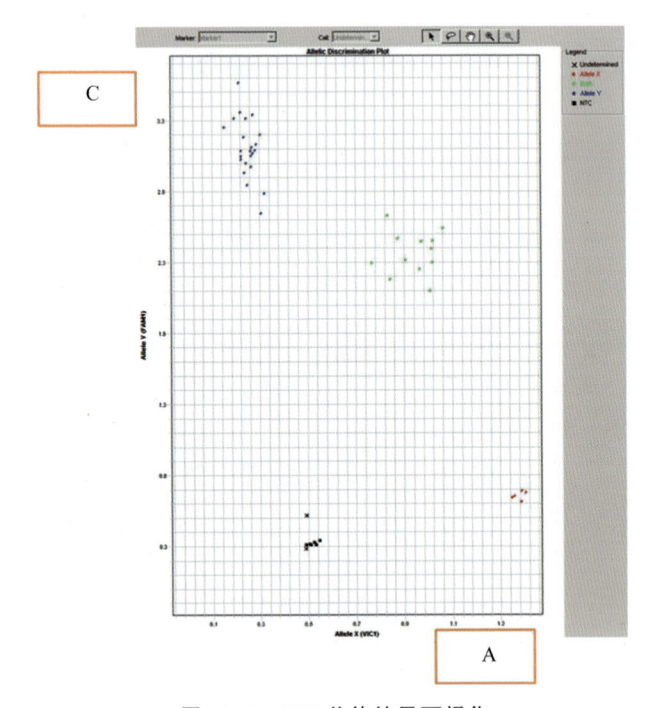

图 17.4 SNP 芯片结果可视化

单一多态性 SNP 芯片检测结果。每个点代表一个个体。x 轴：多态性的一个等位基因（如 A）的荧光标记强度。y 轴：另一个等位基因（如 C）的荧光标记强度。软件识别三个集群，并分配一个基因型（如 A/A，红色；A/C，绿色；C/C，蓝色）给每一个体。黑点表示没有信号的样本；含有水而不是 DNA 的对照样本。